国家监察与刑事司法衔接机制研究

江国华 —— 著

Research on the Mechanism of Coordination Between Supervision and Criminal Justice

法律出版社 LAW PRESS·CHINA

—— 北京 ——

图书在版编目（CIP）数据

国家监察与刑事司法衔接机制研究 / 江国华著.
北京：法律出版社，2024. -- ISBN 978-7-5197-9411-8

Ⅰ. D630.9;D925.210.4

中国国家版本馆 CIP 数据核字第 2024026DX5 号

国家监察与刑事司法衔接机制研究
GUOJIA JIANCHA YU XINGSHI SIFA XIANJIE JIZHI YANJIU

江国华 著

策划编辑 沈小英
责任编辑 常 锋
装帧设计 李 瞻

出版发行 法律出版社
编辑统筹 法治与经济出版分社
责任校对 王 丰 李景美 张翼羽
责任印制 吕亚莉
经　　销 新华书店

开本 A5
印张 12.375　**字数** 323 千
版本 2024 年 11 月第 1 版
印次 2024 年 11 月第 1 次印刷
印刷 固安华明印业有限公司

地址:北京市丰台区莲花池西里 7 号(100073)
网址:www.lawpress.com.cn
投稿邮箱:info@lawpress.com.cn
举报盗版邮箱:jbwq@lawpress.com.cn
销售电话:010-83938349
客服电话:010-83938350
咨询电话:010-63939796

书号:ISBN 978-7-5197-9411-8　**定价**:76.00 元

凡购买本社图书,如有印装错误,我社负责退换。电话:010-83938349

目　录

导　论[①]

鉴于职务犯罪调查阶段和审查起诉、审判阶段所适用法律的差异性，监察证据制度与刑事证据制度之间、监察留置措施与刑事强制措施之间、监察从宽处罚建议与检察从宽量刑建议之间可能存在适用性冲突；鉴于职务犯罪本身的特殊性，职务犯罪案件在移送起诉、审查起诉、案件审理等诸多阶段存在有效衔接之实践性难题。为此，有必要从立法层面构建监察与刑事司法的衔接机制。其中，可以考虑在遵循职能管辖原则的前提下，形成监察管辖优位、并案管辖、协作管辖机制，解决互涉案件和关联案件的管辖问题；在遵循证据法定原则的前提下，形成监察证据与刑事司法证据同构机制，解决监察证据在刑事司法过程中的适用问题；在遵循互相配合、互相制约原则的前提下，引入协商机制解决移送

① “导论”核心内容曾以《论监察与刑事司法的沟通衔接机制》为题刊载于《东方法学》2023年第1期。

起诉、审查起诉以及涉案财物处置等方面的衔接问题;在遵循各机关依法独立行使职权原则的前提下,引入沟通会商、文书通报等机制,解决职务犯罪审判阶段的衔接问题。

就性质而言,监察机关对职务犯罪的调查权及其行使程序具有刑事司法的基本属性。鉴于其所适用的法律主要是《中华人民共和国监察法》(以下简称《监察法》),而职务犯罪的公诉和审判程序则主要适用《中华人民共和国刑事诉讼法》(以下简称《刑事诉讼法》)之规定,由此衍生出了《监察法》与《刑事诉讼法》两法衔接之课题。[①] 在这个层面上,国家监察与刑事司法的衔接,本质上是监察制度与刑事诉讼制度的衔接,并体现为监察工作和刑事司法工作中多主体之间的互动互涉问题。[②] 应国家监察与刑事司法衔接之需要,中央和地方均出台了相关的规范性文件。

在中央层面,自2018年4月始,中共中央纪律检查委员会、国家监察委员会分批制定出台了相关规范性文件。第一批规范性文件主要明确了职务违法和职务犯罪管辖分工和协调等事项,对证据收集及审查标准提出总体要求,并与最高人民法院、最高人民检察院之间就职务犯罪指定管辖等事项建立起沟通协调机制,用制度机制确保衔接司法顺畅高效。第二批规范性文件则明确监察机关各部门采取相关措施的审批权限、办理程序和监管办法,把法律关于证据的要求和标准贯穿于采取措施收集证据的各个环节,并体现在各类文书格式上,确保所采取的措施和收集的

---

① 参见江国华:《国家监察与刑事司法的衔接机制研究》,载《当代法学》2019年第2期。

② 参见龙宗智:《监察与司法协调衔接的法规范分析》,载《政治与法律》2018年第1期。

证据经得起法律的检验。① 2018 年 10 月,第十三届全国人大常委会第六次会议表决通过了《关于修改〈中华人民共和国刑事诉讼法〉的决定》,其中涉及反腐败和监察法衔接的条款有 14 处,对检察机关审查起诉监察机关移送的案件、留置措施与刑事强制措施之间的衔接机制作出规定,进一步明确了《监察法》与《刑事诉讼法》有效衔接的各项要求。在地方层面,自《监察法》颁布实施以来,地方监察机关和司法机关根据实践需要,探索制定了大量适用于本地的规范性文件,这些文件也都着眼于对职务犯罪案件衔接流程加以规范。②

在实践层面,中央和地方两个层面出台的规范性文件,在相当程度上推动了监察与刑事司法衔接工作的规范化和法治化进程,但仍然不能完全满足实践工作的需要。目前,实践中出现的涉及管辖、证据、留置与刑事强制措施的转换、审查起诉、审判、涉案财物处置等环节的衔接问题,尚需通过相关制度的进一步完善予以解决。深入研究这些问题,为推动更高层级规范和制度的出台提供理论支持,当属急迫而重大之课题。

---

① 2018 年 6 月,中央纪委、国家监委出台了《中央纪委国家监委监督检查审查调查措施使用规定(试行)》。

② 例如,海南省纪委监委修订《海南省监察机关与检察机关办理职务犯罪案件工作衔接办法》和《海南省纪委监委机关业务工作流程细则(试行)》。山东省纪委监委完善与省检察院办理职务犯罪案件衔接流程,对检察机关提前介入、退回补充调查、不起诉案件提请复议等重点环节作出规定。广西壮族自治区纪委监委先后出台了《自治区纪委监委机关执纪监督监察工作办法(试行)》《自治区纪委监委机关执纪监督监察工作流程图》《自治区纪委监委机关审查调查措施使用规范》等多项制度,规范执纪监督监察等工作。浙江省纪委监委要求,留置案件移送检察机关后,检察机关立即决定采取强制措施,留置措施自动解除;涉案卷宗、涉案款物与被调查人员无缝移送,以保障刑事诉讼顺利进行;强化诉讼过程衔接,监察机关负责跟踪了解案件办理情况,但不得违规过问、干预案件办理工作;检察机关、审判机关经审查认为可能存在以非法方式收集证据情形的,可以向监察机关调取讯问同步录音录像。载国家纪检监察官网,https//www. ccdi. gov. cn/special/sjjzyjwscqh/topnews_sjjscqh/201907/t20190730_197993. html。

一、管辖制度中的衔接机制

从语义分析,“管辖”意为管理、统辖。作为诉讼法学的基本范畴,“管辖”一般被界定为公安机关、人民检察院和人民法院等国家机关依照法律规定立案受理刑事案件及人民法院一审刑事案件的分工。[①] 监察体制改革之后,在刑事案件原有的管辖制度之外,形成了独立的监察管辖制度。在规范层面,《刑事诉讼法》和《监察法》对公安、检察、监察三机关在刑事案件领域的职能管辖范围已作出较为明确的规定。但实践中大量互涉案件和关联案件的存在,导致公安、检察、监察三者管辖交叉,为此,构建一套行之有效的管辖衔接机制,实属必要。[②]

(一)互涉案件的管辖衔接

所谓互涉案件,是指一人犯数罪却分属不同管辖权范围之案件。[③] 比如,职务犯罪嫌疑人在涉嫌职务犯罪的同时,又涉及其他性质的犯罪,从而使犯罪管辖权产生交叉情形。根据《监察法》之规定,监察机关的职能管辖范围在于“涉嫌贪污贿赂、滥用职权、玩忽职守、权力寻租、利益输送、徇私舞弊以及浪费国家资财等”职务违法和职务犯罪案件,其中包括个人犯罪和单位犯罪。若被调查人既涉嫌职务犯罪,又涉嫌其他犯罪,则需要明确监察机关

---

① 参见胡铭:《刑事诉讼法学》,法律出版社2016年版,第96页。

② 参见江国华:《中国监察法学》,中国政法大学出版社2022年版,第396页。

③ 参见陈卫东主编:《模范刑事诉讼法典》,中国人民大学出版社2005年版,第18页;黄硕:《论职务犯罪与牵连案件的侦查管辖权的权力边界》,载《云南社会科学》2015年第1期;王霑:《监察机关与其他国家机关互涉案件管辖问题研究》,载《重庆理工大学学报(社会科学)》2020年第11期;郭华:《我国检察机关侦查权调整及其互涉案件程序的探讨》,载《法治研究》2019年第1期;闫召华:《论检警互涉案件的侦查》,载《中国人民公安大学学报(社会科学版)》2010年第2期。

与检察机关或者监察机关与公安机关之间的管辖分工。①

其一，监察管辖优位。基于管辖法定之原则，对于互涉案件原则上应当遵循法定管辖，即由监察机关、公安机关、检察机关分别依职权立案调查或侦查。但鉴于监察机关以及职务犯罪本身的特殊性，可以考虑在尊重法定管辖的前提下，遵循“监察管辖优位”的原则，即以监察机关的职务犯罪调查为主导，由监察机关统筹协调调查和侦查工作部署，并就重要调查和侦查措施适用、委托辩护、案件处置等重要事项组织协调。②

其二，并案管辖。基于便利原则，考虑查明事实之便利性，对于与职务犯罪存在内在关联的互涉案件，可以由监察机关并案管辖。③ 根据《监察法》与《国家监察委员会管辖规定（试行）》，只有监察机关对于被调查对象的非职务犯罪具有并案管辖的权力。④就其性质而言，并案管辖是无管辖权的机关因并案而取得案件管辖权，因此必须符合一定的条件，包括管辖权的性质必须相同、程序性质必须相同、程序发生的阶段必须相同等，⑤但是职务违法行为与其他非职务犯罪行为存在方方面面的不同，此两类违法犯罪行为一并审查可能为查明案件事实带来诸多困扰。同时，不同类型案件的侦破、调查取证的方式与路径存在差异，作为专责反腐机构，监察机关的调查资源集中于职务违法犯罪案件，强制并案

① 参见江国华：《中国监察法学》，中国政法大学出版社 2022 年版，第 397 页。

② 参见江国华：《中国监察法学》，中国政法大学出版社 2022 年版，第 397 页。

③ 参见江国华：《中国监察法学》，中国政法大学出版社 2022 年版，第 231 页。

④ 参见谢小剑：《监察委员会刑事调查管辖制度初探》，载《湖湘论坛》2019 年第 5 期。

⑤ 参见钱小平：《监察管辖制度的适用问题及完善对策》，载《南京师大学报（社会科学版）》2020 年第 1 期。

可能会降低案件处理效率。①

其三，协作管辖。基于监察机关、公安机关、检察机关在办理刑事案件职能上的关联性，在实践中，互涉案件的管辖可能存在“先入为主”的情形。如此，自然需要有管辖权的机关尊重“先在”事实，并予以协助配合。比如，由监察机关先行立案调查的互涉案件，应当由监察机关管辖，公安机关或者检察机关应当尊重“先在”事实，但若依职权需要对其管辖案件采取侦查措施时，监察机关应当予以配合；同理，由公安机关或者检察机关先行立案侦查的互涉案件，应当由公安机关或者检察机关实施管辖权，监察机关应当尊重其“先在”事实，但监察机关对其管辖罪名实行调查时，公安机关或者检察机关应当予以协助。②

（二）关联案件的管辖衔接

本书讨论的关联案件，是指与职务犯罪存在因果关系或者协同关系的刑事案件。比如，因行贿与受贿之间存在因果关系，故而行贿案件属于受贿案件的关联案件；又如，职务犯罪主体伙同非公职人员从事职务犯罪，该非公职人员的犯罪行为属于职务犯罪的关联案件。③ 实践中可能出现职务犯罪与其关联案件分属不同机关管辖之情形，基于其客观联系，若将其分别处理则有贻误办案时机、阻碍办案效率之弊端，故而对于二者的管辖已探索出以下几种衔接路径。

其一，涵摄管辖。根据现行法律的规定，非公职人员的犯罪不属于监察机关管辖的范围。但是，当非公职人员涉嫌共同职务犯罪、行贿犯罪等关联犯罪案件时，为确保职务犯罪调查和处置

---

① 参见董坤：《法规范视野下监察与司法程序衔接机制——以〈刑事诉讼法〉第170条切入》，载《国家检察官学院学报》2019年第6期。

② 参见江国华：《中国监察法学》，中国政法大学出版社2022年版，第398页。

③ 参见江国华：《中国监察法学》，中国政法大学出版社2022年版，第231、398页。

的顺利展开,有必要实行关联案件与职务犯罪案件并案管辖。由此,监察机关的职务犯罪专属性管辖权实现了由公职人员犯罪案件管辖向非公职人员犯罪案件管辖合乎逻辑的扩张。并案管辖的实质是无管辖权的机关基于并案取得了案件管辖权,在学理上,就是监察管辖权的外溢——管辖权外溢的事实基础在于"主案"之于"并案"的涵摄关系。[①] 基于案件之间的涵摄关系,作为职务犯罪调查专责机关的监察委员会获得了共同职务犯罪、行贿犯罪等关联犯罪案件管辖权,此即涵摄性管辖权。[②]

其二,主案管辖吸收从案管辖。在实践中,就关联案件而言,职务犯罪案件是主案。就其性质而言,关联案件并非严格意义上的职务犯罪案件,如果剔除其与主案的关联性,那么依照一般刑事案件司法管辖,应遵循"属地主义"原则。但职务犯罪案件司法管辖所遵循的是"属人主义"原则。解决关联案件的司法管辖问题,合并审理制度具有一定的借鉴价值。合并审理制度广泛存在于英美法系、大陆法系国家和地区的审判制度之中,如《美国联邦刑事诉讼规则》对合并审理的条件进行了规定。[③] 在德国,合并审理的目的主要在于避免进行数项冗余的诉讼程序,保护被告人的权益、节约司法资源,当普通刑事案件与特别刑事案件相牵连时,原则上由具有特别管辖权的刑事法庭管辖。[④] 当前,基于司法便利的考量,应当确立主案管辖吸收从案管辖的原则,即如果检察

---

① 参见江国华:《中国监察法学》,中国政法大学出版社2022年版,第398页。

② 参见钱小平:《监察管辖制度的适用问题及完善对策》,载《南京师大学报(社会科学版)》2020年第1期。

③ 根据《美国联邦刑事诉讼规则》第8条之规定,若被指控的犯罪具有同一性质或类似性质,或者基于同一行为或同一交易,又或者相互联系或构成同一共同计划中的组成部分,可以并案审理。

④ 参见[德]克劳思·罗科信:《刑事诉讼法》,吴丽琪译,法律出版社2003年版,第184页。

机关基于其对职务犯罪的管辖权,合乎逻辑地享有主案的管辖权,监察机关应当将关联案件随主案一并移送享有主案管辖权的检察机关审查起诉,并由享有主案管辖权的人民法院审理。①

其三,协商管辖。在实践中,往往出现主案和关联案件非同一监察机关调查,或者关联案件不宜随主案确定司法管辖等情形。此类案件若未经各办案机关的协商则极可能存在移送错误、司法机关无管辖权的情形。对此,各国探索了不同的处理方式,如德国应当"经由中止程序而告终结",②日本"可以通过无管辖权判决中止程序",③而我国最高人民法院《关于适用〈中华人民共和国刑事诉讼法〉的解释》则规定了人民法院在审理时发现自身无管辖权时退回检察机关的制度。因此,为避免案件移送错误、降低办案效率且浪费司法资源,有必要完善协调机制,解决管辖衔接问题。其中,主案与关联案件由不同监察机关立案调查的,应当由调查主案的监察机关负责协调案件司法管辖事宜,调查关联案件的监察机关应当向调查主案的监察机关报告或者通报工作情况;关联案件不宜随主案确定管辖的,由调查主案的监察机关负责统筹协调司法管辖事宜,并应当向上级监察机关、办理主案和关联案件的检察机关、人民法院通报并说明理由。④

(三)其他情形的管辖衔接

在实践中,既存在审查起诉、审判管辖衔接问题,也存在补充移送起诉管辖和职能管辖衔接问题。对于这类管辖问题,一般应

---

① 参见江国华:《中国监察法学》,中国政法大学出版社2022年版,第398页。

② [德]克劳思·罗科信:《刑事诉讼法》,吴丽琪译,法律出版社2003年版,第193页。

③ [日]田口守一:《刑事诉讼法》,刘迪等译,法律出版社2000年版,第121页。

④ 参见江国华:《中国监察法学》,中国政法大学出版社2022年版,第399页。

实行协商解决。①

其一，指定审查起诉、审判管辖的协商机制。对于需要指定审查起诉、审判管辖的案件，监察机关应当向同级检察机关提交商请指定管辖函件，检察机关收到商请函件后，应当与同级人民法院协商办理指定管辖事宜。人民法院与人民检察院按照一定的程序协商一致，作出指定管辖决定后，应当及时书面通报监察机关。②

其二，补充移送起诉的管辖协商机制。在审查起诉、审判过程中，监察机关需要补充移送起诉犯罪事实的，可以直接移送至原受理移送起诉的人民检察院；但如果有追加犯罪嫌疑人、被告人的情形，则应当依照指定审查起诉、审判管辖的协商机制商请人民检察院办理指定管辖事宜。③

其三，职能管辖权争议的协商解决机制。一般而言，基于法定管辖的原则，办案机关发现其调查、侦查的案件不属于职权管辖范围的，应当及时将案卷材料移送有管辖权的机关。不同办案机关对案件管辖存在争议的，应当及时与同级相关机关沟通协商，必要时报上级机关协调解决。④

二、证据制度中的衔接机制

尽管《监察法》第 33 条规定了“监察机关依照本法规定收集的物证、书证、证人证言、被调查人供述和辩解、视听资料、电子数据等证据材料，在刑事诉讼中可以作为证据使用”“监察机关在收集、固定、审查、运用证据时，应当与刑事审判关于证据的要求和

---

① 参见江国华：《中国监察法学》，中国政法大学出版社 2022 年版，第 399 页。

② 参见江国华：《中国监察法学》，中国政法大学出版社 2022 年版，第 399 页。

③ 参见江国华：《中国监察法学》，中国政法大学出版社 2022 年版，第 399 页。

④ 参见江国华：《中国监察法学》，中国政法大学出版社 2022 年版，第 399 页。

标准相一致”“以非法方法收集的证据应当依法予以排除,不得作为案件处置的依据”,但在学理上,监察证据具有类概念之属性,①通用于监督、调查、处置领域,缺乏职务犯罪证据的专门性规定。由此,监察机关在职务犯罪调查过程中所形成的证据如何与刑事诉讼证据在标准上保持统一,在刑事审查起诉和审判阶段如何使用职务犯罪证据,在审查起诉和审判阶段检察机关和法院是否可以适用非法证据排除规则排除监察机关收集的证据,诸如此类问题是实践中迫切需要解决的难题。

(一)监察证据与刑事司法证据标准的衔接机制

证据的作用在于有效证明案件事实,而证据能否起到此作用则涉及证据的标准问题。在职务犯罪案件中,监察证据主要是充当监察案件处置的依据,而刑事证据则是用于刑事案件裁判的依据,二者存在各方面的差异。但基于节约司法资源之考量,应允许监察机关调查终结后,移送检察机关审查的证据材料直接转化为刑事司法证据,并直接适用于审查起诉和审理裁判。为此,监察机关在职务犯罪调查过程中,应当主动适用并对标刑事诉讼证据规则;检察机关和人民法院应当基于证据统一性原则,适用刑事诉讼证据规则审查职务犯罪中的监察证据。

1. 监察机关在立足《监察法》的基础上,应当主动适用并对标刑事诉讼证据规则。《监察法》第 33 条第 2 款规定:“监察机关在收集、固定、审查、运用证据时,应当与刑事审判关于证据的要求和标准相一致。”根据《刑事诉讼法》及相关司法解释等规定,基于“刑事审判关于证据的要求和标准”之拘束,监察机关调查职务犯罪案件时,应遵循证据法定、程序正当、证据确实充分等基本原

① 参见范广馨、曹雪飞:《论监察证据在刑事诉讼中的使用》,载《四川警察学院学报》2020 年第 1 期。

则。(1)《刑事诉讼法》及相关司法解释对证据的概念、种类、证明标准、审查运用以及非法证据排除等作了详细规定,监察机关调查收集的证据应符合《监察法》《刑事诉讼法》等法律规定的种类范围;(2)监察机关应当严格依照《监察法》《刑事诉讼法》及相关司法解释等规定的程序和要求进行,据以定案的证据均经法定程序查证属实;(3)监察机关调查收集的证据需达到证据确实、充分的刑事证明标准,形成相互印证、完整稳定的证据链,确保定案事实都有证据证明,据以定案的证据均依法查证属实,综合全案证据,对所认定事实已排除合理怀疑。①

2. 监察机关收集的证据应当合乎刑事司法证据的审查和质证标准。《监察法》第 33 条第 1 款规定,监察机关收集的证据材料在刑事诉讼中可以作为证据使用,但并不意味着这些证据材料必然地成为犯罪嫌疑人定罪量刑之依据,也就是说监察证据在刑事诉讼中“可以”作为证据使用,解决的是证据准入资格问题,而不是证据本身的证明能力问题。② 为确保监察证据在刑事诉讼中“能够”作为证据使用,监察证据本身必须符合刑事诉讼证明案件事实的客观规律,满足证据“三性”即客观性、关联性与合法性要求。根据《刑事诉讼法》第 55 条与第 171 条之规定,③检察机关审查起诉阶段的证据审查通常是以“三性”审查为基准。法院庭审阶段的质证环节也主要是围绕证据“三性”而展开,若经审查或质

---

① 参见江国华:《中国监察法学》,中国政法大学出版社 2022 年版,第 400 页。

② 参见范广馨、曹雪飞:《论监察证据在刑事诉讼中的使用》,载《四川警察学院学报》2020 年第 1 期。

③ 《刑事诉讼法》第 55 条对“证据确实、充分”的具体内涵作出了明确的要求,即需要满足“三性”。《刑事诉讼法》第 55 条第 2 款规定:“证据确实、充分,应当符合以下条件:(一)定罪量刑的事实都有证据证明;(二)据以定案的证据均经法定程序查证属实;(三)综合全案证据,对所认定事实已排除合理怀疑。”《刑事诉讼法》第 171 条则要求人民检察院在审查起诉时必须查明证据是否确实、充分。

证发现监察机关收集的证据材料“不能够”作为刑事诉讼的证据使用,检察机关或人民法院应当要求监察机关补充证据,也可以依法自行侦查或调查补充证据。①

3. 人民检察院、人民法院审查、认定监察证据时,既要考虑证据标准的统一性,又要兼顾监察证据的特殊性。因此,人民检察院、人民法院应当按照刑事司法证据的标准对监察机关收集、调取的证据材料进行审查与认定,但在法律适用上,既要依照《刑事诉讼法》及其司法解释等规范(规定),也要依照《监察法》、监察法规等规定。②

4. 在遵循证据标准同一性原则的条件下,监察机关或检察机关、公安机关在立案调查或者侦查的过程中发现自己无管辖权的,应当及时将案件移送有管辖权的机关,同时应当移送有关证据材料,收受机关可以直接适用随案件一并移送的证据材料办理案件。当然,基于查明事实真相之需要,有权管辖的办案机关不应局限于移送的证据材料,必要时应当进一步完善证据材料。③

(二)互涉案件的证据衔接机制

“数罪”是刑法上的常用概念。在同一管辖权内,数罪并查,顺理成章。但若存在一人犯数罪且分属不同管辖机关的情形,如一个犯罪嫌疑人涉嫌职务犯罪的同时,又涉嫌其他犯罪,这就意味着一人犯数罪分由两个甚至三个机关调查或侦查。这是监察体制改革的必然结果,④并由此衍生出不同机关所收集的证据材

① 参见江国华:《中国监察法学》,中国政法大学出版社 2022 年版,第 400 页。

② 参见江国华:《中国监察法学》,中国政法大学出版社 2022 年版,第 400 页。

③ 参见江国华:《中国监察法学》,中国政法大学出版社 2022 年版,第 401 页。

④ 参见彭江辉、邹韵:《我国检监互涉案件处理机制探析》,载《西部学刊》2020 年第 12 期。

料的互认共享、委托取证、支持取证等诸多问题。[1]

1. 互涉案件中的证据互认共享。调查取证权系职能管辖权之固有内容,因此,基于管辖与取证相统一的原则,在办理互涉案件中,应当由监察机关、检察机关、公安机关依据职能管辖原则,基于各自立案调查或侦查之需要,自行收集、调取有关证据材料。不同机关在办理互涉案件时,应当实行证据互认共享,避免重复取证。[2]

2. 互涉案件中的证据协作。鉴于互涉案件之内在关联性,具有互涉管辖权的办案机关之间应当建立取证协作机制。具体而言,不同办案机关可以基于办理互涉案件之需要,互相为互涉案件的其他管辖机关收集、调取证据材料,或者相互提供协助。基于证据材料的唯一性,若互涉案件需要使用同一证据材料,应允许互涉案件管辖机关在尊重先收集先使用的前提下,通过复制、刻录等方式获得有关证据的复印件,作为其所管辖的互涉案件的证据使用。办案机关从互涉案件的其他管辖机关调取的证据材料(包括复印件),应当注明证据材料来源,经审查符合法定要求的,可以在刑事诉讼中作为证据使用。[3]

(三)非法证据排除的衔接机制

随着以审判为中心的刑事诉讼制度改革的推进以及一系列冤假错案的纠正,证据规范建设受到了空前重视。[4] 非法证据排除规则是衡量司法公正以及法治建设的标尺。[5] 随着监察体制改

---

① 参见江国华:《中国监察法学》,中国政法大学出版社2022年版,第401页。

② 参见江国华:《中国监察法学》,中国政法大学出版社2022年版,第401页。

③ 参见江国华:《中国监察法学》,中国政法大学出版社2022年版,第401页。

④ 参见吴洪淇:《证据法体系化的法理阐释》,载《法学研究》2019年第5期。

⑤ 参见陈光中:《对〈严格排除非法证据规定〉的几点个人理解》,载《中国刑事法杂志》2017年第4期。

革的推进,监察证据不仅具有了新的内涵,监察证据的非法证据排除也成为监察法领域的焦点问题。[①] 但当前《监察法》对于监察证据非法证据排除的规定主要体现在第33条、第40条中,较为笼统,在司法实务中,诸多衔接问题亟待解决。[②]

1. 监察非法证据排除标准。"刑事诉讼上禁止不计代价、不择手段、不问是非的真实发现。"[③]根据《监察法》第33条之规定,"以非法方法收集的证据应当依法予以排除"。其中的"非法方法"主要是指以刑讯逼供,或者以威胁、引诱、欺骗等非法方法来获取证据。针对不同的证据类型,一般应当采用不同的非法证据排除标准:(1)《监察法》第40条第2款规定:"严禁以威胁、引诱、欺骗及其他非法方式收集证据,严禁侮辱、打骂、虐待、体罚或者变相体罚被调查人和涉案人员。"建立在口供之上的事实体系本就是十分脆弱的,欧陆国家在法定证据时代所推崇的"两名目击证人"证据规则导致了刑讯的泛滥,这为非法口供证据的排除提供了历史教训。[④] 因此,对于以刑讯逼供、威胁、引诱、欺骗等非法方式取得的证人证言、被调查人供述与辩解,应当依法予以排除。(2)《监察法》明确规定了调查措施适用规范,要求调查人员采取讯问、询问、留置、搜查、调取、查封、扣押、勘验检查等调查措施,均应当依照规定出示证件,出具书面通知,由二人以上进行,形成笔录、报告等书面材料,并由相关人员签名、盖章;调查人员进行讯问以及搜查、查封、扣押等重要取证工作,应当对全过程进

---

① 参见程衍:《中国特色独立监察程序下非法证据排除规则的制度建构》,载《南京大学学报(哲学·人文科学·社会科学)》2019年第2期。

② 参见江国华:《中国监察法学》,中国政法大学出版社2022年版,第401页。

③ 林钰雄:《刑事诉讼法》,中国人民大学出版社2005年版,第423页。

④ See L. N. Hill, *The Two-witness Rule in English Treason Trials: Some Comments on the Emergence of Procedural Law*, 12 American J. Legal History 95(1968).

行录音录像,留存备查。而回顾各国非法证据排除规则的发展历史可以发现,约束警察的搜查和扣押行为是确立非法证据排除规则的重要源头。[①] 因此,对于物证、书证、视听资料、电子数据等,以不符合法定程序、可能影响司法公正的方法取得,且不能补正或作出合理解释的,应当依法予以排除。(3)《监察法》规定:"监察机关在收集、固定、审查、运用证据时,应当与刑事审判关于证据的要求和标准相一致";"监察机关对职务违法和职务犯罪案件,应当进行调查,收集被调查人有无违法犯罪以及情节轻重的证据,查明违法犯罪事实,形成相互印证、完整稳定的证据链"。对于"与刑事审判关于证据的要求和标准"不相一致的证据材料应当排除,对于未能"形成相互印证、完整稳定的证据链"的证据材料应当排除。

2. 非法监察证据在刑事诉讼程序中的排除规则。根据《监察法》第33条之规定,"以非法方法收集的证据应当依法予以排除,不得作为案件处置的依据"。据此,《监察法》中的"非法证据排除规则"仅适用于监察处置环节。但监察证据的适用范围显然不限于监察处置,而是必然地延伸到整个刑事诉讼过程,无论是在检察机关的审查起诉阶段还是法院的审判阶段,发现监察机关办案人员以非法方法收集证据材料的,均应当予以排除。故此,非法监察证据的排除不宜仅限于《监察法》的规定,更应当适用《刑事诉讼法》及相关证据规则之规定。在刑事诉讼法上,非法证据应包含以非法方法收集的犯罪嫌疑人、被告人的供述辩解和证人证言(非法言词证据)以及收集程序不符合法定程序的物证和书

---

① 参见[美]克雷格·布拉德利:《刑事诉讼革命的失败》,郑旭译,北京大学出版社2009年版,第15页。Peter Mirfield, *Silence*, *Confessions and Improperly Obtained Evidence*, Oxford University Press, 1997, p. 20.

证(非法实物证据)两大类。[①]《监察法》第33条规定的“非法证据”认定不仅要参照《监察法》第40条第2款之规定,即禁止“以威胁、引诱、欺骗及其他非法方式”收集证据,还应当参照《刑事诉讼法》、最高人民法院《关于适用〈中华人民共和国刑事诉讼法〉的解释》,以及最高人民法院、最高人民检察院、公安部、国家安全部、司法部联合印发的《关于办理刑事案件严格排除非法证据若干问题的规定》等规定。这些规定既适用于言词证据,也适用于实物证据。[②] 因此,在职务犯罪的刑事诉讼过程中,非法证据的认定标准体系应当由以下部分构成:(1)监察程序规范中的取证禁止性规定,主要适用于监察机关自行收集的证据。具体的手段禁止性规定即《监察法》第40条第2款所规定的“严禁以威胁、引诱、欺骗及其他非法方式收集证据,严禁侮辱、打骂、虐待、体罚或者变相体罚被调查人和涉案人员”。其具体的行为方式界定标准可由监察法规作进一步细化。(2)刑事证据体系中关于非法证据的认定标准,即《刑事诉讼法》及司法解释中对非法证据的认定标准,这一标准主要适用于《监察法》第47条第3款规定的检察机关自行补充侦查的证据。但在实践中,对于需要补充侦查的职务犯罪案件,以退回补充调查为原则,自行补充侦查为例外。[③] 因此,这一标准的适用情况并不多见。(3)行政程序规范中的取证禁止性规定,主要适用于职务违法、违纪案件中,行政机关收集并移送至监察机关的证据。在职务违法案件的调查中,基于高效的

---

① 参见陈卫东、聂友伦:《职务犯罪监察证据若干问题研究——以〈监察法〉第33条为中心》,载《中国人民大学学报》2018年第4期。

② 参见陈卫东、聂友伦:《职务犯罪监察证据若干问题研究——以〈监察法〉第33条为中心》,载《中国人民大学学报》2018年第4期。

③ 参见谢小剑:《监察调查与刑事诉讼程序衔接的法教义学分析》,载《法学》2019年第9期。

要求,一般不适用刑事诉讼中的非法证据排除规则,避免监察机关将资源浪费在非法证据排除等技术性问题上。[①] (4)私人取证禁止性规范,主要适用于私主体自行收集并作为线索提供给监察机关的证据。私人非法证据主要包括私人以暴力、威胁、偷拍私录、非法搜查及其他严重侵权的方式获取的证据。[②]

3. 对监察机关非法取证的规制方法。就其性质而言,非法证据排除是对证据材料证明能力的事后消极性保证机制。为确保证据的合法性,就必须形成一套监察调查取证的过程性规制机制。(1)监察机关收集物证、书证、证人证言、被调查人供述和辩解、视听资料、电子数据等证据材料时应当秉持"就高不就低"的原则,主动向刑事司法证据标准看齐,并对接刑事司法中的非法证据排除规则。[③] 鉴于职务犯罪对言词证据具有较高依赖性,监察机关对于证人证言、被调查人的陈述与辩解的获取应严格遵循相关法律法规之规定。比如,应当在指定地点或者被询问人指定的地点进行询问,并在笔录中载明。对于书证、物证等的获取应当通过合法途径,杜绝偷录、篡改等非法手段。(2)应当设立录音录像调取制度。人民检察院、人民法院经审查认为有必要的,可以商请监察机关调取讯问被调查人的录音录像,监察机关应当支持配合。对于调取的录音录像,调取机关以及当事人、辩护人等应当严格遵守保密义务。(3)应当设立调查人员的出庭制度。现有证据材料(如录音录像等)不能证明证据收集合法性的,必要时

---

① See William H. Kuehnle, *Standards of Evidence in Administrative Proceedings*, New York Law School Law Review 885 (2004－2005).

② 参见艾明:《我国刑事诉讼中私人违法取得证据禁止使用的法理构建》,载《四川大学学报(哲学社会科学版)》2018 年第 6 期;江国华:《中国监察法学》,中国政法大学出版社 2022 年版,第 401～402 页。

③ 参见江国华:《国家监察与刑事司法的衔接机制研究》,载《当代法学》2019 年第 2 期。

人民法院或人民检察院可以提请人民法院通知监察机关调查人员出庭说明情况，监察机关应当根据工作需要予以配合。①

三、移送和审查起诉制度中的衔接机制

监察机关对职务犯罪案件的调查终结后，对于符合移送起诉条件的，应当移送人民检察院提起公诉。人民检察院应当根据《刑事诉讼法》的规定审查移送的犯罪案件，对其犯罪事实、证据、犯罪性质和罪名等进行审查，并最终决定是否提起公诉。② 但监察机关调查终结的案件应向哪一级检察机关移送，作为法律监督机关的人民检察院如何行使对监察调查的监督职能，检察机关如何审查监察机关移送的案件，等等，这些问题都应在实践中得到进一步的明确。③

（一）移送起诉阶段的衔接沟通机制

尽管《监察法》第 11 条、第 45 条均规定监察机关对涉嫌职务犯罪的，应当将调查结果移送人民检察院依法审查、提起公诉，但未能涉及移送起诉和审判的级别管辖——基于法律谦抑性原则，刑事诉讼的级别管辖属于《刑事诉讼法》固有内容，显然不宜由《监察法》予以规定。故此，应当参照《刑事诉讼法》所规定的级别管辖原则，实行“同级移送”和“全面移送”。④

1. 监察机关移送案件以同级移送为原则，指定移送为例外。根据《中华人民共和国宪法》（以下简称《宪法》）和《监察法》之规

---

① 参见江国华：《中国监察法学》，中国政法大学出版社 2022 年版，第 402～403 页。

② 参见朱福惠：《论检察机关对监察机关职务犯罪调查的制约》，载《法学评论》2018 年第 3 期。

③ 参见江国华：《中国监察法学》，中国政法大学出版社 2022 年版，第 404 页。

④ 参见江国华：《中国监察法学》，中国政法大学出版社 2022 年版，第 404～405 页。

定,国家设立最高监察机关和省(自治区、直辖市)、市、县四级监察机关,与人民检察院、人民法院在组织上的纵向四级设置完全对应。由此不难看出:(1)所谓“同级移送”即监察机关应当将调查终结的案件向其同一级别的检察机关移送,即监察机关调查终结后需要移送起诉的,监察机关应当将案件移送给有法定管辖权的同级人民检察院,由其受理后依照《刑事诉讼法》之规定审查起诉或者指定、交由下级人民检察院办理。若符合起诉条件,由检察机关遵循刑事诉讼之级别管辖原则,向有管辖权的同级人民法院提起公诉。(2)根据《监察法》第12条之规定,“各级监察委员会可以向本级中国共产党机关、国家机关、法律法规授权或者委托管理公共事务的组织和单位以及所管辖的行政区域、国有企业等派驻或者派出监察机构、监察专员”。在法理上,派驻或者派出机构应当对派驻或者派出它的机关负责,设置派驻或者派出机构的机关对其所派驻或者派出机构之行为承担法律后果。据此,监察机构、监察专员对派驻或者派出它的监察委员会负责,其行为所产生的法律后果由派驻或者派出它的监察委员会承担。基于“同级移送”之原则,经监察机关授权,由派驻(派出)机构调查终结的职务犯罪案件,应当由作出授权决定的监察机关向其同级的有法定管辖权的人民检察院移送起诉。符合起诉条件的,由检察机关遵循刑事诉讼之级别管辖原则,向有管辖权的同级人民法院提起公诉。(3)鉴于职务犯罪案件往往涉及错综复杂的关系网络,对于案情复杂或者社会高度关注的职务犯罪案件,检察机关认为有指定管辖之必要,经商请监察机关,并依法定程序作出指定管辖决定的,或者经商请监察机关,认为有异地审查起诉和审判之必要,作出异地指定管辖决定的,监察机关应当将案件移送被指定管辖人民检察院(包括异地指定管辖),由其受理后依法审查起诉或者指定、交由下级人民检察院办理。符合起诉条件的,由检察机关遵循刑事诉讼之级别管辖原则，向有管辖权的被指定管辖的人民法院提起公诉。[①]

2. 监察机关决定将调查终结之案件向检察机关移送起诉，应遵循“全面移送”之原则，应当将《起诉意见书》并附涉案文书和定罪量刑证据材料全面移送人民检察院。其中：(1)涉案文书应当包括立案调查决定、采取留置措施、延长留置期限等程序性文书；被调查人接受其他处理的法律文书；涉案人员处理情况说明、咨询论证意见等材料；涉案财物追缴情况说明等。(2)定罪量刑证据材料应当包括调查卷宗、涉案财物清单、被调查人到案经过及量刑情节方面的材料以及据以定案的其他证据材料。[②]

3. 移送前后的专业性咨询会商。[③] 相对于一般犯罪而言，职务犯罪具有多样性、复杂性和特殊性。犯罪主体社会关系复杂，具有较强的应对侦查的对抗性，为职务犯罪的调查取证带来巨大挑战。基于查明案件事实，有力打击犯罪之需要，根据《宪法》和《监察法》所规定的“相互配合”之原则，监察机关可以与检察机关、人民法院建立专业性会商咨询论证机制，在案件移送起诉前后，就案件所涉及的疑难复杂问题进行会商、咨询和论证。(1)在案件移送起诉之前，监察机关相关部门可以商请人民检察院、人民法院相关部门，就办案中遇到的证据收集、事实认定、案件定性、法律适用等疑难复杂问题进行会商和咨询；(2)在案件移送起诉之后，基于工作需要，监察机关可以商请人民检察院、人民法院等有关单位召开案件论证会，就案件中的疑难复杂问题进行研究论证，并就其中重大问题议定解决办法。在不影响各自独立行使

---

① 参见江国华：《中国监察法学》，中国政法大学出版社 2022 年版，第 405 页。

② 参见江国华：《中国监察法学》，中国政法大学出版社 2022 年版，第 405 页。

③ 参见江国华：《论监察与刑事司法的沟通衔接机制》，载《东方法学》2023 年第 1 期。

职权的前提下,相关咨询论证意见在监察机关和司法机关办案中具有参考意义。[①]

(二)提前介入衔接沟通机制

根据《监察法》第4条第2款之规定,“监察机关办理职务违法和职务犯罪案件,应当与审判机关、检察机关、执法部门互相配合,互相制约”。在现实意义上,检察机关提前介入监察机关的调查过程,既是实现检察监督职能的重要途径,也是办案优势与现实需求有效对接的重要方式。[②] 但基于“监察委员会依照法律规定独立行使监察权”之原则,检察机关必须准确把握提前介入的时间、条件、反馈程序与效力等,避免检察权干预监察机关独立行使调查职能,甚至演化为代替调查或者联合调查。[③]

1. 检察机关提前介入的条件。检察机关的提前介入应遵循必要的谦抑性原则。(1)提前介入的案件类型。检察机关提前介入仅限于疑难复杂案件以及在当地有重大影响的案件,非可提前介入所有的职务犯罪案件。(2)提前介入的时间。一般情况下,监察机关应当在案件移送起诉15日前书面商请人民检察院提前介入。特殊情况下,可以直接商请人民检察院提前介入,如留置期限即将届满等情况。(3)提前介入审查范围。人民检察院提前介入一般仅审核案件材料,并对证据收集、事实认定、案件定性、法律适用等提出书面意见。但对于互涉案件或者关联案件,并案审理更有利于案件调查,拟移送并案审查起诉的案件,人民检察

---

① 参见江国华:《中国监察法学》,中国政法大学出版社2022年版,第405页。

② 参见吕晓刚、杨彩虹:《程序整合视角下职务犯罪刑事特别程序研究》,载《贵州省党校学报》2020年第1期。

③ 参见蔡健等:《监检衔接语境下检察机关引导取证制度的完善》,载《湖北第二师范学院学报》2019年第11期;江国华:《中国监察法学》,中国政法大学出版社2022年版,第406页。

院在提前介入时则应当对全案进行审查。[①]

2. 提前介入后的反馈机制。检察机关提前介入调查,既有监督办案的性质,也有协助办案的意味。因此,检察机关提前介入,对案件材料进行审查后,应当适时给出书面的反馈意见。(1)检察机关反馈意见应当以书面形式表达,其内容应当包含证据收集、事实认定、案件定性、法律适用等基本要件。(2)对于检察机关给予的反馈意见,监察机关也应当及时审核与研究,根据案件实际情况,决定是否采纳。但人民检察院认为适用法律错误的,应当及时纠正;需要补证的,应当及时补证。监察机关应当适时向人民检察院就检察机关反馈意见的采纳情况进行反馈。监察机关采纳意见的,应提交相应材料;未采纳意见的,应当说明理由。[②]

3. 提前介入反馈意见的效力。在提前介入调查中,检察机关应当秉承"参与而不干涉,引导而不主导,讨论而不定论"的原则,具体应注意以下方面:(1)检察机关提前介入应当坚持监察机关在调查程序中的主导地位,尊重监察机关在办理职务犯罪案件中的最终决定权。(2)检察机关就监察机关提供的监察文书材料提出的介入反馈意见,原则上仅供监察机关"参考",不具有左右监察机关调查办案的决定性效力。(3)在收到监察机关移送起诉的案件材料后,人民检察院应当依法严格审查,检察机关的提前介入反馈意见不能代替审查起诉阶段的审查意见。[③] (4)基于意思

---

① 参见林森、金琳:《检察机关办理监察委移送案件难点问题探究——以检察机关与监察委办案衔接为视角》,载《时代法学》2020年第5期;江国华:《中国监察法学》,中国政法大学出版社2022年版,第406页。

② 参见江国华:《中国监察法学》,中国政法大学出版社2022年版,第406页。

③ 参见蔡健等:《监检衔接语境下检察机关引导取证制度的完善》,载《湖北第二师范学院学报》2019年第11期。

表示一致性原则,检察机关的审查起诉意见一般应与其提前介入意见相一致。但毕竟提前介入审查意见属于“阶段性”的初始审查,难免审查粗略甚至错漏。如此,可能存在审查起诉意见与提前介入意见不一致的情况。基于相互尊重之原则,如果审查起诉意见与提前介入意见不一致,人民检察院应当在提起公诉或作出决定前与移送案件的监察机关沟通。①

(三)审查起诉中的衔接沟通机制

审查起诉是职务犯罪进入司法程序的关键环节,构成了监察程序与司法程序的分水岭。② 对于监察机关移送起诉的案件,人民检察院应当依法及时受理。在受理审查过程中,涉及互涉案件、关联案件的,或者涉及漏罪、漏犯和退回补充调查、自行补充侦查等情形的,人民检察院应当与监察机关构建有效的沟通协作机制。③

1. 并案审查和“在案移送”中的沟通协作机制。(1)对于不同办案机关分别调查或侦查的互涉案件或者关联案件,原则上应当实行并案移送、并案审查。基于特殊情况,监察机关认为需要分案移送的,经商请有管辖权的人民检察院,可以分案移送,但检察机关受理后,原则上实行并案审查。(2)监察机关移送起诉应坚持“在案原则”,即监察机关移送起诉的案件应当坚持以被调查人在案为原则。如若人民检察院受理监察机关的移送后被调查人在逃或无法传唤到案,监察机关与检察机关两机关应当加强合作沟通,共同商定相应措施督促犯罪嫌疑人到案。(3)共同犯罪案

---

① 参见江国华:《中国监察法学》,中国政法大学出版社2022年版,第406~407页。

② 参见封利强:《检察机关提前介入监察调查之检讨——兼论完善监检衔接机制的另一种思路》,载《浙江社会科学》2020年第9期。

③ 参见江国华:《中国监察法学》,中国政法大学出版社2022年版,第407页。

件中部分被调查人在逃，监察机关认为有移送起诉之必要的，经商请有管辖权的人民检察院，可以对在案被调查人先行移送起诉。①

2. 漏罪漏犯的衔接沟通机制。(1)人民检察院在审查起诉中发现遗漏罪行的，如果符合起诉条件，检察机关经与移送案件的监察机关会商沟通后，达成一致意见，可以将漏罪与监察机关《起诉意见书》拟定罪名一并提起公诉；(2)检察机关审查起诉中发现遗漏罪行，但认为漏罪不满足提起公诉条件的，应当及时与移送案件的监察机关沟通，并将案件线索移送监察机关补充调查；(3)监察机关对"漏罪发现"持有异议，或者监察机关与检察机关就漏罪的法律适用等实质性问题未能达成一致的，检察机关应当与监察机关充分沟通，并将案件线索及时移送监察机关补充调查；(4)检察机关审查起诉过程中发现漏犯的，经会商移送案件的监察机关后，将涉嫌漏犯的书面说明和相关线索移送监察机关，监察机关对检察机关的"漏犯"说明和相关线索审核研判后，根据具体情况，或补充调查，或补全起诉材料，或反馈漏罪异议说明。②

3. 作出退回补充调查或自行补充侦查决定的衔接沟通机制。人民检察院审查起诉过程中，认为监察机关调查终结案件存在事实不清、证据不足等情形的，一般以退回补充调查为原则，以自行补充侦查为例外。(1)人民检察院经审查认为，监察机关移送起诉的案件存在需要补充核实情况的，经商请移送案件的监察机关退回补充调查，监察机关应当依法依规限期补正或补充调查；对于主要犯罪事实已经查清，但仍有部分证据需要补充完善的案

① 参见江国华：《中国监察法学》，中国政法大学出版社2022年版，第407页。

② 参见江国华：《中国监察法学》，中国政法大学出版社2022年版，第407页。

件,人民检察院可以书面商请监察机关在审查起诉期限内进行补证;若在期限内未能补证,人民检察院可退回监察机关补充调查。(2)对于不宜退回补充调查,或者基于工作的便利性考量退回补充调查耗费成本较大的,经与移送案件的监察机关商定,检察机关可以自行补充侦查。检察机关应当在审查起诉期限内完成自行补充侦查。在此期间,监察机关应当对检察机关的补充侦查予以必要的协助;事后,检察机关应当将补充侦查的相关材料抄送监察机关。人民检察院应当准确把握自行补充侦查的适用条件。[①] 一般情况下,检察机关自行补充侦查仅限于如下情形:一是证人证言、犯罪嫌疑人供述和辩解的内容主要情节一致,个别情节不一致的;二是物证、书证等证据材料需要补充鉴定的;三是其他由人民检察院取证更为便利、更有效率、更有利于查清案件事实的情形,如存在非法证据排除可能性的,监察机关怠于取证且时间较为紧迫的以及个别简单次要证据需要补查的等。(3)如果退回补充调查案件中,犯罪嫌疑人已被采取刑事强制措施,是否应当将刑事强制措施回转为监察留置措施的问题,在实践中颇受争议。[②] 在法理上,既然案件退回补充调查,就意味着该案从刑事司法审查程序返回到了监察调查环节,是故,强制措施回转是合乎案件调查规律的。[③] 但在程序经济上,案件退回补充调查并非整案回转,仅仅是对案件的部分证据事实进行补正或补充,未能改变整案"已经处于审查起诉阶段"的事实,案件整体上仍处于公

① 参见陈小炜、吴高飞:《监察体制改革背景下自行补充侦查和退回补充调查关系论纲》,载《西南政法大学学报》2019 年第 3 期。

② 参见方明:《职务犯罪监察调查与刑事诉讼的衔接》,载《法学杂志》2019 年第 4 期。

③ 参见朱福惠:《论检察机关对监察机关职务犯罪调查的制约》,载《法学评论》2018 年第 3 期。

诉环节。[①] 故此，若刑事强制措施随退回补充调查回转为监察处置措施，则使得补充调查程序变得烦琐，导致宝贵资源浪费。所以，在退回补充调查案件中，如果犯罪嫌疑人已经被采取了刑事强制措施，监察机关在补充调查期间，原则上应当维持刑事强制措施状态。但基于补充调查之需要，检察机关应在退回补充调查决定文书中载明涉案犯罪嫌疑人刑事强制措施执行情况，并将退回补充调查情况书面通知犯罪嫌疑人羁押场所，将提讯、提解证等送交监察机关，以此为监察机关补充调查提供必要协助。[②]

4. 不起诉决定中的衔接沟通机制。基于罪刑法定之原则，对监察机关移送起诉的案件，检察机关依法进行审查、核实，对于符合法定起诉条件的，应当及时作出起诉的决定；对于不符合法定起诉条件的，应当作出不起诉决定。鉴于职务犯罪案件具有强政治性，产生的社会影响巨大，作出“不起诉决定”应当慎之又慎。故此，对于拟作出不起诉决定的案件，不仅应当报上一级人民检察院批准，而且应当与移送案件的监察机关充分沟通协商，并向监察机关送达相关法律文书。如若监察机关认为“不起诉决定”违法或者明显不当，可以向作出该决定的检察机关的上一级人民检察院提起复议，复议机关应当及时作出答复。[③]

（四）监察机关从宽处罚建议审查中的衔接机制

根据《监察法》第 31 条之规定，在被调查人认罪认罚情况下，监察机关在移送起诉时，可以向司法机关提出从宽处罚之建议。那么，检察机关在案件审查中，是否应当一并审查监察机关的从

---

① 参见陈小炜、吴高飞：《监察体制改革背景下自行补充侦查和退回补充调查关系论纲》，载《西南政法大学学报》2019 年第 3 期。

② 参见江国华：《中国监察法学》，中国政法大学出版社 2022 年版，第 407 ~ 408 页。

③ 参见江国华：《中国监察法学》，中国政法大学出版社 2022 年版，第 408 页。

宽处罚建议呢？审查终结后，监察机关的从宽处罚建议是否与案件材料一并移送法院审理呢？监察机关的从宽处罚建议是否对检察机关的从宽量刑建议有拘束力呢？

《监察法》第 32 条规定了被调查人在检举揭发有关问题或提供重要破案线索的情况下，监察机关可以作出从宽处罚建议的情形。但当前在从宽处罚建议适用的条件、法法衔接等诸多方面还存在问题亟待解决。

1. 监察从宽处罚建议的适用条件、类型与方法。"从宽处罚"是一项具有中国特色的重要的刑事司法政策，体现了"惩前毖后、治病救人"的精神。[①] 该政策为《监察法》所吸收。根据《监察法》第 31 条、第 32 条之规定，涉嫌职务犯罪的被调查人主动认罪认罚，并具有"自动投案，真诚悔罪悔过"、"积极配合调查工作，如实供述监察机关还未掌握的违法犯罪行为"、"积极退赃，减少损失"、"具有重大立功表现或者案件涉及国家重大利益"、检举揭发有关问题或提供重要破案线索等情形的，监察机关可以提出从宽处罚建议。具体来讲：(1)监察机关在提出从宽处罚建议时，既要考虑被调查人是否符合法定从宽处罚情形，又要关注政治因素，综合研判违法犯罪行为发生时间节点和情节、社会影响、危害后果等情形，以实现政治效果、纪法效果和社会效果相统一。[②] (2)根据案件具体情况，监察机关所提从宽处罚建议包括建议从轻处罚、减轻处罚和免除处罚。因为减轻处罚与免除处罚的重要性，监察机关在建议减轻处罚或者免除处罚时应当严格遵守刑事

---

① 参见马梦草：《怎样更好发挥从宽处罚建议制度的价值》，载《中国纪检监察报》2021 年 1 月 20 日，第 8 版。

② 基于其所调查的职务违法和职务犯罪案件的特殊性，监察机关在适用从宽处罚建议时需注重实现反腐败等的政治效果。参见张明正：《监察机关调查职务犯罪从宽处罚问题研究》，载《南海法学》2019 年第 1 期。

法律的规定,建议免除处罚应当特别慎重。对于无法明确从宽处罚的具体类型的,可以概述为“建议从宽处罚”。(3)监察机关提出从宽处罚建议的,一般应当随《起诉意见书》一并提出,特殊情况下在案件移送时未提出的,也可以在人民检察院提起公诉前,单独向人民检察院提交从宽处罚建议书。

2. 监察机关从宽处罚建议的法律效力。(1)基于独立行使职权的宪法原则,监察机关的从宽处罚建议对于司法机关并无刚性拘束力。但是,基于相互配合原则,检察机关和人民法院应当严肃谨慎地对待监察机关的从宽处罚建议。经过依法审查,对于监察机关提出的符合法定从宽条件的从宽处罚建议,检察机关应当在履行相关法律程序后依法向有管辖权的人民法院提出从宽处罚建议,人民法院应当据此依法作出从宽处罚之裁定。对于监察机关提出的不符合法定从宽条件的监察建议,司法机关也应当在量刑建议或刑罚裁量中充分考虑监察机关的从宽处罚建议及其所依据的量刑情节。(2)不同阶段、不同态度的认罪认罚对案件办理所起到的作用是不同的——相对于在审查起诉或者审判阶段的认罪认罚而言,被调查人员在监察调查阶段的认罪认罚,主动配合调查,对案件的办理更具关键性作用;在这个意义上,监察机关基于犯罪嫌疑人在立案调查阶段的认罪认罚表现所提出的从宽处罚建议,较诸司法机关基于犯罪嫌疑人在刑事司法程序中的认罪认罚所提出的从宽量刑建议,或所作出的从宽处罚裁量更具现实意义。①

3. 检察机关提出从宽量刑建议,应当与办理案件的监察机关会商沟通。如果监察机关移送案件未附从宽处罚建议书,也未能

① 参见周晓天:《从宽处罚建议有何法律效力》,载《中国纪检监察报》2021 年 2 月 10 日,第 8 版。

在审查起诉阶段单独提交从宽处罚建议书，不影响司法机关依法提出从宽量刑建议，或作出从宽处罚裁量。但司法机关拟适用认罪认罚从宽制度时，应当书面征求办理案件的监察机关意见。如若监察机关不同意司法机关适用认罪认罚从宽制度，应当书面说明理由。必要时，监察机关可提请党委政法委协调解决，以确保认罪认罚从宽制度适用的合法性和严肃性。①

四、留置与刑事强制措施之间的衔接机制

“留置”是为调查职务违法犯罪之需要而对被调查人采取的限制其人身自由的强制措施，是一项重要的监察处置措施。② 根据《监察法》第22条之规定，被调查人涉嫌贪污贿赂、失职渎职等严重职务违法或者职务犯罪，监察机关已经掌握其部分违法犯罪事实及证据，仍有重要问题需要进一步调查，并涉及案情重大、复杂的，或存在逃跑、自杀、串供或者伪造、隐匿、毁灭证据等可能的，经监察机关依法审批，可以将其留置在特定场所。在案件调查终结之后，监察机关移送起诉时，一般遵循“人案并送”之原则，在随案移送的犯罪嫌疑人进入司法程序伊始，就必须解决监察留置措施转换为刑事司法强制措施的问题。为确保二者依法顺畅转换，就必须构建某种形式的衔接沟通机制。③

（一）留置措施与刑事强制措施的预备衔接机制

基于职务犯罪本身的特殊性，留置措施具有一定的封闭性，④

① 参见江国华：《中国监察法学》，中国政法大学出版社2022年版，第408～409页。

② 参见游晓宇、张富利：《监察体制改革中的监察留置措施问题探讨》，载《四川警察学院学报》2019年第5期。

③ 参见江国华：《中国监察法学》，中国政法大学出版社2022年版，第412页。

④ 参见马怀德：《再论国家监察立法的主要问题》，载《行政法学研究》2018年第1期。

且监察案件移送程序中立案程序阙如。[①] 因此，非经作出留置决定的监察机关通告，其他国家机关无从知悉被调查对象留置措施的实行情况。故此，在移送起诉之前，监察机关应当主动向检察机关通告留置措施实行的相关情况，并基于案情需要，可以向检察机关提出由留置措施转换为刑事强制措施之建议；检察机关则应构建相应的触发机制，以为留置措施之转换备拟预案。[②]

1. 留置措施实行情况的通告机制。在作出留置决定之后，移送审查起诉之前，犯罪嫌疑人已被采取留置措施的，监察机关应当告知人民检察院。(1)时间上，监察机关应当在正式移送起诉10日前，向拟移送的人民检察院书面通告涉案人员留置措施实行的相关情况；(2)内容上，通告内容应该包括被调查人留置措施执行情况、留置场所、被调查人的身体健康状况及其是否影响后续羁押等；(3)性质上，监察机关提前通告留置措施实行情况既有主动接受监督之意味，也有配合检察机关后续工作之取向。[③]

2. 监察机关的刑事强制措施提请或建议机制。一般而言，办案机关对于其所调查案件之性质、危害强度、社会影响、定罪量刑情形应进行深度研判。因此，对于移送检察机关之犯罪嫌疑人是否应当采取刑事强制措施，监察机关最有发言权。所以，赋予监察机关的刑事强制措施建议权具有深刻法理基础。本着有利于打击犯罪，保证刑事诉讼程序顺利推进之原则，对于移送时未采

① 参见龙宗智：《监察与司法协调衔接的法规范分析》，载《政治与法律》2018年第1期；中共中央纪律检查委员会法规室、中华人民共和国国家监察委员会法规室编写：《〈中华人民共和国监察法〉释义》，中国方正出版社2018年版，第207页。

② 参见江国华：《中国监察法学》，中国政法大学出版社2022年版，第412页。

③ 参见江国华：《中国监察法学》，中国政法大学出版社2022年版，第412页。

取留置措施的,监察机关在提前告知移送事宜时,应当提请检察机关提出对犯罪嫌疑人采取刑事强制措施;对于已经采取留置措施的,监察机关在通告留置措施实行情形时,可一并向检察机关提出采取刑事强制措施的建议。①

3. 检察机关刑事强制措施决定权的触发机制。根据《宪法》相关规定和《刑事诉讼法》第66条、第80条之规定,检察机关对职务犯罪嫌疑人享有采取刑事强制措施的决定权。移送案件的监察机关认为有采取刑事强制措施之必要,提请或者建议检察机关对被移送的犯罪嫌疑人采取刑事强制措施,系检察机关采取刑事强制措施决定权触发的重要机制。对于监察机关的提请,除非犯罪嫌疑人存在法律上明文规定的不适宜羁押情形,检察机关应当依法及时作出采取刑事强制措施之决定;对于监察机关的建议,检察机关应当结合案情和犯罪嫌疑人身体状况等情形,依法及时作出是否采取强制措施之决定。对于拟作出不采取刑事强制措施决定的,应当以书面形式说明理由。②

(二)留置措施与刑事强制措施转换中的衔接沟通机制

"案件移送"是职务犯罪案件进入刑事司法程序的阀门,越过这套阀门,就意味着办理职务犯罪的流程迈入了《监察法》与《刑事诉讼法》并轨运行阶段。鉴于案件移送遵循"人案并送"之原则和并轨运行之内在机理,对涉案人员在监察轨道上实行的留置措施必须转换为刑事强制措施。③

1. 先行拘留的衔接机制。所谓先行拘留意指对于监察机关移送起诉的、已采取留置措施的案件,遵循"措施先行,程序后备"

---

① 参见江国华:《中国监察法学》,中国政法大学出版社2022年版,第412页。
② 参见江国华:《中国监察法学》,中国政法大学出版社2022年版,第413页。
③ 参见江国华:《中国监察法学》,中国政法大学出版社2022年版,第413页。

之法则,先行采取刑事拘留强制措施。[①] 同时,根据《监察法》第47条及《刑事诉讼法》第170条之规定,涉案人员被采取先行拘留措施的同时,留置措施自动解除。(1)先行拘留是留置措施向刑事强制措施转换的先行程序,具有从监察环节向刑事司法环节过渡之属性。[②] (2)在先行拘留后24小时内,人民检察院应当对犯罪嫌疑人进行讯问,这是审查拘留措施合理性和必要性的规定,[③] 同时人民检察院应当根据案情适时作出采取何种刑事强制措施之决定。(3)先行拘留生效的时间节点,这关系到职务犯罪案件办理过程中与《刑事诉讼法》、《中华人民共和国律师法》(以下简称《律师法》)相关法律制度的全面对接,包括律师介入——基于职务犯罪的特殊性,《监察法》没有律师介入规定条款,据此,律师不能介入监察机关调查的案件。但留置措施转换为先行拘留措施之后,自被移送的涉案人员被采取拘留措施之日起,即人民检察院对犯罪嫌疑人进行第一次讯问之日起,犯罪嫌疑人即可以根据《刑事诉讼法》第34条之规定,有权委托辩护人;受委托律师即可以根据《律师法》第28条之规定,为犯罪嫌疑人提供辩护服务。[④]

2. 公检监的衔接协作机制。基于相互制约的原则,人民检察院和公安机关分别行使刑事强制措施的决定权和执行权。据此,在受理监察机关移送起诉的案件之后,对于依法应当采取先行拘

---

① 其也被称作"拘留前置主义",即没有对犯罪嫌疑人拘留,就不能请求逮捕。参见[日]田口守一:《刑事诉讼法》,张凌、于秀峰译,中国政法大学出版社2010年版,第60页。

② 参见付威杰:《如何理解关于纪检监察机关对涉嫌职务犯罪案件移送审查起诉,移送后对审查调查部门的工作要求,以及审理工作完成后对其他问题线索处置的规定?》,载《中国纪检监察》2019年第5期。

③ 参见高童非:《监检衔接中先行拘留措施的法教义学反思》,载《地方立法研究》2020年第2期。

④ 参见杨宇冠:《监察法与刑事诉讼法衔接问题研究》,中国政法大学出版社2018年版,第160页。

留取代监察留置措施的,人民检察院应当根据犯罪嫌疑人的具体情况作出相应的决定,并将有关材料及时移送公安机关,由公安机关负责先行拘留措施的执行,这符合我国公安、司法机关的权限划分和管理体制,亦是监察机关与执法部门相互配合的重要体现。[①] (1)公安机关履行相关程序执行拘留后,原留置措施将自动解除。(2)基于相互配合之原则,为确保刑事强制措施的执行到位,对于需要异地押解的,办理案件的监察机关、检察机关应当对公安机关先行拘留的执行予以协助配合。(3)基于保障人权之原则,对于因健康原因需要送往有医疗条件的监管场所羁押的,办理案件的检察机关应当积极协助公安机关办理相关手续;对于不具备送往相关监管场所羁押条件的,办理案件的检察机关应当在先行拘留执行期间,根据犯罪嫌疑人的具体情况,适时变更刑事强制措施。

3. 漏犯、漏罪、新罪等,需要退回监察机关补充调查中的强制措施衔接沟通机制。对于在审查起诉阶段,或者在审判和执行阶段,发现漏罪、漏犯的,依法应当退回监察机关补充调查。那么,对于其中已采取刑事强制措施的,或者正在服刑的,是否需要回转到监察留置措施呢？这在法理上和实践中均存在较大争议。[②] 在制度设计上,可以考虑区分不同情况分别处理:(1)基于监察留置与刑事强制措施在功能上的相似性,对于在刑事司法过程中已被司法机关采取相应的刑事强制措施的,退回监察机关补充调查

---

① 参见杨宇冠、高童非:《论监察机关与审判机关、检察机关、执法部门的互相配合和制约》,载《新疆社会科学》2018 年第 3 期。

② 有学者认为审查起诉阶段案件退回应当遵守“退案不退人”的原则,而有的学者则认为“退案不退人”的处理原则缺乏法理上的正当性支撑,不利于监检之间的衔接。参见卞建林:《配合与制约:监察调查与刑事诉讼的衔接》,载《法商研究》2019 年第 1 期;程雷:《刑事诉讼法与监察法的衔接难题与破解之道》,载《中国法学》2019 年第 2 期。

阶段,沿袭正在执行的刑事强制措施完全能够实现留置措施的基本功能,故此,监察机关不宜再行采取留置措施;但基于查明案件之需要,司法机关应当本着相互配合之原则,对监察机关的补充调查工作予以协助,并提供相应条件。(2)对于被采取取保候审、监视居住措施的,或者未被采取刑事强制措施的,监察机关应当根据案情需要,在补充调查阶段,可以依法采取留置措施,并及时通报司法机关,由其依法解除正在执行的刑事强制措施。(3)对于正在监所服刑的漏罪或新罪嫌疑人,监察机关在补充调查阶段无采取留置措施之必要;但基于查明案件之需要,司法行政部门,特别是监管场所,应当本着相互配合制约原则,为监察机关的补充调查提供协助。(4)对于在社区服刑的,监察机关应当根据案情需要,在补充调查阶段,可以依法采取留置措施,或者提请人民法院和司法行政机关对漏罪或新罪嫌疑人收监处置,相关机关应当予以配合。①

(三)互涉案件中强制措施的衔接沟通机制

在互涉案件中,鉴于管辖权的交叉性,不同办案机关基于查明案件之需要存在分别依法采取强制措施的现实可能性。"重复强制禁止"之原则要求避免出现对同一犯罪嫌疑人同时采取留置措施和刑事强制措施之情形。因而,应当根据相互配合的宪法原则,构建公安机关、检察机关、监察机关在强制措施适用上的衔接沟通机制。②

1. 留置措施的优先适用。如前所述,在互涉案件中,基于职权管辖之原则,公安机关、检察机关、监察机关依职权各自管辖案件互涉部分。但根据《监察法》第34条第2款之规定,互涉案件

---

① 参见江国华:《论监察与刑事司法的沟通衔接机制》,载《东方法学》2023年第1期;江国华:《中国监察法学》,中国政法大学出版社2022年版,第413~414页。

② 参见江国华:《中国监察法学》,中国政法大学出版社2022年版,第414页。

一般以监察机关调查为主，其他机关予以协助。基于权责相统一之原则，相对于刑事强制措施而言，监察留置具有优先适用性。故此，基于案件情况，确有采取强制措施之必要的，应遵循以留置措施优先适用为原则，以刑事强制措施适用为例外。据此，公安机关、检察机关在办理互涉案件中，认为有采取强制措施之必要的，应商请监察机关采取留置措施。在特殊情况下，若经公安机关、检察机关、监察机关协商认为采取刑事强制措施更有利于案件的办理，也可以优先采取刑事强制措施。①

2. 先解除刑事强制措施，再采取留置措施。在办理互涉案件中，如果公检机关基于案件急迫性考量，率先采取了拘留或逮捕强制措施，但监察机关基于调查职务犯罪之需要，认为确有采取留置措施之必要的，监察机关可以在商请采取刑事强制措施的公检机关解除刑事强制措施后，采取留置措施。在特殊情况下，经公安机关、检察机关、监察机关协商一致，认为采取刑事强制措施更为适宜的，也可以维持刑事强制措施的执行。②

3. 先采取监察留置措施，再解除刑事强制措施。在特殊情况下，基于案情的紧迫性、严重性，对于已经被互涉案件侦办机关采取取保候审、监视居住或者未采取刑事强制措施的，监察机关可以先行采取留置措施，并依法商请公安机关、检察机关解除刑事强制措施。监察机关采取留置措施期满或者解除留置措施后，重新将犯罪嫌疑人移交公安机关、人民检察院继续侦查，刑事强制措施羁押时间继续计算，发现犯罪嫌疑人犯有其他罪行的除外。③

① 参见杨杨、王园园、李乐：《监检互涉案件办案衔接若干问题研究》，载蒋来用主编：《廉政学研究》总第4辑，社会科学文献出版社2020年版；江国华：《中国监察法学》，中国政法大学出版社2022年版，第414～415页。

② 参见江国华：《中国监察法学》，中国政法大学出版社2022年版，第415页。

③ 参见江国华：《中国监察法学》，中国政法大学出版社2022年版，第415页。

4. 留置期限届满或解除后，再采取刑事强制措施。根据办案规律，互涉案件的不同办案机关所办案件的复杂程度或有差异，案情进展程度殊难同步。基于查明案件之需要，在留置期届满或解除的情况下，若公安机关、检察机关认为确有继续采取强制措施之必要，可以在商请监察机关后，采取刑事强制措施。①

五、监察调查与涉贪腐案件审理中的衔接机制

监察机关是查处腐败、调查职务犯罪的专责机关。但查处腐败、惩治职务犯罪并非监察机关可以独自承担的重任。为此，《宪法》和《监察法》均规定了监察机关、审判机关、检察机关在办理职务犯罪案件中的“相互配合、相互制约”之原则。在恪守独立行使职权的前提下，这项原则不仅应当贯彻于职务犯罪调查、移送起诉和审查起诉的全过程，也应当贯彻于法院裁判的全过程。鉴于审判环节之于惩治职务犯罪的关键性作用，在制度设计上，应在坚持人民法院独立行使审判权的前提下构建有效衔接沟通机制。②

（一）缺席审判前置程序中的衔接沟通机制

刑事缺席审判是指在被告人不到庭时，控诉方和被告人的辩护人到庭参加庭审的一种特殊审判活动。③ 为配合《监察法》的实施，集成反腐败司法合力，2018 年《刑事诉讼法》修改增设了“缺席审判程序”专章，为因被告人逃匿等未能到案的职务犯罪案件之审判设置了专门的程序规范，④夯实了司法反腐的最后防线。

---

① 参见江国华：《中国监察法学》，中国政法大学出版社 2022 年版，第 415 页。

② 参见江国华：《中国监察法学》，中国政法大学出版社 2022 年版，第 416 ~ 417 页。

③ 参见王辉华：《职务犯罪案件缺席审判：现实问题与改进路径》，载《法治社会》2020 年第 4 期。

④ 参见陈卫东：《论中国特色刑事缺席审判制度》，载《中国刑事法杂志》2018 年第 3 期。

1. 缺席审判程序适用的审批与会商机制。对于犯罪事实清楚、证据确实充分,但犯罪嫌疑人逃匿或者经合法传唤拒不到案的,符合缺席审判法定条件的,可以适用缺席审判。国家监察委员会应当与最高人民检察院、最高人民法院等机关建立会商机制,就地方各级监察机关层报拟适用缺席审判的申请听取意见。对于被调查人外逃的贪污贿赂犯罪案件,在犯罪事实已经查清、证据确实充分的情况下,监察机关认为符合缺席审判条件的,应当向检察机关移送被调查人外逃情况材料,包括被调查人外逃的准确目的地、联系方式等。[①]

2. 缺席审判的文书送达之会商机制。地方监察机关层报国家监察委员会拟适用缺席审判的案件,应满足法律文书送达不能之条件。"对一个湮没无闻者进行缺席审判近似于对死亡者的审判,不仅无助于营造刑事司法一般预防和特殊预防的效果,而且可能产生弱化正义感的心理效应。"[②]因此,只有对于经过合法合理的送达后被调查人仍拒绝配合监察机关调查的案件,才能适用缺席审判程序。例如,在法国缺席审判制度适用中,在文书送达方面以向被告人本人送达为原则,并可通过检察官调用公共力量搜索受送达人的位置来完成送达,在穷尽送达方式的基础上,可以向其直系血亲、姻亲、佣人、共同居住人等送达。[③] 在意大利还可采取向辩护人送达的方式。[④] 当前,我国监察机关对于拟适用缺席审判程序的案件,在文书送达方式上应当与同级人民法院、

---

① 参见江国华:《中国监察法学》,中国政法大学出版社2022年版,第417页。

② 黄风:《对外逃人员缺席审判需注意的法律问题》,载《法治研究》2018年第4期。

③ 参见《世界各国刑事诉讼法》编辑委员会编译:《世界各国刑事诉讼法·欧洲卷》(上),中国检察出版社2016年版,第667~668页。

④ 参见《世界各国刑事诉讼法》编辑委员会编译:《世界各国刑事诉讼法·欧洲卷》(下),中国检察出版社2016年版,第1651页。

人民检察院会商研究后形成可行性一致意见来确定;送达不能的认定亦应当与同级人民法院、人民检察院会商确定。[①]

3. 缺席审判的辩护律师参与机制。人民法院适用缺席审判制度解决的是定罪与量刑的问题,是真正意义上的刑事审判活动。[②] 缺席审判是在被告人不到庭的情况下作出的审判决定,但这并不影响被告人的主体地位以及辩护权等诉讼权利。[③] 因此,辩护律师的作用被放大。基于保障被告人合法权益之考量,应当给予被告人之辩护律师充分参与之机会。监察机关法律文书送达可以提请辩护律师予以配合,文书送达不能等事宜应及时通知辩护律师;在适用缺席审判程序的决定作出时,应当适时通知辩护律师。没有聘请辩护律师的,依法应当为其指派辩护律师。[④]

(二)庭审与裁判文书通报机制

审理职务犯罪案件,人民法院应当及时将开庭情况以及法律文书通报监察机关。基于审判中心主义原则,监察机关应当配合职务犯罪的审判工作,必要时,直接办理案件的监察人员应当出庭陈述人民法院提出的任何涉案问题。在尊重人民法院依法独立行使审判权的前提下,监察机关也可以申请旁听,人民法院应予允准。[⑤]

1. 庭审信息通报衔接机制。鉴于职务犯罪案件的影响力较

---

① 参见江国华:《中国监察法学》,中国政法大学出版社 2022 年版,第 417 ~ 418 页。

② 参见樊崇义:《腐败犯罪缺席审判程序的立法观察》,载《人民法治》2018 年第 13 期。

③ 参见程晨:《缺席审判程序的理解与适用》,载《山西省政法管理干部学院学报》2020 年第 1 期;邱飞:《在比较中借鉴:关于构建我国刑事缺席审判制度的理性分析——以〈联合国反腐败公约〉资产追回机制为视角》,载《甘肃理论学刊》2006 年第 4 期。

④ 参见江国华:《中国监察法学》,中国政法大学出版社 2022 年版,第 418 页。

⑤ 参见江国华:《中国监察法学》,中国政法大学出版社 2022 年版,第 418 页。

大,应当保障监察机关充分了解开庭信息,人民法院应当在开庭前及时将相关案件的开庭情况通报监察机关。①

2. 庭审参与机制。尽管《监察法》没有规定调查人员的出庭义务,但参照《刑事诉讼法》第59条之规定,经人民法院通知,直接参与案件调查的监察人员应当出庭支持审判工作。基于查明案件需要,人民法院也可以要求监察机关办案人员出庭作证,或者参加庭前会议说明相关情况。根据法庭质证的要求,监察机关不得以调查人员签名并加盖公章的说明材料替代调查人员出庭,倘若经人民法院通知,监察委员会工作人员不出庭说明情况、又不能排除非法收集证据可能性的,应对有关证据予以排除。②

3. 有关裁判文书的移送。作为反腐败的专责机关,监察机关应当密切关注职务犯罪的审理情况,及时掌握案件最终的审判、裁决等信息。基于相互配合之原则,在一审、二审裁判上诉期满后或裁判文书发生法律效力后,人民法院应当及时将裁判文书移送监察机关。一审后被告人上诉的,应当通告监察机关被告人上诉的情况。③

六、涉案财物处置中的衔接机制

"不让腐败分子因腐败而获益"是制度反腐的底线法则。根据《监察法》第46条之规定,对于涉案财物,监察机关有权作出两种处理:其一,针对涉案财物属于公职人员职务违法所得的情况,作出没收、追缴或者责令退赔的决定;其二,针对涉案财物属于职

① 参见江国华:《中国监察法学》,中国政法大学出版社2022年版,第418页。

② 参见杨宇冠、高童非:《论监察机关与审判机关、检察机关、执法部门的互相配合和制约》,载《新疆社会科学》2018年第3期。

③ 参见江国华:《中国监察法学》,中国政法大学出版社2022年版,第419页。

务犯罪所得的情况,移送司法机关。[①] 建立健全涉案财物处置中的衔接机制将有利于追回公职人员职务违法犯罪所得,旨在避免公职人员因违法或犯罪行为而获利的情况发生。[②]

(一)涉案财物的查扣与追缴

为保障违法犯罪所得的收缴、追回,防止犯罪嫌疑人的转移、恶意消耗,监察机关在职务违法犯罪调查过程中,应当依法采取即时强制措施,必要时,可以与司法机关等形成联动机制。[③]

1. 涉案财物的即时强制措施。即时强制措施,最早系行政法上的概念,又称“紧急处置”“行政强制”,意指行政机关在实施管理中,对可能危害或正在危害国家或社会的人或物品即时采取的强制措施。[④]《监察法》中的即时强制措施,意指监察机关在职务违法犯罪调查过程中所采取的查封、扣押、冻结等措施。为及时控制相关涉案财产、保存违法犯罪证据,在追查职务违法与职务犯罪的过程中,监察机关应当对涉案财物采取查封、扣押、冻结等即时强制措施。(1)涉嫌违法犯罪的被调查人具有存款、汇款等金钱财产的,监察机关应当在查清权属、来源去向、收益以及与违法犯罪事实的关系等情况下采取相应的冻结措施;(2)对于可能证明被调查人涉嫌违法犯罪的财物、与被调查人违法犯罪活动有关的财物可以采取查封、扣押等措施。[⑤]

2. 涉案财物的追缴。监察机关在职务违法犯罪调查过程中,认为有追缴涉案财物之必要的,应以追缴原物为原则,以等值追

---

① 参见马怀德主编:《中华人民共和国监察法理解与适用》,中国法制出版社 2018 年版,第 177 ~ 178 页。

② 参见江国华:《中国监察法学》,中国政法大学出版社 2022 年版,第 419 页。

③ 参见江国华:《中国监察法学》,中国政法大学出版社 2022 年版,第 419 页。

④ 参见江国华编著:《中国行政法(总论)》,武汉大学出版社 2012 年版,第 284 页。

⑤ 参见江国华:《中国监察法学》,中国政法大学出版社 2022 年版,第 419 页。

缴为例外。(1)若原物已经转化为其他财物,则应追缴转化后的财物;(2)有证据证明依法应当追缴、没收的涉案财产无法找到、被他人善意取得、价值灭失或者与其他合法财产混合且不可分割的,可以追缴、没收其他等值财产;(3)被调查人、犯罪嫌疑人、被告人没有实际退赃、退赔能力,但其亲友应其请求,或者主动提出并征得其同意,自愿代其退赃、退赔的,调查、侦查机关对相关财物应当予以接收,并在笔录中记明,或者由被调查人、犯罪嫌疑人、被告人的亲友出具书面说明。①

3. 涉案财物的即时强制措施之顺位。监察机关对涉案财物采取即时强制措施,应合乎比例原则,即对涉案财物采取的强制措施应与被调查人员违法犯罪情节相适应。(1)监察机关对涉案财物采取强制措施,一般应遵循查封、扣押、冻结之顺位;(2)对于司法机关、其他监察机关等国家机关移送的涉案财物,若该机关采取的查封、扣押、冻结期限届满,监察机关续行查封、扣押、冻结的顺位应与该国家机关查封、扣押、冻结的顺位保持一致。②

(二)涉案财物移交中的衔接机制

监察机关调查终结需要移送起诉的,或在审查起诉、审判、执行阶段发现属于监察机关管辖的新案件的,监察机关与司法机关之间应当就涉及涉案财物的移交接收问题构建有效衔接机制。③

1. 涉案财物的移送。对于属于职务犯罪所得之财物,监察机关应当妥善保管,以供核查,并制作清单,在移送起诉之时,随案移送司法机关。(1)涉案财物移送应坚持“实物移送”之原则,如若不宜实物移送,监察机关应当与司法机关协商。经协商不移送

① 参见江国华:《中国监察法学》,中国政法大学出版社 2022 年版,第 419 ~ 420 页。

② 参见江国华:《中国监察法学》,中国政法大学出版社 2022 年版,第 420 页。

③ 参见江国华:《中国监察法学》,中国政法大学出版社 2022 年版,第 420 页。

实物的，应当将涉案财物清单、照片或者其他证明文件随案移送司法机关，并做好协助工作。(2)对于监察机关查封、扣押、冻结并移送司法机关的涉案财物，在审查起诉、审判或者执行期间，检察机关或者人民法院应当在强制措施期限届满之前，续行查封、扣押、冻结措施，其顺位应与监察的强制措施保持一致。①

2. 涉案财物价值认定。监察机关移送涉案财物应当保障涉案财物的真实性，并查明其价值。② (1)对于移送的涉案财物必须保障其真实性，监察机关应当委托专业鉴定机构或检测机构进行技术鉴定；(2)对于移送司法机关的涉案财物价值不明的，监察机关应当在移送起诉前向人民政府价格主管部门设立的价格认证机构提出价格认定。③

3. 涉案财物的审查。司法机关应对监察机关移送的涉案财物依法进行审查。(1)人民检察院在审查起诉时，应当对涉案财物进行审查，如若人民检察院认为不属于犯罪所得，但可能属于公职人员违法所得的，应当将公职人员涉嫌违法所得部分的涉案财物退回监察机关依法处理。(2)人民法院在案件审理过程中，应当查明涉案财物权属、与犯罪事实之间的关系等情况，并在判决书中写明具体的处置方式。涉案财物较多，不宜在判决书主文中详细列明的，可以另附清单。④

(三)涉案财物处置中的衔接机制

在职务违法犯罪案件中，涉案财物既是违法犯罪事实的表现形式，也是监察机关据以处置和司法机关据以定罪量刑的重要证

---

① 参见江国华：《中国监察法学》，中国政法大学出版社 2022 年版，第 420 页。

② 参见杨德森：《涉案财物如何查扣和处理》，载《中国纪检监察报》2020 年 10 月 21 日，第 8 版。

③ 参见江国华：《中国监察法学》，中国政法大学出版社 2022 年版，第 420 页。

④ 参见江国华：《中国监察法学》，中国政法大学出版社 2022 年版，第 420 页。

据形式。[①] 故此，涉案财物处置权的分配和协作关乎其价值的最终实现。[②]

1. 监察阶段涉案财物的处置。监察机关应对其查封、扣押或冻结的涉案财物性质进行甄别。若属于违法所得之涉案财物，应由监察机关依法予以收缴；若属于职务犯罪所得之涉案财物，应当移送司法机关依法收缴。对于违法与犯罪混合所得，无法甄别涉案财物性质，或查封、扣押、冻结的涉案财物不足以满足追缴全部违法所得和犯罪所得的，鉴于犯罪所得收缴情形系对犯罪嫌疑人最终量刑具有实质意义的法定量刑情节，故而基于保障犯罪嫌疑人合法权利之考量，监察机关原则上应当遵循司法移送优先之原则，将与涉嫌犯罪所得数额相当的涉案财物优先移送司法机关依法处理；只有确有证据证明犯罪嫌疑人具备退赃能力而不积极主动退赃的，监察机关方可优先足额收缴违法所得。[③]

2. 互涉案件的涉案财物处置。在办理互涉案件中，对查封、扣押、冻结的涉案财物的处置存在争议的，监察机关应当与其他办案机关充分协商，综合考虑该涉案财物的性质、与犯罪事实的关联程度等，依法作出适当处置决定。若涉案财物由其他机关先行查封、扣押或冻结，应当移送商定处置机关。[④]

3. 上缴国库。涉案财物上缴国库一般应遵循“谁追缴谁上缴”的原则。监察机关在调查过程中基于调查结果追缴、没收的公职人员违法所得，应当由监察机关上缴国库；人民法院经过生效判决、裁定确认的属于被告人犯罪所得的涉案财物，应当由负

---

① 参见马康：《监察程序与刑事诉讼衔接重要问题研究》，载《海峡法学》2020 年第 3 期。

② 参见江国华：《中国监察法学》，中国政法大学出版社 2022 年版，第 421 页。

③ 参见江国华：《中国监察法学》，中国政法大学出版社 2022 年版，第 421 页。

④ 参见江国华：《中国监察法学》，中国政法大学出版社 2022 年版，第 421 页。

责执行的司法机关依法上缴国库；特殊情况下由查封、扣押的监察机关上缴国库，这种情况主要适用于司法机关已经作出生效判决、裁定，但涉案财物仍由监察机关查封、扣押的，由监察机关依法上缴国库不仅可以节约国家资源，而且可以提高上缴效率。①

【相关案例】

“自动投案”的适用条件

L系D县委常委、县政府常务副县长。2017年6月，C市监察委员会接到群众举报，称L利用职务便利，在D县水利工程项目建设招投标中违规操作，帮助A公司中标。事后，L收受A公司2万元。C市监察委员会经初步核实了解，认为L有受贿重大嫌疑。

在C市监察委员会立案前，L听到了风声，主动找到县委书记Z，并向Z如实说明了自己收受贿赂并为A公司谋取利益的情况。后Z将相关情况及时向C市监察委员会作了报告。C市监察委员会对L采取了留置措施。

在调查过程中，L对接受A公司2万元的事实予以承认。但监察人员在调查中又掌握了L收受B公司贿赂20万元的事实并取得了相关证据，但L对此始终矢口否认。

C市监察委员会在将L涉嫌受贿犯罪案件移送检察机关时，没有提出从宽处罚建议。

解析

《监察法》第31条规定，涉嫌职务犯罪的被调查人主动认罪认罚，自动投案，真诚悔罪悔过的，监察机关经领导人员集体研

① 参见江国华：《中国监察法学》，中国政法大学出版社2022年版，第421页。

究,并报上一级监察机关批准,可以在移送人民检察院时提出从宽处罚的建议。根据该规定,对具备一般自首情节的被调查人,监察机关经过审批可以向检察机关提出从宽处罚建议。这体现了“明刑弼教”的中华法文化,与马克思主义刑罚观高度吻合,符合加强法治教育和道德教育,弘扬中华优秀传统文化的精神。中华传统法律文化基于对人性的理解,提出了劝人向善、明德慎罚、教化人心的思想,马克思主义强调犯罪背后的社会经济原因,指出犯罪者仍然是人,可以通过教育等方式予以改造。我们始终强调坦白从宽、抗拒从严,强调惩前毖后、治病救人,这是中国特色社会主义法治理论的重要内容。

一般自首是指被调查人犯罪后自动投案,如实供述自己罪行的行为。其主要包括两个要件:一是自动投案,即被调查人将自己置于监察机关合法控制下,进而接受调查和审判。被调查人的投案方式包括:被调查人向监察机关投案;被调查人向公安机关、检察机关、审判机关等单位投案;被调查人向其所在单位、有关组织或者其他有关负责人投案;被调查人因病、伤或者为了减轻犯罪后果,委托他人先代为投案,或者先以信电方式投案;被调查人犯罪后逃跑,在被通缉、追捕过程中主动投案;经查实被调查人确已准备去投案或者正在投案途中,被监察机关等强制归案,视为自动投案。二是如实供述自己的罪行,即如实交代自己的主要犯罪事实以及姓名、年龄、职业、住址、前科等情况;涉嫌犯数罪的被调查人,仅如实供述部分犯罪的,对如实供述的部分犯罪可认定为自首;投案后没有如实交代全部犯罪事实,但交代的犯罪情节重于未交代的犯罪情节,或者如实交代的犯罪数额多于未交代的犯罪数额,一般认定为如实供述自己的主要犯罪事实;自动投案后如实供述自己的罪行后又翻供的,不能认定为自首,但调查终结前又如实供述的,监察机关应当认为是自首。据此,本案中 C

市监察委员会虽然已经掌握了L涉嫌受贿犯罪的事实，但L在监察人员找其调查前，主动向县委书记Z说明了自己受贿2万元的事实，自愿置于监察机关的控制下并接受调查，可以认定为自动投案。但L并没有如实供述自己全部犯罪事实，而是隐瞒受贿20万元的主要事实，仅交代了受贿2万元的事实，其真实意图是想蒙混过关，通过交代较为轻微的犯罪事实，掩盖较重的犯罪事实，进而逃避法律制裁。可见，L并没有真诚悔罪悔过的主观意愿，其行为不符合《监察法》第31条第1项规定，因此监察机关不能向检察机关提出从宽处罚建议。

实践中，监察机关在运用《监察法》第31条第1项规定时，必须认真审核把关，综合考虑被调查人的投案时机、供述内容、供述稳定性等因素，分析判断被调查人的真实目的，既要发挥好《监察法》关于从宽处罚建议规定的导向作用，又要防止被调查人借“自首”之名行逃避惩罚之实。

第一章　管辖的衔接

管辖的本质就是职权分工。在监察体制中，职务犯罪监察管辖问题，既关涉监察机关和公安机关、检察机关等之间的职能管辖划分，又涉及监察机关内部上下级之间的级别管辖划分和不同行政区域监察机关之间的地域管辖划分。就其规范性而言，职务犯罪监察管辖的总体构造，既要考虑职务犯罪调查的监察专属管辖，也要考虑监察机关、公安机关和检察机关管辖交叉案件、关联案件的分工与衔接，以及职务犯罪审查起诉和审判管辖的协作与衔接。有必要综合考量监察调查与侦查、审查起诉、审判等各环节的衔接需要，将职务犯罪管辖中的法法衔接贯通于职务犯罪追诉的整体法律体系内统筹安排，构建以监察管辖优位和监察双轨管辖为基本内核的衔接沟通机制，①理顺监察机关办理职务犯罪案

① 参见江国华、龚雄艳:《职务犯罪监察管辖冲突及其解决机制》，载《江汉学术》2021 年第 5 期。

件中的内外协调配合与沟通协作之关系，疏通监察权力运行过程中的易滞易堵环节。

刑事诉讼中的管辖，意指公安机关、人民检察院和人民法院等国家机关按照法律规定立案受理刑事案件及人民法院审理刑事案件的分工。[①] 监察管辖是就某个监察对象或者某些特定监察事项确定由哪一级或者哪一个监察机关有权进行管辖的法律制度，[②]即国家监察机关对监察对象职务违法和职务犯罪进行监督调查处置的权限和分工。其既是对监察机关追诉范围的限定，也涉及追诉程序及犯罪嫌疑人、被告人权利保障的相关规定。由于监察管辖兼具司法管辖与纪检管辖的特点，其在制度设计层面更显纷繁复杂。对监察管辖进行梳理和总结，能够避免实践中因对管辖理解泛化而导致执行效率过低、衔接错位等问题，有助于完善监察管辖制度，并进而推进国家治理体系和治理能力现代化。

按照监察管辖的相关规定，立法采取“特定人员＋特定事项”的方式确定了监察管辖的范围。一方面，《监察法》第15条将6类公职人员纳入监察对象范畴；另一方面，就监察机关的管辖事项而言，《监察法》第16条第1款规定监察机关管辖本辖区内法律规定的人员所涉监察事项，《国家监察委员会管辖规定（试行）》对监察机关管辖事项进行了列举式规定。

自国家监察体制改革以来，国家权力结构和职能配置实现了较大调整，有学者将监察体制改革形容为“吹皱一池春水”，认为

---

① 参见胡铭：《刑事诉讼法学》，法律出版社2016年版，第96页。转引自钱小平：《监察管辖制度的适用问题及完善对策》，载《南京师大学报（社会科学版）》2020年第1期。

② 参见江国华：《中国监察法学》，中国政法大学出版社2018年版，第88页。

其使人们重新思考国家各机关的定位与权力范畴。[①] 比如:(1)监察管辖主要面临职能管辖权的划分问题,涉及监察机关与人民法院、人民检察院、公安机关和审计机关等国家机关的职权划分、权限边界和争议解决;(2)对于被调查人既涉嫌职务犯罪又涉嫌其他犯罪的案件(以下简称互涉案件)或被调查人涉及存在因果关系的职务犯罪案件(以下简称关联案件),监察机关如何与其他国家机关各司其职、互相协作的问题;(3)对于指定起诉、审判管辖、补充移送起诉的职务犯罪案件,监察机关与其他机关的职能分配与衔接沟通问题。总之,厘清监察权之管辖范畴是明确监察机关与其他机关权责边界之首要问题,也是协调各机关衔接工作的必要途径。

第一节　职能管辖权的划分

职能管辖实质指关于职能的分工问题。在监察制度中,职能管辖具体是指监察机关、人民法院、人民检察院、公安机关、国家安全机关等在案件管理范围上的权限区分,即哪类案件应当由何种机关立案受理。[②] 在监察程序正式启动之前,首先应当明确监察机关是否有权管辖,根据《监察法》第 35 条之规定,“对于不属于本机关管辖的,应当移送主管机关处理”。其目的在于确定案件是否能够由监察机关管辖并开启独立的监察调查工作。因此,有必要对职能管辖的具体划分予以明确。《监察法》第 34

① 参见夏金莱:《论监察体制改革背景下的监察权与检察权》,载《政治与法律》2017 年第 8 期。

② 参见江国华:《论监察与刑事司法的沟通衔接机制》,载《东方法学》2023 年第 1 期。

条规定："人民法院、人民检察院、公安机关、审计机关等国家机关在工作中发现公职人员涉嫌贪污贿赂、失职渎职等职务违法或者职务犯罪的问题线索，应当移送监察机关，由监察机关依法调查处置。被调查人既涉嫌严重职务违法或者职务犯罪，又涉嫌其他违法犯罪的，一般应当由监察机关为主调查，其他机关予以协助。"该条规定了监察机关与其他机关在职能管辖权上的划分。

一、监察机关的职能管辖

2018 年出台的《监察法》明确了监察机关的职能管辖范围。《监察法》第 3 条规定："各级监察委员会是行使国家监察职能的专责机关，依照本法对所有行使公权力的公职人员（以下称公职人员）进行监察，调查职务违法和职务犯罪，开展廉政建设和反腐败工作，维护宪法和法律的尊严。"该条是监察机关职能管辖的纲领性条文，明确了监察机关管辖的范围和对象。

据此，监察机关按照管理权限，应当对下列公职人员进行监察：(1)中国共产党机关、人大及其常委会机关、行政机关、政协机关、监察机关、审判机关、检察机关、民主党派机关和工商业联合会机关的公务员，以及参照《中华人民共和国公务员法》（以下简称《公务员法》）管理的人员；(2)法律、法规授权或者受国家机关依法委托管理公共事务的组织中从事公务的人员；(3)国有企业管理人员；(4)公办的教育、科研、文化、医疗卫生、体育等单位中从事管理的人员；(5)基层群众性自治组织中从事管理的人员；(6)其他依法履行公职的人员。关于监察机关管辖的范围，《监察法》第 11 条作出具体规定："监察委员会依照本法和有关法律规定履行监督、调查、处置职责：……(二)对涉嫌贪污贿赂、滥用职权、玩忽职守、权力寻租、利益输送、徇私舞弊以及浪费国家资财等职务违法和职务犯罪进行调查……”由此可知，监察机关负责调查涉嫌贪污贿赂、滥用职权、玩忽职守、权力寻租、利益输送、徇私舞弊以及浪费国家资财等职务违法犯罪案件，包括个人犯罪和单位犯罪。

另外，《监察法》第11条也明确了监察机关对上述涉嫌职务违法犯罪案件所享有的调查权力：“对违法的公职人员依法作出政务处分决定；对履行职责不力、失职失责的领导人员进行问责；对涉嫌职务犯罪的，将调查结果移送人民检察院依法审查、提起公诉；向监察对象所在单位提出监察建议。”通过明确的法律规定，将职务犯罪的侦查权赋予监察机关，是监察体制改革的应有之义，亦是推进反腐制度化、法治化的客观需要。

二、监察机关与公安机关职能管辖权限的划分

《刑事诉讼法》第19条第1款规定：“刑事案件的侦查由公安机关进行，法律另有规定的除外。”此处“法律另有规定的除外”则为《监察法》赋予监察机关职务犯罪案件调查管辖权限预留空间。如前所述，《监察法》第11条已明确监察机关对职务犯罪职能管辖的权限。故而《刑事诉讼法》同《监察法》共同奠定了监察机关职能管辖的法律依据。《公安机关办理刑事案件程序规定》进一步明确：“根据刑事诉讼法的规定，除下列情形外，刑事案件由公安机关管辖：（一）监察机关管辖的职务犯罪案件……”但是，无论是《监察法》还是《刑事诉讼法》，抑或相关的规范性文件，对于监察机关职务犯罪调查的管辖权限的规定均较为概括，且纪法问题（违反政纪与违反刑法的问题）未作区分，如贿赂犯罪既为“权力寻租”，也必然包含“利益输送”“浪费国家资财”。因此，《监察法》与《刑事诉讼法》的规定尚难以满足刑事案件管辖分工的清晰

性要求。[①] 鉴于此,《国家监察委员会管辖规定(试行)》对监察委员会所管辖的职务犯罪进行了更详细的规定,第 12 ~ 17 条列举了监察机关管辖的六大类 88 个职务犯罪案件罪名,占刑法全部罪名的近五分之一,并将国有公司、企业、事业单位中有关人员涉嫌非国家工作人员受贿罪,签订、履行合同失职被骗罪及重大责任事故罪、工程重大安全事故罪等罪名纳入管辖范围。具体而言:

其一,《国家监察委员会管辖规定(试行)》中所涉及的 88 个罪名可分为两大类:(1)监察机关专属管辖的罪名(55 个)。其中包括《国家监察委员会管辖规定(试行)》第 12 ~ 15 条规定的罪名(其中非国家工作人员受贿罪、对非国家工作人员行贿罪以及对外国公职人员、国际公共组织官员行贿罪三个罪名除外),主要是《中华人民共和国刑法》(以下简称《刑法》)分则第 8 章"贪污贿赂罪"、第 9 章"渎职罪"规定的罪名以及其他相关章节规定仅由国家(机关)工作人员构成的犯罪以及与国家工作人员行使职权相关的犯罪。(2)监察机关与公安机关共同管辖的罪名(33 个)。其中包括《国家监察委员会管辖规定(试行)》第 16 条、第 17 条规定的罪名及非国家工作人员受贿罪、对非国家工作人员行贿罪以及对外国公职人员、国际公共组织官员行贿罪 3 个罪名。

其二,2021 年 9 月 20 日,《中华人民共和国监察法实施条例》(以下简称《监察法实施条例》)颁布实施。《监察法实施条例》对监察管辖罪名进行补充和调整,增加《刑法》第 134 条之一的危险作业罪、司法工作人员以外的公职人员利用职权实施的非法拘禁

---

① 龙宗智:《监察与司法协调衔接的法规范分析》,载《政治与法律》2018 年第 1 期。

罪、虐待被监管人罪、非法搜查罪，共计 92 个罪名。

其三，监察机关对国家公职人员利用职权实施的非法拘禁、刑讯逼供、虐待被监管人、非法搜查、徇私枉法等侵害公民权利、损害司法公正的 14 个罪名具有管辖权。由于该 14 个罪名与前述 92 个罪名中均包括滥用职权罪、玩忽职守罪、非法拘禁罪、虐待被监管人罪、非法搜查罪，因此核减重复的 5 个罪名后，监察机关职能管辖罪名共计 101 个。

由此可知，监察体制改革并非仅将原来检察机关管辖的职务犯罪罪名转由监察机关管辖，还包含了一部分原来由公安机关立案管辖的罪名，从而实现对所有行使公权力的公职人员监察全覆盖。这部分原来由公安机关管辖的罪名在监察体制改革后按照“人 + 事”的标准由监察机关和公安机关共同管辖：属于公职人员在行使公权力过程中实施的犯罪，由监察机关管辖；反之，则由公安机关管辖。对监察机关、公安机关都可以管辖的职务侵占罪、挪用资金罪、重大责任事故罪等确定管辖时，应当重点把握涉嫌犯罪人员是否属于公职人员。公职人员在行使公权力过程中实施的上述犯罪，应当由监察机关管辖，其他犯罪由公安机关管辖。监察机关职能管辖权限范围的明确，为解决立案管辖过程中的程序衔接问题提供了基础。①

三、监察机关与检察机关职能管辖权的划分

国家监察委员会专责行使国家监察职能与司法机关依法独立行使国家法律监督职能（检察机关）、国家审判职能（法院）必须协调衔接，才能形成互相配合、互相制约的反腐败工作机制，这

---

① 参见江国华：《论监察与刑事司法的沟通衔接机制》，载《东方法学》2023 年第 1 期。

是法治反腐败的内在要求。[①] 检察机关履行法律监督职权，通过参与诉讼、监督诉讼和对职务犯罪进行查处以维护司法公正和社会公平正义。[②] 人民检察院在对诉讼活动实行法律监督中发现的司法工作人员利用职权实施的非法拘禁、刑讯逼供、非法搜查等侵犯公民权利、损害司法公正的犯罪，监察机关和人民检察院均有权管辖。上述犯罪如非涉嫌贪污贿赂等由监察机关管辖的其他职务犯罪，一般应当由人民检察院立案侦查。

《刑事诉讼法》第 19 条第 2 款规定，“人民检察院在对诉讼活动实行法律监督中发现的司法工作人员利用职权实施的非法拘禁、刑讯逼供、非法搜查等侵犯公民权利、损害司法公正的犯罪，可以由人民检察院立案侦查”。由此可知，仍有部分职务犯罪行为属于检察机关的管辖范围，具体包括司法工作人员利用职权实施的非法搜查罪、非法拘禁罪、暴力取证罪、刑讯逼供罪等。《国家监察委员会管辖规定（试行）》第 21 条第 1 款规定：“在诉讼监督活动中发现的司法工作人员利用职权实施的侵犯公民权利、损害司法公正的犯罪，由人民检察院管辖更为适宜的可以由人民检察院管辖。”最高人民检察院在《关于人民检察院立案侦查司法工作人员相关职务犯罪案件若干问题的规定》中将其进一步明确为刑讯逼供罪、徇私枉法罪等 14 个罪名。

从《刑事诉讼法》的条文表述来看，检察机关自行侦查的范围应当是“在对诉讼活动实行法律监督中”发现的侵犯公民权利、损害司法公正的犯罪。此类案件的特点有四：一是犯罪主体仅限于司法工作人员，即有侦查、检察、审判、监管职责的工作人员；二是

---

① 参见江国华、彭超：《国家监察立法的六个基本问题》，载《江汉论坛》2017 年第 2 期。

② 参见吴建雄：《国家监察体制改革若干问题探析》，载《新疆师范大学学报（哲学社会科学版）》2019 年第 5 期。

行为发生于司法活动过程中；三是利用职权实施；四是犯罪客体为侵犯公民权利、损害司法公正。这表明赋予检察机关职务犯罪侦查权是为了更好地帮助其行使法律监督、诉讼监督权，这一权力具有诉讼监督的性质。[1] 职务犯罪侦查权转隶后，检察机关法律监督的目标定位应为“程序正义的守护者”，[2]充分发挥其诉讼监督的职能。根据《刑事诉讼法》的规定，检察机关对公职人员职务犯罪的立案管辖范围只是涉及14个罪名，并不是完全包括这14个罪名，更不是排他性地独占这14个罪名的管辖权。[3] 例如：在共同犯罪中，司法工作人员利用职权犯下上述14个具体罪名的罪行，其同案犯犯下监察机关应当管辖的贪污贿赂罪，就会产生侦查管辖权的协调问题。[4] 因此，司法工作人员利用职权实施犯罪的14个罪名，虽未包含在监察委员会管辖的罪名中，但是从条文表述“可以”二字及其诉讼监督之关联性质来看，就该部分罪名而言，检察机关立案管辖并不具有专属性质。根据《监察法》对所有行使公权力的公职人员监察全覆盖的定位，包括司法工作人员在内的所有公职人员都在国家监察机关的统一监督之下，[5]监察机关对上述罪名也保留有管辖权，监察机关可以根据需要进行直接管辖。

---

① 参见陈国庆：《刑事诉讼法修改与刑事检察工作的新发展》，载《国家检察官学院学报》2019年第1期。

② 李奋飞：《检察再造论——以职务犯罪侦查权的转隶为基点》，载《政法论坛》2018年第1期。

③ 参见顾永忠：《公职人员职务犯罪追诉程序的重大变革、创新与完善——以〈监察法〉和〈刑事诉讼法〉的有关规定为背景》，载《法治研究》2019年第1期。

④ 参见王超强：《论监察体制改革背景下监、检、法关系新构》，载《东方法学》2017年第5期。

⑤ 参见陈国庆：《刑事诉讼法修改与刑事检察工作的新发展》，载《国家检察官学院学报》2019年第1期。

四、监察机关与国家安全机关职能管辖权的划分

国家安全机关主要依据《刑法》、《刑事诉讼法》、《中华人民共和国国家安全法》(以下简称《国家安全法》)和其他法律法规赋予的职权开展工作,但《刑法》、《刑事诉讼法》与《国家安全法》对国家安全机关的规定并不一致。《刑事诉讼法》第 4 条规定:"国家安全机关依照法律规定,办理危害国家安全的刑事案件,行使与公安机关相同的职权。"《刑法》则专设"危害国家安全罪"一章。《国家安全法》对危害国家安全的行为之定义并不仅限于《刑法》分则第 1 章所规定的危害国家安全罪这一范畴,还规定了进行危害国家安全的其他破坏活动的行为,涉及分则其他章节所规定的与国家安全相关的犯罪。从《监察法》相关规定及《国家监察委员会管辖规定(试行)》中的 88 个罪名来看,监察机关与国家安全机关在职能管辖的罪名上一般不具有交叉性。值得注意的是,《国家监察委员会管辖规定(试行)》第 13 条、第 14 条规定将故意泄露国家秘密罪、过失泄露国家秘密罪明确为监察机关管辖范围,而国家安全机关相关规定也将该罪名纳入了管辖之列。鉴于《国家安全法》及内部规定的效力层级低于《监察法》、《刑法》及《刑事诉讼法》,因此,对于《刑法》第 398 条规定的故意泄露国家秘密罪、过失泄露国家秘密罪依法应由监察机关管辖。

第二节　关联案件的管辖衔接

关联案件是指一人犯数罪、共同犯罪,共同犯罪嫌疑人、被告人实施了其他犯罪,以及多个犯罪嫌疑人、被告人实施的犯罪存

在关联关系,因此两个以上的国家机关都有权管辖的案件。[①] 就职务犯罪案件而言,与之存在关联关系的案件通常涵盖以下几种情形:第一,同一行为人既实施了职务犯罪,也实施了其他国家机关管辖的包庇、纵容黑社会性质组织罪,重婚罪等;第二,具有军队人员身份的行为人与地方公职人员共同实施军地监察机关管辖的职务犯罪;第三,涉嫌共同职务犯罪的公职人员实施了其他国家机关管辖的走私犯罪、毒品犯罪等,但不包括涉嫌共同职务犯罪的非公职人员实施的其他犯罪行为;第四,在多个行为人中,有的实施监察机关管辖的职务犯罪,有的为掩饰、隐瞒贪污贿赂犯罪所得实施相关联的洗钱犯罪等。[②] 在监察委员会成立之前,关联案件管辖衔接问题主要指向公安机关与检察机关之间的案件流转、处理程序。而监察体制改革后,我国刑事案件主要在监察机关、公安机关和检察机关之间流转,关联案件的管辖衔接问题随之由公安机关、检察机关之间的两两衔接转变为监察机关、公安机关、检察机关三者之间的管辖衔接。[③]

2020 年国家监察委员会与最高人民法院、最高人民检察院、公安部联合发布的《关于加强和完善监察执法与刑事司法衔接机制的意见(试行)》对管辖、证据、留置与刑事强制措施、移送起诉、审查起诉、审判、从宽处罚、涉案财物等问题作出规定。该意见第 6 条明确了关联案件一般按照随主案确定管辖的衔接原则,即对于共同职务犯罪、行贿犯罪等关联犯罪案件,监察机关移送起诉

---

① 参见龙宗智:《监察与司法协调衔接的法规范分析》,载《政治与法律》2018 年第 1 期。

② 参见王霑:《监察机关与其他国家机关互涉案件管辖问题研究》,载《重庆理工大学学报(社会科学)》2020 年第 11 期。

③ 参见袁相亭、刘方权:《监察与司法的管辖衔接机制研究》,载《交大法学》2019 年第 4 期。

时一般应当由受理主案的人民检察院、人民法院或者其下级人民检察院、人民法院管辖；主案与关联案件由不同监察机关立案调查的，调查关联案件的监察机关在移送起诉前，应当报告或者通报调查主案的监察机关，由调查主案的监察机关统一协调案件管辖事宜。因特殊原因，关联案件不宜随主案确定管辖的，调查主案的监察机关应当向相关单位及时通报并负责统筹协调；办理主案和关联案件的人民检察院、人民法院共同的上级人民检察院、人民法院应当加强对下指导。

一、监察管辖权外溢

尽管现行法律规定将非公职人员的犯罪排除在监察机关管辖范围之外，但考虑到反腐倡廉背景，当非公职人员涉嫌共同职务犯罪、行贿犯罪等关联犯罪案件时，实现关联案件与职务犯罪案件的并案管辖有助于将相关案件的办理集中到监察机关，有利于确保职务犯罪调查和处置的顺利展开，从而推动国家反腐败政策的更好落实。[①] 由此，监察机关的职务犯罪专属性管辖权实现了由公职人员向非公职人员“合乎逻辑地扩张”。并案管辖的实质是无管辖权的机关基于并案取得了案件管辖权，在学理上，就是监察管辖权的外溢——管辖权外溢的事实基础在于“主案”之于“并案”的涵摄关系。基于关联案件之间的涵摄关系，作为职务犯罪调查专责机关的监察机关获得了共同职务犯罪、行贿犯罪等关联犯罪案件的管辖权，此即涵摄性管辖权。[②] 关联案件与职务犯罪案件的并案管辖可以参考《国家监察委员会管辖规定（试

① 参见王一超：《论〈监察法〉与〈刑事诉讼法〉适用中的程序衔接》，载《法治研究》2018 年第 6 期。

② 参见钱小平：《监察管辖制度的适用问题及完善对策》，载《南京师大学报（社会科学版）》2020 年第 1 期。

行)》与《关于实施刑事诉讼法若干问题的规定》(以下简称《刑诉规定》),当多个犯罪嫌疑人、被告人实施的犯罪存在关联,并案处理有利于查明案件事实的,监察机关可以在职责范围内并案处理。

不过,监察管辖权外溢存在一定的隐患,主要表现在两个方面:其一,由于监察机关专责管辖职务犯罪,对于非职务犯罪案件可能缺乏调查能力,尤其考虑到不同类型的案件所采用的侦查、调查取证之路径、方式、手段乃至技巧等各异,监察机关并案管辖,可能导致证据收集等方面出现问题,影响案件处理的效率和效果。其二,监察管辖权外溢可能会对被调查人应当享有的诉讼权利产生一定的消极影响。在非职务犯罪案件的刑事程序中,辩护人可以在强制措施采取之后介入,为犯罪嫌疑人提供辩护权保障。然而,一旦非职务犯罪案件被监察机关并案管辖,基于职务犯罪调查的保密性,可能导致被调查对象原本具备的刑事诉讼中的诸多权利受到限制。[①]

二、主案管辖吸收从案管辖

关联案件与主罪之间互相牵连,从罪往往服务于主罪,二者密切联系,难以分离,如伪证罪、包庇罪等更是本身体现出“从罪”的性质,在构成上也以主罪的成立为前提。[②] 因此,对从罪或者说关联案件的合并管辖是有效惩治犯罪的客观要求。相较于关联案件而言,职务犯罪往往是主案,如果从案与主案分别管辖、立案侦查,可能导致强制措施、调查取证等重复适用,不利于从整体上

---

① 参见袁相亭、刘方权:《监察与司法的管辖衔接机制研究》,载《交大法学》2019年第4期。

② 参见陈国庆:《刑事诉讼中的牵连管辖》,载陈光中、江伟主编:《诉讼法论丛》第1卷,法律出版社1998年版。

把握案情,甚至可能贻误“战机”,降低办案效率。因此,为方便查清案情,应遵循主案管辖吸收从案管辖的原则。[①]

当然,主案管辖吸收从案管辖也可能面临两个挑战:其一,主案与从案的性质可能难以确定或者界限模糊。例如,当黑社会性质组织案件的头目同时具有国家公职人员的身份,且国家公职人员的身份为其实施黑社会性质组织犯罪起到掩饰、保护或者服务的作用,同时为其黑社会性质组织提供包庇和保护,那么其行为既构成包庇、纵容黑社会性质组织罪,同时又直接构成组织、领导、参加黑社会性质组织罪,属于想象竞合,具体罪名的认定需经法院审判方能明确。若案件伊始就遵循主案管辖吸收从案管辖的原则,则对主案与从案的准确区分判断具有相当的挑战性。其二,主案管辖吸收从案管辖可能与监察主导的原则不太契合。例如,个别案件需要在关联案件已经查清的基础上方能认定,但在监察机关主导关联案件进程的情形下,从时间顺序来看,监察机关的调查程序始于关联案件处理完毕后,那么让后完成案件的管辖机关主导先完成案件的管辖机关,逻辑上不顺。[②]

就司法管辖而言,实践中,相对于关联案件而言,职务犯罪案件一般是主案。就其性质而言,关联案件并非严格意义上的职务犯罪案件,如果剔除其与主案的关联性,那么依照一般刑事案件司法管辖,应遵循“属地主义”原则。但职务犯罪案件司法管辖所遵循的是“属人主义”原则,由此衍生出关联案件司法管辖问题。合并审理制度广泛存在于英美法系、大陆法系国家和地区的审判制度之中。例如,《法国刑事诉讼法典》规定,如果因同一犯罪而对不同的被告人作出多项移诉裁定,审判长可以依照职权或者根

---

① 参见江国华:《中国监察法学》,中国政法大学出版社 2022 年版,第 398 页。

② 参见袁相亭、刘方权:《监察与司法的管辖衔接机制研究》,载《交大法学》2019 年第 4 期。

据检察机关的要求，责令并案审理。如果因不同罪行而对同一被告人作出多项移诉裁定，也可以并案审理。[①] 再如，《德国刑事诉讼法典》规定，对分别系属于不同级别法院管辖的刑事案件，互有关联时可以予以合并向拥有更高管辖权力的法院提起诉讼。[②] 德国合并审理的目的主要在于避免进行数项的诉讼程序，保护被告人的权益，节约司法资源，对于普通刑事案件与特别刑事案件相牵连时，原则上有利于具有特别管辖权的刑事法庭。[③]《美国联邦刑事诉讼规则》第 8 条也对合并审理的条件进行了规定，“若被指控的犯罪具有同一性质或类似性质，或者基于同一行为或同一交易，又或者相互联系或构成同一共同计划中的组成部分，可以并案审理”。我国司法解释也承认合并审理案件存在的合理性，并主要通过最高人民法院《关于适用〈中华人民共和国刑事诉讼法〉的解释》赋予法院进行主客观合并审理的合法性。[④]

当前，基于司法便利的考量，应当确立主案管辖吸收从案管辖的原则，即检察机关、审判机关基于其对职务犯罪享有的管辖权，合乎逻辑地享有关联案件的管辖权。据此，监察机关应当将关联案件随主案一并移送享有主案管辖权的检察机关审查起诉，并由享有主案管辖权的人民法院审理。

---

① 参见［法］贝尔纳·布洛克：《法国刑事诉讼法》，罗结珍译，中国政法大学出版社 2009 年版。

② 《德国刑事诉讼法典》第 2 条规定：“（一）关联刑事案件的个案分属不同级别法院管辖的，得由级别最高的法院合并审理。根据《法院组织法》第 74 条第 2 款、第 74 条 a、第 74 条 c 的规定，关联刑事案件的个案得由特定刑事法庭管辖，根据《法院组织法》第 74 条 e 的规定享有优先管辖权的刑事法庭可以对关联刑事案件合并审理。（二）上述法院可以为便利诉讼而命令对关联刑事案件分别审理。”

③ 参见［德］克劳思·罗科信：《刑事诉讼法》，吴丽琪译，法律出版社 2003 年版，第 184 页。

④ 参见张泽涛、崔凯：《刑事案件合并与分案审理立法梳理及法理评析》，载《政法论坛》2013 年第 5 期。

三、协商管辖

实践中也可能出现主案和关联案件并非同一监察机关调查，或者关联案件不宜随主案确定司法管辖等情形。若不经协商，该类案件很有可能落入移送错误、司法机关无管辖权的困境。各国对此类情形的处理方式各异：德国规定此种情形应当“经由中止程序而告终结”，①日本亦规定“可以通过无管辖权判决中止程序”。② 然而，我国最高人民法院《关于适用〈中华人民共和国刑事诉讼法〉的解释》第219条规定了人民法院在审理时发现自身无管辖权时退回检察机关的制度。

为避免案件移送错误以及降低办案效率且浪费司法资源，有必要引入协调机制，处理管辖衔接问题。其中，主案与关联案件分别由不同监察机关立案调查的，应当由调查主案的监察机关负责协调案件司法管辖事宜，调查关联案件的监察机关在移送起诉前应当向调查主案的监察机关报告或者通报工作情况。因特殊原因，关联案件不宜随主案确定管辖的，由调查主案的监察机关负责统筹协调司法管辖事宜，并应当向上级监察机关、办理主案和关联案件的检察机关、人民法院通报并说明理由。③ 办理主案和关联案件的人民检察院、人民法院共同的上级人民检察院、人民法院应当加强对下指导。

协商管辖应当注意避免随意化的倾向，为提升协商管辖的效能，兼顾保障当事人的权利，体现管辖协商作为正式化、规范化的刑事司法办案机制所具有的法定性与严肃性，在适用协商管辖时

---

① ［德］克劳思·罗科信：《刑事诉讼法》，吴丽琪译，法律出版社2003年版，第193页。

② ［日］田口守一：《刑事诉讼法》，刘迪等译，法律出版社2000年版，第121页。

③ 参见江国华：《中国监察法学》，中国政法大学出版社2022年版，第399页。

应当注意遵循以下原则:一是效率性原则。使案件得以及时处理是协商管辖的重要目的之一,为了避免反复协商、久拖不决导致的隐形羁押、诉讼拖延等问题,各办案机关进行协商管辖应当在一定期限内尽快进行。二是诉讼便利原则。负责主案的监察机关在协商案件司法管辖事宜时,应当同时考虑到办案机关调查取证的便利性和诉讼参与人参与诉讼的便利性。三是稳定性原则。通过协商管辖作出的处理决定应当具有稳定性,除非出现法定错误,不得撤销或者改变原先的管辖协商处理决定。①

第三节　互涉案件的管辖衔接

互涉案件是指公职人员同时涉嫌职务犯罪和其他普通犯罪的案件。② 此前,互涉案件的管辖问题依据“主案为主”的管辖原则进行处理。例如,根据《刑诉规定》第 1 条之规定,如果涉嫌主罪属于公安机关管辖,由公安机关为主侦查,人民检察院予以配合;如果涉嫌主罪属于人民检察院管辖,由人民检察院为主侦查,公安机关予以配合。国家监察体制改革以后,在监察机关与检察机关、公安机关等其他机关的互涉案件管辖问题上,《监察法》确定了“监察为主”的管辖原则。根据《监察法》第 34 条第 2 款之规定,被调查人既涉嫌严重职务违法或者职务犯罪,又涉嫌其他违法犯罪的,一般应当由监察机关为主调查,其他机关予以协助。该规定涉及国家机关权力分配和衔接合作的三大争议问题。

---

① 参见张曙:《刑事诉讼管辖协商机制研究》,载《华东政法大学学报》2014 年第 1 期。

② 参见江国华:《中国监察法学》,中国政法大学出版社 2022 年版,第 397 页。

一、互涉案件的管辖原则

在分案管辖的前提下,监察机关与其他机关的具体角色分工是个难题。一般而言,互涉案件的分案管辖模式往往与“主罪主导”的原则密切关联。例如,前文提及的《刑诉规定》、2020年修正的《公安机关办理刑事案件程序规定》以及2019年发布的《人民检察院刑事诉讼规则》(以下简称《检察院刑诉规则》)均采取的主罪主导机制,就以所涉罪名的性质作为决定互涉案件管辖机关角色分工的前提条件,但《监察法》及相关规范性文件并没有采取这一原则,而是确立了以监察机关调查为主的“监察为主”原则。① 依据《监察法》,“被调查人既涉嫌严重职务违法或者职务犯罪,又涉嫌其他违法犯罪的,一般应当由监察机关为主调查,其他机关予以协助”。这一规定实则确立了“监察主导”或者说“监察优位”的原则:“由监察机关为主调查”是指由监察机关承担组织协调职责,包括协调调查和侦查工作进度、协商重要调查和侦查措施适用等重要事项;“其他机关予以协助”一般是指在分案办理模式下,由监察机关统一组织协调,确保形成工作合力,公安机关等其他机关依照《刑事诉讼法》的规定收集证据,查明案情,协助监察机关查明其他犯罪事实,协助发现职务犯罪线索,根据案件办理需要对被调查人或者涉案人员依法采取刑事强制措施,协助监察机关采取搜查、通缉、网上追逃、勘验检查以及收集提取电子数据等调查措施。

基于管辖法定之原则,对于互涉案件原则上应当遵循法定管辖,即由监察机关、公安机关、检察机关分别依职权立案调查或侦

---

① 参见江国华:《论监察与刑事司法的沟通衔接机制》,载《东方法学》2023年第1期。

查。但鉴于监察机关以及职务犯罪本身的特殊性，在实践中，具体做法是在尊重法定管辖的前提下，遵循“监察管辖优位”或“监察主导”的原则，[①]即以监察机关的职务犯罪调查为主导，由监察机关统筹协调调查和侦查工作部署，并就重要调查和侦查措施适用、委托辩护、案件处置等重要事项组织协调。之所以遵循“监察主导”原则，而非主罪主导原则，其要义有三：

1. 主罪主导原则本身具有一定的局限性。在实践中，法律和司法解释并未对“主罪”的认定方式作出明确的说明，且在互涉案件中未必次次都能够精准划分“主罪”与“次罪”之间的界限，特别是在互涉主体涉嫌的多种罪名不存在实质性联系的情况下，对于“主罪”的确定更是难以下手。此外，随着案件调查的深入，此前认为是“主罪”的行为可能与“次罪”进行相互转化，那么，“主罪”侦查机关是否应当随之发生改变也成为难解之题。[②] 同时，判断“主罪”的过程中既可能出现办案机关相互推诿导致工作效率降低的情况，也可能出现办案机关相互争抢案源的情形，这些都不利于互涉案件的办理。[③] 相较而言，“监察主导”原则可以避免这些局限，因为在监察机关职责范围内的案件统一由其为主调查，无须就“主罪”的界定标准进行过多探讨，也不必考虑“主罪”与“次罪”的转化问题，且可以避免办案机关推诿或争抢案件的问题，具有一定的优越性。[④]

---

① 参见吴建雄、廖永安主编：《反腐败：监察与司法的法法衔接》，中国检察出版社2019年版，第301页。

② 参见张曙、阿儒汗：《职务犯罪案件与牵连案件的侦查管辖研究》，载《中国刑事法杂志》2012年第9期。

③ 参见卞建林、桂梦美：《腐败犯罪诉讼管辖现状与制度完善》，载《人民检察》2015年第13期。

④ 参见林艺芳：《监察检察主体互涉案件管辖问题检视》，载《法学杂志》2021年第5期。

2. 在监察体制中,主罪主导原则在适用上难以避免权能协调问题。在其一般意义上,主罪主导原则的前提是产生互涉关系的两个机关的管辖权和运行程序具有同质性,并且其程序运行阶段具有同步性。[①] 因此,在传统上,该原则的适用往往被严格控制在侦查阶段管辖权之协调,并不涉及权能结构和程序机制的根本问题。[②] 但国家监察体制下,互涉案件的管辖已然超越单一职能之范畴,其关涉监察机关、公安机关、检察机关三个不同性质的机关运用不同性质的权力、适用不同性质的程序等复杂情形。有鉴于此,若沿袭主罪主导原则,将涉及权能结构问题,冲击职务犯罪由监察机关专责调查的管辖原则。

3. "监察主导"管辖原则是坚持职能管辖和职务犯罪由监察机关专责调查,解决互涉案件管辖问题的最优选项。(1)"监察主导"管辖原则与"建立党统一领导下的国家反腐败工作机构"的根本方针和改革目标相一致。监察体制改革旨在建立集中统一、权威高效的监察体制,因此以监察为主导可以充分发挥监察机关在案件调查过程中的统筹协调和管控作用,从而加强党对反腐败斗争的统一领导。[③] (2)"监察主导"管辖原则符合互涉案件管辖的基本规律,许多职务犯罪案件的调查源头是公职人员违纪违法的线索,随着调查的展开,案件性质从违反党纪、职务违法质变为职务犯罪和其他犯罪,对于职务犯罪主体(主要是党员或公职人员)的处置也首先从党纪、政务处分开始。因此,坚持"监察主导"管

---

① 参见钱小平:《监察管辖制度的适用问题及完善对策》,载《南京师大学报(社会科学版)》2020年第1期。

② 参见林艺芳:《监察与公安主体互涉案件管辖问题研究:解析与建构》,载《北方法学》2021年第3期。

③ 参见中共中央纪律检查委员会法规室、中华人民共和国国家监察委员会法规室编写:《〈中华人民共和国监察法〉释义》,中国方正出版社2018年版,第172页。

辖原则有利于归拢调查线索、统一反腐败决策部署。[①]（3）“监察主导”管辖原则有利于调动监察人员的工作能动性与积极性，充分发挥党的领导作用，最大限度地调度和配置办案资源，提高办案效率。

二、互涉案件的管辖模式

互涉案件一般涉嫌多种不同性质的违法或犯罪行为，可能分别隶属监察机关、公安机关、检察机关、国家安全机关等多个国家机关管辖权限范围，为解决互涉案件的管辖问题，实践中探索出了并案管辖和分案管辖两种模式。

（一）并案管辖

并案管辖是指尽管两个以上的国家机关都对该案件有管辖权，但从有利于查明案情的角度，由某一机关统一进行案件办理工作的管辖方式。例如，被调查人涉嫌职务犯罪行为和普通犯罪行为，由监察机关或者检察机关统一办理案件，另一机关不参与案件办理过程或仅提供必要的技术性协助。具体到监检或监警（公安）的互涉案件当中，并案管辖的处理模式有其合理性。

1. 依据便利原则，考虑到查明案件真相的便利程度，对于涉及职务犯罪的互涉案件可以由监察机关并案管辖。[②] 在大多数大陆法系国家，就检察机关管辖的职务犯罪与警察机关管辖的一般犯罪案件的互涉案件中，协调管辖权切实有效的做法就是由职务犯罪案件的侦查机关享有指挥权，使其对案件顺利开展侦查进行统筹，进而推进案件真相的查明。例如，《德国刑事诉讼法典》规定检察官可以直接对各类刑事案件进行侦查，且赋予检察官从开

① 参见董坤：《论监察机关与公安司法机关的管辖衔接——以深化监察体制改革为背景》，载《法商研究》2021 年第 6 期。

② 参见江国华：《中国监察法学》，中国政法大学出版社 2022 年版，第 397 页。

始侦查的最初阶段到执行刑罚的最后阶段的主导地位,①司法警察或刑事警察只是检察官的“附属官员”,②在检察官的领导和指挥下开展具体的侦查活动。《日本刑事诉讼法》规定,检察官在认为必要时可以自行侦查。同时,检察官有权对警察的侦查工作进行一般性的指示和具体指挥;对于涉及贪污渎职等职务犯罪由检察厅内部的特别搜查部进行独立侦查。③

2. 并案管辖也存在一定的法律规范支撑。根据《国家监察委员会管辖规定(试行)》第 20 条第 2 款之规定,具有下列情形之一的,国家监察委员会可以在职责范围内并案调查:一人犯数罪的;共同犯罪的;共同犯罪的公职人员还实施其他犯罪的;多人实施的犯罪存在关联,并案处理有利于查明事实的。此外,根据《监察法》第 34 条第 1 款之规定,人民法院、人民检察院、公安机关、审计机关等国家机关在工作中发现公职人员涉嫌贪污贿赂、失职渎职等职务违法或者职务犯罪的问题线索,应当移送监察机关,由监察机关依法调查处置。可见,监察机关对于被调查对象的非职务犯罪具有并案管辖的权力,且该权力具有单向性的特点。具体而言,对于监察机关管辖的案件,只有其他机关向监察机关移送的可能,而不存在其他机关对监察管辖的案件进行并案管辖的可能。④

3. 并案管辖的前提条件是,管辖权之扩张必须在具有相同性

---

① 参见鲁晓荣:《中外警检关系比较及我国警检模式之构想》,载《中国刑事法杂志》2009 年第 4 期。

② 参见[德]托马斯·魏根特:《德国刑事诉讼程序》,岳礼玲、温小洁译,中国政法大学出版社 2004 年版,第 50 页。

③ 参见顾军、温军:《论日本、韩国检察制度及其启示》,载《江汉论坛》2014 年第 12 期。

④ 参见谢小剑:《监察委员会刑事调查管辖制度初探》,载《湖湘论坛》2019 年第 5 期。

质职权的机关之间进行。换言之,如果各机关的职权存在本质差异,那么其中一机关便不能合并办理依法由其他机关管辖的案件。[①] 根据《刑诉规定》第3条之规定,具有下列情形之一的,人民法院、人民检察院、公安机关可以在其职责范围内并案处理:(1)一人犯数罪的;(2)共同犯罪的;(3)共同犯罪的犯罪嫌疑人、被告人还实施其他犯罪的;(4)多个犯罪嫌疑人、被告人实施的犯罪存在关联,并案处理有利于查明案件事实的。该规定赋予了人民法院、人民检察院、公安机关对互涉案件进行并案处理的权力,但是这一权力的前提条件是"在其职责范围内"。也就是说,并案管辖以各机关的法定职权为前提,并案处理的结果不能超越立法对各机关的法定授权范围。[②] 监察机关拥有的对职务违法犯罪行为的管辖权,虽然与公安机关掌握的对普通刑事犯罪的管辖权,抑或检察机关掌握的管辖权有一定的共通之处,但是其本质性的差异更为突出。监察机关是代表党和国家行使监察权的政治机关,且其与党的纪律检查部门合署办公,决定了其工作既要以《监察法》为纲领,还要以党的"四种形态"理论为领导,以实现惩前毖后的目的和价值。相比之下,公安机关的工作要旨在于惩治犯罪和保障人权;检察机关的职能定位是法律监督者,其目标定位是"程序正义的守护者",[③]对司法机关、执法机关在诉讼和相关执法过程中的违法行为进行监督纠正。可见,国家机关职权存在的差异导致管辖权很难彼此扩张,依法属于监察机关管辖的案件不应

① 参见谢佑平、万毅:《刑事诉讼牵连管辖制度探讨》,载《政法学刊》2001年第1期。

② 参见林艺芳:《监察与公安主体互涉案件管辖问题研究:解析与建构》,载《北方法学》2021年第3期。

③ 李奋飞:《检察再造论——以职务犯罪侦查权的转隶为基点》,载《政法论坛》2018年第1期。

当被分配于公安机关进行管辖,依法属于公安机关管辖的案件也不应当由监察机关越权管理。此外,若将不同违法犯罪行为进行并案管辖、审查,可能会为案件事实的查明带来诸多困难。考虑到《监察法》赋予监察机关"排他性"管辖权的规定可能导致监察机关行使的管辖权超出其原本的管辖范围,[①]监察机关并案管辖必须坚持"在其职责范围内"的重要前提,对于法律规定由其他机关立案管辖的案件,只能移送相应的主管机关,不得越权并案。

(二)分案管辖

分案管辖,是指不同行为分别由具有管辖权的机关予以独立处理。例如,当被调查人既涉及职务犯罪行为又涉及普通犯罪行为,则由监察机关只对职务犯罪行为进行管辖,而公安机关只对普通犯罪行为进行管辖,二者独立展开监察调查与刑事侦查。与并案管辖相对应,分案管辖是法理正当性更高的一种处理模式。

1. 分案管辖具有一定的规范依据。根据《国家监察委员会管辖规定(试行)》第 19 条之规定,在互涉案件中,监察机关与其他机关协商解决管辖问题,一般应当由国家监察委员会为主调查,其他机关予以配合。如果监察机关与其他国家机关协商的结果是分别立案,那么这一协商结果并不违反这一规定。《监察法实施条例》第 51 条则解决了此前对由监察机关"为主调查"理解认识和具体操作不一的问题,是对《监察法》第 34 条第 2 款由监察机关"为主调查"具体内涵的明确,明晰了监察机关与其他机关互涉案件(指调查、侦查对象为同一人)由监察机关"为主调查"的内涵。根据《监察法实施条例》第 51 条之规定,公职人员既涉嫌

① 参见王一超:《论〈监察法〉与〈刑事诉讼法〉适用中的程序衔接》,载《法治研究》2018 年第 6 期。

贪污贿赂、失职渎职等严重职务违法和职务犯罪，又涉嫌公安机关、人民检察院等机关管辖的犯罪，依法由监察机关为主调查的，应当由监察机关和其他机关分别依职权立案，监察机关承担组织协调职责，协调调查和侦查工作进度、重要调查和侦查措施适用等重要事项。可见，在互涉案件的管辖问题上，依据法律规定应当采取分案管辖的管辖方式。

2. 分案管辖体现了对《刑事诉讼法》确立的分工负责、互相配合、互相制约原则的尊重。公安机关、检察机关、法院应当依照法律规定各司其职。在分案管辖的模式下，监察机关将其管辖范围外的违法、犯罪行为交由相应的国家机关管辖，体现了对其他国家机关职权的尊重；[①]同时，这可以尽可能地确保案件处理的专业性，避免因某一机关对其职权外违法、犯罪行为调查能力不足而导致案件事实认定不够准确的情形。[②]

三、互涉案件的管辖协作

互涉案件中各国家机关基于各自的职责形成对向关系，在对向机制中，互涉案件涉及机关也需要进行职能和职责上的业务协调与配合。依据《宪法》第 127 条和《监察法》第 4 条之规定，监察机关办理职务犯罪案件时必须与审判机关、检察机关、执法部门互相配合，互相制约。监察机关在工作中需要协助的，有关机关和单位应当根据监察机关的要求依法予以协助。前文提及的《监察法》第 34 条第 2 款意味着“监察主导，其他机关协助配合”的办案模式之确立。这表明监察机关、公安机关、检察机关在互涉案

① 参见艾明：《互涉案件监察机关为主调查的实践模式及其改进》，载《地方立法研究》2020 年第 1 期。

② 参见孟穗、冯靖：《监察调查与刑事诉讼的衔接问题研究》，载《河北法学》2019 年第 4 期。

件中的关系具有以下两个特征:(1)各司其职。各机关依据法律规定各司其职、各行其是,互相配合与支持。(2)平等协作。各机关的互相配合以平等基础上的协作为前提,监察机关、公安机关、检察机关之间不存在领导与被领导、服从与被服从的关系,即使法律规范确立了监察机关的"主导"地位,也不意味着监察机关可以干涉公检法独立行使职权和正常工作。[①]

(一)检察机关的管辖协作义务

监察机关与其他机关在互涉案件中的协作配合问题亦为研究重点。互涉案件中监察机关、公安机关、检察机关的协作义务可作具体化分析。

1. 检察机关协作义务之具体化。检察机关与监察机关事实上具有同向度的诉讼功能,[②]其职责目的都在于更好地实现对职务犯罪的追诉,因此二者工作的衔接配合既是法定要求,也是现实所需。[③]

2. 在线索管理的义务履行层面,检察机关可就司法渎职犯罪中的线索发现、取得、保管与处置等方面向监察机关提供便利。例如,向监察机关提供举报线索的告知义务、监察机关是否立案调查的报请义务以及以监察机关不予调查结论为前提予以立案侦查的通知义务。尤其是在司法渎职犯罪的自行侦查过程中,如果检察机关发现犯罪嫌疑人同时涉嫌其他犯罪,则应根据线索性质进行初步归类。若属于监察机关立案范围,应当妥善保管,及

---

① 参见江国华:《国家监察与刑事司法的衔接机制研究》,载《当代法学》2019年第2期。

② 参见谢登科:《论国家监察体制改革下的侦诉关系》,载《学习与探索》2018年第1期。

③ 参见樊崇义:《"以审判为中心"与"分工负责、互相配合、互相制约"关系论》,载《法学杂志》2015年第11期。

时将线索移送监察机关进行调查和处置，并及时告知监察机关接收线索；若属于公安机关受理的刑事案件，则应考量新的线索是否属于并案调查中的次罪情形，在此前提下商请监察机关是否将新线索移送至公安机关处理。①

3. 在由检察机关先行立案侦查的互涉案件中，出于尊重"先在"事实之考量，应当由检察机关实施管辖权，监察机关应当尊重这一事实，但监察机关对其管辖罪名实施调查时，检察机关也应当予以协助。例如，如果行为主体已经被检察机关采取了强制措施，且在刑事侦查的过程中才发现行为主体涉嫌其他依法属于监察机关管辖的职务违法犯罪行为，那么检察机关可以在与监察机关沟通的基础上将案件一并移送监察机关并案管辖并解除强制措施，由监察机关依法决定是否采取留置措施。检察机关也可以与监察机关进行分案管辖，当监察机关需要会见或者审讯犯罪嫌疑人时，检察机关应当为其提供便利，允许监察机关进行会见或者审讯。此外，检察机关应当与监察机关保持沟通，当涉及具体程序环节的协调、工作手续的办理以及审查起诉工作的整合时，检察机关应当与监察机关保持必要的联系，并提出意见与要求，避免案件办理工作中产生不必要的冲突。② 公安机关、监察机关在办理案件的过程中，需要查询信息的，检察机关应当予以支持和配合。

4. 根据案情需要，检察机关可以提前介入职务犯罪调查。检察机关提前介入职务犯罪调查过程，可以为监察机关的调查活动提供行为规范和法律指引，改善监察机关在证据收集、法律适用

---

① 参见王译：《监察互涉案件管辖主体配合协助义务之具体化》，载《时代法学》2021 年第 5 期。

② 参见林艺芳：《监察检察主体互涉案件管辖问题检视》，载《法学杂志》2021 年第 5 期。

和调查手段运用等方面的工作质量。以往检察机关提前介入公安机关刑事案件的侦查活动,旨在引导公安机关侦查取证,并对侦查活动的合法性、当事人权益保障问题进行法律监督,以保证刑事诉讼程序的合法与高效。检察机关提前介入监察机关的职务犯罪调查过程,可以对调查活动的合法性、当事人权益保障等问题进行法律监督,以对监察机关工作程序的合法性和高效性提供帮助和督促。

(二)公安机关的管辖协作义务

监察机关在调查处置职务犯罪工作中,需要公安机关协作配合的,公安机关依法应当予以支持。

1. 监察机关采取特定调查措施时,需要提请公安机关予以协助配合。在实践中,特定调查措施往往包含即时强制、技术调查等具有警察权属性的特别手段,为防止这些手段被滥用,国家在对其实行“专配”,即垄断性地配置给公安机关的同时,也规定监察机关基于调查职务犯罪的需要,可以提请公安机关协助配合。例如,监察机关要求公安机关协助进行技术调查、通缉以及限制出境等措施的,公安机关应及时执行。当然,在程序上,若监察委员会需要公安机关协助配合,应当经主要领导之间沟通明确后送达公函,因情况紧急并与公安机关沟通后,也可以先直接联系公安机关有关业务警种开展协作配合,并于事后及时将公函补送公安机关。公安机关在协助监察机关采取调查措施时,应当根据监察机关要求在监察人员的主持下开展工作,并按照规定佩戴单警执法记录仪或者其他具有视音频记录功能的设备,对现场执法活动进行全程视音频同步记录,同时做好对视音频资料的收集、保存、管理、使用等工作。

2. 当被调查人同时涉嫌严重职务违法犯罪和其他违法犯罪时,公安机关应当以监察机关调查权为优先,并依法予以协助配合。当然,尽管监察机关在此类案件调查工作中具有优先地位,但其也应当遵守“严重职务违法或者职务犯罪”这一限定条件。在实践中,由于刑事案件涉及两种性质而导致案件需要两个或者两个以上国家机关配合侦查办理的情况也很常见。例如,公职人员因涉嫌贪腐渎职犯罪被采取留置措施后被发现还涉嫌如诈骗、故意杀人等其他犯罪的;公职人员因涉嫌其他犯罪被采取强制措施后被发现还涉嫌贪腐渎职犯罪的;非公职人员因涉嫌其他犯罪被采取强制措施后被发现还涉嫌行贿犯罪或者参与职务犯罪的;非公职人员因涉嫌行贿或者参与职务犯罪被采取留置措施后被发现还涉嫌其他犯罪的;等等。①

3. 由公安机关先行立案侦查的案件,应当由公安机关实施管辖权,监察机关应当尊重其“先在”事实,但监察机关对其管辖罪名实施调查时,公安机关应当予以协助。例如,若监察机关需要对公安机关在押的犯罪嫌疑人或者收容审查人员进行调查,可以将需要调查的问题书面告知公安机关,由公安机关对其进行讯问,并将取得的证据材料及时送交监察机关。检察机关、监察机关在办理案件的过程中需要查询信息的,公安机关应当予以支持和配合。

(三)监察机关的管辖协作义务

互涉案件中的协作是双向的,而非监察机关单向要求其他机关予以协作。其他机关在处理互涉案件时,如需监察机关提供协助,也可以要求监察机关予以配合和协作。

1. 监察机关在互涉案件中需要坚持监察主导的原则,其主导作用主要体现在承担组织协调职责,包括协调调查和侦查工作进

① 参见江国华:《国家监察与刑事司法的衔接机制研究》,载《当代法学》2019 年第 2 期。

度、协商重要调查和侦查措施适用等重要事项。监察机关与其他机关沟通协商后,认为不适宜由监察机关为主调查的互涉案件,由监察机关和其他机关分别依照法定职责开展工作并加强沟通协作。

2. 监察机关在调查司法工作人员贪污贿赂等职务犯罪中,对其利用职权实施的侵犯公民权利、损害司法公正的犯罪一并管辖的,应当将相关情况通报同级人民检察院。被调查人已被采取留置措施,检察机关对其管辖的犯罪需要向被调查人了解情况或者实施辨认等时,监察机关应当予以配合;在监察机关办理案件的过程中,检察机关需要查询信息的,监察机关应当予以支持和配合。对于检察机关管辖范围内的案件,监察机关应尊重其侦查权,重视与检察机关的沟通,在具体程序环节的协调、工作手续的办理、审查起诉工作的整合等方面与检察机关保持联系,尊重检察人员的意见和要求。

3. 监察机关与公安机关互涉的案件中,监察机关应当及时与公安机关保持联系和沟通,统筹协调办案资源,与公安机关合力处理发现犯罪线索、收集案件证据、查明案件事实等工作,需要对被调查人或者涉案人员依法采取刑事强制措施的,可以请求公安机关协助采取搜查、通缉、网上追逃、勘验检查以及收集提取电子数据等调查措施。被调查人已被采取留置措施,公安机关出于办理其管辖的犯罪案件需要而向被调查人了解情况或者辨认的,监察机关应当予以配合。公安机关在办理案件的过程中需要查询信息的,监察机关也应当予以支持和配合。[①]

---

① 参见龙宗智:《监察体制改革中的职务犯罪调查制度完善:监察与司法协调衔接的法规范分析》,载《政治与法律》2018 年第 1 期。

第四节　指定移送管辖

职务犯罪监察管辖构造从职能管辖权上落实了对公职人员监察全覆盖的要求，总体上符合监察法与刑事司法衔接的要求。但在实践中，职务犯罪监察管辖与审查起诉、审判的管辖衔接仍有需要协调之处。作为一种对常态下级别管辖、地域管辖要求的突破，指定管辖是一种立法规范的例外情形。出于对办案公正性这一核心要素的考量以及排除办案干扰的现实考虑，职务犯罪案件管辖可以采取指定管辖的方式以解决管辖问题。[①]

一、补充移送起诉的管辖

补充移送起诉是为了弥补原调查、审查起诉程序在事实和证据方面的不足，从而启动的一种救济程序——其救济性体现在补充移送起诉仅适用于为实现实体正义而需要重新补充查明案件事实真相及收集证据的情形。补充移送起诉既关涉监察机关调查活动这一监察程序，也涉及检察机关审查起诉这一刑事诉讼程序，其管辖问题的处理牵涉到"建立权威高效、衔接顺畅的监察调查与审查起诉工作衔接机制"这一国家监察体制改革目标的实现。[②] 对于指定起诉、审判管辖的职务犯罪案件，在审查起诉、审判过程中，监察机关需要补充移送起诉犯罪事实的，可以直接移送原受理移送起诉的人民检察院；需要追加犯罪嫌疑人、被告人

---

① 参见唐保银、田春雷：《监察机关职务犯罪调查与检察机关诉讼衔接机制研究》，载《经济与社会发展》2020年第1期。

② 参见喻少如、丁俊文：《监检移送审查衔接问题研究——以"四种形态"转化为切入点》，载《西部法学评论》2021年第4期。

的，应当再次商请人民检察院办理指定管辖事宜。

（一）补充移送起诉的具体情形

根据《监察法实施条例》第223条第2款之规定，监察机关对已经移送起诉的职务犯罪案件，需要追加犯罪嫌疑人、被告人的，应当再次商请检察机关办理指定管辖手续；但其并未规定使用何种文书向检察机关移送。追加漏犯，需由监察机关对漏犯进行调查，程序上也应该遵循立案、调查、审理、常委会集体审议等环节。如果漏犯与原案犯罪嫌疑人属于共同犯罪，准备与原案并案起诉，在办案程序和办案时限上也允许，可以使用《补充起诉意见书》；如果漏犯与原案犯罪嫌疑人不是共同犯罪，或者在办案程序和时间上已经无法并案起诉，则应当使用《起诉意见书》，将漏犯单独移送检察机关审查起诉。

实践中发现漏罪，主要有三种情形需要补充移送起诉。

其一，移送起诉前发现漏罪。纪委监委办案过程中发现漏罪的，可以并案调查，待查清犯罪事实后移送起诉，若新的犯罪问题或者线索难以在留置期限届满前查清的，监察机关可以将其他已经查清的涉嫌犯罪事实移送起诉，对尚未取证到位的事实暂不移送，待查清后再补充移送起诉。

其二，移送起诉后发现漏罪。出于趋利避害心理，被审查调查人在接受组织调查期间可能未对自己的犯罪行为全部交代，导致客观上存在漏罪。案件移送起诉后，监察机关对新发现的被审查调查人的问题线索，经补充调查属实，需追究刑事责任的，应当补充移送检察机关审查起诉。① 调查期间，需要向被审查调查人核实问题的，可以办理相关手续后对被审查调查人进行讯问；如

① 参见江国华：《国家监察与刑事司法的衔接机制研究》，载《当代法学》2019年第2期。

果确有必要，可以协商检察机关将案件退回监察机关，由监察机关进一步对被审查调查人进行补充调查。

其三，检察机关审查起诉过程中发现漏罪。人民检察院在审查起诉中发现遗漏罪行，事实不清、证据不足的，人民检察院应当及时将线索移送监察机关。监察机关经调查，达到事实清楚、证据确实充分标准的，可以向检察机关补充移送起诉。

（二）补充移送起诉的适用阶段

案件移送检察机关审查起诉后，会经历审查起诉、审判阶段，有些案件还会经历退回补充调查阶段，每个阶段均可以提出补充移送起诉。

其一，检察机关审查起诉阶段。监察机关在原案移送起诉后，又查清犯罪嫌疑人有其他涉嫌职务犯罪事实，需要追究刑事责任的，经审批后应当向检察机关出具《补充起诉意见书》，将新查证的事实移送检察机关补充审查起诉。

其二，监察机关补充调查阶段。监察机关在收到检察机关退回补充调查的案件后，又查清犯罪嫌疑人有其他涉嫌职务犯罪事实，需要追究刑事责任的，可以增加认定被审查调查人涉嫌职务犯罪的事实并出具《补充起诉意见书》，与原案一并重新移送检察机关审查起诉。①

其三，人民法院一审宣判前。如果此时发现处分决定前的新的犯罪线索，可以补充移送检察机关审查起诉，并商请检察机关补充起诉。需要说明的是，如果原案已经由人民法院依法作出判决，此时监察机关发现被告人有遗漏罪行需要追究刑事责任的，不能再补充移送起诉，而是应当作为一个新的案件，依法按程序

---

① 参见江国华：《国家监察与刑事司法的衔接机制研究》，载《当代法学》2019 年第 2 期。

办理,经过移送检察机关审查起诉,向人民法院提起公诉。

二、指定审查起诉管辖

为保证国家公诉权行使的合法性、统一性和严肃性,我国实行国家公诉主义和公诉权由检察机关独占原则。据此,所有公诉案件,不管侦查(调查)主体是谁,侦查(调查)终结后,一律移送人民检察院审查起诉。《刑事诉讼法》第169条规定:"凡需要提起公诉的案件,一律由人民检察院审查决定。"在程序设置上,《刑事诉讼法》规定的审查起诉是公诉案件的必经程序,是连接侦查与审判的中间环节。其作用是对案件事实、证据、法律等进行全面审查,严格把关,以确保公诉质量,同时对侦查活动是否合法进行监督。监察机关调查的职务犯罪案件,在调查终结后,对于符合移送起诉条件的应当移送人民检察院提起公诉。人民检察院应当根据《刑事诉讼法》的规定审查移送起诉的犯罪案件,对其犯罪事实、证据、犯罪性质和罪名等进行审查,并最终决定是否提起公诉。① 但监察机关调查终结的案件向哪一级检察机关移送?该问题即涉及审查起诉之管辖问题。

对于职务犯罪案件,监察机关调查管辖与检察机关审查起诉管辖可能存在管辖层级和管辖地域的协调问题,为解决这一问题,可以通过指定管辖的方式调整审查起诉管辖与监察调查管辖的矛盾。指定管辖的案件通常与《刑事诉讼法》规定的属地管辖和属人管辖的案件相分离。

(一)监察管辖与审查起诉管辖衔接问题

我国现行管辖模式是以审判为基点规定管辖,虽然没有明确

① 参见朱福惠:《论检察机关对监察机关职务犯罪调查的制约》,载《法学评论》2018年第3期。

审查起诉管辖,但已蕴含其中,约定俗成。[①]《刑事诉讼法》规定,刑事案件由犯罪地人民法院管辖。如果由被告人居住地的人民法院审判更为适宜,可以由被告人居住地的人民法院管辖。而监察管辖是按照干部管理权限和地域管辖相结合的原则,以干部管理权限为主。[②] 这种管辖上的差异性,导致监察机关调查终结的案件移送起诉时,会产生监察管辖与审查起诉管辖衔接上的问题。[③]

1. 管辖层级问题。在多数情况下审查调查案件的监察机关层级高,而案件进入司法环节后,根据案件情况,需要到层级较低的审判机关进行审判。根据《刑事诉讼法》总则编第 2 章关于级别管辖的规定,一审刑事案件由基层人民法院管辖;危害国家安全、恐怖活动案件,可能判处无期徒刑、死刑的案件,由中级人民法院管辖。《刑事诉讼法》规定的是"审判管辖",虽然并不直接约束起诉,但由于法律所规定的同级审查起诉,实质上要求检察机关提起公诉,符合级别管辖的法律规定。"监察委承担职务犯罪侦查职能后,在级别管辖的协调衔接上可能会出现某种矛盾",[④]按照管理权限查处的相关规定,将导致由市级以上监委查处的一般职务犯罪案件,移送给下级检察机关审查起诉的情形。有时也会出现下级监委按照管理权限查处的"小官巨贪"案件,需要移送给上级检察机关审查起诉的情况。[⑤]

---

① 参见龙宗智:《刑事诉讼指定管辖制度之完善》,载《法学研究》2012 年第 4 期。

② 参见叶青、王小光:《监察委员会案件管辖模式研究》,载《北方法学》2019 年第 4 期。

③ 参见江国华、龚雄艳:《职务犯罪监察管辖冲突及其解决机制》,载《江汉学术》2021 年第 5 期。

④ 参见龙宗智:《监察与司法协调衔接的法规范分析》,载《政治与法律》2018 年第 1 期。

⑤ 参见方明:《职务犯罪监察调查与刑事诉讼的衔接》,载《法学杂志》2019 年第 4 期。

2. 管辖地域问题。监察机关按照干部管理权限对本辖区内的监察对象进行监察，如国家监察委员会管辖中管干部所涉监察事项，省级监察委员会管辖本省省管干部所涉监察事项等。[①] 而审判管辖是根据犯罪地或者居住地确定的，且《刑事诉讼法》还规定地域管辖实行犯罪地管辖为主、居住地管辖为辅的原则。这容易导致负责审查调查的监察机关对应的审判机关没有审判管辖权的情况，这一情况不限于指定管辖的案件中。对于地域管辖的冲突一般通过两种方式解决。一种是"先横后纵"，是指案件调查终结后，承办监察机关先移送同级的检察机关，然后由该检察机关层报上级人民检察院衔接办理指定管辖；另一种是"先纵后横"，是指案件调查终结后，承办监察机关层报上级监察机关，由上级监察机关协调同级检察机关衔接解决指定管辖事宜。无论哪一种方式，无疑都会造成审查起诉环节衔接周期延长和人为协调因素增多。

（二）审查起诉指定管辖的具体程序

监察机关办理的职务犯罪案件移送起诉，需要指定起诉管辖的，监察机关一般应当在移送起诉 20 日前将商请指定管辖函件送交同级人民检察院，由其商请同级人民法院办理指定管辖事宜。需要由上级人民检察院指定管辖的，由同级人民检察院报上级人民检察院办理指定管辖事宜。具有指定管辖权限的人民检察院经研究形成拟指定的人民检察院的初步意见后，函商同级人民法院，取得法院回函同意后，再逐级书面通知被指定的下级人民检察院审查起诉，同时函告监察机关。[②]

---

① 参见杨宇冠：《监察法与刑事诉讼法衔接问题研究》，中国政法大学出版社 2018 年版，第 39 页。

② 参见陈国庆主编：《职务犯罪监察调查与审查起诉衔接工作指引》，中国检察出版社 2019 年版，第 36 页。

监察机关派驻机构、派出机构调查的职务犯罪案件需要指定起诉管辖的，报派出它的监察机关办理指定管辖手续。国家监察委员会派驻机构、派出机构和中管企业监察机构调查的职务犯罪案件及关联案件，以及交由地方监察机关调查或与地方监察机关联合审查调查的职务犯罪案件及关联案件，依法需要指定起诉、审判管辖的，由国家监察委员会案件审理室会同相关监督检查室与最高人民检察院相关检察厅协商办理指定管辖事宜。

上级监察机关指定或者交由下级监察机关办理的案件，需要指定起诉管辖的，由上级监察机关与同级人民检察院、人民法院协商指定管辖事宜。

人民检察院收到监察机关商请指定管辖函件后，应当在7日内与同级人民法院协商办理。人民法院应当在10日内向人民检察院回复意见，并在协商一致后及时通报相关人民法院。人民检察院收到人民法院复函后，应当及时书面通知相关人民检察院，并及时通报监察机关。对于采取留置措施的职务犯罪案件，指定管辖手续应当在留置期限届满前办理完毕。

三、指定移送审判管辖

审判管辖是指法院在审判第一审案件上的权限分工，它所要解决的是某个案件由哪个法院进行一审审判的问题。审判管辖又分为级别管辖、地区管辖、指定管辖、专门管辖。[①] 基于刑事审判的终局性，管辖错误、管辖争议以及管辖异议等问题均需要等到审判阶段才能得以最终解决，故审判管辖在管辖制度中发挥着极为重要的作用。同时，审判管辖权在形成过程中，不可避免地受到侦查机关、起诉机关以及上级法院对管辖权判断的影响，故

---

① 参见张曙：《刑事诉讼管辖制度研究》，法律出版社2020年版，第12页。

审判管辖也呈现出较多的耦合性。[①]

(一)指定审判管辖制度

《刑事诉讼法》第27条对指定审判管辖作出了规定:"上级人民法院可以指定下级人民法院审判管辖不明的案件,也可以指定下级人民法院将案件移送其他人民法院审判。"该条将指定管辖与转移管辖(或称移送管辖)予以同时规定。[②] 按照民主审判管辖理念,设置指定管辖旨在解决案件因特别情形而使固有管辖法院一时不明,由控方或争议法院提出通过上一级法院指定使原本就具有该案件管辖权的法院管辖。指定管辖的基础和实质是"原本具有管辖权的法院",指定只是外在形式,受制于"原本具有管辖权",且需由控方或争议法院提出要求,这一法定程序严格职能分工、严防专断,而不是自行任意指定任一法院任意管辖。转移管辖是指由于对某一案件本有管辖权的法院因某种原因(如法官回避无法组成合议庭或审判该案件将影响当地公共安全),不能或不便对该案行使管辖权,故而为确保司法公正,案件由本有管辖权的法院转移到本无管辖权的法院管辖。转移管辖需经严格的启动程序,即需要检察机关、被告或有关法院根据事由提出,由上一级法院裁决将案件移送与原审法院同级的另一本无管辖权的法院管辖。转移管辖针对的是极个别案件的特殊情况,因此,对转移管辖的原因需要立法指明,启动转移管辖必须有相应的权力分工、权力制约和权利保障措施,以防恣意滥选专断。[③]

据此,我国指定审判管辖的适用包含两种情形:(1)管辖不

---

① 参见张曙:《刑事诉讼管辖制度研究》,法律出版社2020年版,第197页。

② 参见桂梦美:《刑事诉讼管辖制度研究》,中国政法大学出版社2019年版,第158页。

③ 参见陈永革、李志平:《论我国刑事审判管辖的完善》,载《江海学刊》2005年第4期。

明。这又可以分为:①地区管辖不明,如犯罪案件发生在两个法院管辖范围的交界处,或犯罪地不能确定;②级别管辖不明,如基层人民法院认为应当判处无期徒刑、死刑,中级人民法院认为不应判处无期徒刑、死刑的刑事案件。(2)其他原因。这又包含:①有管辖权的同级人民法院因移送发生争议;②有管辖权的人民法院由于特殊原因不能行使管辖权;③上级人民法院认为由其他人民法院审判更有利于正确、及时地处理案件。[①] 出于排除各种干扰和阻力、消除公众对审判公正性的担忧等方面的考量,[②]我国大部分腐败犯罪都实行了指定异地审判。根据实证研究,2001年至2016年涉及高官的案件中超九成都采用了指定异地管辖的模式。[③] 党的十八大以来,涉及省部级以上高官犯罪的案件被指定异地管辖的比例为100%。[④]

(二)指定审判管辖适用之问题

指定管辖制度目的在于保障司法公正和效率,但由于制度不完善及执行过程中存在不当,指定管辖适用中存在模糊性、不规范性、随意性等问题。

1. 适用指定管辖的标准模糊。确定被指定管辖单位是指定管辖的必经环节,但立法对确定管辖单位的标准付之阙如,上级机关在确定指定管辖的单位时带有很大的主观性,实践中选取被指定单位的标准亦无章可循。例如,有的上级机关将管辖单位在

---

① 参见龙宗智、杨建广主编:《刑事诉讼法》,高等教育出版社2021年版,第214页。

② 参见桂梦美:《刑事诉讼管辖制度研究》,中国政法大学出版社2019年版,第162页。

③ 参见谢小剑、崔晓立:《重大职务犯罪案件异地管辖实证分析》,载《昆明理工大学学报(社会科学版)》2018年第1期。

④ 参见桂梦美:《刑事诉讼管辖制度研究》,中国政法大学出版社2019年版,第163~168页。

地域上的便利性作为确定标准；有的上级机关以被指定管辖单位对类似案件的办理经验作为标准；[①]或者将被指定管辖单位的经济利益作为考量因素。[②]

2. 指定管辖的适用条件缺乏规范性。根据《刑诉规定》的规定，指定管辖的适用条件为“人民检察院认为需要依照刑事诉讼法的规定指定审判管辖”；而依据最高人民法院《关于适用〈中华人民共和国刑事诉讼法〉的解释》，指定管辖的适用条件是“必要时”；同时依据《检察院刑诉规则》，指定管辖发生在“管辖不明或者需要改变管辖时”。可见，相关规范性文件及司法解释对适用指定管辖的“必要时”或“特殊情形”往往进行模糊化处理，缺少明确的规范化要求，以至于可能将适用于个案的条件应用到类案中。

3. 指定管辖的适用程序具有随意性。尽管最高人民法院《关于适用〈中华人民共和国刑事诉讼法〉的解释》和《公安机关办理刑事案件程序规定》中有所提及指定管辖的程序性要求，如指定审判管辖采用“决定书”的形式，但指定管辖仍然缺乏完备的程序规范。[③]

（三）指定审判管辖之完善路径

指定管辖为应对管辖“不确定性”提供了权宜之计，但其毕竟是对管辖确定性的补充和纠正，[④]对其适用机制应当予以完善并

---

① 例如，山东省人民检察院在查处高官腐败犯罪中积累了较多的实战经验，在全国反贪系统中以“敢啃硬骨头”而著称，因此是最高人民检察院指定管辖的“放心单位”。

② 参见李和杰、张兵：《我国刑事诉讼指定管辖制度完善研究》，载《黑龙江省政法管理干部学院学报》2022 年第 1 期。

③ 参见刘佳加：《关于监察体制改革下完善刑事管辖制度的思考》，载《昆明学院学报》2018 年第 4 期。

④ 参见王一超：《刑事诉讼管辖的“不确定”危机及矫正——兼对管辖制度价值的检讨》，载《财经法学》2016 年第 1 期。

符合一定的前提要求。

1. 明确指定管辖适用的标准和适用条件，推进指定管辖的规范化、精细化。针对立法上语义模糊、弹性过大的适用条件、启动理由，可以结合司法实践将其予以明确。对于指定管辖的决定主体，宜通过立法对指定管辖的启动主体进行解释。对于被指定管辖单位的确定标准，应当坚持管辖便利原则，在不影响案件审判公正性的前提下尽量考虑最符合诉讼效率的单位。

2. 针对指定管辖的具体程序，应进一步进行规范。监察机关办理的职务犯罪案件移送起诉，需要指定起诉、审判管辖的，监察机关案件审理部门一般应当在移送起诉 20 日前发函提请同级人民检察院商请同级人民法院办理指定管辖事宜。上级监察机关指定或者交由下级监察机关办理的案件，需要指定起诉、审判管辖的，由上级监察机关与同级人民检察院、人民法院协商指定管辖事宜。人民检察院收到监察机关商请指定管辖函件后，应当在 5 日内与同级人民法院协商办理。人民法院应当在 10 日内向人民检察院回复意见，并在协商一致后及时通报相关人民法院。人民检察院收到人民法院复函后，应当及时书面通知相关人民检察院，并及时通报监察机关。案件提起公诉后，接收案卷的人民法院应当立即向上级人民法院报告，上级人民法院应当于 3 日内作出指定管辖决定。

3. 发挥法院作为指定审判管辖有权主体之主动性。指定侦查管辖与审判管辖关系十分密切，大量司法实践证明，侦查管辖出现变动，审判管辖就会随之有所调整，换言之，侦查管辖往往决定审判管辖，故法院的指定审判管辖具有被动性。有学者指出，即使法律规定指定管辖的有权主体为法院，其通常只是被动接受指定管辖。[①] 为消弭立法规定与实践之分裂，应当明确检察机关、法院的协商机制，发挥法院在指定审判管辖中的主动性，在指定审判管辖的程序中充分尊重法院的决定。

第五节　职能管辖冲突的解决

职能管辖的冲突既包括法律规范文本上存在竞合而产生的冲突，又包括在司法实践中因为案件性质、主体身份等存在争议而产生的冲突，也包括各机关可能存在的相互推诿、不愿意行使管辖权的情形。具体表现为监察机关、人民检察院、公安机关在调查、侦查阶段发现自己没有管辖权，案件应当属于其他机关管辖。一般而言，基于法定管辖的要求，各机关应当根据具体法律规定受理、调查案件。但在实践中，由于监察机关职能范围有待进一步明晰，监察机关、人民检察院与公安机关会出现职能管辖权冲突，当其发现案件不属于本机关职能管辖范围内，应当及时办理案件移送手续，将案卷材料移送有管辖权的机关。不同机关对案件管辖存在争议的，应当及时与同级相关机关沟通协商，必要时报上级相关机关协调解决。[②]

一、职能管辖冲突的情形

由于立法尚未明确监察机关与公安机关、检察机关职能管辖权之衔接问题，在实践中可能出现某一机关在未明晰案件性质的

① 参见桂梦美：《刑事诉讼管辖制度研究》，中国政法大学出版社2019年版，第176～178页。

② 参见江国华：《论监察与刑事司法的沟通衔接机制》，载《东方法学》2023年第1期。

前提下受理不属于本机关职能管辖范围的案件，并展开调查、侦查的情况，具体表现如下。

（一）监察机关与检察机关职能管辖可能存在的冲突情形

《监察法》和现行《刑事诉讼法》尚未明确规定如何解决监察机关与公安机关、检察机关之间的管辖衔接问题。根据《刑事诉讼法》的规定，检察机关有权对相关刑事犯罪立案管辖，而《监察法》所规定的监察委员会可立案管辖的范围则更为宽泛，即监察委员会不仅可以对职务犯罪进行立案管辖，还可以展开调查，加之部分案件的性质难以判断，在受理案件时相关机关可能难以作出准确判断。例如，根据《刑法》第399条之规定，司法工作人员收受贿赂，触犯徇私枉法罪，民事、行政枉法裁判罪，执行判决、裁定失职罪，执行判决、裁定滥用职权罪的，同时又构成受贿罪的，依照处罚较重的规定定罪。但在立案阶段，对于何罪是重罪是难以判断的，甚至也有可能监察机关在就徇私枉法罪立案后，在侦查过程中发现犯罪嫌疑人也存在受贿行为，此时根据《监察法》的规定，案件应当由监察机关为主展开调查，检察机关应当及时办理案件转移手续。若对案件的性质和管辖存在争议，检察机关应及时与同级监察机关沟通协商，必要时报上级相关机关协调解决。在案件进入审查起诉甚至审判阶段后，新发现犯罪嫌疑人或被告人涉嫌职务犯罪的，按照《监察法》关于职务犯罪专属调查的特性，此时相关职务犯罪问题需要移送监察委员会调查。但由于相关法律法规对此种情形缺乏预设规范，实践中，在审查起诉环节，检察机关可能会以没有法律依据为由，不愿意再将犯罪嫌疑人交由监察机关采取留置措施进行调查。

（二）监察机关与公安机关职能管辖可能存在的冲突情形

一般而言，由于《监察法》已明确监察对象为国家公职人员，公安机关与监察机关出现职能管辖冲突的可能性较小，但并不意味着完全没有。基于法定管辖的原则，公安机关发现自己侦查的案件属于监察机关管辖，或监察机关发现自己侦查的案件属于公安机关管辖时，应当及时办理案件转移手续。若不同机关对案件管辖存在争议，应当及时与同级机关沟通协商，必要时报上级相关机关协调解决。

二、职能管辖冲突案件的移送机制

在调查、侦查阶段，监察机关、人民检察院、公安机关发现调查、侦查的案件属于其他机关管辖的，应当及时办理案件移送手续，解除已经采取的留置或者刑事强制措施，做好留置与刑事强制措施的转换、衔接工作，并将案件材料移送有管辖权的同级机关。据此，在解决衔接问题时，应当考虑以下几个方面。

（一）证据材料的移送

在调查、侦查过程中发现案件不属于本机关管辖时，应当及时移交相关材料，也包括已取得的证据材料。无论是监察机关、检察机关还是公安机关，其在调查活动中获得的证据主要有言词证据、实物证据等。就监察机关而言，言词证据是调查过程中最主要的证据形式之一，主要包括证人证言、被害人陈述、被调查对象陈述、鉴定意见等。言词证据的有效移送对于切实加强监察机关与检察机关、公安机关的协作配合与案件调查，具有极其重要的现实意义。[①]《监察法》第 33 条第 1 款规定："监察机关依照本法规定收集的物证、书证、证人证言、被调查人供述和辩解、视听资料、电子数据等证据材料，在刑事诉讼中可以作为证据使用。"

① 参见杨宇冠：《监察法与刑事诉讼法衔接问题研究》，中国政法大学出版社 2018 年版，第 118 页。

所谓“可以作为证据使用”,应当是指这些证据具有进入刑事诉讼的资格,不需要再次履行取证手续。同时,《监察法》第33条第2款和第3款规定:“监察机关在收集、固定、审查、运用证据时,应当与刑事审判关于证据的要求和标准相一致。以非法方法收集的证据应当依法予以排除,不得作为案件处置的依据。”这意味着监察机关在调查过程中所收集到的证据应当与刑事诉讼的要求和标准相一致,即无论是监察机关收集证据,还是公安机关和检察机关收集证据,都应当遵循《关于办理刑事案件严格排除非法证据若干问题的规定》,当案件移送至其他机关后,证据仍可以被继续沿用,并进一步依照《刑事诉讼法》或者《监察法》的有关规定进行审查判断。

(二)强制措施的转换

刑事诉讼中,司法机关为了更好地查清犯罪事实,根据犯罪人的人身危险性以及侦查的必要性,会采取必要的强制措施。《监察法》在“监察权限”一章中规定了监察机关调查职务犯罪时可以采取的多项措施,“被调查人涉嫌贪污贿赂、失职渎职等严重职务违法或者职务犯罪,监察机关已经掌握其部分违法犯罪事实及证据,仍有重要问题需要进一步调查,并有下列情形之一的,经监察机关依法审批,可以将其留置在特定场所:(一)涉及案情重大、复杂的;(二)可能逃跑、自杀的;(三)可能串供或者伪造、隐匿、毁灭证据的;(四)可能有其他妨碍调查行为的”。监察机关经调查认为犯罪事实清楚,证据确实、充分,并将案件移送有权管辖的公安机关、检察机关后,若被调查人先前未被采取留置措施,则公安机关、检察机关有权直接依据《刑事诉讼法》相关规定决定是否需要采取强制措施,以及采取何种强制措施。对此,《监察法》与《刑事诉讼法》中规定了检察机关享有“先行拘留权”,以保障监察程序与刑事诉讼程序的有效衔接。[①]

如果公安机关、检察机关司法侦查在先，则需解决监察机关可能对已被采取司法强制措施人员采取留置措施的问题。现有《监察法》与《刑事诉讼法》均未对此作出规定。但在实践中，某省公安机关与监察机关经协商一致，同日由公安机关对犯罪嫌疑人采取取保候审，监察机关对其采取留置措施。[②] 这一司法实践为司法侦查与监察机关采取强制措施提供可供借鉴的解决方案，立法亦应当及时作出规定，以弥补法律漏洞。

在实践中，司法机关侦查过程中所采取的强制措施一般以案件性质、犯罪嫌疑人危险程度等合理因素为依据作出，但是在《监察法》中，由于缺乏细化标准作为参考，监察机关采取强制措施的标准可能与刑事诉讼所要求的标准之间存在偏差。[③] 因此，如何实现强制措施的对等性，也是在管辖转换过程中值得思考的问题。

（三）线索及材料移送

无管辖权的机关应当及时将所掌握的案件线索、材料移送至有管辖权的同级机关，以便后续调查、侦查工作的顺利开展，保证案件在时效范围内进入诉讼程序。

1. 公安机关与监察机关的线索及材料移送。公安机关在调查过程中发现公职人员涉嫌职务犯罪时，应当及时将犯罪线索和已掌握的材料移送有管辖权的监察机关，由监察机关依法调查处

---

① 参见徐汉明、丰叶：《检察机关"先行拘留权"属性、程序、效能之逻辑结构》，载《法学评论》2020 年第 6 期。

② 参见湖北省纪委监委案件监督管理室：《拟留置对象已被采取司法强制措施的怎样协调办理》，载《中国纪检监察报》2019 年 6 月 12 日，第 8 版。

③ 参见姚建龙、尹娜娜：《监察法视野下职务违法与职务犯罪的界分——以监察程序的完善为重点》，载《上海政法学院学报（法治论丛）》2018 年第 6 期。

置;监察委员会在工作中发现属于公安机关管辖的案件线索,也应当及时移送公安机关,由公安机关继续展开下一步的调查。[①]

2. 检察机关与监察机关的线索移送。《刑事诉讼法》第19条就检察机关立案侦查的范围予以修改,仅保留"在对诉讼活动实行法律监督中发现的司法工作人员利用职权实施的非法拘禁、刑讯逼供、非法搜查等侵犯公民权利、损害司法公正的犯罪"的情况。据此,检察机关发现犯罪嫌疑人存在其他职务犯罪时,应当及时将线索移交监察机关进行调查处置。同理,若监察机关在调查职务犯罪过程中发现应由检察机关进行调查的线索,如公益损害赔偿问题,则应当及时移送检察机关,由检察机关依法提起公益诉讼。[②]

三、职能管辖争议的协商机制

不同机关对案件管辖存在争议的,应当及时与同级相关机关沟通协商,必要时报上级相关机关协调解决。

1. 所谓"存在争议",一般情况下,既包括职能管辖争议——对案件是否属于本机关管辖之争议,也包括级别管辖争议——对案件应当由哪一机关行使管辖权之争议。在监察体制改革之后,较为突出的是公安机关、检察机关和监察机关之间的职能管辖争议。在职务犯罪侦查职能转隶之前,尽管也不乏职能管辖争议,但《刑事诉讼法》对检察机关与公安机关管辖分工作了较为明确的规定,在实践中也成了较为成熟的争议解决机制。而《监察法》对于职务犯罪的管辖规定较为笼统,特别是对于互涉案件、关联

---

① 参见江国华:《国家监察与刑事司法的衔接机制研究》,载《当代法学》2019年第2期。

② 参见江国华:《国家监察与刑事司法的衔接机制研究》,载《当代法学》2019年第2期。

案件的管辖规定阙如,是实践中职能管辖冲突的制度性因素。①

2. 所谓"沟通协商"就是案件管辖争议各方为确定管辖权归属而进行沟通协商的活动和机制。2018 年以前公安机关和检察机关管辖争议主要通过协商进行解决,根据《公安机关办理刑事案件程序规定》第 22 条规定,对管辖不明的案件,可以由有关公安机关协商确定管辖。对管辖有争议或者情况特殊的刑事案件,可以由共同的上级公安机关指定管辖。《检察院刑诉规则》第 20 条作出了类似规定,对管辖不明确的案件,可以由有关人民检察院协商确定管辖。对管辖权有争议的或者情况特殊的案件,由共同的上级人民检察院指定管辖。据此,虽尚未出台有关监察机关的管辖争议规定,但应认为同样可以通过协商来解决,特别是当三者出现冲突情形且协商不成时,应当由"上级相关机关"协商解决。这里的"上级相关机关"应当是各自的上级机关,比如,县区级公安机关与同级监察机关出现管辖争议,应当分别报市级公安机关与市级监察机关,由二者进行协商,以明确案件的归属,必要时也可以由上级机关提级管辖。

3. 职能管辖争议解决之完善。解决公安机关、监察机关与检察机关之间职能管辖争议的首要渠道应当是完善有关协商管辖的法律规定。首先,规定协商期限,如"争议各方自争议之日起 5 日内协商确定管辖,协商不成的 3 日内报请上级相关机关在 5 日内指定管辖";其次,明确协商不成应由何机关确定管辖——若上级相关机关仍未能协商一致时,应明确作何处理;最后,应当允许管辖权转移的存在,即必要时,可由上级机关提级管辖。

---

① 参见龙宗智:《监察体制改革中的职务犯罪调查制度完善:监察与司法协调衔接的法规范分析》,载《政治与法律》2018 年第 1 期。

【相关案例】

案例一：对违法犯罪党员给予党纪处分

黄某系重庆市大足区海棠新城开发区管委会常务副主任。2013年至2018年，黄某利用职务上的便利，为他人在工程招投标、工程建设以及工程款拨付等方面提供帮助，收受贿赂344万元，涉嫌受贿犯罪。此外，黄某还涉嫌高利转贷罪。重庆市大足区纪委监委给予黄某开除党籍、开除公职处分，将其涉嫌犯罪问题移送检察机关依法审查起诉。

邓某系重庆市大足区弥陀小学教师，邓某因自己号牌为“渝C××9Z9”的小轿车违章较多且没有年检，为躲避违章检查，在网上购买了两个“6”字的磁铁号牌，并将其中一个贴在自己车牌号的“Z”上，将车牌号变造为“渝C××969”，后邓某被交警查获。大足区公安局给予邓某行政拘留10日的处罚。受到行政处罚后，邓某被大足区教育工委给予党内严重警告处分。

解析

根据《中国共产党纪律处分条例》第31条之规定，“党组织在纪律审查中发现党员严重违纪涉嫌违法犯罪的，原则上先作出党纪处分决定，并按照规定由监察机关给予政务处分或者由任免机关(单位)给予处分后，再移送有关国家机关依法处理”。

1. 党组织原则上先作出党纪处分决定。这是确保纪严于法、纪在法前，把纪律挺在前面的要求落到实处，避免出现党员带着党籍蹲监狱的问题。党组织对违法犯罪党员的党纪处分并不以有关国家机关的结论为前提，只要党组织在纪律审查中查实党员有涉嫌违法犯罪行为，便可以对其进行党纪处分。如果经过有关国家机关的认定，认为该党员不构成违法或犯罪的，或者认定该党员的行为性质轻于党纪处分认定的行为性质，受处分人认为党纪处分决定不当,可以提出申诉,有关党组织应当依规依纪办理。

2. 党员如果是行使公权力的公职人员,还应当由监察机关给予相应政务处分。《监察法》第45条规定,监察机关根据监督、调查结果,对违法的公职人员依照法定程序作出警告、记过、记大过、降级、撤职、开除等政务处分决定。比如,案例一中重庆市大足区纪委监委给予黄某开除公职处分,就是监察机关对违法的公职人员作出的政务处分。

3. 移送有关国家机关依法处理。这里的"有关国家机关",既包括司法机关,也包括有关行政机关。有关国家机关先行发现党员违法犯罪行为的处理程序如下。

(1)党员依法受到刑事责任追究的,党组织应当根据司法机关的生效判决、裁定、决定及其认定的事实、性质和情节,依照《中国共产党纪律处分条例》给予党纪处分,是公职人员的由监察机关给予相应政务处分。对于司法机关查办的党员涉嫌犯罪案件,如果该党员被司法机关依法逮捕后,尚未作出判决、裁定、决定,且不具备及时作出党纪处分的条件,则党组织应当根据相关司法文书,决定中止其党员权利。

(2)党员依法受到政务处分、行政处罚,应当追究党纪责任的,党组织可以根据生效的政务处分、行政处罚决定认定的事实、性质和情节,经核实后依照规定给予党纪处分或者组织处理。比如,案例一中邓某受到公安机关的行政处罚后,大足区教育工委经核实后依照规定给予其党内严重警告处分。

(3)党员违反国家法律法规,违反企事业单位或者其他社会组织的规章制度受到其他纪律处分,应当追究党纪责任的,党组织在对有关方面认定的事实、性质和情节进行核实后,依照规定给予党纪处分或者组织处理。

(4)党组织作出党纪处分或者组织处理决定后,司法机关、行政机关等依法改变原生效判决、裁定、决定等,对原党纪处分或者组织处理决定产生影响的,党组织应当根据改变后的生效判决、裁定、决定等重新作出相应处理。

案例二:监察对象辨析

王甲,T 县卫生局副局长(副科级);李乙,T 县人民医院副院长;赵丙,T 县国有医药公司技术部高级工程师;张丁,T 县大槐树村村民委员会主任;孙戊,中共党员,W 医药器械销售有限公司(民营企业)负责人。王甲、李乙、赵丙、张丁、孙戊 5 人为战友,私交甚好。2017 年 2 月,5 人共同出资注册成立 T 县新华彩印股份有限公司,每人各占 20% 的股份。经查,2017 年以来,孙戊为了销售公司的医疗器械,利用各种机会,分别给予王甲 20 余万元、李乙 1 万元,王甲、李乙商定孙戊公司为县人民医院特供商。同年 4 月,T 县国有医药公司公开招标采购医疗用品,赵丙作为采购小组成员,收受孙戊 5 万元,并承诺为其提供帮助。为了在大槐树村组建分公司,孙戊送给张丁价值 10 万元的汽车一辆。

解析

案例二中,王甲、李乙、赵丙、张丁、孙戊 5 人涉嫌多项违纪违法行为,但由于各自主体身份不同,应当具体问题具体分析。

王甲具有公务员身份,既是党内监督对象也是监察对象。在党纪处分方面,王甲属于党员领导干部,构成《中国共产党纪律处分条例》第 103 条规定的违规经商办企业行为,另外,王甲收受孙戊 20 余万元,涉嫌受贿犯罪,应当依据《中国共产党纪律处分条例》第 29 条规定,追究其相应党纪责任。在监察处置方面,王甲作为公职人员,涉嫌职务违法和职务犯罪,应依法受到相应政务处分。对其涉嫌职务犯罪问题,将调查结果移送检察机关依法审查、提起公诉。

李乙是T县人民医院副院长,属于《监察法》规定的"公办的医疗卫生单位中从事管理的人员",既是党内监督对象也是监察对象。在党纪处分方面,李乙是"事业单位领导班子成员",属于党员领导干部,构成违规经商办企业行为;另外,李乙收受孙戊1万元,构成受贿行为,虽不涉及犯罪但须追究党纪责任,应当依据《中国共产党纪律处分条例》第30条规定,追究相应党纪责任。在监察处置方面,应依法给予李乙相应政务处分。

赵丙不是中共党员,不属于党内监督对象。那么,是否属于监察对象呢?赵丙是T县国有医药公司技术部高级工程师,临时从事与职权相联系的采购事务,利用职权实施了职务违法和职务犯罪行为,属于监察对象。监察机关可依法给予赵丙相应的政务处分,对涉嫌职务犯罪问题,将调查结果移送检察机关依法审查、提起公诉。

张丁不是中共党员,不属于党内监督对象。但张丁作为T县大槐树村村民委员会主任,属于《监察法》规定的"基层群众性自治组织中从事管理的人员",属于监察对象。

孙戊是中共党员、W医药器械销售有限公司(民营企业)负责人,属于党内监督对象,但不属于监察对象。在党纪处分方面,由于孙戊涉嫌行贿犯罪,应当依据《中国共产党纪律处分条例》第29条规定,追究其党纪责任。另外,孙戊虽不是监察对象,但其涉嫌行贿犯罪也应由监察机关立案调查,并将调查结果移送检察机关依法审查、提起公诉。

案例三:公办单位中从事管理的人员属于监察对象

A某是某大学(位于B市)基建处处长,该大学因为教学工作需要,拟将校内20世纪90年代建设的某报告厅大楼重新进行装修改造,此工程计划投入资金数千万元。A某作为基建处处长,在得知学校准备进行装修改造后，就有意将消息在一定范围内散布，希望有社会上的公司前来承接。

不久，当地C建筑技术开发公司实际控制人D某为了承揽该大学报告厅大楼的装修改造工程，辗转通过熟人介绍认识了A某，向A某请托帮助其获得工程项目，并先后送给A某价值40万元的名表、黄金物品等财物和现金10万元。A某接受D某请托后，就利用职务上的便利违规操作，使C建筑技术开发公司顺利中标了该大学报告厅大楼的装修改造工程。

此后，为感谢A某在工程竣工验收和工程款给付方面的帮助，D某又先后送给了A某共计20万元现金。后相关问题被人民群众反映到当地纪检监察机关，该市监察委员会进行初步核实后，依法对A某进行立案调查，查实其违法事实后，给予了A某开除公职处分，并将其涉嫌犯罪问题移送人民检察院审查起诉，依法追究其刑事责任。

解析

《监察法》第15条第4项规定，监察机关对"公办的教育、科研、文化、医疗卫生、体育等单位中从事管理的人员"进行监察。这是以法律的形式明确了公办的"教科文卫体"单位中从事管理的人员属于监察对象，为监察机关依法对这类人员开展监察工作提供了法律依据。现实生活中，作为监察对象的公办的教育、科研、文化、医疗卫生、体育等单位中从事管理的人员，主要是指该单位及其分支机构的领导班子成员，以及该单位及其分支机构中的国家工作人员，如公办学校的校长、副校长，科研院所的院长、所长、副院长、副所长，公立医院的院长、副院长等。同时，公办教育、科研、文化、医疗卫生、体育等单位及其分支机构中的中层和基层管理人员，包括管理岗位六级以上职员，以及从事与职权相联系的管理事务的其他职员；在管理、监督国有财产等重要岗位上工作的人员,包括会计、出纳人员,采购、基建部门人员,均属于这些单位中“从事管理的人员”,因此都属于监察对象。此外,在这些公办单位中临时从事与职权相联系的管理事务,包括依法组建的评标委员会、竞争性谈判采购中谈判小组、询价采购中询价小组的组成人员,在招标、采购等事项的评标或采购活动中,如果利用职权实施职务违法或职务犯罪行为,则也属于“从事管理的人员”,属于监察对象,当地纪检监察机关可以依法进行调查处置。案例三中,A 某作为某大学的基建处处长,虽然不是中共党员,也不是该大学的领导班子成员,但属于该大学中层管理人员,且承担着基建管理和招标等重要职责,属于行使公权力的公职人员,所以也属于监察对象,其职务违法犯罪行为应当由当地纪检监察机关依法调查处置。

案例四:切实加强对基层行使公权力人员的监督

A 某,某县某镇甲村村民委员会主任。有人民群众反映,A 某在协助镇政府发放有关资金款物的过程中中饱私囊、损公肥私。该问题线索转到县纪委监委后,县纪委监委组织人员按程序对 A 某涉嫌的问题进行了初步核实,发现其确实存在违纪违法问题,遂依法对 A 某进行了纪律审查和监察调查。

经查,A 某的违纪违法问题主要包括:(1)在受镇政府委托发放当地村民危房改造补助资金过程中,收受 4 户危房改造户的“好处费”共计 5000 元。(2)在发放危房改造补助资金过程中,A 某谎称“上边的资金还没拨付到位,但已经说了马上要发了”,让村民在相关收款凭据上签字“先履行手续”确认已经收到了改造款,称“等资金拨下来后马上就发给你们”,将共计 8 户村民的危房改造补助资金 8 万余元据为己有,用于个人生活支出。(3)在当地组织实施奶牛养殖扶贫项目中,A 某通过编造虚假发放表、截留奶牛等方式,个人违规获利2.4万元,并收受奶牛出售人“好处费”2000元。

县纪委监委在查清相关事实基础上,按程序依纪依法给予A某开除党籍处分,并将其涉嫌犯罪问题移送当地人民检察院审查起诉,追究其刑事责任。

解析

《监察法》第15条第5项规定,监察机关对“基层群众性自治组织中从事管理的人员”进行监察。这是以法律形式明确将基层群众性自治组织中从事管理的人员纳入监察对象的范围,这是由我国的现实国情决定的。主要考虑到这类人员虽然不属于公职人员,但由于在基层从事有关事务管理,实质上行使和掌握着一定的公权力,而且处于与基层群众打交道的第一线,他们是否秉公用权、廉洁履职,不仅是个人行为端正与否的问题,还直接关系到基层群众的获得感,直接影响到基层群众对党和政府形象的判断,直接关系到党和政府在基层人民群众中的公信力、领导力、凝聚力。所以,将“基层群众性自治组织中从事管理的人员”明确以法律形式纳入监察对象范围,不仅是业务问题、技术问题,更是政治问题,关系到人心向背。

根据有关规定和工作实践,基层群众性自治组织中从事管理的人员,主要包括村民委员会、居民委员会等基层群众性自治组织中从事集体事务管理的人员以及协助人民政府从事行政管理工作的人员,如村民委员会的主任、副主任、委员,以及其他受委托从事管理的人员。这里的“从事管理”,主要是指:(1)救灾、抢险、防汛、优抚、扶贫、移民、救济款物的管理;(2)社会捐助公益事业款物的管理;(3)国有土地的经营和管理;(4)土地征用补偿费用的管理;(5)代征、代缴税款;(6)有关计划生育、户籍、征兵工作;(7)协助人民政府等国家机关在基层群众性自治组织中从事的其他管理工作。案例四中,A 某作为当地村民委员会主任,属于监察对象,对其违纪违法问题,应当由监察委员会依法调查处置。

案例五：国有企业管理人员属于监察对象

某汽轮电机有限公司是一家大型国有企业,主要生产火力发电机组、风力发电机组等电力装备。该公司的物资部门在公司中占据重要地位,主要负责该公司采购计划的编制、物资供应、采购物资入库与结算等事项。由于具有一系列原材料和物品的采购权,物资部门的负责同志和有关人员往往备受供应商的关注,甚至极易成为不法商人"围猎"的对象。

有群众多次反映该公司物资部部长 A 某、副部长 B 某和采购员 C 某涉嫌违纪违法的问题线索。相关问题线索转到该市纪委监委后,市纪委监委对此高度重视,立即按程序进行了初步核实,发现所反映的问题确实存在,遂依法报经批准后对 A 某、B 某、C 某涉嫌违纪违法的问题进行了立案审查调查。经查,A 某、B 某、C 某 3 人受人请托,利用职务上的便利,分别为 D 材料公司在承揽业务、供货质量审核以及货款结算等方面提供帮助,各自索取、收受了该材料公司给的好处费 340 万元、100.8 万元和 138.4 万元。调查结束并查清上述事实后,市纪委监委分别依纪依法给予 A 某、B 某和 C 某开除党籍和开除公职处分,并将其涉嫌犯罪问题移送人民检察院审查起诉,依法追究其刑事责任。

解析

《监察法》第 15 条第 3 项规定,监察机关对"国有企业管理人员"进行监察。在我国,国有企业是全面建成小康社会的重要力量,是中国特色社会主义的重要经济支柱,是以公有制为主体的经济基础的重要体现。坚持和加强党对反腐败工作的集中统一领导，实现国家监察工作的全面覆盖，国有企业当然也不能例外，绝不能因为国有企业是市场主体、是上市公司，就只片面强调企业的经济属性、市场属性，而把党的领导放在一边，忘记了党性原则和政治立场，忘记了资产归谁所有和企业公共性质。虽然不同企业所属的行业和领域有差异，但依法履职、秉公用权、廉洁从业不能有特殊。国有企业管理人员是企业的管理者，掌握着国有资产的经营管理权力，担负着国有资产保值增值的重大责任，而这些权力和责任都是人民赋予的，都是党和国家代表人民授予的，因此国有企业的管理人员必须始终对人民负责，始终对党和国家负责，始终认识到自己是在行使公权力，必须依法受到党和国家监督。而纪检监察机关的监督，就是代表党和国家依法行使监督权的重要内容。《监察法》将国有企业管理人员明确纳入监察对象范围，既是对国有企业管理人员依法履职、秉公用权、廉洁从业等内容进行监督，也体现了对国有企业管理人员的严管厚爱，是为了通过将其纳入监督范围，使得这些人员在出现苗头性问题、轻微错误时，就有人管、有人治、有人纠正、有人督促，确保这些人员不至于由小错酿成大错，由一般违纪违法逐渐演变成严重违纪违法，最后走向严重犯罪的深渊而追悔莫及。案例五中，某国有企业的物资部部长 A 某、副部长 B 某、采购员 C 某都属于“国有企业管理人员”，因此对其违纪违法行为，应当由监察机关依法进行调查处置。物资部部长 A 某、副部长 B 某担任着一定的领导职务，当然属于国有企业管理人员；C 某虽然未实际担任领导职务，但属于在管理、监督国有财产等重要岗位上工作的人员，因此也属于监察对象，依法应当由监察机关调查处置。

第二章 证据制度的衔接

证据制度是监察制度的重要组成部分。证据的运用贯穿于职务犯罪调查、处置、审查起诉和审判的全过程。职务犯罪证据的形成阶段主要适用《监察法》,而证据的审查和运用阶段则主要适用《刑事诉讼法》,由此必然衍生出职务犯罪证据的衔接课题。为此,有必要确立两项基本原则:一是监察机关在收集、固定、审查、运用证据时应主动对标刑事审判证据标准,确保与刑事审判关于证据的要求和标准相一致,并适用非法证据排除规则;二是检察机关和审判机关应当尊重监察证据的法律效力,在审查起诉和审判过程中,对监察机关依照《监察法》规定收集、调取的证据材料进行审查和认定。另外,在尊重监察机关、检察机关、公安机关各自依照法律规定独立行使职权的前提下,应当建立互涉案件的证据共享机制,以避免重复取证,并发挥证据的最优效用。[①]

证据作为整个诉讼活动的基础与核心，是诉讼实务中最为实际的问题。从证明的角度出发，诉讼的过程即收集、审查并运用证据的过程，在这一过程中，证据乃用以查明案件事实的手段和方法。从传统的角度进行解释，证据是证明案件事实的材料，是法官在司法审判中对过往所发生之事实进行认定并形成心证之重要依据，即经查证属实的证据是认定案件事实的根据。[②] 在司法审判中，据以认定案件情况的事实又被称为证据事实，[③]只有正确认定案件事实，才能正确适用法律，从而正确地处理案件。

我国监察立法体制以职务违法行为严重程度和违反法律法规性质为依据，形成了职务违法和职务犯罪相区分的处理机制。其中，若公职人员触犯《刑法》有关规定，因涉嫌职务犯罪应当追究刑事责任的，根据《监察法》第 45 条之规定，应当制作起诉意见书，连同案卷材料、证据一并移送人民检察院依法审查、提起公诉。这就涉及在办理职务犯罪案件时如何在《刑事诉讼法》和《监察法》之间进行调和与衔接，尤其是证据层面上的衔接问题。对于该问题，《监察法》第 33 条规定："监察机关依照本法规定收集的物证、书证、证人证言、被调查人供述和辩解、视听资料、电子数据等证据材料，在刑事诉讼中可以作为证据使用。监察机关在收集、固定、审查、运用证据时，应当与刑事审判关于证据的要求和

---

① 参见江国华：《论监察与刑事司法的沟通衔接机制》，载《东方法学》2023 年第 1 期。

② 参见龙宗智：《印证与自由心证——我国刑事诉讼证明模式》，载《法学研究》2004 年第 2 期。

③ 参见李建明：《刑事证据相互印证的合理性与合理限度》，载《法学研究》2005 年第 6 期；江国华：《中国监察法学》，中国政法大学出版社 2022 年版，第 368 页。

标准相一致。以非法方法收集的证据应当依法予以排除,不得作为案件处置的依据。"同时,《监察法实施条例》第35条规定:"监察机关对涉嫌职务犯罪的人员,经调查认为犯罪事实清楚,证据确实、充分,需要追究刑事责任的,依法移送人民检察院审查起诉。"以上条文主要规定关于监察机关所收集证据的法律效力、取证的要求和标准以及非法证据排除规则,通过赋予监察机关收集的证据材料在刑事诉讼中的法律效力,来实现《刑事诉讼法》与《监察法》之间的衔接。① 但是,由于当前《监察法》对于监察调查程序中的证据衔接问题规定得较为概括,对于监察证据的标准、互涉案件的证据共享以及非法证据的排除等问题未予以明确规定,因此有必要对以上问题进行分析,从而实现证据制度的有效衔接。②

第一节 证据标准

国家监察体制改革对国家反腐力量进行整合,成立了监察委员会。改革后,纪检监察职权得到增强,纪检监察机关的案件调查责任亦随之加大。因此,监察委员会办理案件时,如何依据证据认定事实至关重要,是否具有完善的证据标准体系直接影响案件的办理质量。

一、证据标准之内涵

证据标准用于对案件证据的审查判断,主要包括对证据能

---

① 参见李勇:《〈监察法〉与〈刑事诉讼法〉衔接问题研究——"程序二元、证据一体"理论模型之提出》,载《证据科学》2018年第5期。

② 参见江国华:《中国监察法学》,中国政法大学出版社2022年版,第399页。

力、要件证据及必要附属证据的审查判断。[①] 从其历史沿革来看，“证据标准”来源于中世纪欧陆地区的法定证据制度，即“每种证据的证明价值由法律预先规定；在运用证据认定事实时，必须具有法定数量的证据”。[②] 由于法定证据制度易导致事实认定僵化，自法国大革命之后，法国刑事诉讼制度在否定法定证据制度的基础上，创造了自由心证事实认定的机制，即法律不预设证据的证明力，而要求法官根据理性、逻辑、经验、良心对案件事实得到内心确信。法国开启了自由心证制度的先河，将自由心证制度作为刑事案件的“证明标准”而进行研究。

在2017年召开的全国司法体制改革推进会上，时任中央政法委书记孟建柱指出：“依法制定刑事诉讼各阶段的基本证据标准指引，并以此规范侦查、起诉、审判活动，是以审判为中心的刑事诉讼制度改革的重要任务。”[③]随着监察体制改革的开始，《监察法》第3条将纪检监察机关的职能界定为：“依照本法对所有行使公权力的公职人员（以下称公职人员）进行监察，调查职务违法和职务犯罪，开展廉政建设和反腐败工作，维护宪法和法律的尊严。”由此，纪检监察机关在特定范围内、针对限定对象发挥其作用，监察活动的阶段也是特定的，而非覆盖整个诉讼制度。而在这限定的范围和阶段之中，形成统一的证据标准是必然要求。

综上所述，我们可以将监察证据标准定义为：监察机关在依法履行监察职责的过程中，所必要参照的基本证据规范总和。这些证据规范不仅要包括如何审查证据、运用证据的静态标准，还应当包括如何取证、如何固定证据等动态标准。

---

① 参见董坤：《证据标准：内涵重释与路径展望》，载《当代法学》2020年第1期。
② 吴宏耀、魏晓娜：《诉讼证明原理》，法律出版社2002年版。
③ 熊秋红：《审判中心视野下的律师有效辩护》，载《当代法学》2017年第6期。

二、证据采集的援引模式

在收集、固定、审查、运用证据时，为了确保与刑事审判关于证据的要求和标准相一致，监察机关应当主动对标刑事审判证据标准。从理论上讲，对于监察取证如何参照《刑事诉讼法》的相关规定存在两种模式。

（一）直接适用模式

直接适用模式，即将职务犯罪调查等同于刑事侦查，直接适用《刑事诉讼法》的相关规定。对于“刑事审判关于证据的要求和标准相一致”的规定，一种观点认为，《刑事诉讼法》作为监察调查活动的法律渊源，对监察机关收集证据的活动发挥着直接规范作用；[①]另一种观点认为，职务犯罪监察取证受到《刑事诉讼法》和《监察法》的双重规范，当监察法上未对职务犯罪作特别规定时，依照《刑事诉讼法》的相关规定进行。[②] 在监察程序中直接适用《刑事诉讼法》相关规定的重要依据是，监察调查程序的司法属性相对弱化，《刑事诉讼法》作为保障人权的成熟范本，理应成为补充完善监察调查程序的重要法律渊源。[③]

（二）间接融合模式

间接融合模式，即监察调查程序适用《监察法》的规定，鉴于当前监察调查与刑事侦查所处的程序环境存在差异，为契合以审判为中心的刑事诉讼制度改革要求，《监察法》及相关规定中应当

---

① 参见艾明：《监察调查证据在刑事诉讼中使用的规范分析》，载《暨南学报（哲学社会科学版）》2019 年第 10 期。

② 参见卞建林：《监察机关办案程序初探》，载《法律科学（西北政法大学学报）》2017 年第 6 期。

③ 参见井晓龙：《监察调查权与检察侦查权衔接研究》，载《法学杂志》2020 年第 12 期。

吸收《刑事诉讼法》中的部分规定。[①] 这具体包括两种举措:《监察法》直接吸收和转化《刑事诉讼法》的程序标准;通过两法之间的程序、证据方面的衔接,将《刑事诉讼法》的规定投射到监察调查程序中。我国目前主要采取间接融合模式,并通过法法衔接的方式来规范监察调查程序。基于此,目前对《监察法》第33条第2款的解释在一定程度上达成了一致:第一,严格依照《监察法》及配套规定的程序执行,因为《监察法》规制的是更为特殊和具体的调查程序,与《刑事诉讼法》属于特别法与一般法的关系,按照法律惯例应当优先适用;第二,当《监察法》及有关规定对取证程序未予以明确,参照《刑事诉讼法》规定的相关取证规范来操作;第三,当两法都没有明确规定时,应当参照适用最高人民法院《关于适用〈中华人民共和国刑事诉讼法〉的解释》中规定的证据审查判断标准和取证规则,[②]以确保监察机关取得的证据最终符合刑事审判的标准和要求。

三、监察证据与刑事审判证据标准的一致性

包括《监察法》、《监察法实施条例》和《国家监察委员会与最高人民检察院办理职务犯罪案件工作衔接办法》(以下简称《衔接办法》)在内的法律法规都规定监察机关在收集、固定、审查、运用证据时,应当与刑事审判关于证据的要求和标准相一致,这对于统一证据标准,解决两法衔接问题具有积极意义。

(一)证据含义的一致性

通说将监察证据界定为以法律规定形式表现出来的,能够证

---

① 参见冯俊伟:《〈监察法〉实施中的证据衔接问题》,载《行政法学研究》2019年第6期。

② 参见姚莉:《〈监察法〉第33条之法教义学解释——以法法衔接为中心》,载《法学》2021年第1期。

明监察机关所调查事项的真实情况的一切事实。该定义采取的是“事实说”,“事实说”有其自身固有的缺陷,比如忽视了视听资料、电子数据这一重要的证据类型,导致证据定义不够周延。而刑事审判证据的定义则采取了“材料说”,《刑事诉讼法》第 50 条将刑事审判证据定义为:“可以用于证明案件事实的材料,都是证据。”相较而言,“材料说”无疑更为客观公允地反映了证据的本质。或许基于此,在随后出台的《监察法实施条例》中,立法者将监察证据亦定义为“可以用于证明案件事实的材料都是证据”,从而与刑事审判证据保持一致。

(二)证据种类的一致性

《刑事诉讼法》第 50 条将刑事诉讼中证据分为八大类,而《监察法》第 33 条共列举了六类证据。《刑事诉讼法》和《监察法》关于证据种类的规定并不完全一致,被害人陈述,犯罪嫌疑人、被告人供述和辩解,鉴定意见,勘验、检查、辨认、侦查实验等笔录并未在监察法证据种类中列明。虽然有学者指出,《监察法》第 33 条第 1 款中“等”为等外等,表明列举未尽,实际包括上述几类证据,[①]但是关于种类存在差异的观点依然存在。

或许是基于监察机关应当主动对标刑事审判证据标准,确保与刑事审判关于证据的要求和标准相一致的考虑,《监察法实施条例》第 59 条将监察证据规定为八大类,与刑事审判证据种类保持一致;同时规定,监察机关依照《监察法》和《监察法实施条例》规定收集的证据材料,经审查符合法定要求的,在刑事诉讼中可以作为证据使用。

(三)运用证据的一致性

关于监察取证规则的规定主要见于《监察法》第 4 章和第 5

---

① 参见谢登科:《监察证据在刑事诉讼中的使用——兼论〈监察法〉第 33 条的理解与适用》,载《中共中央党校学报》2018 年第 5 期。

章,将其与《刑事诉讼法》相关的程序规范进行比较可以发现,大部分监察取证规则与《刑事诉讼法》的相关程序规范达成一致,甚至少数监察取证程序较刑诉法规定而言更为完善和严格。[①]

例如,《衔接办法》第 3 条规定,“被调查人涉嫌职务犯罪的案卷材料应参照刑事诉讼要求装订成卷,并按照犯罪事实分别组卷。一般应包括全部证据、法律手续和文书等材料”。又如,《监察法》第 41 条第 2 款规定:“调查人员进行讯问以及搜查、查封、扣押等重要取证工作,应当对全过程进行录音录像,留存备查。”《监察法实施条例》第 56 条进一步扩大全程同步录音录像覆盖的范围,明确规定包括“重要的谈话、询问”,还要确保录音录像资料的完整性。相比较之下,《刑事诉讼法》第 123 条仅规定对于可能判处无期徒刑、死刑的案件或者其他重大犯罪案件,才“应当”对讯问过程进行录音或者录像,对其他案件的讯问过程,则是“可以”进行录音或者录像。

第二节　互涉案件的证据共享

所谓互涉案件意指一人犯数罪却分属不同管辖权范围之案件。[②] 根据《监察法》第 11 条之规定,监察机关的职能管辖范围在于“涉嫌贪污贿赂、滥用职权、玩忽职守、权力寻租、利益输送、徇

---

① 参见江国华:《中国监察法学》,中国政法大学出版社 2022 年版,第 400 页。

② 参见陈卫东主编:《模范刑事诉讼法典》,中国人民大学出版社 2005 年版,第 18 页;黄硕:《论职务犯罪与牵连案件的侦查管辖权的权力边界》,载《云南社会科学》2015 年第 1 期;王霈:《监察机关与其他国家机关互涉案件管辖问题研究》,载《重庆理工大学学报(社会科学)》2020 年第 11 期;郭华:《我国检察机关侦查权调整及其互涉案件程序的探讨》,载《法治研究》2019 年第 1 期;闫召华:《论检警互涉案件的侦查》,载《中国人民公安大学学报(社会科学版)》2010 年第 2 期。

私舞弊以及浪费国家资财等”职务违法犯罪案件,其中包括个人犯罪和单位犯罪。若是被调查人既涉嫌职务犯罪,又涉嫌其他犯罪,则须明确办案机关之间的管辖分殊。当监察机关、人民检察院或公安机关在办案过程中发现案件属于互涉案件,将要移交对方立案管辖时,是否认可前期所取得证据的效力,理论研究和实践中认识不统一。有学者认为,所有的证据材料均应当重新收集;有的则认为,应当对证据材料进行区分,对于客观证据材料无须重新收集,对于言词证据材料则应当重新收集。[①]

一、监察机关与公安机关的证据共享

在我国,公安机关是国家治安行政机关和国家刑事执法机关,由其依法负责开展普通刑事案件的侦查工作,具有调查收集证据线索的能力。基于此,公安机关能够为监察机关办理职务违法犯罪案件提供配合协助,实现证据共享。[②]

(一)监察机关与公安机关证据共享之依据

首先,《监察法》第4条第2款和第3款规定:“监察机关办理职务违法和职务犯罪案件,应当与审判机关、检察机关、执法部门互相配合,互相制约。监察机关在工作中需要协助的,有关机关和单位应当根据监察机关的要求依法予以协助。”此处的“执法部门”包括公安机关,“互相配合”是指监察机关与公安机关在工作程序上的配合衔接,证据共享亦包含其中。

其次,在监察机关与公安机关的配合衔接中,互涉案件的处理是对案件调查或侦查权限的合理规范,对于证据的共享针对的是案件调查与侦查程序的相互作用。监察机关的调查权所蕴含

① 参见姚莉:《〈监察法〉第33条之法教义学解释——以法法衔接为中心》,载《法学》2021年第1期。

② 参见江国华:《中国监察法学》,中国政法大学出版社2022年版,第401页。

的具体职权以及运行程序实际上涵盖了监察体制改革前检察机关在刑事诉讼程序中的职务犯罪侦查权，也与公安机关针对普通刑事案件的侦查权具有不少共同之处。[①]《监察法》第 18 条第 1 款规定："监察机关行使监督、调查职权，有权依法向有关单位和个人了解情况，收集、调取证据。有关单位和个人应当如实提供。"《刑事诉讼法》第 115 条规定，"公安机关对已经立案的刑事案件，应当进行侦查，收集、调取犯罪嫌疑人有罪或者无罪、罪轻或者罪重的证据材料"。可见，监察机关进行调查、公安机关进行侦查皆以获取案件证据，查明案件事实，并查获可能发生职务违法犯罪的监察对象或犯罪嫌疑人为目标。正是调查侦查的趋同化为监警之间的证据共享提供了依据。

最后，厘清管辖问题是证据共享的重要前提。在国家监察体制改革之前，人民检察院与公安机关办理互涉案件主要遵循"主罪主导"原则。国家监察体制改革之后，《监察法》倡导"监察主导"原则，[②]在该原则的指导下，公安机关应及时将有关证据线索移送监察机关，以此有效避免各机关之间对案件资源的争夺或推诿。[③]

（二）监察机关与公安机关证据共享之体现

在"监察主导"原则的指导下，监察机关与公安机关之间的证据共享主要体现为公安机关对监察机关的协助。与此同时，监察机关虽然有权采取一定的措施进行职务违法犯罪案件的调查取证，但其中不少措施具有特殊的技术门槛限制或是对人力资源的

---

① 参见林艺芳：《监察机关与公安机关配合衔接机制研究》，载《湘潭大学学报（哲学社会科学版）》2018 年第 5 期。

② 参见陈光中、邵俊：《我国监察体制改革若干问题思考》，载《中国法学》2017 年第 4 期。

③ 参见江国华：《中国监察法学》，中国政法大学出版社 2022 年版，第 401 页。

较高要求，监察机关单凭一己之力无法有效落实，需要提请公安机关协助。具体表现为：

其一，信息的查询与调阅。公安机关作为负责社会治安管理的行政机关，其信息采集等行为属日常行政管理性质的行政辅助行为。① 监察机关在调查取证过程中要保证证据的合法性与可靠性，故而在涉及公民个人信息采集、处理、使用和存储情形时，应当申请公安机关协助配合。

其二，搜查、调取、查封、扣押措施。搜查是调查人员依法对被调查人以及可能隐藏被调查人或者证据材料的人的身体、物品、住处等进行搜索检查的行为。该措施有助于及时发现和收集证据材料，防止证据材料的损毁、转移。就搜查措施而言，《监察法》第 24 条第 3 款规定："监察机关进行搜查时，可以根据工作需要提请公安机关配合。公安机关应当依法予以协助。"该条款明确规定了监察机关执行搜查措施有权要求公安机关提供配合协助。调取、查封、扣押措施是指监察机关依法强制提取、留置和封存与案件有关的财物、文件和电子数据等信息。就调取、查封、扣押措施而言，《监察法》并没有明确赋予监察机关提请公安机关配合协助的权利，但作为监察机关取证的重要措施，这并不妨碍公安机关在实践中为监察机关提供必要的配合协助。

其三，技术调查。根据《监察法》第 28 条之规定，监察机关调查涉嫌重大贪污贿赂等职务犯罪时，根据需要，经过严格的批准手续，可以采取技术调查措施，并按照规定交有关机关执行。职务犯罪有着外界干扰大、证据收集和固定难等特点，这使得职务犯罪的调查比一般刑事犯罪的侦查存在更大的困难，因而《监察

---

① 参见江国华、张硕：《监察过程中的公安协助配合机制》，载《法学研究》2019 年第 2 期。

法》赋予监察机关采取技术调查措施之权限。而《宪法》第40条规定限制公民通信自由的调查措施必须由公安机关执行。因此，监察机关可能需要请求公安机关协助采取技术调查措施进行调查取证。除了公安机关对于监察机关的协助，对于监察机关认为被调查人既涉嫌职务犯罪又涉嫌其他犯罪的案件，以及监察机关请求公安机关配合办理监察相关的部分案件，公安机关需要接收监察机关移送的案件。该情形下，监察机关可以将自己已经收集的证据线索向公安机关移交，实现证据共享。①

二、监察机关与检察机关的证据共享

检察机关是我国的法律监督机关，具有法律监督职能与公诉职能。在对公安机关侦办的刑事犯罪案件批捕、审查起诉以及在履行其他监督职责的过程中，发现犯罪嫌疑人、被告人还涉嫌职务违法和犯罪的，应将相关证据线索及时移送给监察机关进行调查和处置。

（一）监察机关与检察机关证据共享之依据

《监察法》第4条第2款和第3款规定："监察机关办理职务违法和职务犯罪案件，应当与审判机关、检察机关、执法部门互相配合，互相制约。监察机关在工作中需要协助的，有关机关和单位应当根据监察机关的要求依法予以协助。"该规定对监察机关同其他机关之间互相配合、互相制约提出要求，检察机关在此之列。而"互相配合"是指监察机关与检察机关在工作程序上的配合衔接，证据共享亦包含其中。

理顺管辖问题是证据共享的重要前提。最高人民检察院在2018年发布的《关于人民检察院立案侦查司法工作人员相关职务

---

① 参见江国华：《中国监察法学》，中国政法大学出版社2022年版，第403页。

犯罪案件若干问题的规定》(以下简称《侦查规定》)以及2019年颁布的《检察院刑诉规则》规定监察机关与检察机关互涉案件的处理采取“更为适宜+协商一致”原则,该原则亦为监察机关与检察机关的证据共享提供了支撑。

(二)监察机关与检察机关证据共享之体现

在财产型职务犯罪中,检察机关可以就移送起诉案件进行补充侦查;在自行侦查的司法实践中,检察机关与监察机关之间也可以在案件办理的程序上进行转换。也就是说,检察机关可根据监察决定,将案件移送至监察机关立案调查。换言之,无论检察机关是否具备立案管辖权,基于法律监督的宪法职责本位,检察机关均可在与监察机关立案管辖衔接过程中明确提前介入监察调查过程中的具体职责,实现证据共享。

1.线索管理。尽管国家监察体制改革剥离了检察机关原有的大部分职务犯罪自行侦查权,但检察机关在审查起诉阶段仍保留了职务犯罪案件的退回补充侦查权。尤其作为自侦主体,检察机关对于司法渎职犯罪的线索来源获取、移送及处置存在天然的侦查优势。监察体制改革虽“转隶”了检察机关的部分办案人员,但并非意味着原有的侦查设备及相应硬件设施被一并移转,[①]检察机关仍具备实施刑事侦查的客观外部条件,由此可形成线索发现、管理与处置上的侦查便利。因此,检察机关可就司法渎职犯罪中的线索发现、取得、保管与处置等方面向监察机关提供便利。

2.提前介入。《检察院刑诉规则》和《衔接办法》都规定,监察委员会办理的重大、疑难、复杂案件在进入案件审理阶段后,可以

---

① 参见王小光、米卿:《完善检察机关自行补充侦查制度的思考》,载《河南财经政法大学学报》2018年第6期。

书面商请人民检察院派员介入。检察机关提前介入机制既保障监察机关、检察机关完成从调查程序到审查起诉程序之间的衔接,[①]又实现了监察机关、检察机关的证据共享。从监察机关的角度来看,在书面商请检察机关时,需要提供能够让检察人员全面、准确知悉案件的所有证据材料,且明确商请检察机关提前介入待解决的疑难问题和所需进行的重点工作。从检察机关的角度来看,对于已经掌握或者需要补正或继续调查的证据,需要向监察机关说明,以保障证据体系之完善。

第三节　非法证据排除

非法证据排除规则亦被称为证据禁止规则,指对以违法方法收集的证据应当依法在案件处置的过程中加以排除,不能作为案件处置依据的证据规则。非法证据排除是刑事诉讼领域中处于核心地位的证据制度,因其在刑事人权保障领域的突出作用而被誉为"人类社会几百年来法治实践的重大创举"。监察体制改革后,监察证据不仅具有了新的内涵,监察证据的非法证据排除也成为监察法领域的焦点问题。[②] 监察机关收集的证据依法可以在刑事诉讼中使用,同时意味着必须适应以审判为中心的刑事诉讼制度改革,与刑事审判关于证据的要求和标准相一致,自然适用

---

① 参见林喜芬:《论监察调查程序中的检察提前介入机制》,载《内蒙古社会科学》2022 年第 1 期。

② 参见程衍:《中国特色独立监察程序下非法证据排除规则的制度建构》,载《南京大学学报(哲学·人文科学·社会科学)》2019 年第 2 期。

非法证据排除规则。[①]

一、非法监察证据排除的必要性

多年以来，理论界和实务界一直对是否排除非法证据存在激烈的争论，目前认为应当排除非法证据的主张占据了绝对优势。[②]在监察证据领域，非法证据排除亦有其必要性。

（一）防止监察权的滥用

因监察程序具备独立性、密闭性和特殊性，为保障监察证据和刑事证据的顺利衔接，监察证据应当受到非法证据排除规则的约束。[③] 监察程序中奉行调查不公开原则，其运行呈现出高度封闭性特征。该特征主要体现在三个方面：一是不允许律师介入调查程序；二是采取的强制性调查措施需要经过层层报批，期限较长，且调查地点具有相对的封闭性；[④]三是监察程序的启动、运行和终结均依据内部文件由监察机关内部决定和具体实施。因此，通过适用非法证据排除规则，可以防止监察权的滥用。

（二）保障被调查人的合法权益

作为一项典型的程序性制裁规则，非法证据排除规则旨在使非法收集的监察证据失去效力，促使监察机关形成严格的程序意识。运用非法证据排除规则形成倒逼机制，可以从监察程序这一

---

① 参见江国华：《中国监察法学》，中国政法大学出版社2022年版，第401～402页；江国华：《国家监察权力运行及其监督机制研究》，中国政法大学出版社2020年版，第204页。

② 参见刘彦辉：《论非法证据调查程序在我国的立法确立》，载《中国法学》2011年第4期。

③ 参见闫召华、范智凯：《监察调查案件非法证据排除标准研究》，载《黑龙江社会科学》2020年第3期。

④ 参见吴建雄：《监察体制改革试点视域下监察委员会职权的配置与运行规范》，载《新疆师范大学学报（哲学社会科学版）》2018年第5期。

源头杜绝非法监察证据进入刑事诉讼程序，一定程度上有助于提高诉讼效率，节约诉讼资源，同时可以消除监察程序因缺乏律师介入和权利告知等保障机制而带来的弊端，为处于弱势地位的被调查人提供一种救济手段，从而保障被调查人的合法权益。[①]

二、非法监察证据排除规则适用情形

在我国，刑事领域对于非法证据普遍持有比较严格的排除观点，其中，《刑事诉讼法》《关于办理刑事案件严格排除非法证据若干问题的规定》等均从人权保障的角度出发，主张对非法证据进行严格的排除。监察调查程序中非法证据排除规则与刑事司法中的非法证据排除规则具有较大不同。在《监察法》的制定过程中，立法者基于高度警惕刑讯逼供的发生以及促进两法衔接之考量，于《监察法》中对非法证据的排除采取较之《刑事诉讼法》更加严格的标准。

1. 检察机关在对监察机关调查终结案件进行审查的过程中，发现监察机关办案人员以非法方法收集证据材料的，应当予以排除。从《监察法》立法层面以及有限监察的实践层面考量，我国监察机关办理监察案件尚未存在非法证据排除的例外情形。[②]《监察法》第 33 条规定："监察机关依照本法规定收集的物证、书证、证人证言、被调查人供述和辩解、视听资料、电子数据等证据材料，在刑事诉讼中可以作为证据使用。监察机关在收集、固定、审查、运用证据时，应当与刑事审判关于证据的要求和标准相一致。以非法方法收集的证据应当依法予以排除，不得作为案件处置的

① 参见贾志强：《非法证据排除程序规则的中国路径——以审判阶段非法供述排除为视角的分析》，载《广州大学学报（社会科学版）》2014 年第 5 期。

② 参见闫召华、范智凯：《监察调查案件非法证据排除标准研究》，载《黑龙江社会科学》2020 年第 3 期。

依据。”该规定作为监察程序中对非法证据进行排除的一般性规定，并未体现出存在非法证据排除的例外情形，故而在监察程序中，只要是“以非法方法收集的证据”，均不得作为监察案件处理的依据，相较于刑事司法程序中所规定的非法证据排除规则更加严格。同时，还需要建立对讯问、取证工作全程录音录像制度，并在移送起诉时随案移送录音录像资料，以备审查。此外，针对由公安机关具体执行的技术调查措施的监督问题，虽然当前监察立法和《刑事诉讼法》均未作出明确规定，但为了加强对此环节证据收集程序的监督，应允许检察机关在审查批捕和审查起诉程序中，通过讯问犯罪嫌疑人、审阅案卷材料、听取辩护人意见等方式发现相关违法线索，经查证之后可视情况作出相应处理。[①]

2. 在监察程序阶段所收集到的瑕疵证据无法进行补正。瑕疵证据的补正属于对证据可采性的自由裁量，在刑事诉讼领域，“非法证据排除规则形成了以非法证据与瑕疵证据为基点的两种运行路径”。[②] 最高人民法院、最高人民检察院、公安部、国家安全部、司法部联合印发的《关于办理死刑案件审查判断证据若干问题的规定》《关于办理刑事案件排除非法证据若干问题的规定》等司法解释中规定了对于取证手段轻微违法的，允许检控方对证据进行补正或作出合理解释，理论上一般将这一类可补正的证据称为瑕疵证据。[③] 在刑事司法实践中，瑕疵证据补正的对象一般为非法实物证据。[④] 而在《监察法》的规定中，非法实物证据的效力

---

① 参见郑曦：《监察委员会技术侦查权研究》，载《学习与探索》2018 年第 1 期。

② 马明亮：《非法证据排除规则的结构性困境——基于内部视角的反思》，载《现代法学》2015 年第 4 期。

③ 参见陈瑞华：《论瑕疵证据补正规则》，载《法学家》2012 年第 2 期。

④ 参见易延友：《瑕疵证据的补正与合理解释》，载《环球法律评论》2019 年第 3 期。

不能得到补正。[1] 一方面,基于监察以及刑事诉讼证据之间的衔接考量,在职务犯罪调查程序中,监察机关不能对瑕疵证据作出补正决定;另一方面,由于《监察法》中并未对职务违法证据与职务犯罪证据进行严格的区分,从而在监察程序中,职务违法和职务犯罪调查活动中的瑕疵证据均无法得到补正。

3. 监察程序中对于非法证据的排除并未设置附加条件。根据《刑事诉讼法》第 56 条之规定,对收集的物证、书证不符合法定程序的,还需要同时满足"可能严重影响司法公正""不能补正或者作出合理解释"等条件才应予以排除。此即明确在刑事司法程序中,对非法证据进行排除乃法官利益衡量之决定,然而《监察法》明确要求对于监察程序中所存在的非法证据进行无条件排除,与《刑事诉讼法》相比更为严格。对于不符合法定程序收集的证据,不能一概视为非法证据予以排除,而是应当区别对待。[2] 对可能严重影响处置结果合法公正的,应当要求相关调查人员予以补正或者作出合理解释,如果作出补正或合理解释后,不影响证据使用的,该证据可以继续使用。不能补正或者不能作出合理解释的,对该证据应当予以排除。[3]

4. 审判机关在案件审理过程中,对于监察机关收集的证据材料,必须经过质证方能作为定案的依据;同时,应当依职权或者根据被告人及其辩护人的申请对监察机关收集证据的合法性进行法庭调查,如果发现有通过刑讯逼供、暴力、威胁等非法手段取得

① 参见江国华:《中国监察法学》,中国政法大学出版社 2018 年版,第 207 ~ 208 页。

② 参见杜万华主编:《最高人民法院民事诉讼司法观点全集》,人民出版社 2016 年版,第 20 页。

③ 参见罗智勇、冯黔刚:《刑事审判中实物证据的审查判断及排除》,载《证据科学》2012 年第 2 期。

的证据,应当予以排除。特别是对于言词证据,法庭对证据收集的合法性有疑问的,可以依法通知监察机关讯问人员出庭作证,监察机关讯问人员应当出庭作证,就言词证据收集的合法性作出说明,确保职务犯罪案件审理的程序正义。

三、非法监察证据的排除程序

在宏观层面,监察案件中的非法证据排除大致可分为监察程序和司法程序两个阶段。

其一,监察程序阶段。《监察法》第 33 条对监察机关所收集证据的法律效力、取证的要求、取证的标准以及非法取得证据之排除进行了规定:"监察机关依照本法规定收集的物证、书证、证人证言、被调查人供述和辩解、视听资料、电子数据等证据材料,在刑事诉讼中可以作为证据使用。监察机关在收集、固定、审查、运用证据时,应当与刑事审判关于证据的要求和标准相一致。以非法方法收集的证据应当依法予以排除,不得作为案件处置的依据。"可见,监察机关在案件移送起诉前的调查阶段有排除非法证据的义务。此项规定强化了监察机关的自我监督,除保障被调查人的基本权利外,对两法的衔接也起到了促进作用,使得监察阶段所获取的证据能够直接在刑事诉讼的过程中进行使用。①

其二,司法程序阶段。根据《关于办理刑事案件严格排除非法证据若干问题的规定》可知,人民检察院在审查起诉以及人民法院在审判过程中均能够启动非法证据排除程序。其中,检察机关在审查起诉期间讯问犯罪嫌疑人时应当告知其具有申请排除非法证据的权利,人民法院在向被告人及其辩护人送达起诉书副

---

① 参见贾志强:《非法证据排除程序规则的中国路径——以审判阶段非法供述排除为视角的分析》,载《广州大学学报(社会科学版)》2014 年第 5 期。

本时,附有告知其有权向法院提出非法证据排除申请的义务。此外,根据《刑事诉讼法》,非法证据应包含以非法方法收集的犯罪嫌疑人、被告人的供述辩解和证人证言(非法言词证据)以及收集程序不符合法定程序的物证和书证(非法实物证据)两大类。[①]《刑事诉讼法》第56条规定:"采用刑讯逼供等非法方法收集的犯罪嫌疑人、被告人供述和采用暴力、威胁等非法方法收集的证人证言、被害人陈述,应当予以排除。收集物证、书证不符合法定程序,可能严重影响司法公正的,应当予以补正或者作出合理解释;不能补正或者作出合理解释的,对该证据应当予以排除。在侦查、审查起诉、审判时发现有应当排除的证据的,应当依法予以排除,不得作为起诉意见、起诉决定和判决的依据。"因而,检察机关在审查过程中,发现监察机关办案人员以非法方法收集证据材料的,应当依照《刑事诉讼法》和《关于办理刑事案件严格排除非法证据若干问题的规定》予以排除。《监察法》第33条规定的"非法证据"认定不仅要参照《监察法》第40条与《监察法实施条例》第64条之规定,即禁止"以暴力、威胁、引诱、欺骗及其他非法方式"收集证据,还应当参照《刑事诉讼法》、最高人民法院《关于适用〈中华人民共和国刑事诉讼法〉的解释》以及《关于办理刑事案件严格排除非法证据若干问题的规定》等的规定。这些规定既适用于言词证据,也适用于实物证据。[②] 刑事证据体系中关于非法证据的认定标准,即刑事诉讼法、司法解释中对非法证据的认定标准,主要适用于《监察法》第47条第3款规定的检察机关自行补充侦查的证据。但在实践中,对于需要补充调查的职务犯罪案

---

① 参见陈卫东、聂友伦:《职务犯罪监察证据若干问题研究——以〈监察法〉第33条为中心》,载《中国人民大学学报》2018年第4期。

② 参见陈卫东、聂友伦:《职务犯罪监察证据若干问题研究——以〈监察法〉第33条为中心》,载《中国人民大学学报》2018年第4期。

件,以退回补充调查为原则,自行补充侦查为例外。①

四、证据的合法性说明

证据的合法性说明,即调查人员应法院要求,就证据的合法性出庭说明的制度。基于查明案件之需要,现有证据材料不能证明证据收集的合法性的,必要时人民法院可以通知监察机关调查人员出庭说明情况;人民检察院可以提请人民法院通知有关调查人员出庭说明情况。监察机关应当根据工作需要予以配合。

司法审判环节调查人员是否出庭作证乃监察机关与审判机关之间互相配合、互相制约之重要问题。由非法证据排除原理可知,用以定案的证据应当经过法庭质证环节的检验,不合法的证据应予以排除,不能用以证明被告人有罪。② 为使法庭更好地对证据合法性作出判断,《刑事诉讼法》第 59 条第 2 款对侦查人员以及其他人员出庭说明情况进行了相应规定。而《监察法》中并未对调查人员出庭作证的问题进行明确。按照一般理解,此处"其他人员"主要包括了解侦查人员收集证据情况的有关证人、录音录像人员、看守所值班警察、见证人等。③ 尽管 2021 年出台的刑事诉讼法司法解释中将出庭说明情况的人员范围修改为"调查人员、侦查人员或者其他人员",但是"监察人员"是否属于刑事诉讼法司法解释中所规定的"调查人员"之范畴,目前在监察立法中尚未有明确的规定,有待立法机关在后续的立法中进行明确。基

① 参见谢小剑:《监察调查与刑事诉讼程序衔接的法教义学分析》,载《法学》2019 年第 9 期。

② 参见杨宇冠、刘曹祯:《以审判为中心的诉讼制度改革与质证制度之完善》,载《法律适用》2016 年第 1 期。

③ 参见陈光中主编:《〈中华人民共和国刑事诉讼法〉修改条文释义与点评》,人民法院出版社 2012 年版,第 81 页。

于刑事诉讼中举证责任由控方承担之法则，辩方提出的证据有限，故而更应当注重相关人员出庭作证，从而发挥庭审质证环节的作用，以充分保障辩方的质证权。[①] 为保证证据收集的合法性，保障通过监察调查所收集的证据在移送起诉后能够顺利适用刑事诉讼证据规则，避免在两法之间出现衔接失调问题，有必要在《监察法》中对是否要求监察人员出庭说明其取证行为合法性予以明确。在由监察机关进行调查的职务犯罪案件中，由直接参与案件办理的监察机关调查人员出庭说明情况对查明案件事实，尤其是查明有关证据收集合法性的问题将起到关键作用。监察机关调查人员有必要就其所进行的调查工作、收集证据的相关情况出庭作证，否则审判机关可能难以就证据合法性问题进行审查。在审判有需要时，法院也可以要求监察机关办案人员出庭作证，或者参加庭前会议，说明相关情况。[②]

（一）刑事侦查与监察调查之匹配

在普通刑事诉讼过程中，案件侦查人员出席法庭对非法证据排除等相关问题作出说明是其履行职务的行为。在实践中，侦查人员在出庭作证之前通常需要征得其所在单位同意，接受其单位的指派才能出庭。但从维护司法权威和推进以审判为中心的诉讼制度改革角度考虑，被传唤的侦查人员不得拒绝出庭作证。在司法实践中，还存在侦查部门以书面的情况说明材料代替侦查人员出庭作证的情况，但从法庭审理，特别是质证应当实行直接言词原则方面考虑，不宜以书面说明代替侦查人员出庭作证。同样，在职务犯罪案件调查中，监察机关工作人员的调查工作实际

① 参见顾永忠：《以审判为中心背景下的刑事辩护突出问题研究》，载《中国法学》2016 年第 2 期。

② 参见谢小剑：《监察调查与刑事诉讼程序衔接的法教义学分析》，载《法学》2019 年第 9 期。

上是对相关案件的侦查，调查人员出庭体现了审判机关和监察机关之间的制约，是推进以审判为中心的诉讼制度改革的必然要求，所以调查人员出庭作证应当参照侦查人员出庭作证的相关规定进行。

除此之外，在职务犯罪案件的审理过程中，同样应当遵循刑事诉讼体系中的直接言词原则。因而监察机关工作人员作为直接负责相关案件的取证者抑或经手并了解调查取证过程的人员，其直接参与了案件或见证了案件的侦破，理应承担同《刑事诉讼法》中侦查人员相同的出庭说明调查取证过程之合法性的义务。

(二)调查人员出庭说明情况制度的构建

立法应赋予人民法院通知监察机关调查人员出庭说明情况以及人民检察院提请人民法院通知有关调查人员出庭说明情况的权力。但鉴于有些职务犯罪涉及国家秘密等敏感问题，调查人员出庭说明情况还需要根据不同情况处理，应当向调查人员所在的监察机关报告和征求意见，[①]而后决定调查人员最终是否出庭说明情况。

为了在监察体制中规避刑事诉讼中存在的问题，落实以审判为中心和直接言词原则，应明文禁止监察机关不出庭而取之以“办案说明”的现象，若被通知出庭而不出庭，导致法庭对非法取证的合理怀疑未能被消除，法庭将依法排除该证据。[②] 当法院对证据的合法性存在疑问时，赋予其依职权通知监察人员出庭的权力，以及检察机关在证明证据收集程序合法的过程中提请人民法

---

① 参见杨宇冠：《监察法与刑事诉讼法衔接问题研究》，中国政法大学出版社2018年版，第143～144页。

② 参见施鹏鹏：《国家监察委员会的侦查权及其限制》，载《中国法律评论》2017年第2期。转引自汪海燕：《监察制度与〈刑事诉讼法〉的衔接》，载《政法论坛》2017年第6期。

院通知监察机关相应的调查人员出庭说明情况的权力，使得监察机关所获取的证据在考察之后的诉讼阶段能够受到司法机关更强有力的约束，推动审判过程中证据合法性审查的有序进行。

调查人员出庭说明情况应当从以下两个角度出发：其一，监察机关的调查人员应当客观、真实地运用自身专业知识对取证的整个过程进行展示。其二，监察机关调查人员出庭说明情况的范围包括调查行为的内容和过程，从而证明整个调查行为符合法律规定，或者证明即使调查取证的过程中存在非法行为，但是能够通过裁量的方式进行认定，不会影响最终实体结果的客观公正，抑或只是调查取证的程序存在瑕疵，并不会干扰到证据的真实性。

调查人员出庭作证制度不仅是监察机关与审判机关相互配合，对监察案件证据收集之合法性进行确认，从而保障被调查人员基本权利，使其能够得到公正判决的必然要求，调查人员就证据收集合法性在法庭上说明情况并接受询问同样是监察机关和审判机关相互制约的体现，是《监察法》第 4 条中规定的监察机关职务犯罪案件应当与审判机关互相配合、互相制约的要求的具体落实。[①] 其对完成党和国家反腐败的艰巨任务，共同应对当前严峻、复杂的反腐败形势起到了重要的推动作用。

第四节 监察机关询问证人与录音录像的调取使用

证人证言、录音录像资料是法定的监察证据类型。为确保证

---

① 参见杨宇冠：《监察法与刑事诉讼法衔接问题研究》，中国政法大学出版社 2018 年版，第 144 页。

人证言和录音录像资料的证据效力，监察机关询问证人、人民法院与人民检察院调取使用录音录像资料，应当严格遵守相关规则。

一、监察机关询问证人

根据《监察法》第 21 条之规定，在调查过程中，监察机关可以询问证人等人员。询问作为监察机关常用的一种调查措施，对于获取真实的证人证言，更好地查明案件事实，使案件形成完整的证据链具备重大意义。

（一）询问证人的内涵

证人是了解案件事实情况而被通知作证的人、诉讼参与人，由案件本身所决定，不能随意选择或代替。① 监察机关询问证人是指监察机关的调查人员依据法律规定的相关程序，采取口头的形式向证人等相关人员取得言词证据。询问证人是监察机关收集证人证言最常用的方法，是发现案件事实的重要方法，也是印证核实案件其他证据可靠与否的重要手段。②

（二）监察机关询问证人的程序

询问，是监察机关 15 项监察调查措施之一。《监察法实施条例》第 4 章第 5 节对询问的适用条件、工作要求、文书手续以及告知义务等事项作出详细规定，确保监察机关依法正确采取措施。

根据《监察法实施条例》第 85 条之规定，监察机关对证人询问前，需要按规定报批。对于询问的地点，则要视情况而定。根据《监察法实施条例》第 86 条之规定，对于未被限制人身自由的证人，可以在其工作地点、住所或者证人提出的地点进行询问，也

---

① 参见周振想主编：《法学大辞典》，团结出版社 1994 年版，第 398 页。

② 参见［美］理查德·A. 波斯纳：《证据法的经济分析》，徐昕、徐昀译，中国法制出版社 2001 年版。

可以通知其到指定地点接受询问。到证人提出的地点或者调查人员指定的地点进行询问的,应当在笔录中记明。调查人员认为有必要或者证人提出需要由所在单位派员或者其家属陪同到询问地点的,应当办理交接手续并填写《陪送交接单》。对于被限制人身自由的证人,询问工作则在证人被限制的地点进行。

对于进行询问的人员,根据《监察法实施条例》第 87 条之规定,负责询问的调查人员不得少于 2 人,且应当个别进行。首次询问时,调查人员应当向证人出示《证人权利义务告知书》,由其签名、捺指印。证人拒绝签名、捺指印的,调查人员应当在文书上记明。证人未被限制人身自由的,应当在首次询问时向其出具《询问通知书》。询问时,调查人员应当核实证人身份,问明证人的基本情况,告知证人应当如实提供证据、证言,以及作伪证或者隐匿证据应当承担的法律责任。同时,不得向证人泄露案情,不得采用非法方法获取证言。询问重大或者有社会影响案件的重要证人时,调查人员应当对询问过程全程同步录音录像,并告知证人。告知情况应当在录音录像中予以反映,并在笔录中记明。

此外,《监察法实施条例》还就未成年人、聋哑证人的询问程序作出特殊规定。根据《监察法实施条例》第 88 条之规定,询问未成年人,应当通知其法定代理人到场。无法通知或者法定代理人不能到场的,应当通知未成年人的其他成年亲属或者所在学校、居住地基层组织的代表等有关人员到场。询问结束后,由法定代理人或者有关人员在笔录中签名。调查人员应当将到场情况记录在案。询问聋、哑人,应当有通晓聋、哑手势的人员参加。调查人员应当在笔录中记明证人的聋、哑情况,以及翻译人员的姓名、工作单位和职业。询问不通晓当地通用语言、文字的证人,应当有翻译人员。询问结束后,由翻译人员在笔录中签名。

（三）证人的义务与对证人的保护

一方面，对于证人来说，凡是知道案件情况的，都有如实作证的义务。[①] 对故意提供虚假证言的证人，应当依法追究法律责任。证人或者其他任何人不得帮助被调查人隐匿、毁灭、伪造证据或者串供，不得实施其他干扰调查活动的行为。

另一方面，《监察法实施条例》对证人的保护作出了规定，根据《监察法实施条例》第 90 条之规定，证人、鉴定人、被害人因作证，本人或者近亲属人身安全面临危险，向监察机关请求保护的，监察机关应当受理并及时进行审查；对于确实存在人身安全危险的，监察机关应当采取必要的保护措施。保护措施主要包括：(1)不公开真实姓名、住址和工作单位等个人信息；(2)禁止特定的人员接触证人、鉴定人、被害人及其近亲属；(3)对人身和住宅采取专门性保护措施；(4)其他必要的保护措施。同时，依法决定不公开证人、鉴定人、被害人的真实姓名、住址和工作单位等个人信息的，可以在询问笔录等法律文书、证据材料中对其使用化名。但是应当另行书面说明使用化名的情况并标明密级，单独成卷。

二、录音录像的调取使用

在刑事案件侦查过程中，侦查活动因具有封闭性和秘密性，故而易于滋生非法讯问、刑讯逼供等非法取证行为，从而导致冤假错案。因此，为打破侦查活动封闭性，规范侦查取证行为，录音录像制度应运而生。[②] 但《刑事诉讼法》本身并没有关于录音录像资料移送与调取的直接规定，其仅在第 123 条对适用范围作出规定。而无论是在刑事诉讼中，还是在监察调查中，移送与调取问

① 参见裴苍龄：《论证据的种类》，载《法学研究》2003 年第 5 期。

② 参见戴福：《讯问犯罪嫌疑人同步录音录像的证据地位与司法审查》，载《人民法院报》2014 年 1 月 1 日，第 6 版。

题毫无疑问是录音录像制度能够发挥效用的关键所在。[①]

(一)《监察法》关于录音录像的规定

《监察法》第41条第2款规定:"调查人员进行讯问以及搜查、查封、扣押等重要取证工作,应当对全过程进行录音录像,留存备查。"从此条规定来看,《监察法》充分借鉴吸收了刑事诉讼中的录音录像制度。这具体表现为两个方面:一方面,《监察法》对录音录像制度的适用范围进行了拓展。《刑事诉讼法》只规定录音录像适用于讯问犯罪嫌疑人程序,而《监察法》不仅将"搜查、查封、扣押"纳入适用录音录像的范围,还规定了"等重要取证工作"的兜底性条款。另一方面,《刑事诉讼法》规定适用录音录像制度,依据案件类型划分为任意性适用和强制性适用两种标准,而且强制性标准只适用于少数重大犯罪案件。而《监察法》则统一采用强制性标准,明确规定"调查人员进行讯问以及搜查、查封、扣押等重要取证工作,应当对全过程进行录音录像"。应当说,《监察法》采用"全部工程"规定录音录像制度,较《刑事诉讼法》有较大进步,既彰显《监察法》对程序正义的尊重,又反映出监察调查本质上与刑事侦查的高度相似。

(二)录音录像的调取使用的现状

在刑事诉讼中,在证据收集合法性产生争议的情况下,法律赋予检察机关和审判机关在必要时调取相关录音录像资料之权力。[②] 在监察领域,当监察调查终结移送司法机关依照刑事诉讼法追究被调查人刑事责任时,同样存在此种情形和此种需要。

目前,法律对于录音录像的调取使用问题规定较少。中央纪委、国家监委法规室主编的《〈中华人民共和国监察法〉释义》(以

---

① 参见张磊、钟鸣:《职务犯罪案件讯问全程同步录音录像运作现状分析》,载《中国检察官》2012年第3期。

② 参见朱孝清:《讯问录音录像三题》,载《人民检察》2014年第12期。

下简称《监察法释义》)主张,检察机关认为需要调取与指控犯罪有关并且需要对证据合法性进行审查的录音录像,可以同监察机关沟通协商后予以调取。同时,根据《衔接办法》第27条之规定,最高人民检察院认为需要调取与指控犯罪有关并且需要对证据合法性进行审查的讯问录音录像,可以同国家监察委员会沟通协商后予以调取。所有因案件需要接触录音、录像的人员,应当对录音、录像的内容严格保密。

通过对以上规定的分析,可以得出以下结论:一是检察机关对于监察调查移送起诉的案件,必要时,可以对监察机关实行讯问或搜查、查封、扣押等重要取证工作时的录音录像资料进行调取和审查;二是检察机关可以调取录音录像资料的范围只限于与指控被调查人犯罪有关;三是检察机关调取录音录像资料的必要性体现在监察机关调查收集证据的合法性在审查起诉中产生争议或者出现疑义,因此需要调取录音录像以便对证据合法性进行审查;[①]四是检察机关调取录音录像资料需要和监察机关沟通协商,而不是像《刑事诉讼法》规定的那样直接调取。

(三)录音录像的调取使用机制的完善

根据对上述释义和条文的分析可以发现,监察调查录音录像资料在刑事诉讼中的调取和使用还存在诸多有待完善的空间。

1.应当赋予人民法院调取录音录像之权。目前,《监察法释义》所阐释的调取主体只有人民检察院,《衔接办法》也只涉及国家监察委员会与最高人民检察院,均未涉及人民法院。但是在法庭审判阶段,当监察调查收集证据合法性产生争议或者出现疑义时,人民法院应当有权调取相关录音录像。

① 参见卞建林、陶加培:《论监察法与刑事诉讼法衔接中录音录像制度》,载《中国刑事法杂志》2019年第3期。

2. 应当对被调查人供述的真实性进行审查。根据《刑事诉讼法》的规定,法庭审理过程中,在对证据收集的合法性进行法庭调查中,人民检察院应当对证据收集的合法性加以证明。因此,检察机关在审查起诉中,根据需要调取的有关录音录像资料,一方面用于自己对证据收集合法性的审查,另一方面也是为在法庭审理时履行法律赋予的证明责任。而监察机关在调查职务违法犯罪案件时,被调查人的供述往往具有不稳定性,①为了避免起诉或法庭审理阶段对证据的认定不一,从而影响案件审理质量,有必要增加对被调查人供述真实性的审查。

3. 应当对录音录像调取使用的具体情形予以明确。现有的规定仅仅指出只要检察机关认为需要调取与指控犯罪有关并且需要对证据合法性进行审查的录音录像,就可以与监察机关沟通予以调取使用,但是对于调取使用的具体情形并未作出详细规定,这在实践中容易造成调取使用乱象。因此,应当明确规定录音录像调取使用的具体情形:(1)犯罪嫌疑人、被告人或者辩护人提出犯罪嫌疑人、被告人供述系非法取得,并提供相关线索或者材料的;(2)犯罪嫌疑人、被告人提出讯问活动违反法定程序或者翻供,并提供相关线索或者材料的;(3)犯罪嫌疑人、被告人或者辩护人提出讯问笔录内容不真实,并提供相关线索或者材料的;(4)人民检察院、人民法院认为讯问活动可能存在暴力、威胁等非法取证行为的。

4. 应当增加录音录像调取审批机制。当前法律仅仅规定,检察机关可以同监察机关沟通协商后对录音录像予以调取使用。而对于监察机关而言,当检察机关与其进行沟通后,需在监察机

---

① 参见陈旭:《无罪推定视角下监察程序中被调查人的权益保障研究》,载《广西政法管理干部学院学报》2019 年第 5 期。

关内部对检察机关的请求予以判定,以便确定是否予以支持配合调取。因此,建议监察机关增加录音录像的调取审批机制,即在检察机关商请监察机关调取录音录像后,由监察机关案件审理部门报本机关主要负责人审批,审批后由承办的调查部门予以提供调取。

三、录音录像调取使用的保密机制

《监察法》并未对法检调取、使用同步录音录像的保密事项作出要求,但随着同步录音录像工作的不断深入,“严格保密”作为同步录音录像工作必须坚持的重要原则之一,[①]在实践中为同步录音录像制度优势的充分发挥提供保障。

(一)检察机关调取使用录音录像的保密要求

人民检察院是国家法律监督机关,保护好工作中涉及和产生的秘密已经成为检察机关自身建设的重要课题之一,[②]做好保密工作也成了发挥检察机关职能的重要保证,因此检察机关在向监察机关调取使用录音录像时,更应当严格保密。然而当前检察机关调取使用录音录像的保密机制不健全,制度执行不到位,需要从以下几个方面予以完善。

1. 调取时。检察机关从监察机关处调取同步录音录像时,应当采取严格的保密措施。首先,在调取时,不得将录音录像进行拷贝,而应当调取原文件,以降低泄密的风险。其次,对于录音录像的存储介质,应当严格定性为涉密,并严禁与非涉密设备混同,避免出现交叉使用的情形导致泄密。最后,检察机关调取录音录

① 参见吕立海:《对同步录音录像制度的几点意见》,载《法制与经济(下旬)》2011 年第 10 期。

② 参见王彪:《讯问录音录像的若干证据法问题研究》,载《法律适用》2016 年第 2 期。

像时,调取人员不得少于二人。调取人员应当依法出具《调取证据通知书》,必要时附《调取证据清单》。监察机关和个人配合检察机关调取证据,且应当严格保密。

2. 使用时。检察机关在使用所调取的录音录像时,同样应当严格保密。首先,辩护人向检察机关要求查阅录音录像的,检察机关应当要求辩护人签署保密承诺书,以防辩护人泄密,辩护律师泄密的,应当对其追究相应的刑事责任或者行政责任。其次,关于录音录像的播放问题,根据《检察院刑诉规则》第 77 条之规定,公诉人可以提请法庭当庭播放相关时段的讯问录音、录像,法庭可以有针对性地播放讯问过程的录音录像。需要播放的录音录像中涉及国家秘密、商业秘密、个人隐私或者含有其他不宜公开内容的,公诉人应当建议仅在法庭组成人员、公诉人、侦查人员、被告人及其辩护人范围内播放。最后,如果因为询问录音录像的相关内容涉及了国家秘密、商业秘密、个人隐私或者其他犯罪线索,检察机关对此进行了技术处理,在庭审中,公诉人应当对此予以说明。

3. 使用后。在案件审结后,检察机关应当及时将调取的录音录像退回监察机关。监察机关应当对退回的录音录像进行核查确认。

(二)审判机关调取使用录音录像的保密要求

人民法院是我国的审判机关,做好保密工作也是法院有效发挥职能的重要保证。[①] 当前最高人民法院发布的《关于人民法院庭审录音录像的若干规定》仅对法院庭审的录音录像作出保密要求,而对于法院向监察机关调取录音录像的保密要求缺乏规定,

---

① 参见邵俊:《刑事诉讼信息共建共享问题研究》,载《浙江工商大学学报》2019年第1期。

需要从以下几个方面予以完善。

1. 调取时。法院为了审判的需要,从监察机关处调取同步录音录像时,也应当采取严格的保密措施。首先,为了降低泄密的风险,法院在调取时,不得将录音录像进行拷贝,而应当将原文件予以调取。其次,对于录音录像的存储介质,应当严格定性为涉密,并严禁与非涉密设备混同,避免出现交叉使用的情形导致泄密。最后,法院在派遣工作人员调取录音录像时,调取人员不得少于二人。调取人员应当依法出具《调取证据通知书》,必要时附《调取证据清单》。监察机关和个人配合法院调取证据,且应当严格保密。

2. 使用时。法院对调取的录音录像予以使用时,同样应当严格保密。根据最高人民法院《关于人民法院庭审录音录像的若干规定》第 1 条之规定,人民法院开庭审判案件,应当对庭审活动进行全程录音录像。也就是说,在庭审的过程中,若人民法院或公诉人员将调取的录音录像予以播放,其作为庭审活动的一部分,人民法院应当对其播放录音录像的活动进行录像,这也意味着对该庭审的录音录像也应当采取保密措施。[①] 同时,根据最高人民法院《关于人民法院庭审录音录像的若干规定》第 16 条之规定,涉及国家秘密、商业秘密、个人隐私等庭审活动的录制,以及对庭审录音录像的存储、查阅、复制、誊录等,应当符合保密管理等相关规定。因此,对于此种情形,人民法院对其庭审活动的录制应当严格遵守保密管理的相关规定,甚至可以对该庭审录像的相关内容进行技术处理,并进行备案,以确保被调取录音录像的秘密

---

① 参见束传祥:《论庭审录音录像制度》,载《九江学院学报(社会科学版)》2014 年第 3 期。

性。[1] 此外,所调取的录音录像可能涉及国家秘密、侦查秘密或者个人隐私,在公开的法庭上全程播放会带来一系列的问题:一方面,容易造成侦查讯问技巧、策略的泄露,增加以后办理同类案件的难度;另一方面,容易造成办案中涉及的国家秘密外泄。因此,法院还需要对所调取录音录像的出示设置一定的条件。(1)播放讯问录音录像必须符合以下情形之一:[2]一是被告人庭审的供述与庭前的供述不一致;二是被告人否认曾经作过有罪供述;三是辩护方提出讯问违法的主张。(2)当庭播放最好是节录播放录音录像。当庭只播放控辩双方有争议的录音录像时段或者被告人提出刑讯逼供等违法讯问行为发生的时段。(3)对于涉及国家秘密、商业秘密、个人隐私等不宜公开的录音录像,接触录音录像的法官、检察官以及律师必须签订保密协议,法庭应该严格限制旁听人员的范围。

3. 使用后。在案件审结后,法院应当及时将调取的录音录像退回监察机关,监察机关应当对退回的录音录像进行核查确认。

【相关案例】

案例一：调查职务犯罪案件的证据标准与刑事审判的要求和标准一致

某区监察机关对该区某事业单位公职人员 A 某涉嫌贪污犯罪行为立案调查并采取留置措施。经调查,该区监察机关认为 A 某涉嫌贪污犯罪事实清楚,证据确实、充分,作出开除的政务处分

---

① 参见蒋丽华:《庭审录音录像证据属性探讨》,载《太原师范学院学报(社会科学版)》2017 年第 1 期。

② 参见樊崇义、兰跃军、潘少华:《刑事证据制度发展与适用》,人民法院出版社 2012 年版,第 193 页。

决定后,决定将该案移送人民检察院依法审查、提起公诉。该区监察机关制作了起诉意见书,连同全部案卷材料、证据,一并移送该区人民检察院。起诉意见书写明了A某基本情况,该案来源,立案、留置时间,依法查明的贪污犯罪事实和证据清单等内容。该区人民检察院依照刑事诉讼法对A某采取逮捕措施,对该案依法审查,向该区人民法院提起公诉。该区人民法院一审对A某以贪污罪判处有期徒刑15年,并处罚金200万元。

A某不服,提起上诉。二审法院裁定驳回上诉,维持原判。判决生效后,A某入狱服刑。

解析

《监察法》第45条第1款第4项规定,对涉嫌职务犯罪的,监察机关经调查认为犯罪事实清楚,证据确实、充分的,制作起诉意见书,连同案卷材料、证据一并移送人民检察院依法审查、提起公诉。这一条款规定了监察机关对涉嫌职务犯罪的案件,移送检察机关审查起诉的处置方式。

案例一中,该区监察机关作为移送主体,认为对A某涉嫌贪污犯罪的事实已经调查清楚,证据达到确实、充分的标准,于是制作起诉意见书,依法将A某连同调查卷宗、证据一并移送该区人民检察院。

案例一中,该区监察机关严格按照相关规定,规范制作起诉意见书,案卷材料齐备、规范,所提供的各类证据符合法定要求,并能够对证实A某的犯罪事实形成完整证据链,最终确保了检察机关依法审查、提起公诉,确保了人民法院对此案依法作出生效判决,使A某的腐败犯罪行为得到了依法惩治。

案例二:依法提请有关机关技术调查

某市市直机关某单位的负责人A某,已临近退休。A某利用手中权力大肆敛财，多次违规帮助他人办事、收受对方财物，有的违规行为还给当地有关项目造成了重大损失。对其问题，人民群众举报较多。该市纪委监委对反映其涉嫌违纪违法的问题高度重视，按程序报批后对其进行初步核实。初核中发现，A 某先后利用职务便利为 10 多人在项目审批、资金拨付、职务提拔等方面提供帮助，累计收受对方财物超过 2000 万元，这些钱款有的是 A 某直接收受，有的是通过其妻 B 某、其女儿 C 某收受。同时发现，A 某此前已将其妻 B 某移民至某国，女儿 C 某前一年也刚去国外读书，一家 3 口目前仅有 A 某在国内。初核过程中经与有关人员谈话还了解到，A 某近期正在申办护照，拟以相关理由出国，且频繁与其妻、女儿以及相关人员联系，密谋相关事宜，并就其有关违纪违法问题与相关人员串供，还企图请托有关人员通过非法方式将其部分财产转移至国外。

种种迹象表明，A 某正在作出逃的准备。

对此情况，该市纪委监委在已掌握其充分证据的情况下，按程序请示报批后果断决定对 A 某正式立案进行审查调查，并在适当时候对其采取留置措施。在办理立案手续的同时，该市纪委监委也在履行相关报批手续后，提请公安机关对 A 某、B 某、C 某及相关人员采取技侦措施，监听其通信工具，以掌握 A 某行踪，防止其外逃。后在公安机关的大力支持下，该市纪委监委不仅顺利阻止了 A 某外逃，而且掌握了 A 某与相关人员串供的事实，并依法对 A 某采取留置措施，请其配合调查。

调查结束后，该市纪委监委按程序给予 A 某开除党籍、开除公职处分，将其涉嫌犯罪问题移送司法机关依法处理。

解析

《监察法》第 28 条是对监察机关运用技术调查措施调查案件的规定。采取技术调查措施必须依照法律规定，履行严格的批准手续,并按照规定提请公安机关等有权单位执行,监察机关不能自己执行。规定该条的主要目的是赋予监察机关提请技术调查的权限并予以规范,同时也是对采取技术调查措施的程序和要求予以明确,这样既有利于有力打击重大贪污贿赂等职务犯罪,也有利于保护被调查人的合法权利。所谓技术调查措施,通常是指通过通信技术手段对被调查人职务违法犯罪行为进行调查。通信技术手段,通常包括电话监听、电子监控、拍照或者录像等手段。这是《监察法》对监察机关的重要赋权,必须用足用好、善用慎用。

《监察法》第28条第1款规定:"监察机关调查涉嫌重大贪污贿赂等职务犯罪,根据需要,经过严格的批准手续,可以采取技术调查措施,按照规定交有关机关执行。"该条款具体规定了监察机关采取技术调查措施的案件范围、程序、执行主体等方面内容。一是监察机关可以采取技术调查措施的案件范围是涉嫌重大贪污贿赂等职务犯罪案件。"重大"一般是指犯罪数额巨大,造成的损失严重,社会影响恶劣等。此外,对于其他重大职务犯罪案件,如确有必要,监察机关也可以采取技术调查措施。该案例中,A某利用手中权力大肆敛财,多次违规帮助他人办事、收受对方财物且数额巨大,有的违规行为还给当地有关项目造成了重大损失,已经涉嫌重大职务犯罪。二是监察机关对上述案件是否采取技术调查措施要"根据需要"。也就是说,虽然该条款规定了监察机关对上述犯罪案件可以采取技术调查措施,但并不意味着监察机关只要办理上述犯罪案件,都采取技术调查措施,而是要遵循审慎的原则,根据调查犯罪的实际需要。采取技术调查措施是打击职务犯罪的需要,同时也要注意保护公民、组织的基本权利。因此,技术调查措施一定是在使用常规的调查手段无法达到调查目的时才能采取的手段。比如案例二中,通过监听通信工具掌握

A某行踪，就是必不可少的手段。三是要经过严格的批准手续。采取技术调查措施必须依照规定，履行严格的批准手续。要审查采取技术调查措施对调查这一案件是否是必需的，对既可以采取技术调查措施又可以通过其他调查途径解决问题的，应当采取其他调查途径解决。四是案件中采取技术调查措施，要按照规定交公安机关等有关机关执行，监察机关不能自己执行。比如案例二中，该市纪委监委就是在履行相关报批手续后，提请公安机关对A某、B某、C某及相关人员采取技侦措施。

案例三：搜查、扣押取证过程中应当全程录音录像

某市纪委监委按程序报批后，依法对涉嫌严重违纪违法的A某立案调查并采取留置措施，同时对涉嫌共同犯罪的A某之妻B某采取留置措施。

调查期间，A某承认自己在担任该市某国有企业主要负责人期间，利用职务上的便利先后为多名私营企业主在资金周转、项目合作、投资经营等方面提供过支持，这些企业主确实经常请他吃饭、打高尔夫球，多次在他出国考察期间陪他吃饭、旅游，但他从没有直接收过这些人的钱款或贵重物品，并表示“请组织核查，自己经得起检验”。同时，调查组对A某家庭财产也进行了初步核查，确实未发现大宗财产和贵重物品。这与调查组掌握的其他证据情况极不相符。

为进一步核清事实，调查组依法对A某之妻B某进行谈话，经过耐心细致的思想教育，B某终于如实交代了这些年来A某与这些私营企业主的密切交往情况。A某利用手中权力帮助他人办事，而企业主们也纷纷“投桃报李”，送给A某和B某大量财物，这些财物中有不少是现金、名表、金条、翡翠玉石、名人字画等。案发前A某和B某商议认为，这些东西放在家里不安全、存

进银行也不安全,于是陆续用硬纸箱将收受的现金和贵重物品封装好后,分批转移到乡下外甥C某家中隐藏,并告诉外甥“都是些旧衣服和旧书”“先放在你这里帮忙好生保管”“等到需要时我们再过来拿”。

根据这一信息,调查组及时派人到C某处依法进行了搜查,并对起获的赃款赃物进行了提取扣押,对取证过程全程录音录像,依法向在场的C某及邻居等人出示证件、出具了搜查手续,并由C某邻居作为见证人在扣押清单上签字确认。

获取这些证据后,调查组再与A某进行谈话,A某在铁的证据面前对自己涉嫌犯罪问题供认不讳,作出了详细交代。

解析

《监察法》第41条第2款规定:“调查人员进行讯问以及搜查、查封、扣押等重要取证工作,应当对全过程进行录音录像,留存备查。”这是关于纪委监委采取搜查、扣押等措施的明确规定。

搜查、扣押是办案中经常用到的调查措施。搜查的目的是收集证据、查获被调查人的相关物品或资料,为案件的调查认定获取重要的证据支撑。搜查的范围既包括被调查人的身体、物品及其相关处所,也包括其他可能隐藏有关人员或重要证据、赃款赃物的处所,而对于搜查中发现的重要涉案物品、重要证据材料,纪委监委应当及时扣押,确保证据得到及时固定。因此,搜查与扣押在实践中往往是同时并用的调查措施。比如案例三中,市纪委监委搜查的地方就是A某及其妻B某用来转移藏匿赃款赃物的乡下外甥C某家中,搜查中发现重要赃款赃物就及时进行了扣押,这是非常有力的调查举措。被调查人A某自以为其所作所为不会被组织发现,认为只要赃款赃物不被发现就可以蒙混过关,于是信誓旦旦地向组织保证,称自己与这些私营企业主只是吃饭、打球、境外陪同旅游等,企图掩盖自己的严重违法犯罪事实。

但是当纪委监委调查人员依法搜查并扣押其赃款赃物后，其严重问题便暴露无遗、毫无掩饰之地，在铁的证据面前A某只能束手就擒、坦白自己的罪行。这充分说明了搜查、扣押这种调查措施的巨大作用。在开展搜查、扣押等调查取证过程中，调查人员应当依法履行相应的手续，确保证据形式合法、手续完备，而且取证过程中还应当全过程录音录像，这些要求既是对取证工作的规范，也是对调查人员的保护。同时，全过程的录音录像资料也是重要的证据材料，必要时将在调查过程中发挥重要的作用。

第三章　留置与刑事强制措施的衔接

留置是一种最为严厉的监察调查措施，具有人身强制性、封闭性、预防性等特征。为确保职务犯罪案件查办各环节的顺利推进，基于分工合作之原则，办案机关应当构建人身强制措施的衔接机制。首先，基于监察留置的封闭性，在案件移送起诉之前，监察机关应当主动向人民检察院通告留置措施实行的相关情况，人民检察院则应构建相应的触发机制，以为留置措施之转换备拟预案。其次，监察机关调查终结后，向检察机关移送起诉须遵循“人案并送”之原则。为此，对于已经采取监察留置措施的被调查人员，检察机关可以决定采取先行拘留措施，由公安机关执行；对于未采取监察留置措施的，检察机关基于案情需要，可以酌情决定采取先行拘留或其他刑事强制措施。最后，基于监察权优位原则，公安机关、检察机关在办理互涉案件中，认为有采取强制措施之必要的，应商请监察机关采取留置措施；在特殊情况下，经监察机关、公安机关、检察机关协商认为采取刑事强制措施更有利于案件办理的，也可以优先采取刑事强制措施。[①]

留置措施在《监察法》文本中首见于第4章"监察权限"，根据《监察法》第22条之规定，监察留置属于监察机关行使监督、调查职权之范畴。就其性质而言，在《监察法》框架内，"调查"既是一项基本的监察权力，也是行使"调查权"的一种方式。作为一项权力，"调查"与"监督"、"处理"并列，系监察机关三大基本职权之一。作为行使"调查权"的一种方式，"调查"包括"讯问、询问、留置、搜查、调取、查封、扣押、勘验检查"等措施。其中，"留置措施"具有封闭性、强制性、预防性等法律属性，对公民人身自由的限制程度最高，通常适用于涉嫌严重职务违法或者职务犯罪的特定被调查人。因此，当监察机关调查终结，将案件移送人民检察院起诉时，若犯罪嫌疑人在调查阶段已被采取留置措施，便不免要考虑未到期留置措施的存续与否、人民检察院是否采取刑事强制措施、采取何种刑事强制措施、留置措施与刑事强制措施如何衔接等问题。鉴于留置措施在监察权行使过程中的独特地位，若其适用不当，或与人民检察院决定采取的刑事强制措施衔接不畅，便可能存在侵犯公民合法权益之风险，同时还可能造成国家刑事法制不统一、关联案件办理不畅、相关刑事强制措施适用困难等问题。监察留置措施与刑事强制措施的适当衔接，在办案程序上有利于统一证据证明和事实认定标准，在制度目的上有利于实现保

---

① 参见江国华：《论监察与刑事司法的沟通衔接机制》，载《东方法学》2023年第1期。

障人权与惩罚犯罪的统一。[①] 因此，应当结合法律文本，在明确留置措施之法律属性、适用原则、适用程序的基础上，对其与刑事强制措施之衔接进行制度检视。

总体而言，留置措施与刑事强制措施虽有相似之处，但仍属于两种不同的措施。[②] 前者依据《监察法》，权力行使主体为监察机关，权力属性为监察调查权；而后者则依据《刑事诉讼法》，权力行使主体为刑事侦查机关，权力属性为刑事侦查权。对于这两种具有相似性的强制措施，《监察法》并未给出具体的衔接指引，相关规定可见于《刑事诉讼法》、《监察法实施条例》以及《检察院刑诉规则》等规范性文件。进一步明确研究监察委员会与人民检察院工作规程之协调衔接问题，对于进一步规范留置措施适用、促进留置措施与刑事强制措施衔接之体系化构建、推进监察权力规范运行，具有重要意义。

第一节　监察机关调查案件的刑事强制措施衔接

依据《刑事诉讼法》之规定，我国的刑事强制措施包括拘传、取保候审、监视居住、拘留、逮捕五种，其强制程度依次递增。其中，拘留类似于紧急情况下的临时处置措施，对人身自由的限制程度次于逮捕。[③] 与其他刑事强制措施相比较，侦查机关适用拘留与监察机关适用留置的通常条件较为接近。例如，根据《刑事

---

① 参见王圭宇、王埔恩：《监察留置措施与刑事强制措施衔接机制研究》，载《河南警察学院学报》2021 年第 4 期。

② 参见王译：《再论留置适用应遵循之基本原则与应有之司法衔接——以〈刑事诉讼法〉修正案为参照》，载《太原理工大学学报（社会科学版）》2018 年第 6 期。

③ 参见易延友：《刑事强制措施体系及其完善》，载《法学研究》2012 年第 3 期。

诉讼法》第165条之规定,在检察院自侦案件中,人民检察院决定拘留的条件包括:犯罪嫌疑人犯罪后企图自杀、逃跑或者在逃的;或者有毁灭、伪造证据或者串供可能的。这一规定与《监察法》第22条对于采取留置措施的情形的规定具有相似之处。可见,在各种刑事强制措施之中,拘留在限制人身自由程度以及制度逻辑方面与留置措施较为相近,用以与留置措施相衔接是较为合适的。因此,《刑事诉讼法》第170条第2款规定,对于监察机关移送起诉的已采取留置措施的案件,人民检察院应当对犯罪嫌疑人先行拘留,留置措施自动解除,同时人民检察院可以决定变更刑事强制措施,在拘留后的10日内视情形作出逮捕、取保候审或者监视居住的决定。对于监察机关移送起诉的未采取留置措施的案件,监察机关则可以依据《监察法实施条例》第220条之规定,基于案件具体情况,向人民检察院提出对被调查人采取刑事强制措施的建议,人民检察院亦可依其权限在审查起诉阶段自行决定采取刑事强制措施。此外,由于在诉讼不同阶段发现新罪、漏罪的案件同样可能涉及监察机关的调查程序,因此,对于该过程中监检衔接及刑事强制措施的适用问题同样需要加以探讨。

一、监察机关提前预告

基于职务犯罪本身的特殊性,留置措施具有一定的封闭性,[①]且监察案件移送程序中立案程序阙如。[②] 因此,非经作出留置决定的监察机关通告,其他国家机关无从知悉被调查对象留置措施

① 参见马怀德:《再论国家监察立法的主要问题》,载《行政法学研究》2018年第1期。

② 参见龙宗智:《监察与司法协调衔接的法规范分析》,载《政治与法律》2018年第1期;中共中央纪律检查委员会法规室、中华人民共和国国家监察委员会法规室编写:《〈中华人民共和国监察法〉释义》,中国方正出版社2018年版,第207页。

的实行情况。若留置机关未予提前告知,则案件进度与效率将受衔接程序不畅所累。故此,在案件移送起诉之前,监察机关应当主动向人民检察院通告留置措施实行的相关情况,以确保案件侦办程序之周延。

(一)监察机关负有提前预告之义务

《监察法实施条例》第220条对于移送事宜的预告机制作出了规定,由此监察机关负有提前预告留置措施实行情况之义务。在案件移送起诉之前,犯罪嫌疑人已被采取留置措施的,监察机关应当在预告移送事宜时告知人民检察院。这具体包括如下两层意旨:一是时间要求,即"监察机关一般应当在正式移送起诉十日前,向拟移送的人民检察院采取书面通知等方式预告"涉案人员留置措施实行的相关情况,该项规定旨在尽可能缩短或消除由留置转为拘留之时,犯罪嫌疑人从留置场所转押至看守所过程中的时间损耗,避免因程序衔接规定不畅而出现超期羁押的问题;二是告知内容要求,即"对于已采取留置措施的案件,发现被调查人因身体等原因存在不适宜羁押等可能影响刑事强制措施执行情形的,应当通报人民检察院"。监察机关履行告知义务须遵循上述时间与内容要求,以便为人民检察院履行审查起诉相关准备工作预留充足的时间,并能够顾及被调查人可能存在的不适宜羁押的情况,以便作出妥善安排。

此外,《监察法实施条例》第220条还特别规定了监察机关在未采取留置措施情形下的建议权,即"对于未采取留置措施的案件,可以根据案件具体情况,向人民检察院提出对被调查人采取刑事强制措施的建议"。该项规定旨在对监察机关与人民检察院之间的衔接规程进行完善,监察机关所提出的建议使人民检察院可根据案件的具体情形采取适当的刑事强制措施。监察机关在案件正式移送起诉之前,就具体案件之特别情形提请人民检察院加以注意,有助于简化程序并缩短人民检察院工作周期,提高监检工作衔接之效率。

(二)预告内容范围与刑事强制措施变更

在性质上,监察机关履行预告义务,提前通告留置措施实行情况既有主动接受监督之意味,[①]也有配合刑事司法工作之取向。《监察法实施条例》中仅规定了存在“可能影响刑事强制措施执行”情形下,监察机关负有预告义务,但实际上,为使监察机关、检察机关之间的工作衔接更加顺畅,监察机关预告内容除上述情形之外,还应当包括一些在衔接过程中可能出现的常态化问题,譬如监管场所之衔接。在监察体制改革试点过程中,有学者曾指出,监察工作中受诟病最严重的是留置场所混乱的问题。对于留置场所的确定,在试点中有两种模式:一是看守所模式,由第三方看守所监督;二是“随意留置”模式,如廉政基地、教育培训基地。[②]《监察法》对于留置场所仅规定为“特定场所”,同样存有较大的不确定性。[③] 而依据《刑事诉讼法》第 85 条第 2 款规定,拘留的执行场所仅限于看守所。因此,在监察机关与人民检察院进行衔接时,应当就监管场所事宜进行沟通,以便人民检察院及时确定对犯罪嫌疑人决定拘留后的羁押场所。在此过程中,仍然应当根据犯罪嫌疑人的身体状况进行个案情况认定:需要将犯罪嫌疑人送往有医疗条件的监管场所羁押的,由人民检察院会同监察机关提前与公安机关协商办理相关审批手续。犯罪嫌疑人因病不符合

---

① 依据《监察法》规定,对于监察机关行使调查权的监督体系分为内部监督与外部监督。其中,外部监督包括人大监督、民主监督、社会监督、舆论监督等。

② 参见陈瑞华:《论监察委员会的调查权》,载《中国人民大学学报》2018 年第 4 期。

③ 有学者认为留置场所的不确定性具有神秘主义色彩,可能削减监察委员会的公信力。参见洪浩、朱良:《论监察委留置权:权力属性、运行原则及程序衔接》,载《甘肃政法学院学报》2019 年第 2 期。

监管场所羁押条件，又不具备送往有医疗条件的监管场所羁押条件的，执行拘留后，人民检察院应当及时变更刑事强制措施。对于未采取留置措施的案件，监察机关可以根据案件具体情况在书面通知中提出对被调查人采取刑事强制措施的建议。除犯罪嫌疑人身体存在特殊情况之外，基于案情需要，监察机关也可以向人民检察院提出由留置措施转为刑事强制措施之建议；人民检察院则应构建相应的触发机制，以为留置措施之转换备拟预案。

二、已留置案件的刑事强制措施衔接

在监察体制改革历程中，曾经出现了两种对于监察留置措施的刑事强制措施衔接方式：一是将留置效力直接延伸至审查起诉阶段，直至检察院作出新的强制措施决定；[①]二是以逮捕对接留置措施。[②] 2018 年修正的《刑事诉讼法》创设了衔接留置型刑事拘留制度，即第 170 条第 2 款规定，“对于监察机关移送起诉的已采取留置措施的案件，人民检察院应当对犯罪嫌疑人先行拘留”。自此出现了三种不同的刑事拘留类型，即侦查保障型刑事拘留、转羁押型刑事拘留、衔接留置型刑事拘留。[③] 而“衔接留置型刑事拘留”制度设计初衷即将留置措施与刑事强制措施予以适恰衔接。在《刑事诉讼法》文本中采用“先行拘留”之表述，意指对于

---

① 参见《衔接办法》第 22 条。

② 在试点改革中，留置与批捕的衔接存在两种模式：(1) 北京模式，在检察院内设职务犯罪检察部，与监委双方协议留置期限届满前 10 天移交，人民检察院在 10 天里审查批捕。(2) 浙江模式，全国大部分地方采用。监委在留置到期前 10 天左右提交起诉意见书和逮捕申请书，人民检察院决定是否批捕。这是改革过渡期的格局。参见陈瑞华：《谈监察体制改革的几个理论问题》，载观察者网，https://www.guancha.cn/ChenRuiHua/2018_04_24_454670_2.shtml。

③ 参见谢小剑：《衔接留置型刑事拘留的法规范分析》，载《内蒙古社会科学》2022 年第 1 期。

监察机关移送起诉的已采取留置措施的案件，遵循“措施先行，程序后备”之法则，先行采取刑事拘留措施，发挥其开关作用。[①] 涉案人员被采取先行拘留措施的同时，留置措施自动解除。[②]

（一）先行拘留的属性

作为一种由《刑事诉讼法》创设的拘留适用情形，衔接留置型刑事拘留制度立足于满足监检衔接的司法实践需要，与此前所规定的拘留在适用对象、适用条件、适用的诉讼阶段、适用主体等方面都具有明显差别，因而对我国的拘留制度构成了实质性影响。[③] 故此，有必要对此种“先行拘留”的特殊属性加以考察。

其一，先行拘留在《监察法》文本中并未予以体现，而是作为衔接程序之规定，在《刑事诉讼法》修订过程中得以明确。就其法律属性而言，先行拘留是留置措施向刑事强制措施转换的先行程序，具有从监察环节向刑事司法环节过渡之属性。[④] 但关于先行拘留之具体属性，学界仍存在一定的争议。依据《刑事诉讼法》第82条之规定，公安机关也具有采取“先行拘留”之权限，有观点认为“衔接留置型刑事拘留”与该处“先行拘留”为同一属性。但此种观点并不符合实际，原因在于《刑事诉讼法》第82条“先行拘留”之权力行使，须在公安机关侦查过程中，由公安机关决定，并由公安机关执行；而“衔接留置型刑事拘留”之行使权则仅在监察

---

① 其也被称作“拘留前置主义”，即没有对犯罪嫌疑人拘留，就不能请求逮捕。参见［日］田口守一：《刑事诉讼法》（第5版），张凌、于秀峰译，中国政法大学出版社2010年版，第60页。

② 参见《监察法》第47条及《刑事诉讼法》第170条第2款。

③ 参见薛向楠：《中国刑事拘留制度的发展轨迹与完善路径（1954—2018）》，载《中国政法大学学报》2019年第3期。

④ 参见付威杰：《如何理解关于纪检监察机关对涉嫌职务犯罪案件移送审查起诉，移送后对审查调查部门的工作要求，以及审理工作完成后对其他问题线索处置的规定？》，载《中国纪检监察》2019年第5期。

机关将案件移送起诉后由人民检察院享有。由此可见,此处“先行拘留”乃为监察权与人民检察院之法律监督权衔接所专设。有学者指出,检察机关的先行拘留权具有在“法律监督”权力谱系下,作为“子权力”形态承载职务犯罪检察权这一“种权力”之本质的规定性功能,进而构成了法律监督“元权力”一般制约功能的递进式逻辑表达,是检察机关的法律监督权在刑事诉讼领域的重要实现形式;其不仅具有在“结构主义”视角下,作为程序转换、程序协调、程序回流开关和枢纽的过渡性价值,而且具有在实质化审查进路下,释放依法审查、权力制约、法律适用引导动能的独特效能。①

其二,就法律文本规定而言,“先行拘留”被规定于《刑事诉讼法》第 170 条第 2 款,其适用前提为“监察机关移送起诉的已采取留置措施的案件”,适用机关为检察机关,适用方式为“人民检察院应当对犯罪嫌疑人先行拘留,留置措施自动解除”。该“适用方式”之要义有二:(1)“应当”之表述表明人民检察院无自由裁量之余地,凡是满足上述适用前提的案件,一律应当对犯罪嫌疑人先行拘留;(2)“先行拘留”可触发“留置措施自动解除”之后果,无须办理解除法律手续,是谓在法条文本中尽力对留置与刑事强制措施作出妥善安排,人民检察院在履行先行拘留程序之后,于拘留期间作出进一步的审查处理。因此,《刑事诉讼法》中“先行拘留”程序,究其程序意义,为监察机关职务犯罪侦查行为之结束点,同时又是人民检察院针对职务犯罪案件审查起诉程序的起点,监检之间的权力乃至责任之交接,在“先行拘留”程序履行之时得以完成。在对犯罪嫌疑人先行拘留期间,人民检察院可以决

① 参见徐汉明、丰叶:《检察机关“先行拘留权”属性、程序、效能之逻辑结构》,载《法学评论》2020 年第 6 期。

定采取刑事强制措施,且该期间不计入审查起诉期限。比照《刑事诉讼法》第110条所规定的刑事诉讼立案前的"紧急措施",似乎宜将此处的先行拘留剥离出审查起诉阶段,视为诉讼外、诉讼前的一种"紧急措施"。[①] 在比较法视域中,"先行拘留"之设置实质上类似于《日本刑事诉讼法》中"拘留前置主义",其要旨在于"如果没有对犯罪嫌疑人先行拘留,就不能直接请求逮捕",表明拘留的行为已经受到司法抑制,在逮捕时仍然要进行审查,这体现了双重司法抑制对犯罪嫌疑人合法权益的保障。[②]

(二)先行拘留的具体程序

虽然通常将先行拘留制度定位为监检之间的衔接程序,但是拘留毕竟是一种剥夺犯罪嫌疑人人身自由的较为严厉的刑事强制措施,若是缺乏程序方面的有效规范,不仅可能导致监察机关与检察机关的工作混乱,更有可能造成人权保障困境,削弱该制度的合法性与合理性。[③] 因此,从畅通制度运行与保障犯罪嫌疑人合法权利的角度出发,需要对先行拘留的相关程序作出较为完备的规定。

其一,先行拘留生效的时间节点关系到职务犯罪案件办理过程中其与《刑事诉讼法》、《律师法》相关制度的全面对接,同时也为律师介入提供了明确的时间节点,有助于犯罪嫌疑人权利保障之落实。如前所述,基于职务犯罪的特殊性,《监察法》没有律师介入规定条款,律师不能介入尚处于监察机关调查中的案件。但

---

① 参见董坤:《法规范视野下监察与司法程序衔接机制——以〈刑事诉讼法〉第170条切入》,载《国家检察官学院学报》2019年第6期。

② 参见[日]田口守一:《刑事诉讼法》(第5版),张凌、于秀峰译,中国政法大学出版社2010年版,第60页。

③ 参见孟祥金:《监察留置与刑事强制措施的衔接与完善——兼评新〈刑事诉讼法〉第一百七十条》,载《重庆理工大学学报(社会科学)》2020年第9期。

留置措施转为先行拘留措施之后，意味着由监察机关所履行的职务犯罪调查程序已经终结，转而进入刑事司法程序，其权利保障也应当参照普通刑事案件进行。为使犯罪嫌疑人之权利得到充分保障，自对被移送的涉案人员采取拘留措施之日起，或者自人民检察院对犯罪嫌疑人进行第一次讯问之日起，犯罪嫌疑人即可以根据《刑事诉讼法》第 34 条之规定委托辩护人，同时参照该条规定，人民检察院也负有告知犯罪嫌疑人有权委托辩护人的义务；受委托律师即可以根据《律师法》第 28 条之规定，为犯罪嫌疑人提供辩护服务。①

其二，先行拘留之执行需要考虑到人民检察院后续程序之履行，以及与公安机关工作之衔接。在先行拘留后 24 小时内，人民检察院应当对犯罪嫌疑人进行讯问，这是审查拘留措施合理性和必要性的规定，②同时人民检察院应当根据案情适时作出采取何种刑事强制措施之决定。根据《刑事诉讼法》第 170 条第 2 款之规定，人民检察院作出的决定包括“是否逮捕、取保候审或者监视居住”，作出决定所用时限通常为 10 日，在特殊情况下可以延长 1～4 日。③ 值得注意的是，一般而言，人民检察院不能决定对犯罪嫌疑人不采取刑事强制措施，而是必须在逮捕、取保候审、监视居住中择一适用。这是因为监察案件及其犯罪主体具有特殊性，不

---

① 参见杨宇冠：《监察法与刑事诉讼法衔接问题研究》，中国政法大学出版社 2018 年版，第 160 页。

② 参见高童非：《监检衔接中先行拘留措施的法教义学反思》，载《地方立法研究》2020 年第 2 期。

③ 在司法实践中，人民检察院也可以通过提前介入对先行拘留后采取何种刑事强制措施的问题进行审查预判。参见唐保银、田春雷：《监察机关职务犯罪调查与检察机关诉讼衔接机制研究》，载《经济与社会发展》2020 年第 1 期。

采取任何刑事强制措施难以保证刑事诉讼的顺利进行。[①] 此外，在人民检察院作出先行拘留决定后，应当将有关法律文书和案由、犯罪嫌疑人基本情况等材料一并送交同级公安机关执行，公安机关应当在收到刑事拘留决定书等材料后 3 日内将犯罪嫌疑人从留置场所押送监管场所羁押，并具体负责执行拘留的各项工作。在异地押解等必要情况下，相关监察机关、人民检察院、公安机关应当予以协助配合。在此应当注意到，人民检察院作出的这种先行拘留决定不需要达到一般刑事拘留的标准，只要是被采取了留置措施的则一概转为先行拘留。这显然是有利于办案机关操作的制度设计，但还须充分考虑到被留置人的合法权益保障。[②]

三、未留置案件的刑事强制措施衔接

《监察法》第 22 条规定了适用留置措施的条件，在实践中，考察案情复杂程度、被调查人配合程度以及取证难度等情形之后，基于现实需要，监察机关可以决定是否对犯罪嫌疑人采取留置措施。经过分析研判，监察机关可能不针对被调查人采取留置措施。不采取留置措施的做法可以节约监管成本，但也增加了翻供、串供的风险，让案件办理更具不确定性。其原因在于，在一般刑事案件中，公安机关可以对无逮捕必要的犯罪嫌疑人实施监视居住，限制其活动范围，或者实施取保候审，并设置较高的人保或资保的条件，以往人民检察院办理自侦案件也是如此。然而，监察机关针对犯罪嫌疑人人身自由可采取的措施只有留置一种，对

---

① 参见陈卫东：《刑事诉讼法修改若干问题研究》，载《内蒙古社会科学》2020 年第 3 期。

② 参见胡铭：《职务犯罪留置措施衔接刑事诉讼的基本逻辑》，载《北方法学》2019 年第 4 期。

于未留置人员，无任何强制性的约束措施。[①] 如果监察机关未对犯罪嫌疑人采取留置措施，而人民检察院在审查起诉阶段决定采取刑事强制措施，则在人员移交过程中会存在强制措施适用的空档期，为案件调查带来一定的风险。这就对监察机关的工作提出更高要求，必须确保在办案程序和证据合法性等方面“零瑕疵”，[②] 同时也要求在监察机关与检察机关之间建立更加高效而又紧密的工作衔接机制。《监察法实施条例》第 220 条对于未留置案件的刑事强制措施衔接之表述为：“对于未采取留置措施的案件，可以根据案件具体情况，向人民检察院提出对被调查人采取刑事强制措施的建议。”此为对未采取留置措施案件的刑事强制措施对接之基本要求。但由于实践中未留置案件相对较少，因此尚未在实践中形成较为成熟的规程，需要结合学理作进一步讨论。

未留置案件由监察机关移送至人民检察院后，人民检察院在审查起诉过程中可以决定是否采取刑事强制措施，但由于刑事强制措施指向犯罪嫌疑人之人身自由，需要慎重采用。法条未授予之权力应被视为履职之禁止性规定，人民检察院不得越权行使。以下几个方面的基础性问题应当在实践中予以注意。

（一）先行拘留程序之适用问题

《刑事诉讼法》第 170 条第 2 款对于“人民检察院应当对犯罪嫌疑人先行拘留”的案件范围划定为“监察机关移送起诉的已采取留置措施的案件”。对该条文进行适用，应当对其作反对解释，可知监察机关移送起诉的未采取留置措施的案件，人民检察院并不能当然地适用先行拘留措施或者其他刑事强制措施，而是应当依照监察机关之建议进行相应的考量。若监察机关向人民检察

---

① 参见黄莹：《监察与检察办案衔接机制探究》，载《中国检察官》2019 年第 17 期。

② 参见邓军安：《如何稳妥做好不采取留置措施案件的各工作环节——不留置也要办好案》，载《中国纪检监察》2018 年第 22 期。

院提出对被调查人采取刑事强制措施的建议,则人民检察院应当依照该建议,对是否采取刑事强制措施进行研判,而后决定是否适用该刑事强制措施。但值得注意的是,参照《刑事诉讼法》规定的公安机关之“先行拘留”适用情形,包括第71条“违反取保候审规定”、第77条“被监视居住的犯罪嫌疑人、被告人违反相关规定需要予以逮捕”、第82条“符合特定情形的现行犯或者重大嫌疑分子”,可以看出“先行拘留”之适用的一般情形较为严格,①而未采取留置措施的案件,是经监察机关研判之后认为没有必要采取留置措施,此类案件通常案情复杂程度不高,犯罪嫌疑人对于调查工作较为配合且取证难度不大,通常没有必要拘留。同时,专为衔接留置措施而设置的检察机关之先行拘留是一种特殊类型的刑事强制措施,不能将其适用范围随意扩展。就未采取留置措施的案件而言,并不存在此种人身自由限制意义上的即时衔接需要,因此人民检察院在这种情况下理应不享有先行拘留权。

(二)调查期限的计算问题

《监察法实施条例》第220条将监察机关向人民检察院预告移送事宜的时间规定为“一般应当在正式移送起诉十日前”,因此,监察机关何时对案件调查完毕、何时移送起诉将影响到监察机关的预告时间,进而影响到监检之间的衔接。《监察法实施条例》第185条第2款对于未被采取留置措施的犯罪嫌疑人之调查期限进行了划分,即自始未采取留置措施与前期采取留置措施但嗣后解除两种情形。前者调查期限为一年,即监察机关应

---

① 留置措施的适用情形与公安机关先行拘留的适用情形并不完全一致,因此,用以衔接留置措施的先行拘留具有其独特的意义。有学者认为,宜将检察机关决定的此种拘留称为“预先拘留”,以避免与公安机关先行拘留产生混淆。参见满建超、冷建明:《职务犯罪案件监检衔接问题研究》,载《广西政法管理干部学院学报》2020年第6期。

当在立案后一年以内作出处理决定;后者调查期限为“整个留置期间+解除留置措施后一年”。对于案情重大复杂的案件,经上一级监察机关批准,可以适当延长调查期限,但延长期限不得超过6个月。可见,在未采取留置措施的案件中,调查期限通常较长,而预告移送事宜“一般应当在正式移送起诉十日前”的要求则需监察机关与人民检察院之间衔接程序的启动适当提前。但是,这一时间不宜过度提前,而是应当等到调查基本完成,否则便可能因为对案件细节的掌握不足而导致对采取留置措施或者刑事强制措施之必要性的误判。因此,监察机关在与人民检察院进行衔接时应该注意调查期限和调查进度,在合适的时间点向人民检察院进行预告,以达到最佳的衔接效果,也可以使人民检察院对采取刑事强制措施的必要性具有更加充分的事先认识。

此外,还应当注意“一案多人”与“一人多案”情况下未留置案件的调查期限计算问题。对于前者,在多个犯罪嫌疑人涉嫌同一案件的情况下,针对每个犯罪嫌疑人的调查期限应当单独计算。比较复杂的是“一人多案”情况下调查期限之计算问题,即监察机关在未留置案件的调查期间发现了犯罪嫌疑人新的违法犯罪事实,应当采取留置措施。此种现象在实践中较为高发,通常有两种处理方式:一种方式是无论被调查人是否因立案时涉嫌的违法犯罪事实被采取过留置措施,只要新发现的涉嫌违法犯罪事实符合采取留置措施的要求,就应当依法依规对被调查人采取留置措施,最终处理决定应当在基于新发现的违法犯罪事实而采取的留置措施解除之后一年内作出;另一种方式则是先对立案时的违法犯罪问题在规定期限内调查终结,作出相应处理决定,而对于新发现的违法犯罪事实重新立案调查,进入新一轮调查程序,调查期限自然也就重新计算，[1]留置期限不超过法律规定即可。基于案件调查的时效性以及证据取得的紧迫性，应当防止犯罪嫌疑人或其他涉案人员潜逃或隐匿证据，因此第一种方式通常而言更为科学。在上述两种方式中，监察机关采取留置措施时均应当进行谨慎研判与严格审批，不得因牵涉人数多、案情复杂就随意扩大调查范围，更不得随意延长留置期限。

在特殊情况下，监察机关之调查期限应当重新计算。《监察法实施条例》第185条第3款对于调查期限重新计算作出了规定，即“被调查人在监察机关立案调查以后逃匿的，调查期限自被调查人到案之日起重新计算”，仅在此一种情形中未留置案件之调查期限应当重新计算，原因在于此时犯罪嫌疑人未被留置并非出于监察机关之研判，而是出于犯罪嫌疑人之不当行为。

（三）审查起诉期限计算问题

法律未明确规定未留置案件的审查起诉期限起算时间节点，而《检察院刑诉规则》第143条第2款“人民检察院决定采取强制措施的期间不计入审查起诉期限”的规定系针对监察机关采取留置措施的案件。对于未采取留置措施的案件，从保障当事人合法权益和规范检察机关职权行使的角度出发，应将检察机关受理案件之日作为计算审查起诉之时间节点，避免实践中出现检察机关受理案件后长时间不作出强制措施决定，导致案件审查起诉期限无法起算的情况。[2]

---

① 参见左安斌、吉波涛：《如何理解和把握监察法实施条例对未被留置对象调查期限的规定　规范权力行使　提高办案效率》，载《中国纪检监察》2022年第3期。

② 参见史卫忠：《监察机关与检察机关办案衔接难点问题解析》，载《人民检察》2021年第Z1期。

四、漏罪、新罪案件的刑事强制措施衔接

尽管根据《刑事诉讼法》第171条之规定，人民检察院审查案件时，必须查明有无遗漏罪行和其他应当追究刑事责任的人，但在审查起诉、审判、刑罚执行期间，仍发现犯罪嫌疑人、被告人、服刑罪犯有遗漏罪行或者再犯新罪之可能。此时是否适用、如何适用留置措施便成了具有争议的问题。为解决这一问题，需要厘清监察机关补充调查中的强制措施衔接沟通机制。根据《监察法》第47条、《刑事诉讼法》第170条与《检察院刑诉规则》第343条之规定，对于在审查起诉阶段发现漏罪、新罪的案件，人民检察院依法应当退回监察机关补充调查。在审判和执行阶段发现漏罪、新罪的，若属于监察机关调查权之范围内的案件，也存在由监察机关行使调查权的可能性。那么，对于其中已被采取刑事强制措施，或者正在服刑的犯罪嫌疑人，是否需要回转到监察留置措施呢？这在法理上和实践中均存在较大争议。[①] 但是，基于制度逻辑的一贯性，应当认为，在一般情形下无须从刑事强制措施回转至留置措施，仅当在服刑期间发现新罪、漏罪时才存在监察机关在调查过程中实施留置措施的可能性。

（一）审查起诉阶段发现新罪、漏罪

由于审查起诉阶段人民检察院将案件退回监察机关补充调查并非程序回流，[②]就制度逻辑而言，虽然此时案件的调查权实际

---

① 有学者认为审查起诉阶段案件退回应当遵守“退案不退人”的原则，而有的学者则认为“退案不退人”的处理原则缺乏法理上的正当性支撑，不利于检监之间的衔接。参见卞建林：《配合与制约：监察调查与刑事诉讼的衔接》，载《法商研究》2019年第1期；程雷：《刑事诉讼法与监察法的衔接难题与破解之道》，载《中国法学》2019年第2期。

② 详见本章第三节。

掌握在监察机关手中，但监察机关无权决定已实施的刑事强制措施的存废或者是否实施留置措施。同时，即使人民检察院并未对犯罪嫌疑人采取刑事强制措施或者仅采取了取保候审、监视居住等限制人身自由程度小于留置的刑事强制措施，监察机关若认为有对犯罪嫌疑人实施较高程度的限制人身自由措施之必要，也不能直接决定采取留置。

退一步来说，虽然对于退回补充调查之行为属性不无争议，但也基本不存在于此阶段实施留置措施的重大必要。一方面，对于人民检察院未采取刑事强制措施或者仅采取取保候审、监视居住措施的案件，人民检察院对于犯罪嫌疑人人身自由相对宽松的态度足以证明犯罪嫌疑人的社会危害性较低，其对调查过程造成严重阻碍的可能性较小，缺乏对其适用留置措施的必要性。另一方面，对于人民检察院已经将犯罪嫌疑人拘留或者逮捕的案件，同样无须进行留置。这是因为留置措施的内容基本涵盖了刑事强制措施。[①] 在适用留置措施时，监察机关所限制的是犯罪嫌疑人的人身自由，且在确有必要的情况下，可以使用械具，以保障后续监督、调查、处置等行为顺利实行。相应地，犯罪嫌疑人具有隐忍或服从的义务，不得依据任何理由采取暴力或非暴力的对抗行为。这与刑事强制措施具有外观及功能上的相似性。基于此，对于在刑事司法过程中已被司法机关采取相应的刑事强制措施的案件，在退回监察机关补充调查阶段沿用正在执行的刑事强制措施完全能够实现留置措施的基本功能。故此，监察机关不宜再行采取留置措施。在补充调查过程中，监察机关调查人员若需讯问被羁押的犯罪嫌疑人，可持介绍信商请有关案件主管机关，持提

① 参见丰叶：《留置措施与刑事强制措施衔接问题研究》，载《黑龙江社会科学》2020 年第 3 期。

讯、提解证和工作证件进行提讯、提解。基于查明案件之需要,司法机关应当本着相互配合之原则,对监察机关的补充调查工作予以协助,并提供相应条件。

(二)审判阶段发现新罪、漏罪

在审判阶段发现新罪、漏罪后,人民检察院存在两种选择:一是向人民法院建议补充侦查;二是变更起诉。

根据《刑事诉讼法》第 204 条之规定,在法庭审判过程中,检察人员发现提起公诉的案件需要补充侦查的,可以向法院提出建议,法院同意后,即可裁定延期审理,由人民检察院进行补充侦查。与审查起诉阶段人民检察院将案件退回侦查机关补充侦查或者退回监察机关补充调查不同,这一补充侦查是由人民检察院主动提出,补充侦查的控制权掌握在检察机关手中,因此构成了一种程序倒流,案件由此从审判阶段倒流至审前追诉阶段。[①] 然而,虽然案件程序此时倒流至审查起诉阶段,但是依照《检察院刑诉规则》第 422 条第 1 款之规定,人民检察院在此种补充侦查情形下应当自行收集证据,进行侦查,必要时可以要求监察机关提供协助或者书面要求监察机关补充提供证据,却无权将案件再退回监察机关。因此,若人民检察院选择补充侦查,则案件不会再倒流至调查阶段,也就不存在是否可以采取留置措施的问题。

根据《检察院刑诉规则》第 423 条之规定,人民法院宣告判决前,人民检察院发现被告人的真实身份或者犯罪事实与起诉书中叙述的身份或者指控犯罪事实不符的,或者事实、证据没有变化,但罪名、适用法律与起诉书不一致的,可以变更起诉。同时,发现

---

① 参见李岩玉:《审判阶段补充侦查与刑事程序倒流的关系考辩》,载《西部学刊》2019 年第 5 期。

遗漏同案犯罪嫌疑人或者罪行的，应当要求公安机关补充移送审查起诉或者补充侦查。因此，在发现漏罪或者新罪的情形下，依此规定，若人民检察院选择变更起诉，则存在要求监察机关补充调查的可能性。此时，与审查起诉阶段的退回补充侦查一样，并未发生程序倒流，因此监察机关也无权在补充调查过程中对犯罪嫌疑人采取留置措施，此前由人民检察院决定的刑事强制措施应当得以沿用。

（三）服刑阶段发现新罪、漏罪

对于发现正在服刑阶段的罪犯存在新罪、漏罪的情形，《刑事诉讼法》第 273 条第 1 款仅规定"罪犯在服刑期间又犯罪的，或者发现了判决的时候所没有发现的罪行，由执行机关移送人民检察院处理"，而未对具体的处理程序进行细化，导致实践中做法不一。[①] 因此，可以结合实际需要，分情形进行讨论。犯罪嫌疑人处于服刑阶段包括两种情形：在监所服刑与在社区服刑。对于在监所服刑的犯罪嫌疑人，鉴于其已被剥夺了人身自由，若在对新罪或漏罪的调查阶段再对其采取留置措施，在逻辑上势必陷入"双重强制"之悖论，在程序上也难免"执行回转"之诘难。故此，对于正在监所服刑的漏罪或新罪嫌疑人，其人身自由已经受到绝对限制，监察机关在调查阶段并无采取留置措施之必要，仅需在其服刑监所进行讯问即可；但基于查明案件之需要，司法行政部门，特别是监管场所，应当本着相互配合制约原则，为监察机关的调查提供协助。对于在社区服刑的犯罪嫌疑人，监察机关根据案情需要，可以在调查阶段依法采取留置措施，或者提请人民法院和司法行政机关对漏罪或新罪嫌疑人收监处置，社区矫正组织等相关

---

① 参见陈勇、潘博：《服刑期间发现漏罪解押回审诉讼程序的构建》，载万春、李雪慧主编：《检察调研与指导》总第 28 辑，研究出版社 2019 年版。

机关应当在犯罪嫌疑人的活动轨迹、社会关系等调查方面予以配合。[①]

第二节　留置的优先适用及其与刑事强制措施的转换

在我国刑事诉讼制度中，对犯罪享有侦查权或调查权的机关有公安机关、检察机关和监察机关。其中，检察机关可以立案侦查其在对诉讼活动实行法律监督中发现的司法工作人员利用职权实施的非法拘禁、刑讯逼供、非法搜查等侵犯公民权利、损害司法公正的犯罪；监察机关负责调查职务违法和职务犯罪；公安机关则有权侦查其余的犯罪案件。由此，基于犯罪性质形成了主体多元而又分工较为明确的刑事犯罪侦查与调查机制。但是，在某些情形下，仍然可能出现不同主体均对案件具有侦查权或调查权的互涉情况，此时便需要在这些主体之间进行权限分配与程序协调，从而保证制度整体顺利运行。因此，当监察机关所采取的留置措施与公安机关或检察机关所采取的刑事强制措施可能发生冲突时，同样需要确定二者之间的适用顺序。在实践中，一般应当优先适用留置措施，同时保留留置措施与刑事强制措施的转换机制。

一、留置与刑事强制措施的适用顺位

《刑事诉讼法》在2018年修改之前，将“侦查”的含义表述为“公安机关、人民检察院在办理案件过程中，依照法律进行的专门

---

① 参见江国华：《论监察与刑事司法的沟通衔接机制》，载《东方法学》2023年第1期。

调查工作和有关的强制性措施”，在2018年修改之后，在第108条就“侦查”的定义重做说明：“公安机关、人民检察院对于刑事案件，依照法律进行的收集证据、查明案情的工作和有关的强制性措施。”而《监察法》第3条对于监察机关职权之表述则是：依照本法对所有行使公权力的公职人员进行监察，调查职务违法和职务犯罪。《刑事诉讼法》将公安机关、人民检察院查明案件事实工作性质的界定由“调查”改为“查明”，表明监察机关调查权与公安机关、人民检察院之侦查权在立法层面得以被区分，进而将监察委员会之“调查”行为与一般刑事案件的“侦查”行为相区分，因此不适用《刑事诉讼法》中关于侦查权之权限乃至程序的规定。[①]如此规定在实践中则产生了一个问题：在同一犯罪嫌疑人同时涉嫌职务违法犯罪与一般违法犯罪的情况下，监察机关与其他机关着手办理互涉案件，留置措施与其他刑事强制措施何者应当被优先适用？应当明确，留置措施适用具有优先性。

（一）互涉案件中监察机关调查权具有优先性

监察委员会在宪法层面的独立性，以及调查权自身的权力指向、权力运行、权力结果等，决定其具有不同于侦查权的复合色彩。[②] 监察机关所享有的调查权与公安机关所享有的一般刑事案件侦查权，人民检察院所享有的自行侦查权、补充侦查权和机动侦查权，在同一案件中可能存在互涉的情形。在办理互涉案件时，监察机关与其他机关应当严格依照法律规定行使各自的调查或者侦查职权。《监察法》第34条第2款规定：“被调查人既涉嫌严重职务违法或者职务犯罪，又涉嫌其他违法犯罪的，一般应当由监察机关为主调查，其他机关予以协助。”据此，公安机关与监

---

① 参见朱孝清：《修改后刑诉法与监察法的衔接》，载《法治研究》2019年第1期。

② 参见马康：《监察委员会调查权属性问题研究》，载《石河子大学学报（哲学社会科学版）》2019年第4期。

察机关的互涉案件应当以监察机关为主，当无疑义。而人民检察院针对渎职行为具有的侦查权则可能与监察机关产生管辖权争议。在此种情形下，针对同一违法犯罪行为，发生监察机关与人民检察院的管辖竞合，也应当将监察机关的调查权置于优先地位。除上述法条规定之外，还可从法律职能配置初衷予以分析——人民检察院的侦查管辖权是对诉讼活动实行法律监督的重要体现和保障，其同监察管辖具有一般和特殊的关系，对不涉及贪污贿赂等监察机关管辖的其他职务犯罪，一般由检察机关立案侦查，必要时，监察机关也可以立案调查，[①]而在处于监察机关管辖权范围内的案件中，监察管辖则因其“特殊”优于“一般”之原理，处于优先地位。

（二）留置措施较刑事强制措施具有优先性

在互涉案件中，基于职权管辖之原则，监察机关、公安机关、检察机关依职权各自管辖案件互涉部分。同时，根据《监察法》的规定，互涉案件以监察机关调查为主，监察机关之调查权在其管辖案件范围内具有优先性，与之相应，监察机关之专属措施也应被优先适用，即以监察机关为主调查的案件一般优先适用留置措施。此外，根据工作需要，监察机关经与其他机关沟通协商，认为适用刑事强制措施更为适宜的，可以适用刑事强制措施。但是，对同一被调查、侦查对象，不得同时采取留置措施和刑事强制措施。故此，基于案件情况，确有采取强制措施之必要的，应遵循以留置措施优先适用为原则，以刑事强制措施适用为例外。据此，办理互涉案件的公安机关、检察机关在办理互涉案件时，认为有采取强制措施之必要的，应商请监察机关采取留置措施。在特殊

---

① 参见史卫忠：《监察机关与检察机关办案衔接难点问题解析》，载《人民检察》2021 年第 Z1 期。

情况下，经公安机关、检察机关、监察机关协商认为采取刑事强制措施更有利于案件办理的，也可以优先采取刑事强制措施。[①]

二、留置与刑事强制措施的转换

留置措施是为保障调查活动的顺利进行，由监察委员会针对被调查人所采取的限制其人身自由的强制措施，[②]其与刑事强制措施均指向被调查人或被侦查人之人身自由。但两种措施性质不同、适用程序不同，不能并用。一旦两种措施并用，则既违反了《监察法》有关规定（因为在拘留或逮捕场所执行留置），又违反了《刑事诉讼法》有关规定（因为在留置场所执行拘留或逮捕）。从办案实践看，会出现逮捕未到期的情况下适用留置，留置后重复逮捕（因为前一次逮捕还处于生效期）的法律风险。[③]

案件由监察机关移送至人民检察院审查起诉后，针对犯罪嫌疑人所采取的措施随之发生转变。但留置措施与刑事强制措施之转换并非自行实现，而是需要结合司法实践经验，以规范性文件对衔接规程予以明确规范。《刑事诉讼法》第 170 条第 2 款规定二者的衔接方式为："对于监察机关移送起诉的已采取留置措施的案件，人民检察院应当对犯罪嫌疑人先行拘留，留置措施自动解除。"但此种规定仅为形式上的规定，未对理论依据以及更为具体的操作程序作出回答。因此，应当先行厘清公安机关、监察机关与人民检察院之间的衔接协作机制，在此基础上进一步细化

---

① 参见杨杨、王园园、李乐：《监检互涉案件办案衔接若干问题研究》，载蒋来用主编：《廉政学研究》总第 4 辑，社会科学文献出版社 2020 年版。

② 参见江国华、王冲：《监察委员会留置措施论析》，载《湖北社会科学》2018 年第 9 期。

③ 参见付余：《刑事强制措施与留置措施衔接的思考》，载《中国纪检监察报》2018 年 10 月 24 日，第 8 版。

二者的转换规定,合理安排留置措施之解除与刑事强制措施转换的先后顺序问题,并根据案件的具体情况设置相对应的衔接方式,对羁押期间的换算及折抵方式作出相应的制度安排。同时,有学者指出,留置在性质上属于逮捕的一种特殊形式,在相关法律规定缺位的情形下,留置措施之适用可参照《刑事诉讼法》,即作为特别法的《监察法》对于留置有特殊规定的,适用《监察法》的规定;没有特别规定的,适用《刑事诉讼法》中关于逮捕的规定。①

(一)一般案件中留置与刑事强制措施之转换

一般案件中留置与刑事强制措施之转换须依循监察机关、公安机关、检察机关的衔接协作机制,从三机关权力配置法理、权力运行现状出发,采取符合实践要求、适应实践现状的转换规程。基于相互制约的原则,我国法律区分了刑事强制措施的决定权和执行权,人民检察院和公安机关可分别依其职权行使刑事强制措施的决定权,而刑事强制措施的执行权则只能由公安机关行使。据此,在受理监察机关的移送案件之后,对于依法应当采取先行拘留以取代监察留置措施的,人民检察院应当根据犯罪嫌疑人的具体情况作出相应的决定,并将有关材料及时移送公安机关,由公安机关负责先行拘留措施的执行。这符合我国公安、司法机关的权限划分和管理体制,亦是监察机关与执法部门相互配合的重要体现。②

在此背景之下,一般案件中,留置与刑事强制措施应当遵循如下顺序:首先,被采取留置措施的犯罪嫌疑人在被公安机关履行相关程序执行拘留后,原留置措施将自动解除,不必另行启动

---

① 参见孔祥承:《留置措施规范化论要》,载《政法学刊》2019年第1期。

② 参见杨宇冠、高童非:《论监察机关与审判机关、检察机关、执法部门的互相配合和制约》,载《新疆社会科学》2018年第3期。

其他程序。其次,考虑到刑事强制措施执行的便利性与有效性,基于监察机关、公安机关、检察机关相互配合之原则,为确保刑事强制措施的执行到位,对于需要异地押解的,办理案件的监察机关、检察机关应当对公安机关先行拘留的执行予以协助配合。最后,基于保障人权之原则,应当对犯罪嫌疑人之健康予以保障,满足其医疗需求,即对于因健康原因需要送往有医疗条件的监管场所羁押的,办理案件的监察机关、检察机关应当积极协助公安机关办理相关手续;对于不满足送往具备医疗条件的监管场所羁押条件的,办理案件的人民检察院应当在先行拘留执行期间,根据犯罪嫌疑人的具体情况,适时变更刑事强制措施,以免对犯罪嫌疑人的身体健康造成危害,违背人权保障之原则。

(二)互涉案件中的留置与刑事强制措施之转换

互涉案件中留置与刑事强制措施之转换包括两种情形,即其他刑事强制措施向留置措施的转换与留置措施向其他刑事强制措施的转换。具体转换方式包括三种情形:解除刑事强制措施之后采取留置措施、采取留置措施之后解除刑事强制措施、出于时限届满或其他原因解除留置措施之后再采取刑事强制措施。三种情形分别对应不同的程序。

在第一种情形中,如果公安机关、人民检察院基于案件办理急迫性考量,在互涉案件中先于监察机关采取了拘留或逮捕的刑事强制措施,而后监察机关介入行使调查权,则因监察机关调查权之优先性,刑事强制措施须为留置措施让路。此时应当先行解除刑事强制措施,再采取留置措施。监察机关基于调查职务犯罪之需要,认为确有采取留置措施之必要的,可以在商请采取刑事强制措施的公安机关、检察机关解除刑事强制措施后,再采取留置措施。在特殊情况下,经监察机关、公安机关、人民检察院三机关协商一致,认为采取刑事强制措施更为适宜的,也可以维持刑事强制措施的执行，但在三机关协商过程中，监察机关仍然应当处于主导地位。若监察机关已采取留置措施，则待留置措施期满或者解除留置措施后，调查权行使终结，此时监察机关重新将犯罪嫌疑人移交公安机关、人民检察院继续进行其他违法犯罪行为的侦查。公安机关、人民检察院如有继续拘留、逮捕犯罪嫌疑人的需要，应当依法办理手续。为尽量缩短限制犯罪嫌疑人人身自由期间，此前已采取的刑事强制措施时间应当计入本次同类刑事强制措施适用时间，但发现犯罪嫌疑人犯有其他罪行的除外。监察机关与公安机关、人民检察院就以上措施进行转换、衔接的，须做好交接及准备工作，提前就措施转换时间、人员交接、手续办理等事项进行沟通。

第二种情形为先采取监察留置措施，再解除刑事强制措施。此种情形适用于已经被互涉案件侦办机关采取取保候审、监视居住或者未采取刑事强制措施的案件，即犯罪嫌疑人人身自由尚未受到绝对限制。由于案件具有特殊性，出于案情调查的紧迫性、严重性需要，监察机关可以先行采取留置措施，并依法商请公安机关、检察机关解除刑事强制措施。监察机关调查完毕，采取留置措施期满或者解除留置措施后，重新将犯罪嫌疑人移交公安机关、人民检察院继续侦查，刑事强制措施羁押时间继续计算，发现犯罪嫌疑人犯有其他罪行的除外。

第三种情形为基于期限届满或其他原因解除留置措施后，再采取刑事强制措施。根据办案规律，互涉案件的不同办案机关所管辖案件的复杂程度或有差异，案情进展程度殊难同步，可能存在监察机关调查完毕而公安机关、人民检察院之侦查程序尚未终结之可能。为查明案件之需要，在留置期限届满或解除的情况下，若公安机关、检察机关认为确有继续采取强制措施之必要，可以在商请监察机关后，采取刑事强制措施，同时应当注意犯罪嫌疑人羁押场所之交接，并在转移过程中注重羁押时限，避免超期羁押。

在强制措施供给单一的情况下，留置承载了过去“两规”[①]、“两指”[②]及指定监视居住、拘留、逮捕等刑事强制措施的功能作用，具有功能隐性复合性的特征，其单一性设置是学者对其适用正当性进行质疑的一个重要原因。[③] 无论是留置措施本身适用不当，还是其与刑事强制措施转换衔接不畅，都极有可能发生侵犯被调查人合法权益之后果。因此，在转换过程中应当注意对犯罪嫌疑人的合法权利保障，根据《检察院刑诉规则》之规定，一旦从留置措施转换为刑事强制措施，则应当允许犯罪嫌疑人行使律师会见权，并如实准确记录羁押期间以便法院于审判之时执行刑期折抵的相关规定。

第三节　人民检察院内部流程中刑事强制措施的衔接

除监察机关与人民检察院之间工作的横向衔接之外，人民检察院内部流程中刑事强制措施的横向与纵向衔接也应当进入研究视野之中。这既包括人民检察院审查起诉阶段退回补充调查时的刑事强制措施衔接问题，也包括案件在上下级人民检察院之间移转时应当如何进行协作的衔接，包括上级对下级的指定办

---

① “两规”是指《中国共产党纪律检查机关案件检查工作条例》第 28 条第 3 项规定的“要求有关人员在规定的时间、地点就案件所涉及的问题作出说明”。

② “两指”是指《中华人民共和国行政监察法》第 20 条第 3 项规定的“责令违反政纪的嫌疑人员在指定的时间、地点就调查事项涉及的问题作出解释和说明，但是不得对其实行拘禁或者变相拘禁”。

③ 参见董邦俊、张扬：《监察留置措施之法治化进路研究》，载《中国人民公安大学学报（社会科学版）》2021 年第 1 期。

理、下级对上级刑事强制措施的沿用或变更以及指定管辖情形下如何采用刑事强制措施等问题。人民检察院内部的强制措施衔接关系到强制措施能否被恰当适用，并涉及犯罪嫌疑人的合法权益保障问题。

一、退回补充调查案件之刑事强制措施衔接

根据《刑事诉讼法》第170条之规定，人民检察院在“认为需要补充核实”的情形下应当将案件“退回监察机关补充调查”。而在退回补充调查的案件中，若犯罪嫌疑人已经被采取刑事强制措施，则应当如何衔接同样存在疑问。

对此，首先应当明晰“补充调查”在性质上如何界定：若“退回监察机关补充调查”意味着案件重新回到监察机关的工作流程，则应当对犯罪嫌疑人重新留置；若补充调查并未导致程序回流，而是属于人民检察院审查起诉的环节之一，则应当延续检察机关所采取的强制措施。在退回补充调查情形下，人民检察院已经采取的刑事强制措施应当沿用，理由如下。

其一，在制度属性方面，在监察机关调查终结移送人民检察院起诉之时，案件已经由监察机关工作流程移转至人民检察院工作流程，将“补充调查”阶段的案件确定为人民检察院审查起诉的流程之内，符合程序制度内在规定。对此，有学者依据案件系属理论进行分析，认为人民检察院在审查起诉阶段退回监察机关补充调查的情形中，案件系属关系并未消灭，仍系属于人民检察院，因此该类案件处于审查起诉阶段。① 亦有学者指出“补充调查”在性质上已经不再属于监察调查，而仅是作为人民检察院审查起诉

---

① 参见董坤：《法规范视野下监察与司法程序衔接机制——以〈刑事诉讼法〉第170条切入》，载《国家检察官学院学报》2019年第6期。

的补充。[1] 因此,在补充调查阶段,审查起诉阶段所采取的刑事强制措施应当予以沿用。

其二,在制度功效方面,“退回补充调查”之功效在于完善案件证据、规范取证行为,为案件进入公诉程序做准备,由公诉权衍生而来,因此不宜将案件返回监察机关工作程序之中。首先,基于法律文本分析,《检察院刑诉规则》第 343 条第 3 款规定:“人民检察院决定退回补充调查的案件,犯罪嫌疑人已被采取强制措施的,应当将退回补充调查情况书面通知强制措施执行机关。监察机关需要讯问的,人民检察院应当予以配合。”据此,在“退回补充调查”情形中,人民检察院仅负有“书面通知”与“配合”两项义务,但法条并未指出强制措施应当作出相应改变,若“退回”导致案件退出审查起诉程序,重新回流至监察机关的工作流程之内,则不必强调人民检察院“应当予以配合”。其次,从制度设置之必要性以及犯罪嫌疑人人身权利保障视角分析,在人民检察院对犯罪嫌疑人采取刑事强制措施之前,若监察机关已经先行采取留置措施且达到最长期限,并且退回补充调查导致案件重新回到监察机关工作流程之中,则其将面临二次甚至三次留置,势必导致事实上的超期。因此,在审查起诉环节,退回补充调查不应必然地变更刑事强制措施。

这就意味着,在审查起诉阶段由人民检察院退回监察机关补充调查的案件,应当延续之前由人民检察院决定的刑事强制措施,而无须转换为留置措施。对此,《衔接办法》第 38 条在确定最高人民检察院将案件退回国家监察委员会补充调查的程序时,也作出了明确规定:“最高人民检察院决定退回补充调查的

① 参见施鹏鹏、马志文:《论刑事诉讼法与国家监察体制的衔接》,载《浙江工商大学学报》2020 年第 2 期。

案件,补充调查期间,犯罪嫌疑人沿用人民检察院作出的强制措施。被指定的人民检察院应当将退回补充调查情况书面通知看守所。”

鉴于“退回补充调查”事实上为公诉权之延伸,是人民检察院履行审查起诉职能的一个组成部分,因此,该阶段的案件已经脱离监察机关的工作流程。根据《刑事诉讼法》第 39 条第 4 款之规定,自案件移送起诉之日起,辩护律师可会见犯罪嫌疑人,可向犯罪嫌疑人核实有关证据,此为对犯罪嫌疑人正当权益之保障。因此,在人民检察院采取刑事强制措施之后,犯罪嫌疑人的律师会见权应当得到保障,即使案件被退回补充调查,其仍处于审查起诉环节,辩护律师可根据《刑事诉讼法》的规定了解案件有关情况,提供法律咨询及核实证据。在实践中,某些检察机关以案件尚须退回监察机关补充侦查为由,阻止律师会见犯罪嫌疑人,导致即使在案件已被移送检察机关审查起诉之后,当事人的律师会见权仍难以得到保障。这种做法不仅损害了律师的会见权及核实证据权,难以充分保障犯罪嫌疑人依法享有的权益,而且在制度层面上也是站不住脚的,应该加以有效纠正,完善对于职务犯罪审查起诉阶段的律师会见权保障机制。①

二、上下级检察机关刑事强制措施的衔接

在审查起诉阶段,人民检察院应当与人民法院审判管辖相适应。依据《检察院刑诉规则》第 328 条之规定,人民检察院在收到移送起诉的案件后,经审查认为不属于本院管辖的,应当在发现之日起 5 日以内移送有管辖权的人民检察院。其中,属于上级人

---

① 参见张兆松、罗薇:《律师会见权 40 年:变迁、问题和展望》,载《山东警察学院学报》2020 年第 1 期。

民法院管辖的第一审案件，应当报送上级人民检察院；属于同级其他人民法院管辖的第一审案件，应当移送有管辖权的人民检察院或者报送共同的上级人民检察院指定管辖；上级人民检察院受理的案件，认为属于下级人民法院管辖的，可以交下级人民检察院审查，由下级人民检察院向同级人民法院提起公诉。此外，根据《监察法实施条例》第 221 条、第 222 条之规定，监察机关在移送起诉时，认为案件需要指定起诉、审判管辖的，也可以与同级人民检察院进行协商，以促进人民检察院的指定管辖程序。从而，案件在上下级人民检察院之间存在转移的可能性，相应地，刑事强制措施在上下级人民检察院之间也存在衔接的问题。根据《宪法》第 137 条之规定，上下级人民检察院之间为领导与被领导的关系。因此，在人民检察院内部强制措施的纵向衔接方面，若案件是由下级人民检察院报送上级人民检察院，后者自然可以自行决定采取何种刑事强制措施；若案件是由上级人民检察院指定或者交由下级人民检察院审查，则下级人民检察院应当尽量与上级人民检察院保持一致，或经上级人民检察院同意之后采取相应的强制措施。此种“一致性”具体表现为：

其一，若上级人民检察院受理监察机关移送起诉的案件后，指定或者交由下级人民检察院办理，下级人民检察院可以直接沿用上级人民检察院已采取的刑事强制措施，此种情况下未涉及刑事强制措施之变更，自然无须经过上级人民检察院的同意或另行审批。在此情形下，虽然依据《检察院刑诉规则》第 351 条第 2 款之规定，人民检察院的审查起诉期限自改变管辖之后收到案件之日起重新计算，但是基于羁押期限与办案期限相分离的逻辑，由于并未采取新的刑事强制措施，已经实施的刑事强制措施之期限应该继续计算,以避免发生隐性超期羁押。①

其二,若上级人民检察院未采取刑事强制措施,而下级人民检察院经审查认为有必要采取,此时刑事强制措施的采取则需要经上级人民检察院同意,其后下级人民检察院可以直接决定采取刑事强制措施。

其三,若下级人民检察院须对上级人民检察院已经采取的强制措施进行变更或者提前解除,则同样须经上级人民检察院同意,变更强制措施的,要完善换押手续。②

【相关案例】

立案调查应当依法发布相关信息

某市纪委监委前期经初步核实,已掌握该市水利局副局长A某涉嫌违纪违法的问题线索和相关证据。核查组提交了初步核实情况报告,报告中建议按程序提请办理立案手续。市纪委监委主要负责同志审批同意该初步核实情况报告后,当日即主持召开专题会议正式决定对A某涉嫌违纪违法问题立案调查,同时研究确定调查方案、决定需要采取的调查措施。会议讨论时,大家对是否需要对A某及其相关涉案人立即采取留置措施进行了认真研究,产生两种不同意见:第一种意见认为,可以对A某进行立案,但目前阶段还没必要采取留置措施。因为留置后就需要向社会公开发布消息,可能会导致有关涉案人员串供、毁灭证据甚至出逃;且留置措施时间比较有限,如果规定时间内不能完成依法

---

① 参见李津媛:《隐性超期羁押的原因和对策分析》,载《山西省政法管理干部学院学报》2017年第4期。

② 参见陈国庆:《刑事诉讼法修改与刑事检察工作的新发展》,载《国家检察官学院学报》2019年第1期。

取证,将导致部分问题来不及认定,致使部分犯罪问题逃脱法律制裁。第二种意见认为,既然对A某决定立案,就应当同时对其采取留置措施。因为初核已经发现A某涉嫌严重职务违法和职务犯罪,如果仅对其立案但不采取留置措施,可能导致A某与有关人员串供或毁灭证据甚至出逃。同时,这种情况下与A某谈话获取其真实供述的可能性也不大,还有可能向A某宣布立案调查决定后,A某思想压力较大甚至出现畏罪自杀等不可预测情况,这对于保证A某的人身安全反而不利;对A某立案并采取留置措施后,依法通知A某的家属,并向社会公开发布消息,这样反而有利于在社会上形成震慑,促使有关人员在组织向其谈话取证时如实反映情况。

会议经过研究讨论后,采纳第二种意见,决定对A某立案并对其采取留置措施。随后,该市纪委监委依法提请有关机关协助,对A某采取了留置措施,向其本人宣布了立案调查决定,并向该市水利局党组书记、局长进行了通报;通知了A某家属,并于当日向社会发布了消息:"X市水利局副局长A某涉嫌严重违纪违法,目前正接受纪律审查和监察调查。"

解析

《监察法》第39条第2款和第3款规定:"监察机关主要负责人依法批准立案后,应当主持召开专题会议,研究确定调查方案,决定需要采取的调查措施。立案调查决定应当向被调查人宣布,并通报相关组织。涉嫌严重职务违法或者职务犯罪的,应当通知被调查人家属,并向社会公开发布。"该条第2款规定了立案后调查方案的确定程序,第3款规定了立案后应当通知有关单位、人员的情形和要求。《监察法》明确对这些内容作出规定,有其必然的内在含义。一方面,对被调查人是否立案是个非常重要的决定,个人不得擅自决定立案调查,必须经纪委监委主要负责人批准并主持召开专题会议后才能决定是否立案,而且立案后也不是可以随意调查,而是必须依照研究确定的方案去开展调查,必须根据研究决定采取调查措施。这里面主要体现的是对立案调查权的监督和规范问题,以防止权力被滥用,要切实将权力关进制度的笼子里。另一方面,立案调查决定应当向被调查人宣布,这既是保障被调查人知情权的合理程序,也是要求被调查人积极配合调查、对其形成震慑和压力、促使其如实供述自己违纪违法甚至犯罪问题的基础;通知被调查人家属、向相关组织通报、向社会公开发布信息,既是纪委监委依法履职、依法公开、接受社会监督的重要方式,也是加强反腐败斗争社会宣传、形成持续震慑效应的重要手段。

第四章　移送起诉中的衔接

根据《监察法》之规定，监察机关调查终结的职务犯罪案件，应当依法移送检察机关审查起诉。[①] 移送起诉前，对于需要作出政务处分的，原则上应当先行完成政务处分程序；除指定管辖外，应当遵循同级移送之原则移送案件，同时，检察机关受理案件应当遵循刑事诉讼法的管辖规定，并根据刑事诉讼法的规定，对犯罪事实、证据、犯罪性质和罪名等进行审查，从而判定是否符合起诉条件。经审查后认为不符合起诉条件的，人民检察院有权根据情况决定是否将案件退回监察机关补充调查，或者作出不起诉的决定。为保证移送起诉程序顺畅推进，在案件调查终结前，检察机关可经监察机关商请依法提前介入。检察机关提前介入职务犯罪调查过程，可为调查活

① 《监察法》第45条第1款第4项规定："对涉嫌职务犯罪的，监察机关经调查认为犯罪事实清楚，证据确实、充分的，制作起诉意见书，连同案卷材料、证据一并移送人民检察院依法审查、提起公诉。"

动提供行为规范和法律指引，一定程度上解决监检双方在证据采信问题上的分歧。①

2020年5月25日，十三届全国人大三次会议举行第二次全体会议，最高人民检察院时任检察长张军在会上作最高人民检察院工作报告，指出在过去一年，全国各级检察机关共受理监察委员会移送职务犯罪24,234人，同比上升50.6%；起诉18,585人，同比上升89.6%；对秦某某、陈某等16名原省部级干部提起公诉。由此可见，移送起诉制度不仅保障作为法律监督机关的人民检察院实现“五个维护”“两个保障”之功能，更充分体现出监检实践对《宪法》有关“监察机关办理职务违法和职务犯罪案件，应当与审判机关、检察机关、执法部门互相配合，互相制约”之规定的充分落实。“互相配合，互相制约”，既是政治要求也是法定责任，其要求司法、监察机关依法确保职务犯罪案件调查、审查起诉与裁判的有机统一。人民检察院、人民法院与监察机关应共同把好职务犯罪案件的事实认定关、证据采信关和法律适用关，以案件质量彰显惩治腐败犯罪的成果，使职务犯罪分子受到依法惩治，增强人民群众对惩治腐败犯罪的认可度、支持度和满意度。

但在实践中，移送起诉中所涉及的监检协调问题仍然突出。一是因为居于特殊地位的监委与纪委合署形成了强大的纪检监察力量。“全覆盖”的监察功能包括司法监察，在这种上下位相对关系中，检察机关本应发挥的“起诉过滤”功能以及审判机关应当

① 参见江国华：《国家监察与刑事司法的衔接机制研究》，载《当代法学》2019年第2期。

实现的“以审判为中心”作用如何实现，确属难题。[①] 二是由于不同于对违纪与职务违法的查处，职务犯罪追诉并非监察程序的内部循环，监察委员会调查处置职务犯罪案件的最终落脚点，仍然是进入刑事诉讼程序，这就形成了监察程序与检察刑事公诉程序不同属性的职权与程序的衔接问题。[②]

自国家监察体制改革以来，2018 年《宪法》的修改和《监察法》的出台在解决监察与刑事司法衔接难题上取得了重大进展。除此之外，一系列规范性文件也紧密出台，以落实上位法的规定。具体表现在：2018 年 4 月 16 日同步出台的《衔接办法》、《国家监察委员会移送最高人民检察院职务犯罪案件证据收集审查基本要求与案件材料移送清单》（以下简称《移送清单》）以及《国家监察委员会管辖规定（试行）》，该三部文件初步实现了监察机关与司法执法机关工作机制的有效对接。2019 年 7 月，中央纪委、国家监委印发《监察机关监督执法工作规定》，该规定与《中国共产党纪律检查机关监督执纪工作规则》相互贯通，落实监察机关与司法机关、执法部门互相配合、互相制约要求，明确了互涉案件的管辖原则，以及与检察机关在案件移送衔接、提前介入、[③]退回补充调查等方面的协作机制。同时，中央纪委、国家监委同“两高”研究出台相关规定，对监察机关调查的职务犯罪案件商请最高人民检察院办理指定管辖以及检察机关提前介入等工作进行规范，并建立起专家咨询委员会制度、监察人员旁听庭审制度、日常联络员制度等工作机制，加强对移送司法机关涉嫌职务犯罪案件后

---

① 参见龙宗智：《监察与司法协调衔接的法规范分析》，载《政治与法律》2018 年第 1 期。

② 参见虞浔：《职务犯罪案件中监检衔接的主要障碍及其疏解》，载《政治与法律》2021 年第 2 期。

③ 2019 年《检察院刑诉规则》第 256 条第 2 款亦规定了“商请介入”原则。

续处理情况的跟踪掌握。中央纪委、国家监委法规室负责人表示，对于重大、疑难、复杂案件，商请检察机关提前介入监察机关办理的案件当中来，能够有效提高工作效率，避免一些问题到了审查起诉阶段才被发现。同时，此举对监察机关规范取证工作、完善证据体系、准确适用法律等都具有积极意义，有利于保证职务犯罪案件的调查质量。商请检察机关提前介入，还具有实现公诉职能和履行法律监督之双重价值，①体现了监察机关与司法机关之间的互相配合、互相制约，这也是贯彻落实《宪法》和《监察法》要求的一项具体举措。

据最高人民检察院新闻发言人介绍，监检衔接逐步规范，互相配合顺畅有序，互相制约行之有效。2018 年，最高人民检察院配合中央纪委、国家监委制定的《衔接办法》《移送清单》实现了监检工作平稳对接。2019 年，为落实"监检衔接配合顺畅，互相制约原则有效落实。会同国家监察委员会制定办理职务犯罪案件工作衔接、证据收集审查等规范"，②最高人民检察院又及时出台《人民检察院提前介入监察委员会办理职务犯罪案件工作规定》（以下简称《提前介入规定》），从提前介入的案件类型、介入时间、介入主体，商请提前介入的程序、介入的工作方式等方面进行明确，为规范开展提前介入工作提供了标准和依据。此外，2019 年《检察院刑诉规则》融合了监察体制改革中的实践经验，经充分征求国家监委意见后，就监察机关移送起诉案件的证据问题、指定管辖、留置措施与刑事强制措施的衔接等方面作了细化规定，确保监察机关和检察机关办案程序无缝衔接，提高反腐败工作合力。

---

① 参见秦炯天、蔡永彤：《"检察引导侦查"机制的反思与展望》，载《中南大学学报（社会科学版）》2009 年第 3 期。

② 张军：《最高人民检察院工作报告》，载《人民日报》2019 年 3 月 20 日，第 2 版。

第一节　移送起诉的前置问题

移送起诉是监察机关依法作出的将职务犯罪案件移送检察机关的法定处置类型,是检察机关对案件进行审查、提起公诉的必经环节,是案件从监察程序转入刑事诉讼程序的切入点。为正确移送案件,作为移送起诉主体的监察机关在移送前必须解决向谁移送、移送内容以及对被调查人的必要处理等问题。

一、移送起诉管辖

就移送起诉而言,虽然监察机关和检察机关都确立了级别管辖和地域管辖的案件管辖原则,但由于监察机关职权范围和监察对象的特殊性,其级别管辖与地域管辖的内涵并不同于传统刑事诉讼体制的管辖。①

根据有关内部文件规定,监察机关调查终结后需要移送起诉的,应当区分以下不同情况分别处理:(1)本地同级人民检察院有法定管辖权或者被指定管辖的,监察机关将案件移送同级人民检察院,由其受理后依法审查起诉或者指定、交由下级人民检察院办理。(2)需要异地审查起诉和审判的,监察机关应当将案件移送有法定管辖权或者被指定管辖的异地同级人民检察院,由其受理后依法审查起诉或者指定、交由下级人民检察院办理。监察机关派驻(派出)机构根据授权调查的职务犯罪案件,可以直接向有法定管辖权或被指定管辖的人民检察院移送起诉。

---

① 参见伍华军、陈浣莹:《我国监察委员会办理职务犯罪案件衔接问题研究》,载《江汉大学学报(社会科学版)》2019年第1期。

此处主要涉及如何确定职务犯罪案件的移送对象的问题，即监察机关应当向哪一检察机关移送案件。在更深层次上，其涉及的是协调解决监察调查管辖与检察审查起诉管辖衔接问题。具体而言，我国现行管辖模式是以审判为基点规定管辖，虽然并未写明审查起诉管辖，但已蕴含其中，约定俗成。[①]《刑事诉讼法》第25条规定，刑事案件由犯罪地人民法院管辖，如果由被告人居住地的人民法院审判更为适宜的，可以由被告人居住地的人民法院管辖。而监察管辖是按照干部管理权限和地域管辖相结合的原则，以干部管理权限为主。这种管辖上的差异性导致监察机关调查终结的案件移送起诉时，会产生监察管辖与审查起诉管辖对接上的问题。例如，海关等中央直属单位的干部涉嫌职务犯罪的，按照干部管理权限，可能由驻海关纪检监察组调查，而按照刑事诉讼管辖制度，则应由犯罪地的基层检察院或市检察院审查起诉。[②] 我国监察调查管辖同检察审查起诉管辖的衔接问题主要表现为以下两个方面：

其一，管辖层级问题。在多数情况下审查调查案件的监察机关层级高，而案件进入司法环节后，根据案件情况，需要到层级较低的审判机关进行审判。根据《刑事诉讼法》第2章关于级别管辖的规定，一审刑事案件由基层人民法院管辖；危害国家安全、恐怖活动案件，可能判处无期徒刑、死刑的案件，由中级人民法院管辖。《刑事诉讼法》规定的是“审判管辖”，虽然并不直接约束起诉，但由于法律所规定的同级审查起诉，实质上要求检察机关提起公诉，符合级别管辖的法律规定。“监察委承担职务犯罪侦查

---

① 参见龙宗智：《刑事诉讼指定管辖制度之完善》，载《法学研究》2012年第4期。

② 参见秦毅：《监察调查同步提前介入的实践模式及规范运行》，载《青少年犯罪问题》2021年第6期。

职能后，在级别管辖的协调衔接上可能会出现某种矛盾”，[①]即按照管理权限查处的相关规定，导致市级以上监察委员会查处的一般职务犯罪案件，移送给下级检察机关审查起诉。有时也会出现下级监察委员会按照管理权限查处的“小官巨贪”案件，需要移送给上级检察机关审查起诉的情况。[②]

其二，管辖地域问题。监察机关是按照干部管理权限进行管辖的，而审判管辖是根据犯罪地或者居住地而确定的，且按照《刑事诉讼法》的规定，地域管辖实行以犯罪地管辖为主、居住地管辖为辅的原则，易导致出现负责审查调查的监察机关所对应的审判机关对该案没有审判管辖权的情况，且这一情况不限于指定管辖的案件中。对于地域管辖的冲突一般通过两种方式解决：一种是“先横后纵”，是指案件调查终结后承办监察机关先移送同级的检察机关，然后由该检察机关层报上级人民检察院衔接办理指定管辖；另一种是“先纵后横”，是指案件调查终结后，承办监察机关层报上级监察机关，由上级监察机关协调同级检察机关衔接解决指定管辖事宜。此两种方式无疑都会造成审查起诉环节衔接周期延长和人为协调因素增多之弊病。

总之，无论是何种衔接问题，必须把握的原则是确保检察机关提起公诉与法院审判管辖相适应。因此，当检察机关受理案件后，经审查，认为不属于本地同级法院审判管辖的，应当移送有管辖权的其他检察机关审查，在此种情形下，检察机关应当在移送的同时通知监察机关。对于需要指定审判管辖的，检察机关应当在监察机关移送起诉前协商同级法院办理指定管辖有关事宜。

---

① 龙宗智：《监察与司法协调衔接的法规范分析》，载《政治与法律》2018 年第 1 期。

② 参见方明：《职务犯罪监察调查与刑事诉讼的衔接》，载《法学杂志》2019 年第 4 期。

二、移送起诉材料

实践证明，以口供为中心的主观性证据无法有效审查核实案件事实，而客观性证据审查可以有效地防止并纠正冤假错案。[①] 根据《衔接办法》之规定，监察机关决定移送起诉的案件，应当全面移送与定罪量刑有关的证据，主要包括监察机关制作的《起诉意见书》、案卷材料、证据材料等。[②] 除此以外，国家监察委员会与最高人民法院、最高人民检察院、公安部联合印发了《关于加强和完善监察执法与刑事司法衔接机制的意见（试行）》，以进一步推进法法衔接工作，其中亦规定了移送材料的要求。根据相关规范性文件，监察机关应当将下列材料移送人民检察院：

其一，《起诉意见书》并附《涉案财物清单》，一式三份。《起诉意见书》的制发机关应当是立案调查的监察机关，但依法确定由异地（是指与立案调查的监察机关所在行政区域无隶属关系的行政区域）上级人民检察院负责审查起诉的，则《起诉意见书》的制发机关为与该人民检察院同级的监察机关，也即立案机关的上级监察机关。《起诉意见书》的致送机关应当是本地或者异地同级人民检察院。其中两份随调查卷宗和证据材料一并移送人民检察院供审查用。涉案财物的移送要求按《关于加强和完善监察执法与刑事司法衔接机制的意见（试行）》第 63 条办理。

其二，调查卷宗。受监察机关严格的审批程序影响，监察机关将案件调查、审理卷宗分别装订，且案件调查卷宗还分别装订

---

① 参见樊崇义、赵培显：《论客观性证据审查模式》，载《中国刑事法杂志》2014 年第 1 期。

② 参见江国华：《中国监察法学》，中国政法大学出版社 2022 年版，第 405 页。

涉嫌违法、职务犯罪卷宗等。

其三，案卷材料。这主要是涉及被调查人到案经过及量刑情节方面的材料以及法律手续和文书。被调查人到案材料包括案件来源，到案经过，自首、立功、坦白等法定或酌定量刑情节，认罪悔罪态度，退赃，避免和减少损害结果发生等方面的情况说明和相关材料。被检举揭发的问题已被立案、侦破，被检举揭发人已被采取调查措施或者刑事强制措施、起诉或者审判的，还应附有关法律文书。法律手续和文书中应包括立案调查决定、采取留置措施、延长留置期限等程序性文书。被调查人未被采取留置措施的，应当书面提供被调查人的联系方式、住址、工作单位等信息，并在移送时确认其可以到案。

其四，作为证据使用的查封、扣押、冻结的被调查人财物及其孳息也应一并移送，对于实物不宜移送的，移送清单、照片和其他证明文件。同时，形成涉案财物追缴情况说明。

移送起诉时，监察机关应当一并提供涉案人员处理情况说明、咨询论证意见等材料，但不归入职务犯罪调查卷。

需要注意的是，《监察法》对于能够客观记录和反映调查取证过程情况的录音、录像是否移送的问题未加以明确，只是规定了应当“留存备查”，而《衔接办法》则明确规定监察机关对调查过程中的录音、录像不随卷移送。

三、移送起诉前的政务处分

较之政务处分等其他处置类型而言，移送起诉措施涉及追究被调查人的刑事责任，且实践中监察机关在作出移送起诉的处置措施时，往往伴随着开除被调查人公职的处分。同时，被调查人一旦被判处刑罚，则不但会失去原有工作、受到人身自由限制，且日后仍会由于犯罪前科而受到择业方面的诸多限制。[①] 故而移送起诉是监察机关所作的最为严厉的处置措施。《衔接办法》第16条规定:“国家监察委员会决定移送的案件,案件审理室应当将《起诉意见书》及时移交案件监督管理室,由案件监督管理室出具移送函,连同《起诉意见书》一并移送最高人民检察院。由调查部门负责移送被调查人、全部案卷材料、涉案款物等。案件移送前,应当按程序报批后作出党纪处分、政务处分决定,需要终止人大代表资格的,应当提请有关机关终止人大代表资格。……”由此可知,纪检机关在纪律审查中,发现被审查党员涉嫌犯罪的,原则上应当在案件移送司法机关前作出纪律处分。根据《公职人员政务处分暂行规定》第7条第1款之规定,“公职人员中的中共党员严重违犯党纪涉嫌犯罪的,应当由党组织先做出党纪处分决定,并由监察机关依法给予政务处分后,再依法追究其刑事责任”。同时,若存在对案件事实、行为定性有重大争议,难以在移送司法机关前作出纪律处分决定等特殊情况的,可以在移送后作出处分。此外,对于需要上级党委、纪委审批的案件,考虑到审批需要一定时间等实际情况,为防止留置时限超期,可在同级党委讨论通过后,先行将案件移送司法机关。待上级批复后,及时下达党纪处分决定。[②]

另外,对于身份较为特殊的人大代表、政协委员的政务处分,应当采用合适的方式向其所在的人大常委会或者政协常委会通报。这要求监察机关对违法公职人员予以处分时,应当查明被处

---

① 例如,根据《公务员法》第26条之规定,曾因犯罪受过刑事处罚的、曾被开除公职的人员,不得录用为公务员。

② 参见钟纪晟:《对于涉嫌职务犯罪,但又无法确定是否会被判处刑罚的 是否必须在移送起诉前作出党纪、政务处理?》,载《中国纪检监察报》2019年9月18日,第8版。

分人是否具有人大代表或政协委员身份。[①] 具体而言：(1)若作出政务处分时，被审查调查人已被终止人大代表资格或者撤销政协委员资格，则一般不再需要向其所在人大常委会或者政协常委会通报。(2)若被审查调查人同时系其本级人大常委会或者政协常委会组成人员，且人事关系在该人大机关或者政协机关的，政务处分决定在主送该人大机关或者政协机关的同时即完成了处分的通报。(3)若作出政务处分后，需要终止其人大代表资格或者撤销其政协委员资格的，鉴于相应党委将按程序通知其本级人大常委会党组或者政协党组履行上述处分事项，监察机关一般亦无须重复通知。(4)除上述三种情形外，一般可以通过函告方式通报。

第二节　检察机关提前介入的衔接

除监察调查终结后向检察机关移送案件、审查起诉的衔接以外，检察机关还可以通过提前介入与监察机关进行衔接。检察机关提前介入监察机关的部分案件调查过程是惠及监检双方的工作机制：该制度能够规范监察机关调查活动，进一步提高其办案水平；而检察机关借助提前介入得以提前了解案情，进一步提高审查起诉效率。由此，提前介入机制有利于推动监检双方在事实认定、证据固定、案件定性、法律适用等方面达成共识，有效化解二者在案件调查和审查起诉程序中的冲突隐患。

---

① 参见陈辉：《论监察委员会政务处分程序的内容构造》，载《西部法学评论》2020年第2期。

一、涉嫌职务犯罪案件的两种"提前介入"制度

虽然《刑事诉讼法》未以规范形式明确"提前介入"制度,但仍可借助类推适用方法,将现有的法律条文与规范性文件,如《刑事诉讼法》第87条,在某种程度上看作检察机关"提前介入"的合法依据。《衔接办法》第5条规定,"调查取证工作基本结束,已经查清涉嫌职务犯罪主要事实并提出倾向性意见,但存在重大、疑难、复杂问题等情形的,案件审理室可以提前介入审理";第12条规定,"国家监察委员会办理的重大、疑难、复杂案件在进入案件审理阶段后,可以书面商请最高人民检察院派员介入"。另外,根据相关内部文件规定,监察机关办理疑难复杂案件,以及在当地有重大影响的案件,可以商请有管辖权的同级人民检察院提前介入。对于被调查人既涉嫌职务犯罪又涉嫌其他犯罪的案件,拟移送人民检察院并案审查起诉的,人民检察院在提前介入时应当对全案进行审查。调查机关、侦查机关应当予以配合。

由此可见,涉嫌职务犯罪案件实际上存在两种"提前介入"制度:一是监察机关案件审理部门的提前介入;二是检察机关公诉部门的提前介入。有学者指出,该两项提前介入制度在微观规则、基础规范、价值目标、制度基础、现实需要等方面具有可资融通之处。[①] 但立法技术上已将二者在功能层面进行明确划分:监察机关案件审理部门提前介入兼具监督制衡与参谋协助的效能,而检察机关提前介入"存在公诉准备和协助调查两种不同的角色定位"。[②] 因此,尽管二者都是有关部门为了提前熟悉案情、审核把关事实证据、沟通案件定性开展的工作,但分属案件办理的不

---

① 参见秦毅:《监察调查同步提前介入的实践模式及规范运行》,载《青少年犯罪问题》2021年第6期。

② 吕晓刚:《监察调查提前介入实践完善研究》,载《法学杂志》2020年第1期。

同阶段。

按照制度设计初衷，两种提前介入在介入时机、启动条件、工作内容和纪法效果上均存在不同。[①] 其具体表现如下：(1)在介入时机上，监察机关案件审理部门提前介入在案件调查取证工作基本结束、正式移送审理之前，检察机关提前介入在案件移送审理之后、移送起诉之前；前者是在案件调查阶段，后者是在案件审理阶段。(2)在启动条件上，监察机关案件审理部门提前介入一般由审查调查部门与案件审理部门沟通后，按程序分别报分管领导批准后开展；检察机关对于监察机关办理的职务犯罪案件的提前介入，只能由监察机关案件审理部门按程序书面商请检察机关派员介入。(3)在工作内容上，监察机关案件审理部门提前介入需要同时审核涉嫌违纪和违法犯罪问题；检察机关提前介入仅审查涉嫌犯罪的问题。(4)在纪法效果上，监察机关案件审理部门提前介入形成的审核意见按程序报批后直接反馈至审查调查部门作为参考；检察机关提前介入形成的书面意见经监察机关案件审理部门审核后，由案件审理部门根据需要反馈审查调查部门进行补证。

因此，严格执行上述规定，监察机关案件审理部门提前介入与检察机关提前介入可以合理分工、有效衔接。需要注意的是，由于职务犯罪案件移送起诉制度所要解决的是“法法衔接”即《监察法》与《刑事诉讼法》的衔接问题，因此，此处所指的检察机关提前介入制度，实际上指检察机关公诉部门对监察委员会办理案件的提前介入。

那么，介入机关和调查机关意见不一致时如何处理？虽然监

---

① 参见钟纪晟：《监委案件审理部门提前介入与检察机关公诉部门提前介入有何区别》，载《中国纪检监察报》2019 年 3 月 13 日，第 8 版。

察委员会案件审理部门和检察机关在案件事实调查环节的角色不同,但基于对违纪案件的处置和职务犯罪案件的审查起诉的目标指向,监察调查和审查的目标定位产生了交集。[①] 有学者建议通过完善同步提前介入制度解决意见不一致问题。[②]《衔接办法》第11条、第15条就二者意见可能发生的不一致情况作出规定,即国家监察委员会案件审理室对最高人民检察院工作小组提前介入的书面意见审核后,认为需要补证的,按程序报批后,及时交由调查部门进行补证。对于可能出现的意见不一致且无法统一的情况,建议按照刑事审判的证据标准,首先由双方沟通研究,力求达成一致意见;必要时可按程序向法律专家咨询委员会咨询或组织论证。

二、检察机关提前介入的案件范围

检察机关提前介入职务犯罪案件调查是弥合权力属性差异、理顺监检衔接问题的有效手段,[③]但法律规范的不够完善仍在一定程度上限制该制度发挥其应有功效,具体表现为两方面。

(一)何谓"重大、疑难、复杂"

在实践中,有的地方提前介入适用率过高,存在滥用现象,比如每案均邀请检察机关提前介入,[④]从而出现浪费司法资源、导致监察机关、检察机关联合办案等问题。基于此,《衔接办法》就检

---

① 参见吕晓刚:《监察调查提前介入实践完善研究》,载《法学杂志》2020年第1期。

② 参见秦毅:《监察调查同步提前介入的实践模式及规范运行》,载《青少年犯罪问题》2021年第6期。

③ 参见虞浔:《职务犯罪案件中监检衔接的主要障碍及其疏解》,载《政治与法律》2021年第2期。

④ 参见蔡健等:《监检衔接语境下检察机关引导取证制度的完善》,载《湖北第二师范学院学报》2019年第11期。

察机关提前介入的案件范围进行了限定。

根据《衔接办法》第12条之规定，国家监察委员会办理的重大、疑难、复杂案件在进入案件审理阶段后，可以书面商请最高人民检察院派员介入。与之对应，2019年2月最高人民检察院出台的《提前介入规定》也进行了类似规定。《衔接办法》第12条将检察机关介入监察机关的案件范围限制为“重大、疑难、复杂案件”的依据在于，提前介入不仅是检察机关初步了解、熟悉监察机关调查案件情况的一项重要工作，也是监检衔接的重要一环，制度设计的本质目的是根据现实需要有效解决监察机关办案中遇到的特殊问题。检察机关提前介入监察委员会调查工作的主要任务包括对证据收集、事实认定、案件定性、法律适用、案件管辖等提出意见和建议，对是否需要采取强制措施进行审查，配合、规范调查取证工作，完善案件证据体系，确保准确适用法律，提高职务犯罪案件办理质量和效率。[①] 但因司法资源有限，检察机关不可能提前介入监察机关办理的每起案件，因此提前介入的案件范围一般仅限于重大、疑难、复杂职务犯罪案件，即通过对重大、疑难、复杂职务犯罪案件的提前介入，加强检察机关与监察机关在诉前程序的相互配合、相互制约，提高职务犯罪案件的办理质量和诉讼效率。

然而，基于职务犯罪案件的天然属性，即犯罪行为的隐蔽性、调查手段的滞后性与证据收集的有限性，大多数职务犯罪案件都可被认为是重大、疑难、复杂的，学界对该标准的认定仍存在一定争议。有学者主张以量刑为基准，将可能判处10年以上有期徒

① 参见龚举文：《纪检监察体制改革下的纪法贯通、法法衔接》，载周叶中主编：《党内法规理论研究》总第4期，社会科学文献出版社2020年版。

刑的认定为重大案件;[1]也有学者主张以案件的社会危害性和取证难度为衡量标准,将重大恶性案件、取证困难的重大疑难案件认定为重大案件;还有学者认为只能对重大疑难案件中的部分取证工作提前介入而不能全案提前介入。[2] 而目前司法解释或规范性文件对"重大案件""重大犯罪案件"的规定在标准上也不统一。有的强调案件的影响范围和程度,有的还要求兼顾被告人可能被判处的刑罚的严厉性。[3] 所以,在界定检察机关刑事检察部门提前介入的职务犯罪案件范围时,难以确定一个统一的标准,不可避免地会存在一定的弹性空间。[4]

从目前地方的办案实践来看,有的地方参照以往检察机关介入公安机关办案的相关办法和规则,例如重大疑难案件之范围包括影响力重大的情形,如社会和媒体普遍关注的案件、对社会稳定可能造成较大影响的案件、上级督办的案件,等等。[5] 不可否认,"重大、疑难、复杂"均为主观性极强的评判标准,若不以法律规范将其具体化则易滋生裁量权过大之弊病。

不过,由于检察机关提前介入主要以监察机关的主动"商请"为触发机制,即由监察机关决定具体介入何种案件然后向检察机关提出介入的要求。故而检察机关并不掌握介入主动权,其对介入的案件范围没有裁量空间。因此,上述有关"重大、疑难、复杂"

---

① 参见冯仁强、张海峰:《检察机关提前介入刑事侦查的思考》,载《公安学刊(浙江警察学院学报)》2011 年第 3 期。

② 参见王湖、汪德庆:《提前介入引导取证 需要解决四个问题》,载《检察日报》2012 年 8 月 27 日,第 3 版。

③ 参见董坤:《检察提前介入监察:历史流变中的法理探寻与机制构建》,载《政治与法律》2021 年第 9 期。

④ 参见刘汉卿:《侦监、公诉部门提前介入职务犯罪侦查工作机制探讨》,载《山西省政法管理干部学院学报》2017 年第 4 期。

⑤ 参见虞浔:《职务犯罪案件中监检衔接的主要障碍及其疏解》,载《政治与法律》2021 年第 2 期。

案件的判定标准，实际上也是由监察机关把握。在监察实践中，除全国性法律和规范性文件的指导以外，允许地方监察委员会与检察机关结合本地区案件的性质、数量、特征、影响等要素，在"重大、疑难、复杂"的既定原则下共同商定介入的具体案件类型。

（二）"提前介入"工作机制的衔接与协调

根据《监察法》第33条之规定，"监察机关在收集、固定、审查、运用证据时，应当与刑事审判关于证据的要求和标准相一致"。有学者认为该项规定会造成在《监察法》与《刑事诉讼法》之间选择适用证据规范之难题。[①] 然而，该项规定在探索提前介入中取证规范的衔接路径上成就突出，因而应在实践中得到落实。执行这一立法规定的当务之急是汲取司法实务经验，以此发展完善多年来行之有效的提前介入制度。检察机关能否提前介入监察机关职务犯罪调查活动，现行《监察法》未作规定；《检察院刑诉规则》仅就检察机关针对普通刑事案件可以提前介入公安机关的侦查活动作了司法解释。《监察法》颁布后，国家监察委员会会同最高人民检察院制定《衔接办法》，明确检察机关可以提前介入监察机关职务犯罪调查活动。总结相关规定，检察机关提前介入可考虑回应下列问题：

其一，从主体与时间两维度规范启动环节。（1）现行规定中，提前介入的检察人员为经检察长批准的检察官办案组或检察官。而"一类事项原则上由一个部门统筹，一件事情原则上由一个部门负责"的原则中内含由同一检察官办案组或检察官对审查起诉和监督的全程负责的要求。但目前并未明确由哪个部门介入，该

---

① 参见龙宗智：《监察体制改革中的职务犯罪调查制度完善：监察与司法协调衔接的法规范分析》，载《政治与法律》2018年第1期。

项欠缺会在一定程度上影响提前介入机制运行之顺畅。有学者认为,案件移送起诉后检察机关宜将案件交由提前介入调查的检察官办理,确因工作需要的,也可另行安排办案人员,[①]此举有利于提高办案质量和效率。(2)派员提前介入监察机关对涉嫌职务犯罪专门调查工作。根据《衔接办法》和相关文件,检察机关提前介入是在案件移送监察委员会案件审理部门审理之后,[②]如此规定虽保障了监察机关独立行使调查权,但易导致监检机关就案情产生争议。因此,可以考虑适当前移介入时间节点,以防过晚介入影响功能发挥。

其二,尊重监察主导,提出意见、建议。根据现行规定,检察机关可就多类事项提出意见、建议,主要包括:对调查案件的证据标准、事实认定、案件定性及法律适用提出意见;对涉嫌职务犯罪特别调查需要补证的,引导调查取证,对发现的非法证据建议监察机关自行排除;对认为需要解除留置措施的,须提出终止人大代表资格、撤销政协委员资格的建议;对须异地起诉、审判管辖的,可以提出指定管辖建议。同时,对于检察机关提出意见和建议,是否采纳的主导权仍由监察机关保留。

此外,为落实检察机关的工作方式,发挥法律监督职能,现行规定在一定程度上细化了提前介入的工作方式,如经监察委员会同意,查阅审讯同步录音录像,会见被留置调查的对象;查阅案件卷宗材料,案件调查的法律文书和审批手续,审查构成犯罪的相关证据材料;对于调查人员未回避或者刑讯逼供等违反办案纪律情形的,提出改正或更换调查人员的建议等。但落实于实践,仍

① 参见郭竹梅:《完善程序机制 做好提前介入工作》,载《检察日报》2020 年 2 月 16 日,第 3 版。

② 参见吕晓刚:《监察调查提前介入实践完善研究》,载《法学杂志》2020 年第 1 期。

会存在诸多难题导致制度运行不畅。

三、检察机关提前介入的方式及时机

介入时机的确定是检察机关提前介入案件所要处理的前置问题。在实践中，上海市检察机关的提前介入是在监察机关调查阶段，北京市检察机关的提前介入时间则被提前到初核阶段，深圳市检察机关的提前介入时间规定是在案件正式移送之前。[①] 提前介入的时间直接影响实际的工作质效，为了防止提前介入工作的随意性，明确提前介入时间节点是重要的保证。[②] 因此，相关规定虽已明确检察机关"提前介入"涉嫌职务犯罪案件的监察调查，但提前介入之"提前"究竟指何时间节点？何时介入才符合"提前"而非"超前"甚或"延后"？若介入太早，监察机关的调查尚未有具体线索或眉目，此时，检察机关难以就取证或其他调查活动提供有针对性的引导，既耗费了司法资源，也达不到介入的实效；若介入太晚，监察机关取证已基本完成或调查基本终结，此时检察机关提前介入的必要性已经丧失，"此时提出证据补充或者完善建议，很可能因时过境迁，丧失时效性"。[③] 各地司法实践中就为避免介入时间过晚而进行了探索。例如，北京市检察院拟定的《关于职务犯罪案件提前介入调查工作的指导意见》指明，检察机关提前介入的时间一般为监察机关案件审理部门对案件的审理阶段，但是特殊情况根据办案需要，经双方协商并经分管副检察

---

① 参见虞浔：《职务犯罪案件中监检衔接的主要障碍及其疏解》，载《政治与法律》2021 年第 2 期。

② 参见陈国庆：《刑事诉讼法修改与刑事检察工作的新发展》，载《国家检察官学院学报》2019 年第 1 期。

③ 吕晓刚：《监察调查提前介入实践完善研究》，载《法学杂志》2020 年第 1 期。

长批准,也可以在案件调查阶段介入。[①] 显然,介入时机的选择至关重要,也十分艰难。

然而需要注意的是,不同于检察机关对公安机关侦办案件的主动介入,职务犯罪案件中检察机关的提前介入主要依赖于监察机关主动商请,检察机关在此方面没有太多的裁量权。根据相关文件,监察机关商请人民检察院提前介入职务犯罪案件,由监察机关案件审理部门负责与有管辖权的同级人民检察院职务犯罪检察部门联系对接,一般应当在案件进入正式审理阶段、拟移送人民检察院审查起诉 15 日以前,以监察机关名义书面商请人民检察院派员提前介入。因留置期限即将届满等特殊情况,确有必要的,监察机关案件审理部门经报监察机关主要负责人审批同意,可以在审理阶段书面商请人民检察院提前介入。[②]

关于检察机关提前介入监察机关办理的案件的介入时机,有必要把握好以下两个时间节点:一是案件移送审理之后,这是检察机关提前介入的开始节点。根据《衔接办法》第 12 条之规定,检察机关提前介入是在案件移送监察机关案件审理部门审理之后。二是在案件移送起诉之前,这是检察机关提前介入的最后节点。此与一般意义上对公安机关侦查活动的提前介入有所不同。在公安机关侦查活动中,检察机关履行侦查监督职能的第一道关口是审查逮捕,也即检察机关可于公安机关立案之后、报捕之前提前介入。但在监察机关办理的案件中,《监察法》和《刑事诉讼法》均没有规定监察机关向检察机关"报捕"这一程序,因为依据

---

① 参见马迪、李晓娟:《监察体制改革背景下检察机关开展职务犯罪检察工作的实证研究——以北京市朝阳区人民检察院职务犯罪检察工作为研究对象》,载《中国检察官》2018 年第 17 期。

② 参见江国华:《中国监察法学》,中国政法大学出版社 2022 年版,第 406 ~ 407 页。

《监察法》,监察机关履行的是调查职能而非侦查职能,监察机关可自行采取“留置”措施,其既不通过刑事诉讼程序,也无须采用刑事强制措施。从实践来看,监察机关一般在将案件移送检察机关审查起诉前商请检察机关提前介入。[①]

虽然根据《监察法》第4条之规定,检察机关提前介入监察机关办理的职务犯罪案件本质上应理解为“协助”和“配合”,检察机关原则上只能被动等待监察机关的主动“商请”,但检察机关也要时刻坚持审查的主动性,对于监察机关商请提前介入的案件,检察机关应当进行必要的审查,认为确属自身介入范围的案件才应当积极介入,而对于认为不属于证据标准、案件定性及法律适用问题,无法提供有效建议的,则应当及时向提出商请的监察机关说明理由。[②]

四、监察机关的工作配合

在提前介入活动中应始终遵循监察独立原则,但这并不意味着在实践中以监察机关为绝对支配力量。检察机关提前介入旨在协助调查,并提前做好诉讼准备工作,故而应当将检察机关介入效果在遵循适度介入和监察独立原则之下发挥到最大,尽可能充分地实现协助调查和提高审查起诉效率的目的。[③]

现有工作机制将检察机关提前介入的开始节点限定为“案件移送审理之后”,若要求检察机关介入后再重新审理案件事实、收集证据,则必将导致司法资源的浪费。因而,监察机关应对检察机关的提前介入工作进行必要配合,具体表现为人民检察院提前介入时,由监察机关调查部门向人民检察院职务犯罪检察部门移

---

① 参见江国华:《中国监察法学》,中国政法大学出版社2022年版,第406页。
② 参见江国华:《中国监察法学》,中国政法大学出版社2022年版,第408页。
③ 参见江国华:《中国监察法学》,中国政法大学出版社2022年版,第408页。

送相关案卷复印件。其间,监察机关案件审理部门可以会同调查部门向人民检察院介绍案件事实和证据等情况。通过此项工作配合,检察机关得以在提前介入调查阶段时迅速把握案情、与监察机关加强沟通与协商,而监察机关调查部门与司法机关在调查取证等环节的沟通衔接不畅问题也能得到有效缓解。①

五、检察机关提前介入审查范围、反馈意见时限及方式

检察机关提前介入的主要功能是发挥其在法律适用和证据审查方面的专业优势,从后续刑事追诉的标准和要求出发,对监察机关的调查活动提出建设性建议和完善性意见,协助监察机关更加高效规范地展开调查活动,确保调查的全面准确合法,为后续处置和刑事追诉奠定坚实的事实和证据基础。

从法律施行的角度来看,配合和制约的实现必然包含着分工负责的逻辑前提,《宪法》及相关组织法对国家机关职能定位及权力配置作出规定本身就是分工原则的具体化。② 检察机关对监察机关职务犯罪调查程序的制约即以分工合作为基础,目的是提高法律适用准确率,提高办案效率。③ 检察机关应当坚持《监察法》和《刑事诉讼法》的职能安排,不得直接参与案件调查活动,实施调查措施。④ 检察机关应当严格遵循《监察法》对于监察调查职权归属的规范,不能直接参与案件调查的具体取证活动,避免提前

① 参见林喜芬:《论监察调查程序中的检察提前介入机制》,载《内蒙古社会科学》2022 年第 1 期。

② 参见陈辉、汪进元:《论"监、检、审"三机关间的分工、配合与制约关系》,载《南京社会科学》2018 年第 5 期。

③ 参见朱福惠:《论检察机关对监察机关职务犯罪调查的制约》,载《法学评论》2018 年第 3 期。

④ 《监察法》中规定了各种调查措施,含讯问、询问、查询、冻结、搜查、调取、查封、扣押、勘验检查、鉴定、通缉等。

介入演变成为联合办案。换言之,检察机关在提前介入过程中应当尊重监察机关的调查主导权。监察机关作为反腐败专责机关,通过整合纪检监察等反腐资源,强化对职务犯罪的打击力度,该种功能实际决定了监察机关行使调查权具有高度的权威性和独立性。检察机关应当高度重视介入行为的谦抑性,不能影响监察机关的主导地位。一方面,检察机关要按照监察机关提请介入的范围提供意见和建议,不能超出范围对监察机关的调查行为进行评价。另一方面,学界对于检察机关所提出的意见和建议是否应当具有强制约束力存有较大争议,甚至有的地方检察机关要求监察机关必须采纳其提出的意见和建议,如不采纳,便以此否定后续审查起诉过程中监察机关的职务犯罪调查工作。① 但所提出的意见和建议是否被采纳由监察机关决定,检察机关不得干涉。

根据相关文件,人民检察院一般应当在提前介入后 10 日内审核案件材料,并对证据收集、事实认定、案件定性、法律适用等提出书面意见。人民检察院职务犯罪检察部门负责向监察机关案件审理部门书面反馈提前介入意见。上级人民检察院指导下级人民检察院派员介入,或者共同派员介入的,上下级人民检察院应当加强沟通,形成一致意见后反馈。在实践中,可从以下方面细化落实上述要求。

(一)检察机关提前介入的工作方式

根据有关文件,检察机关提前介入通常有四种工作方式:(1)听取监察委员会关于案件事实和证据情况的介绍;(2)查阅案件监察文书和证据材料;(3)需要对证据合法性进行审查的,可以提请调看讯问被调查人、询问证人同步录音录像;(4)其他必要的

---

① 参见王霑:《检察机关提前介入职务犯罪监察调查机制研究》,载《西南政法大学学报》2021 年第 1 期。

工作方式。

在实践中,部分地区检察机关对“其他方式”这一兜底条款进行了积极探索。例如,增加了对“是否存在自首和立功”“是否存在漏罪和漏犯”等问题提出意见和建议;监察委员会对检察机关提前介入形成的意见,在移送起诉前进行“书面”意见反馈。①

(二)检察机关提前介入后提出意见和建议的内容

检察机关拥有在调查和审理阶段提出意见和建议的权力。其主要内容包括:(1)对调查部门已经获取的证据材料进行分析,提出进一步补充、固定、完善证据的工作建议,全面客观地收集证明被调查人有罪、罪重以及无罪、罪轻的证据;(2)对案件事实和性质认定、法律适用以及涉案财物处理等问题提出意见和建议;(3)对审查发现的非法证据提出依法排除或者重新收集的意见,对瑕疵证据提出完善补正的意见;(4)对案件管辖问题提出意见和建议;(5)对是否需要采取强制措施以及采取何种强制措施进行审查;(6)对监察文书是否齐全、卷宗材料是否齐备等提出意见和建议;(7)对其他需要解决的法律问题提出意见和建议。②

同时,在提前介入中应将检察机关定位为参与而不包办、建议而不决策。③ 检察机关提出意见、建议并非代替监察机关进行职务犯罪调查取证,也非变参与为干预、变建议为决断。④ 检察机关提前介入必须严格遵循法定方式,把握好提前介入的尺度,坚持监察独立原则,防止权力的滥用。

---

① 参见郭竹梅:《完善程序机制　做好提前介入工作》,载《检察日报》2020年2月16日,第3版。

② 参见江国华:《中国监察法学》,中国政法大学出版社2022年版,第407页。

③ 参见秦毅:《监察调查同步提前介入的实践模式及规范运行》,载《青少年犯罪问题》2021年第6期。

④ 参见卞建林、谢澍:《刑事检察制度改革实证研究》,载《中国刑事法杂志》2018年第6期。

（三）检察机关提前介入意见的反馈

检察建议也是法律监督工作中不应忽视的一项权能，其功能性应被充分利用。增强检察建议的功效性需要考虑以下三个方面的问题：一是向哪级检察机关反馈。检察机关应同级监察委员会书面协商，提前介入监察委员会办理职务犯罪案件的，应当以本级检察机关案件承办部门名义，向商请提前介入的监察委员会案件审理部门反馈。二是是否需要书面反馈。从工作的严肃性和规范性考虑，应当书面反馈。三是是否需要检察长批准。提前介入的检察官办案组或检察官应当详细记录案件情况和工作情况，形成提前介入的书面意见后按程序反馈。根据司法责任制改革实践，一般案件可以由检察官办案组或检察官反馈工作意见，但特别重大、疑难、复杂案件的意见反馈，应当经检察长批准同意。

（四）检察机关的反馈内容

书面反馈意见应当包括提前介入工作的基本情况、案件事实、定性意见、完善证据意见、法律适用意见以及需要研究和说明的问题等内容。

（五）提前介入与审查起诉工作的衔接

案件移送起诉后，检察机关一般宜将案件交由提前介入调查的检察官办理，确因工作需要的，也可另行安排办案人员。审查起诉检察官要根据监察委员会正式移送的案件材料，严格依法审查案件，不得以提前介入意见代替审查起诉意见。审查起诉意见和提前介入意见不一致的，应当及时与监察委员会沟通。《刑事诉讼法》将经法定程序查证属实的证据作为定案依据，强调的是证据的真实性与合法性。[①] 如果监察机关对存疑的事实与证据不

---

① 参见卞建林、张璐：《我国刑事证明标准的理解与适用》，载《法律适用》2014 年第 3 期。

能作出合理解释,人民检察院只能认定案件事实没有查清、证据达不到刑事审判的标准和要求,作出退回补充调查的决定,①必要时检察机关可以自行补充侦查。需要注意的是,一方面,提前介入工作是做好审查起诉工作、确保案件质量效率的基础;另一方面,提前介入和后期的案件审理、移送起诉是截然不同的两个阶段,提前介入意见不得代替审查起诉意见,②必须确保审查起诉阶段依法审查。

六、提前介入后的补证及反馈

《监察法》第47条第3款规定:"人民检察院经审查,认为需要补充核实的,应当退回监察机关补充调查,必要时可以自行补充侦查。对于补充调查的案件,应当在一个月内补充调查完毕。补充调查以二次为限。"该条款规定充分体现了监察机关和检察机关在办理职务犯罪案件过程中各司其职而又相互配合、相互制约的立法精神。补充调查既是涉及监察机关和检察机关之间的职能配置与平衡的重大问题,也是涉及案件办理程序的重大问题,因而其成为《监察法》与《刑事诉讼法》在衔接过程中重点关注的内容。对此,《刑事诉讼法》对《监察法》的相关内容进行了确认,其明确规定"人民检察院对于监察机关移送起诉的案件,依照本法和监察法的有关规定进行审查。人民检察院经审查,认为需要补充核实的,应当退回监察机关补充调查,必要时可以自行补充侦查"。另外,相关文件亦规定,监察机关案件审理部门收到人民检察院的提前介入意见后应当及时进行审核,认为需要补证

① 参见朱福惠:《检察机关对监察机关移送起诉案件的合法性审查——〈人民检察院刑事诉讼规则〉解读》,载《武汉大学学报(哲学社会科学版)》2020年第5期。

② 参见郭竹梅:《完善程序机制　做好提前介入工作》,载《检察日报》2020年2月16日,第3版。

的，按程序报批后及时交由调查部门进行补证。监察机关案件审理部门对调查部门补充的证据材料和补证情况说明进行审核后，及时向人民检察院反馈补证情况，并通知调查部门将补充的证据材料复印件和补证情况说明移送人民检察院。①

以上规定说明，检察机关对监察机关移送案件的审查方式属于“实质审查”而非“形式审查”，审查的法律依据不仅包括《监察法》，还包括《刑事诉讼法》以及一系列相关规范性文件。另外，前述规定表明，涉嫌职务犯罪案件移送起诉包括两种补证方式，一是退回监察机关补充调查，二是由检察机关自行补充侦查。以前者为原则，以后者为例外。这一制度设计有别于公安机关移送案件的相关规定，根据《刑事诉讼法》的规定，对公安机关移送的案件，检察机关审查后认为需要补充侦查的，“可以退回公安机关补充侦查，也可以自行侦查”；而对监察机关移送的案件，检察机关审查后认为需要补充核实的，“应当退回监察机关补充调查，必要时可以自行补充侦查”。可见，对监察机关移送的案件，退回补充调查是原则，只有在“必要”时，才可以作为例外，由人民检察院自行补充侦查。对于该制度，可从两方面进行解读。

其一，退回补充调查能够发挥侦查机关在侦查方面的“天然优势”。② 关于监察机关补充调查权的权力基础，其来源于监察机关查处职务犯罪的调查权，而检察机关自行侦查权“并不依附于侦查权，而是公诉权所派生出来的应有权力”，换言之，其源于刑事犯罪的起诉审查权。此前，有学者认为，监察机关的职务犯罪

① 参见江国华：《中国监察法学》，中国政法大学出版社2022年版，第408页。

② 参见李洪杰：《检察机关自行侦查后的存疑不起诉研究》，载《中国检察官》2016年第16期。

调查权实质上是刑事诉讼法上的侦查权,[①]"调查权在刑事案件范围内,与侦查权实质相同。之所以不冠以侦查之名,是为了避开《刑事诉讼法》的约束"。[②] 根据《监察法》第 18 条之规定,监察机关行使监督、调查职权,有权依法向有关单位和个人了解情况,收集、调取证据。有关单位和个人应当如实提供。该规定明确赋予监察机关以职务犯罪调查权。根据《监察法》第 47 条之规定,对监察机关移送的案件,人民检察院经审查,认为需要补充核实的,应当退回监察机关补充调查,必要时可以自行补充侦查。这一规定明确了监察机关具有对职务犯罪的补充调查权,明显也是职务犯罪调查权的一种体现方式。

退回补充调查既是监察与刑事司法衔接中的一项重要机制,又是职务犯罪案件在审查起诉阶段被退查补证时的常用重要方法。[③] 监察机关对于检察机关退回补充调查,应当及时补充调查或说明不能够或不必要调查的理由,也就是监察机关不得放弃履行补充调查的职责,即补充调查权不可随意放弃行使。[④]

在检察机关公诉部门提前介入职务犯罪案件的情形中,补证主要涉及退回补充调查而非检察机关自行补充侦查。主要原因是"监察机关移送的案件政治性强、比较敏感",[⑤]且有学者指出,"监察调查是违反党纪政纪和职务犯罪调查的综合,只有以退回

① 参见秦前红、叶海波等:《国家监察制度改革研究》,法律出版社 2018 年版,第 165 页。

② 张建伟:《法律正当程序视野下的新监察制度》,载《环球法律评论》2017 年第 2 期。

③ 参见董坤:《论监察与司法衔接中的退回补充调查》,载《经贸法律评论》2021 年第 5 期。

④ 参见江国华:《中国监察法学》,中国政法大学出版社 2022 年版,第 408 页。

⑤ 中共中央纪律检查委员会法规室、中华人民共和国国家监察委员会法规室编写:《〈中华人民共和国监察法〉释义》,中国方正出版社 2018 年版,第 214 页。

补充调查为原则,才能保证和满足监察委全面完整调查违法违纪和职务犯罪的需要”。[①] 加之对办案专业力量的调整变化的考虑,立法才在退回补充调查与自行补充侦查的安排中设置了退回补充调查的优先次序。根据相关法律,对于监察委员会移送的案件,检察机关审查后认为犯罪事实不清、证据不足的,应当退回监察委员会补充调查。被指定的检察机关经审查,拟退回补充调查的,应当报指定其办案的上级人民检察院批准。上级人民检察院在作出决定前,应当与监察委员会沟通协商。需要退回补充调查的案件,应当以上级人民检察院的名义出具退回补充调查决定书、补充调查提纲,连同案卷材料由上级人民检察院一并送交监察委员会。

对于检察机关决定退回监察委员会补充调查的案件:一方面,处于补充调查期间的犯罪嫌疑人仍沿用人民检察院作出的强制措施。检察机关应当将退回补充调查情况书面通知看守所。监察委员会需要讯问被调查人的,人民检察院应当予以配合。另一方面,调查部门应当在一个月内补充调查完毕并形成补充调查报告。补充调查以二次为限。补充调查结束后需要提起公诉的,应当由监察委员会重新移送人民检察院。审查起诉期限重新计算。

其二,自行补充侦查是证据补充完善的重要途径之一,可以减少不同机关衔接移送的烦琐程序,避免“调查(侦查)阻力”,[②]

---

① 陈小炜:《监检关系视野下退回补充调查与自行补充侦查》,载《北方法学》2020年第6期。

② 秦前红、石泽华:《论监察权的独立行使及其外部衔接》,载《法治现代化研究》2017年第6期。

是实现检察监督的手段。[①] 同样作为补证的重要途径,检察机关行使自行补充侦查权落实于实践却存有困境,主要体现在:一方面,何谓"必要时"语焉不详。在法律规范对适用范围和适用情形规定近乎"真空"的情况下,检察机关的选择就较为"随意",其更倾向于通过"相对简便"的退回补充调查的形式"一退了之"。[②] 另一方面,对检察机关自行补充侦查能力存在担忧。在国家监察体制改革背景下,检察机关内部原有的反贪人员转隶至监察机关,检察机关的侦查能力有所弱化。检察机关能否胜任自行补充侦查工作,使该项工作发挥应有的效能,也是今后需要考量的因素。[③]

七、审查起诉与提前介入意见不一致的沟通

正如上文所述,审查起诉与提前介入的意见不能互相替代。[④] 否则,将导致审查起诉功能被虚置,程序分化与职能分工所预设的制约价值难以实现。[⑤] 检察机关应当对监察机关移送的职务犯罪案件的事实和证据进行审查,并作出是否起诉的决定。案件移送人民检察院审查起诉后,人民检察院应当根据监察机关正式移送的案件材料,严格依法审查,不得以提前介入意见代替审查起诉意见。审查起诉意见与提前介入意见不一致的,人民检察院职

---

① 参见刘卫刚:《必要的自行侦查有积极意义》,载《检察日报》2014 年 2 月 14 日,第 3 版。

② 徐梦飞、蔡红伟:《补充侦查权规范行使路径探索》,载《人民检察》2018 年第 14 期。

③ 参见刘磊:《刑事诉讼法与监察法衔接的政治逻辑》,载《地方立法研究》2018 年第 5 期。

④ 详见本节"五、检察机关提前介入审查范围、反馈意见时限及方式"之"(五)提前介入与审查起诉工作的衔接"。

⑤ 参见陈辉:《论检察机关对移送监察案件的审查起诉》,载《西部法学评论》2021 年第 6 期。

务犯罪检察部门应当在提起公诉或作出决定前与监察机关案件审理部门沟通。《监察法》第 47 条规定:“对监察机关移送的案件,人民检察院依照《中华人民共和国刑事诉讼法》对被调查人采取强制措施。人民检察院经审查,认为犯罪事实已经查清,证据确实、充分,依法应当追究刑事责任的,应当作出起诉决定。人民检察院经审查,认为需要补充核实的,应当退回监察机关补充调查,必要时可以自行补充侦查。对于补充调查的案件,应当在一个月内补充调查完毕。补充调查以二次为限。人民检察院对于有《中华人民共和国刑事诉讼法》规定的不起诉的情形的,经上一级人民检察院批准,依法作出不起诉的决定。监察机关认为不起诉的决定有错误的,可以向上一级人民检察院提请复议。”根据这一规定,有以下几个问题需要注意。

(一)检察机关的受理条件

一般认为,案件受理是诉讼活动的开始,是检察机关办理刑事案件必不可少的程序。[①] 在案件移送起诉的过程中,检察机关案件管理部门接收监察委员会移送的案卷材料后,首先应当进行形式审查以决定是否受理,审查内容主要包括:(1)案卷材料齐备、规范,符合有关规定的要求;(2)移送的款项或者物品与移送清单相符;(3)被调查人在案情况。案件管理部门审查后认为具备受理条件的,应当及时进行登记,并立即将案卷材料移送刑事检察部门办理;认为不具备受理条件的,应当商请监察委员会相关部门补送材料。

需要特别指出的是,中央纪委、国家监委对监察委员会移送起诉的释义为,对于监察委员会移送案件,检察机关不需要再立

---

① 参见吴波、郭大磊:《检察机关案件受理环节的考察分析与完善建议》,载《犯罪研究》2014 年第 5 期。

案,应由公诉部门直接依法审查。[①]《监察法》规定,监察机关经过初步核实后,应当按照规定的权限和程序办理立案手续,对于监察委员会移送的案件,检察机关不需要另行立案,以受理移送审查起诉作为案件进入刑事诉讼的起点。部分学者对此持反对意见,其认为刑事立案具有专属性,是《刑事诉讼法》赋予公安机关、检察机关、法院及国家安全部门的法定职权,只有司法机关所作之刑事立案才具有发动司法程序之功能。[②] 监察机关不是司法机关,职务犯罪调查与刑事侦查存在很大差异,因此监察机关对职务犯罪的立案调查不具有刑事追诉之效,[③]不能启动刑事诉讼程序。[④]

(二)检察机关的审查内容

审查起诉是检察机关公诉职能的重要组成部分,为了保证国家公诉权行使的合法性、统一性和严肃性,检察机关应对监察机关移送案件的事实、证据、法律等进行全面审查、严格把关,以确保公诉质量。检察机关的案件审查,应当依照《刑事诉讼法》全面审查而非仅限于是否起诉,否则审查起诉将部分丧失其功能和意义。[⑤] 因而检察机关对移送起诉职务犯罪案件的审查,应当依照《监察法》第 47 条、《刑事诉讼法》第 168 条之规定,严格把握审查起诉的标准和条件,重点查明程序合法性、实体问题、证据问题三

---

① 参见中共中央纪律检查委员会法规室、中华人民共和国国家监察委员会法规室编写:《〈中华人民共和国监察法〉释义》,中国方正出版社 2018 年版。

② 参见樊崇义主编:《刑事诉讼法学》,中国政法大学出版社 2002 年版,第 201 页。

③ 参见陈卫东:《职务犯罪监察调查程序若干问题研究》,载《政治与法律》2018 年第 1 期。

④ 参见曹仕旺:《检察机关与监察机关工作衔接若干问题的探讨》,载《福建法学》2018 年第 2 期。

⑤ 参见龙宗智:《监察体制改革中的职务犯罪调查制度完善:监察与司法协调衔接的法规范分析》,载《政治与法律》2018 年第 1 期。

方面的内容。

其一,程序合法性要件是检察机关应当对移送案件是否符合提起公诉条件进行审查的重点内容。其主要包括:犯罪嫌疑人身份状况是否清楚;单位犯罪的,单位的相关情况是否清楚;适用讯问、留置、搜查、技术调查等是否符合《监察法》规定的必要条件和必经程序;留置措施、延长留置期限是否符合审批程序,有无延长留置的必要性,是否应当依法及时解除留置措施;检察机关决定先行拘留的,留置措施是否自动解除,犯罪嫌疑人是否移交看守所羁押;提请公安机关协助留置措施执行是否符合法定条件和审批程序,留置的场所有无安全隐患,对留置期间发生逃跑、行凶、自杀等情形审查履行调查职责的人员是否有失职渎职行为,对承担留置调查职责的人员是否应当建议适时更换,对逃跑、行凶、自杀等造成重大突发事件的社会问题是否派员及时参与处置或建议调查机构依法妥善处置;对决定适用留置措施后是否及时通知调查对象家属或近亲属,有碍调查的情形解除后是否通知其家属或近亲属;被留置人在留置期间的饮食、休息、安全、医疗等保障措施是否落实;涉案款物是否查封、扣押、冻结并妥善保管,清单是否齐备;对被害人合法财产的返还和对违禁品或者不宜长期保存的物品的处理是否妥当,移送的证明文件是否完备;经审查认为需要补充调查的是否及时补充调查;调查人员是否依照法定情形进行回避;对报复陷害或捏造事实、诬告陷害的人员是否依法给予处理;对涉嫌职务犯罪的被调查人采用刑讯逼供、暴力取证、徇私枉法或者造成其行凶、自杀、逃跑重大恶性事件等行为负有领导责任和直接责任的人员是否依法处理或者建议监察机关依法处理;各种法律手续和诉讼文书是否完备;有无遗漏罪行和其他应当追究刑事责任的人;对于职务犯罪造成国家财产、集体和其他组织财产损失的,是否需要由检察机关提起附带民事诉讼或者是否需要提请缺席判决、没收非法财产；采取的技术调查、限制出境等措施是否适当。

其二，检察机关应当对移送案件是否满足提起公诉的实体性要件进行有限审查。其主要包括：犯罪事实、情节是否清楚；认定犯罪性质和罪名的意见是否正确；有无法定和酌定从重情节；共犯责任的认定是否恰当；是否属于不应当追究刑事责任的情形。

其三，检察机关应一并审查移送起诉案件中的证据问题。其主要包括：证明犯罪事实的证据材料是否随案移送；证据是否确实、充分，调查收集证据程序是否合法，有无非法证据排除的情形。需要注意的是，《监察法》为加强与《刑事诉讼法》的衔接，在第33条规定监察机关在调查处置阶段适用非法证据排除规则，[①]但这并不否认人民检察院在审查阶段履行非法证据排除义务。根据《刑事诉讼法》的规定，人民检察院在审查批捕环节负有排除非法证据的职责，而且人民检察院在审查批捕阶段排除的非法证据已经从言词证据扩大到实物证据。[②] 由于在法庭调查阶段，人民检察院需要对证据的合法性作出解释和说明，因此人民检察院在审查阶段必须对证据之合法性进行严格审查。[③]

（三）检察机关的审查结果

1. 提起公诉。从世界各国法律制度来看，尽管检察机关的职能不尽相同，公诉权也具有行政权、准司法权、法律监督权等不同的属性定位，但刑事公诉都是其主要职能。[④] 检察机关在审查监

---

① 参见闫召华、范智凯：《监察调查案件非法证据排除标准研究》，载《黑龙江社会科学》2020年第3期。

② 参见董绅：《审查批捕中非法证据排除的实证考察与理论反思》，载《法商研究》2014年第6期。

③ 参见朱福惠：《论检察机关对监察机关职务犯罪调查的制约》，载《法学评论》2018年第3期。

④ 参见王公义主编：《中外司法体制比较研究》，法律出版社2013年版，第57页。

察委员会移送起诉的职务犯罪案件后应依法作出提起公诉或不起诉的决定,这既是检察机关与监察机关制约关系的主要体现,也是检察机关履行公诉职能、实现"对侦查权与审判权双向控制"的重要手段。而根据《监察法》第47条之规定,对于监察机关移送的案件,"人民检察院经审查,认为犯罪事实已经查清,证据确实、充分,依法应当追究刑事责任的,应当作出起诉决定"。这说明检察机关据以作出起诉决定的判断标准有三项:"犯罪事实清楚""证据确实、充分""依法(刑法)应当追究刑事责任"。

检察机关在作出起诉决定、向有管辖权的法院提起公诉的同时,应将起诉情况及时通报监察委员会。被指定的检察机关提起公诉前,应当报指定其办案的上级人民检察院批准,上级人民检察院应及时向监察委员会通报起诉情况。犯罪嫌疑人认罪认罚的,人民检察院应当就主刑、附加刑、是否适用缓刑等提出量刑建议,并随案移送认罪认罚具结书等材料。

2.决定不起诉。根据《监察法》第47条之规定,"人民检察院对于有《中华人民共和国刑事诉讼法》规定的不起诉的情形的,经上一级人民检察院批准,依法作出不起诉的决定。监察机关认为不起诉的决定有错误的,可以向上一级人民检察院提请复议"。结合相关规定,检察机关决定不起诉有三种类型:(1)法定不起诉。犯罪嫌疑人没有犯罪事实,①或者有《刑事诉讼法》第16条规定的情形之一的,可以将案件退回监察委员会处理,也可以作出不起诉决定。(2)存疑不起诉。经两次退回补充调查仍然认为证据不足,不符合起诉条件的,应当作出不起诉决定。(3)酌定不起诉。犯罪情节轻微,依照刑法规定不需要判处刑罚或者免除刑罚

① 检察机关在审查起诉时对犯罪事实的审查,是一种实质性审查。参见朱福惠:《论检察机关对监察机关职务犯罪调查的制约》,载《法学评论》2018年第3期。

的,可以作出不起诉决定。

根据《刑事诉讼法》的规定,人民检察院对案件作出不起诉决定的同时,应当对侦查中查封、扣押、冻结的财物解除查封、扣押、冻结。对被不起诉人需要给予行政处罚、处分或者需要没收其违法所得的,人民检察院应当提出检察意见,移送有关主管机关处理。有关主管机关应当将处理结果及时通知人民检察院。如果检察机关作出不起诉决定,则犯罪嫌疑人在法律上相当于无罪之人,对职务犯罪的求刑权无法实现,则前期对其采取的留置、拘留、逮捕等措施可能构成非法羁押,相关部门要为此承担国家赔偿责任。

(四)监察机关与检察机关意见不一致时的处理办法

不起诉决定是对监察机关职务犯罪调查的制约,必须严格遵守《刑法》《刑事诉讼法》的规定,并且在程序上遵守《监察法》的规定。① 检察机关拟作不起诉决定的,应当与监察委员会沟通协商,并报上级人民检察院批准后作出,不起诉决定书应及时送达监察委员会。被指定的检察机关拟作不起诉决定,或者改变犯罪性质、罪名的,应当报指定其办案的上级人民检察院批准,由上级人民检察院与监察委员会沟通协商后作出处理。不起诉决定书应当由被指定的检察机关作出,通过上级人民检察院送达监察委员会。

此外,就监察机关和检察机关的关系而言,"隐性控制"和"结果导向"的制约模式才是符合立法原意的关系模式。② 由于不起诉决定具有终结司法程序、阻止对犯罪嫌疑人或被告人追究刑事

① 参见朱福惠:《论检察机关对监察机关职务犯罪调查的制约》,载《法学评论》2018 年第 3 期。

② 参见左卫民、唐清宇:《制约模式:监察机关与检察机关的关系模式思考》,载《现代法学》2018 年第 4 期。

责任的效果，因此对于检察机关作出的不起诉决定，监察机关有权提请复议，此项规定可看作检察机关行使起诉裁量权的制约。监察委员会认为不起诉决定书确有错误的，应当在收到不起诉决定书后30日内向上级人民检察院申请复议。对于监察委员会对不起诉决定申请复议的案件，上级人民检察院应当另行指定检察官审查提出意见，并自收到复议申请后30日内，经由检察长或者检察委员会决定后，以上级人民检察院的名义答复监察委员会。上级人民检察院的复议决定可以撤销或者变更原有不起诉决定，交由被指定的检察机关执行。

第三节　并案处理与咨询论证的衔接

国家机关之间的管辖分工和刑事案件之间的关联关系分别构成互涉案件存在的法律基础和事实基础。[①] 而并案管辖即将原本分属不同机关管辖的互涉案件予以合并，由某一机关统一办理。该项处理方式能够有效整合司法资源，打破案件调查过程中不同主体截然分离的状态，推动监察机关、检察机关之间的沟通与衔接。此外，提升纪检监察工作的专业化程度是提高监察机关办案质量的应有之义。目前，我国尝试通过探寻拓宽内部商讨途径、融合外部智慧系统等方式满足监察机关高效运行的专业化需求。

一、并案处理的衔接

互涉案件是指一人犯数罪，共同犯罪，共同犯罪嫌疑人、被告

① 参见王霈：《监察机关与其他国家机关互涉案件管辖问题研究》，载《重庆理工大学学报(社会科学)》2020年第11期。

人实施了其他犯罪，以及多个犯罪嫌疑人、被告人实施的犯罪存在关联关系，因此两个以上的国家机关都有权管辖的案件。[①] 以产生牵连关系的因素为依据，可将互涉案件划分为主体互涉案件和事实互涉案件。前者是指多个案件之间存在主体上的同一性；后者则指多个案件之间具有事实上的牵连性。[②] 刑事案件之间常具有错综复杂的关联性，因而国家机关在各司其职的基础上必须紧密协作，必要时进行并案管辖。

《监察法》第34条之规定为处理涉及多个机关管辖的违法犯罪案件确立了“一般监察调查为主”的原则，《检察院刑诉规则》则在坚持“一般监察调查为主”原则的前提下，提出了“更为适宜”和“协商一致”原则。

《检察院刑诉规则》对互涉案件的并案管辖制度进行了规定，且于2019年修改时对并案管辖的规定增加了“在职责范围内”的限定：“对于一人犯数罪、共同犯罪、共同犯罪的犯罪嫌疑人还实施其他犯罪、多个犯罪嫌疑人实施的犯罪存在关联，并案处理有利于查明案件事实和诉讼进行的，人民检察院可以在职责范围内对相关犯罪案件并案处理。”

前款所列案件，在调查、侦查终结后一般分别移送起诉，人民检察院可以在职责范围内并案审查起诉。移送起诉后并案审查的，审查起诉期限从新的案件受理之日起计算。同时，退回监察机关、公安机关或者人民检察院补充调查、侦查的，作为一次退回补充调查、侦查。

在监察实践中，被审查对象既涉嫌职务犯罪又涉嫌其他刑事

---

① 参见龙宗智：《监察与司法协调衔接的法规范分析》，载《政治与法律》2018年第1期。

② 参见闫召华：《论检警互涉案件的侦查》，载《中国人民公安大学学报（社会科学版）》2010年第2期。

犯罪，监察机关和公安机关分别立案调查、侦查的案件，移送起诉时是合并移送还是分别移送？如何做到同步起诉？

一般情况下，全案调查、侦查终结前，监察机关应当与公安机关、检察机关协商移送起诉相关事宜。据此，各机关应采取分别移送起诉的方式，即由监察机关将涉嫌职务犯罪问题移送其同级人民检察院审查起诉；由公安机关将所涉嫌的其他刑事犯罪问题移送其同级人民检察院审查起诉；最后由负责提起公诉的人民检察院并案审查起诉、一并提起公诉。①

有学者认为，《监察法》第 34 条第 2 款的规定以监察调查与刑事侦查互涉犯罪不能进行并案侦查，只能在遵循法律既定职能管辖的前提下进行侦查为基本前提。② 在实践中，被调查人可能涉及多个罪名，有的是监察机关在调查，有的是公安机关在侦查，此类情况同步起诉（并案审查，一并提起公诉）需要注意做好以下工作：

其一，监察机关需依法统筹职务犯罪案件调查和公安机关侦查工作，优化调查、侦查工作安排，确保调查终结与侦查终结基本同步。根据《刑事诉讼法》第 34 条第 1 款之规定，若被调查人被留置的，公安机关在留置期限届满前一般不对被调查人进行讯问，但可以由公安机关在立案侦查前进行初查时，对被调查人进行询问。必要时，公安机关在立案侦查后，可以在留置期限届满前 3 日内对被调查人进行讯问。

其二，监察机关需依法明确职务犯罪案件和公安机关管辖的

---

① 参见钟纪晟：《被审查对象既涉嫌职务犯罪又涉嫌其他刑事犯罪，监委和公安机关分别立案调查、侦查的案件，怎样移送起诉？如何做到同步起诉？》，载《中国纪检监察报》2019 年 9 月 25 日，第 8 版。

② 参见程雷：《“侦查”定义的修改与监察调查权》，载《国家检察官学院学报》2018 年第 5 期。

刑事案件的起诉、审判管辖规则，在提请检察机关提前介入职务犯罪案件之前，与公安机关协商确定是否需要异地起诉、审判。拟异地起诉、审判的，商请同级检察机关依法确定管辖，将被调查人涉嫌监察机关管辖的职务犯罪案件与涉嫌公安机关管辖的刑事案件指定同一个检察机关并案审查、一并提起公诉，同级审判机关按照刑事第一审程序进行审判。

其三，监察机关在提请检察机关提前介入职务犯罪案件时，经提前与公安机关协商，尽可能同步提请检察机关提前介入公安机关侦查工作，确保调查、侦查工作同步推进，防止因公安机关侦查取证不到位被检察机关退回补充侦查，进而影响检察机关并案审查、一并提起公诉的现象发生。

其四，监察机关将职务犯罪案件移送检察机关审查起诉后，应督促公安机关尽快侦查终结，并移送检察机关审查起诉。公安机关确因案情复杂等原因难以及时侦查终结的，可以在检察机关对职务犯罪案件提起公诉前侦查终结，并移送检察机关审查起诉；至迟在法院对职务犯罪案件一审判决宣告前侦查终结，并移送检察机关审查起诉，由检察机关补充起诉。

其五，在被调查人被公安机关采取刑事强制措施后，监察机关自行或经公安机关移送发现其仍涉嫌职务犯罪问题的，可以依法开展调查，并协调公安机关予以协助。一般情况下，监察机关应当在公安机关移送检察机关审查起诉前完成调查工作，并及时移送检察机关审查起诉，以确保检察机关并案审查、一并提起公诉。监察机关在公安机关移送检察机关审查起诉前没有调查终结的，可以在检察机关提起公诉前，至迟在法院一审判决前，调查终结并将案件移送检察机关审查起诉，由检察机关并案审查或者补充起诉。确因案情复杂、在法院判决宣告后监察机关调查终结并移送检察机关审查起诉的，可以由检察机关另案提起公诉。

二、业务问题咨询论证

监察体制改革以后，我国对职务违法和职务犯罪的调查由监察机关专门行使，这对监察机关专业化提出了更高的要求。[①] 但根据调查，约半数纪检监察干部认为“调查工作顺畅程度”“案件处置效率程度”“监察权行使规范程度”还有待进一步提升。[②] 案件质量是“生命线”，案件审理部门在实现纪法贯通、法法衔接方面应充分发挥“关口”“出口”“窗口”作用。鉴于国家监察体制改革的经验还有待积累，《监察法》等相关法律颁行时间较短，实践中对于案件审理部门工作的专业化开展仍待深入。为构建“铁案”工程、[③]充分保证案件质量、合力解决实务中可能出现的疑难问题，目前学界、实务界从内部、外部两维度进行了探索。

一方面，根据相关内部文件，监察机关调查部门、案件审理部门可以就办案中遇到的证据收集、事实认定、案件定性、法律适用等疑难复杂问题，向人民检察院、人民法院相关部门咨询。案件移送审理后，监察机关案件审理部门根据工作需要，可以邀请人民检察院、人民法院等单位的有关部门召开案件论证会，就案件中的疑难复杂问题进行研究论证，由调查部门派员列席并说明情况。相关咨询论证意见供监察机关、司法机关在办案中参考。对于案件涉及的重大问题，监察机关、司法机关应当及时协调解决。这一规定着眼于疑难问题的内部商讨，即通过汇集和协调监察机

---

① 参见熊秋红：《监察体制改革中职务犯罪侦查权比较研究》，载《环球法律评论》2017 年第 2 期。

② 参见周磊、焦利：《构建中国特色国家监察官制度：背景与建议》，载《北京行政学院学报》2019 年第 3 期。

③ 十九届中央纪委二次全会指出，要“坚持高标准严要求，构建经得起历史和实践检验的铁案工程”，并为其确立了“事实清楚、证据确凿、定性准确、处理恰当、手续完备、程序合规”的方针。

关和司法机关内部专业人员的意见来减少调查、起诉和审判过程中可能出现的争议。此外,监察体制改革试点期间部分地区结合当地实际,以健全内部机制为端口就满足处理职务犯罪案件时的高度专业化要求进行了探索,比如北京、[①]浙江[②]各级检察机关相继设立了职务犯罪检察部门,配备专门人员,专门研究、处理职务犯罪案件。

另一方面,在内部商讨途径之外,《衔接办法》第 11 条还创建了可以借助系统外部智慧的制度途径,这一原则性规定在实践中得到了深入探索与具体化。比如,为更好地贯彻落实中央文件的规定与精神,重庆市纪委监委建立了重大疑难复杂案件专家会商制度,积累了有益经验。其具体包括建立重大复杂疑难案件专家会商制度,落实案件审理工作责任制,建立典型案例库,制定办理职务犯罪案件排除非法证据规程和重点罪名收集、审查证据指引,优化涉案财物移送与处理,等等,从而推动实现了纪法有序贯通、法法高效衔接。根据《中国纪检监察报》的相关报道,[③]重庆探索建立重大疑难复杂案件专家会商制度主要采取以下做法。

其一,建立专家咨询库。专家咨询库的组成人员为从法院、检察机关、公安机关、高等院校、人社部门、审计部门等有关单位或者行业中挑选的政治素质过硬、业务能力突出人员。在向推荐单位下发推选通知后,与推荐单位沟通所需人选条件,并委托市纪委监委派驻(出)该单位的机构审核把关。

---

① 参见敬大力:《北京设立职务犯罪检察部与监察委衔接进行立案审查》,载《检察日报》2017 年 1 月 17 日,第 2 版。

② 参见陈晓波:《浙江将成立职务犯罪检察专门机构》,载《检察日报》2017 年 3 月 2 日,第 2 版。

③ 参见重庆市纪委监委案件审理室:《建立重大疑难复杂案件专家会商制度》,载《中国纪检监察报》2018 年 6 月 27 日,第 8 版。

其二,明确专家会商范围。监察机关的监察对象之多、监察范围之广[①]使其工作开展中必将面临繁杂的专业技术问题,因而明确专家会商范围实属必要。市纪委监委办理的案件涉及专业技术问题或者具体业务政策、规定的,可采取会议或者书面等方式向专家咨询库的有关成员咨询,形成书面咨询意见;对于存在重大疑难复杂问题或经区县纪委监委、市纪委监委派驻(出)机构报请的重大疑难复杂案件,分歧意见较大的,组织专家咨询库的有关成员进行会商论证,形成书面会商论证意见。

其三,严格规范启动程序。启动专家咨询、会商论证前,案件承办部门应当制作提请专家咨询、会商论证报告,写明咨询、会商论证的具体问题、邀请人员等内容,呈报领导审批后实施,并做好案件相关材料的移送工作。

其四,合理运用专家意见。开展咨询、会商论证过程中,案件承办人应如实记录,整理咨询、会商论证意见,并经案件承办部门负责人确认后审签,以此保障其客观、真实性;咨询、会商论证结束后,案件承办部门应就咨询、会商论证的意见、建议形成专题报告,并对分歧意见进行研断后,呈报有关领导;市纪委监委会审议案件时,应当将咨询、会商论证意见一并提交,以供决策参考;需要移送起诉的,可以将咨询、会商论证意见入卷随案移送。

其五,规范日常管理。由市纪委监委具体开展专家咨询库的建设、日常管理工作。若存在专家咨询库人员因工作需要或违纪违法犯罪等不适宜继续担任的情形,应当及时更新、增补专家咨询库人员。此外,市纪委监委应为专家咨询库人员提供必要的履职保障;专家咨询库人员应当严格遵守保密、回避等要求。

---

① 根据《监察法》第3条之规定,监察委员会对所有行使公权力的公职人员进行监察,调查职务违法和职务犯罪;根据《监察法》第15条之规定,监察机关对六类公职人员和有关人员进行监察。

除上述做法之外，重庆市纪委监委还提出了不断优化重大疑难复杂案件专家会商制度的构思，具体表现为两个方面：(1)建立健全工作机制。一是探索建立重大疑难复杂案件专家会商沟通机制，即加强与法院、检察机关沟通协调，以此提高专家会商制度的实际效能；二是建立专家库成员“上讲台”制度，即邀请专家咨询库有关成员在业务培训中专门授课或者邀请专家举办专题讲座。(2)灵活运用信息化手段。一是依托重庆市纪检监察机关内网，探索建立专家会商工作群，即时共享办案所需的党规党纪、法律法规以及前沿问题、疑难案例等，同时便利专家为办案人员答疑解惑；二是依托机关内网，在“典型案例库”专栏中对专家会商案例开辟专刊，供办案人员查询、办案参考使用。[①]

① 参见重庆市纪委监委案件审理室：《建立重大疑难复杂案件专家会商制度》，载《中国纪检监察报》2018年6月27日，第8版。

第五章　审查起诉中的衔接

监察机关将调查的职务犯罪案件移送检察机关进行审查起诉,在理论上涉及对监察调查结果的审查、对起诉决定权的行使、对被调查对象合法权益的保护、对公诉职能实质化的保障、审查起诉结果的实现及救济等诸多问题,[①]在实践中,也涉及《刑事诉讼法》和《监察法》的衔接以及规范和明确运行程序上的问题。权力结构的变动不仅影响了检察机关对职务犯罪案件审查起诉权能的实现程度,[②]而且使得诸多制度和机制在监察体制改革后出现变化,如何合理地衔接、融合监察调查阶段和审查起诉阶段,直接影响着检察机关审查起诉权能的实现,值得进一步研究。可以说,审查起诉作为刑事诉讼的重要程序,对于国家权力监督和犯罪嫌疑人的权利保障发挥着

---

① 参见陈卫东:《职务犯罪监察调查程序若干问题研究》,载《政治与法律》2018 年第 1 期。

② 参见夏金莱:《论监察体制改革背景下的监察权与检察权》,载《政治与法律》2017 年第 8 期。

不可替代的作用。在监察机关的案件调查中如何保证这一程序合法、有效运转,实现监察机关的调查与检察机关的审查起诉之间的机制衔接显得尤为重要。

由于国家监察体制改革带来的国家机关职能调整,无论是在制度设计还是在司法实践上,司法机关与监察委员会之间的衔接都涉及诸多方面的内容。其中,由监察委员会调查的案件如何实现在人民检察院审查起诉阶段的有效对接,对于案件司法程序的推进至关重要。[①] 在监察体制改革前,公检法为我国刑事诉讼程序的权力脉络,《刑事诉讼法》及相关司法解释对三机关的职权作出了较为系统、明确的规定。然而,国家监察体制改革改变了这一局面。《刑事诉讼法》和《监察法》作为新时代中国特色社会主义惩戒公职人员违法犯罪的两部基础性法律,实现该两套制度和程序的有效衔接,对于我国实现依法治国而言尤为重要。就案件的审查起诉而言,以《刑事诉讼法》第 170 条和《监察法》第 47 条为核心的相关规定作为我国国家权力和司法制度重构的新产物,使得在人民检察院与监察委员会工作衔接上存在一定误读和障碍。[②]

以案件的管辖为例,在实践中,监察调查工作主要依据干部管理权限确定管辖,而司法管辖主要依据犯罪地、居住地确定管辖,此种管辖依据分歧造成了一些案件的调查机关与应移送审查起诉的人民检察院之间不同级、不同地的问题。特别是在本地同级人民检察院没有管辖权的情况下,是直接移送被指定管辖的人

① 参见江国华:《论监察与刑事司法的沟通衔接机制》,载《东方法学》2023 年第 1 期。

② 参见吕晓刚、杨彩虹:《程序整合视角下职务犯罪刑事特别程序研究》,载《贵州省党校学报》2020 年第 1 期。

民检察院，还是先移送异地同级人民检察院，再由其按程序移交被指定管辖的人民检察院，实践中争议较大。因此，需要进一步明确移送起诉的衔接机制。[①] 根据相关文件关于监察机关应当向同级检察机关移送案件的规定，《关于加强和完善监察执法与刑事司法衔接机制的意见（试行）》坚持"同级移送"的原则，同时区分本地同级人民检察院是否有管辖权作出相应处理：一是本地同级人民检察院有法定管辖权或者被指定管辖的，监察机关将案件移送同级人民检察院，由其受理后依法审查起诉或者指定、交由下级人民检察院办理。二是需要异地审查起诉和审判的，监察机关应当将案件移送有法定管辖权或者被指定管辖的异地同级人民检察院，由其受理后依法审查起诉或者指定、交由下级人民检察院办理。这样规定既符合中央精神，又有利于同级人民检察院加强对下级人民检察院审查起诉工作的统筹和监督，促进监察机关与同级人民检察院的互相配合、互相制约。

第一节　在案审查之原则

根据《监察法实施条例》第 35 条之规定，将犯罪事实清楚，证据确实、充分的案件移送起诉，是监察委员会职务犯罪调查终结之后的重要处置方式之一。从程序的角度来看，监察程序与刑事诉讼程序最直接的衔接环节发生在审查起诉阶段。在该阶段，监察案件与其他普通刑事案件一样，接受人民检察院的审查，遵循刑事诉讼程序的标准与要求。人民检察院对于监察委员会移送

---

① 参见吕晓刚、杨彩虹：《程序整合视角下职务犯罪刑事特别程序研究》，载《贵州党校学报》2020 年第 1 期。

起诉的案件,经审查认为需要补充核实的,应当退回监察机关补充调查,必要时可以自行补充侦查。[①] 对于监察机关移送起诉的已采取留置措施的案件,人民检察院应当对犯罪嫌疑人先行拘留,并在特定时间内决定对犯罪嫌疑人进一步采取何种强制措施。[②] 人民检察院对监察委员会移送的案件,应当进行严格审查,并作出是否起诉的决定。对于人民检察院作出的不起诉决定,监察委员会可以向人民检察院提请复议。

一、检察机关受理的条件

根据《监察法实施条例》第 63 条的规定,监察机关调查终结后,移送检察机关审查起诉的案件必须满足事实清楚,证据确实、充分之要件。这是检察机关受理监察机关移送起诉案件的基本条件,只有满足事实清楚,证据确实、充分的案件才会被检察机关受理。而事实清楚,证据确实、充分在刑事诉讼中的标准通常有三:第一,定罪量刑的事实都有证据加以证明;第二,据以定案的证据都是经过法定程序查证属实的证据,而不能是真伪不明、无法解释的证据;第三,刑事诉讼的证明标准要高于民事诉讼的证明标准,在民事诉讼中,达到"高度盖然性"的证明标准即可,但是在刑事诉讼中标准提升,应当达到排除合理怀疑的证明标准,才算证据确实、充分。

根据《监察法实施条例》第 212 条第 1 款之规定,除了必要的案卷材料和证据等是监察机关移送起诉时所需要附带的,《起诉

---

① 参见曹仕旺:《检察机关与监察机关工作衔接若干问题的探讨》,载《福建法学》2018 年第 2 期;程雷:《刑事诉讼法与监察法的衔接难题与破解之道》,载《中国法学》2019 年第 2 期。

② 参见林艺芳:《监察委员会职务犯罪调查研究》,法律出版社 2021 年版,第 238 页。

意见书》也必不可少。而《起诉意见书》的制作内容是要符合要求的,《监察法实施条例》第189条第1款对《起诉意见书》的制定内容作出了规定。《起诉意见书》应当载明被调查人基本情况,调查简况,认罪认罚情况,采取留置措施的时间,涉嫌职务犯罪事实以及证据,对被调查人从重、从轻、减轻或者免除处罚等情节,提出对被调查人移送起诉的理由和法律依据,采取强制措施的建议,并注明移送案卷数及涉案财物等内容。之所以要制作《起诉意见书》并对其内容进行详细规定,核心在于方便案件的顺利推进。《起诉意见书》载明了被调查人的基本情况和调查简况,有利于人民检察院快速了解案件情况,对案件准确定位判断。对认罪认罚情况的载明,以及对被调查人从重、从轻、减轻或者免除处罚等情节的涉及,方便人民检察院对被调查人的"罪过"程度有所掌握,从而有利于下一阶段程序的进行。

根据《衔接办法》第20条和第21条之规定,人民检察院案件管理部门在接收案卷材料时应当立即进行形式审查,认为具备受理条件的,应当及时进行登记,并将案卷材料移送公诉部门办理。上述程序本质上应属于人民检察院基于案件管理角度而开展的受理程序,难以将其与刑事立案程序相提并论。[①] 另外,《衔接办法》第22条规定,人民检察院公诉部门经审查认为有犯罪事实需要追究刑事责任的,应当立即采取强制措施,并与国家监察委员会调查部门办理交接手续。此处的"有犯罪事实需要追究刑事责任"与《刑事诉讼法》所规定的立案条件基本一致。但是上述规定并未被明确界定为立案程序,而仅强调了强制措施的适用和交接手续的办理,能否据此认为人民检察院在接收监察案件时应当进

① 参见陈国庆:《刑事诉讼法修改与刑事检察工作的新发展》,载《国家检察官学院学报》2019年第1期。

行立案程序,仍然存疑。①

正因如此,实践中各地人民检察院的做法不一,理论界也有较大争议。不少人民检察院在接收监察委员会移送起诉的案件时,并未办理刑事立案手续。有学者认为,监察委员会在进行职务犯罪调查时,已经根据《监察法》的规定进行了立案。当案件进入刑事诉讼程序时,人民检察院无须再重复办理立案手续,可以用监察程序中的立案手续替代之。② 这种做法遭到不少质疑。还有学者认为,监察委员会既非侦查机关,也非司法机关,其无权启动刑事诉讼程序。监察委员会的立案手续与刑事诉讼的立案程序也并非同一性质。人民检察院对职务犯罪案件材料的接收,不能产生任何法律效果,只有办理了刑事立案手续,刑事诉讼程序才算正式启动。③ 对此,笔者认为检察机关不宜再次立案,如果人民检察院再进行一次立案审查,不但会导致程序效率的低下,而且不利于留置措施与强制措施的及时优化。

二、审查起诉之"在案原则"

监察机关调查终结后,移送检察机关审查起诉应当坚持"在案原则",即人案并送;检察机关审查起诉也坚持"在案原则",即人案并审。④ 之所以坚持"在案原则",有以下几点原因:

其一,坚持"在案原则"有利于查清楚犯罪事实、核准案件证据。根据《衔接办法》第 26 条之规定,人民检察院对于监察机关

---

① 参见陈卫东:《职务犯罪监察调查程序若干问题研究》,载《政治与法律》2018 年第 1 期。

② 参见程雷:《刑事诉讼法与监察法的衔接难题与破解之道》,载《中国法学》2019 年第 2 期。

③ 参见陈卫东:《职务犯罪监察调查程序若干问题研究》,载《政治与法律》2018 年第 1 期。

④ 参见江国华:《中国监察法学》,中国政法大学出版社 2022 年版,第 413 页。

移送的案件应当查明犯罪嫌疑人的身份状况是否清楚，还会涉及犯罪嫌疑人的身份细节，包括姓名、职业等，犯罪嫌疑人如果在案，显然便于对此类信息加以核实确认。犯罪事实、情节是否清楚，实施犯罪的时间、地点、手段、犯罪事实、危害后果是否明确，也可以直接向犯罪嫌疑人核对情况，加快案件的推进。同时，涉及认罪认罚或者非法证据排除内容的，也可以一并进行。[①]

其二，坚持"在案原则"，有利于保护犯罪嫌疑人的合法权益。在刑事案件中，有很多在法院审判阶段当庭翻供的案件，虽然不排除此为犯罪嫌疑人畏惧刑事追诉而采取的拖延之法，但也确实存在经过调查后，发现犯罪嫌疑人被刑讯逼供或者被冤屈之情形。之所以会发生此类情况，原因在于刑事诉讼一般至少需要经过两个阶段，对于公安机关或者监察机关立案侦查（调查）的案件，则需要经过三个阶段：公安机关或者监察机关立案侦查（调查）阶段，侦查（调查）结束后移送检察机关审查起诉阶段，以及最后的法院审判、以确定犯罪嫌疑人的罪名与刑罚的阶段。[②] 近年来我国司法进步显著，但仍难以完全避免刑讯逼供的发生。犯罪嫌疑人通常难以在被刑讯逼供阶段实现自我救济以保障自己的合法权益，多数情况下只能等到下一个阶段。因此，如果出现监察机关在侦查阶段损害犯罪嫌疑人人身权利的情形，坚持"人案并送"原则，更利于犯罪嫌疑人充分保护自己的权益。

其三，坚持"在案原则"，有利于诉讼程序的顺利进行。检察机关在接到监察机关的"案"和"人"后，可以迅速依照法定程序对案件进行审查核对，确认无误，符合法定起诉条件的，便可以向

---

① 参见陈卫东：《职务犯罪监察调查程序若干问题研究》，载《政治与法律》2018年第1期。

② 参见杨宇冠、刘曹祯：《以审判为中心的诉讼制度改革与质证制度之完善》，载《法律适用》2016年第1期。

法院提起诉讼,使案件进入审判阶段。

三、被调查人员"不在案"的衔接

根据《检察院刑诉规则》第 158 条第 3 款之规定,监察机关移送检察机关审查起诉,"人案并送"固然是原则,但被调查人在逃或者无法到案的,监察机关应当保证被调查人到案后再移送起诉。人民检察院受理后,被调查人在逃或无法传唤到案的,监察机关应当督促被调查人及时到案。这样做的原因前文已述,主要是核查证据,明确事实,保障犯罪嫌疑人的合法权益,并推进诉讼程序的顺利进行。但上述机制构建存有例外之情形,那便是适用缺席审判制度的案件。[①]《刑事诉讼法》第 296 条和第 297 条对缺席审判的情形作出了规定,即对于被告人患有严重疾病无法出庭导致案件中止审理超过 6 个月的,被告人仍无法出庭,可以根据被告人及其法定代理人、近亲属的申请缺席审判。还有一种情形是被告人死亡的,人民法院一般应终结审理,但有证据证明被告人无罪的,人民法院应适用缺席判决程序继续审理该案件。根据《监察法》第 29 条之规定,对于应当留置的被调查人员在逃的,监察机关可以决定在本行政区域内通缉,通缉令由公安机关发布,通缉范围超出本行政区域的,则需要报上级监察机关决定。

四、共同犯罪的"在案先送"

共同犯罪是刑法学上的概念,是指两个或者两个以上的人基于共同故意而实施犯罪的现象。[②] 共同犯罪多个主体的特征也导

---

① 参见陈卫东:《刑事诉讼法修改若干问题研究》,载《内蒙古社会科学》2020 年第 3 期。

② 参见马克昌、高铭暄主编:《刑法学》(第 8 版),北京大学出版社、高等教育出版社 2017 年版,第 131 页。

致在办理共同犯罪案件过程中易出现情况的复杂性和不确定性。例如,部分犯罪嫌疑人到案被采取留置措施,另外应当到案被采取留置措施的犯罪嫌疑人因其逃避监察机关的追诉尚未“归案”,或者是应当被采取留置措施的犯罪嫌疑人已经全部归案,但是仍有部分犯罪嫌疑人的犯罪事实尚不清晰。对于共同犯罪中部分被调查人在逃的,《检察院刑诉规则》第158条作出了规定,即对于共同犯罪案件,部分犯罪嫌疑人在案而部分犯罪嫌疑人在逃的,若监察机关对在案的犯罪嫌疑人移送起诉,人民检察院应当受理。

对于共同犯罪实施“在案先送”的原因如下:一是对于共同犯罪实施“在案先送”可以推动案件办理程序的顺利进行。虽然案件最理想的状态是对于所有犯罪嫌疑人实行“人案并送”,使案件顺利进入审查起诉阶段,由检察机关进行审理,符合条件的便提起诉讼,但对于部分犯罪嫌疑人在逃而未归案的,由于其归案时间的不确定性,无法确定诉讼程序何时才能顺利推进。因此,为了避免此种情形对案件程序产生的不确定性影响,应当先对已经归案的犯罪嫌疑人开展查明相关犯罪事实,完善证据等工作,并对在案的犯罪嫌疑人移送检察机关起诉。二是对于共同犯罪实施“在案先送”可以保护已经在案的犯罪嫌疑人的权益。[①] 原因在于,如前所述,在逃犯罪嫌疑人被抓捕归案的时间是不确定的,如果对在案的犯罪嫌疑人一直采取羁押措施,则可能发生超期羁押,从而损害在案犯罪嫌疑人人身自由。除此之外,此过程中还可能妨害在案犯罪嫌疑人的其他权利,如身体健康程度和精神状态等。因此,对在案犯罪嫌疑人及时移送起诉也是对在案犯罪嫌

① 参见江国华:《论监察与刑事司法的沟通衔接机制》,载《东方法学》2023年第1期。

疑人人权之保护。三是对于共同犯罪实施“在案先送”可以保护受犯罪侵犯的客体，体现了司法兼顾效率与公平的价值导向。“迟来的正义不是正义”在刑事诉讼中是十分重要的价值导向，充分体现了刑事诉讼在追求公平的同时也要讲求效率的目标。对在案犯罪嫌疑人查清犯罪事实后先行移送起诉，虽然可能无法实现全案的公平正义，对受损害的刑法所保护的法益客体进行完全评价，但至少对部分已经查清的事实进行审查起诉和裁判，可以快速实现对公平正义的维护。

第二节　审查起诉决定的衔接

根据《监察法》和《刑事诉讼法》的规定，对于职务犯罪案件，监察机关和检察机关各负其责。监察机关对职务犯罪案件进行立案调查，调查结束之后，若“认为犯罪事实清楚，证据确实、充分”，则将案件移送检察机关；检察机关则履行其审查起诉的职能，依法作出提起公诉、退回补充调查或自行侦查、不起诉的决定。[①] 从具体操作程序看，在监察机关调查结束移送案件后，由检察机关公诉部门依法审查、提起公诉，不需要刑事立案。[②] 除此之外，《刑事诉讼法》也未提及检察机关在依法审查监察机关移送起诉的案件前要经过刑事立案程序。换言之，职务犯罪案件调查程序直接导致检察机关对案件进行审查起诉司法程序，不需要任何中间环节和过渡举措，此为我国监察机关移送与检察机关审查的衔接模式。

---

① 参见江国华：《中国监察法学》，中国政法大学出版社 2022 年版，第 346 页。

② 参见中共中央纪律检查委员会法规室、中华人民共和国国家监察委员会法规室编写：《〈中华人民共和国监察法〉释义》，中国方正出版社 2018 年版，第 207 页。

一、不起诉决定的衔接

不起诉是指检察机关对不符合起诉条件、无起诉必要的案件依法作出不交付审判而终止诉讼程序的处分决定。① 不起诉的法律效力在于不将犯罪嫌疑人交付法院审判，在程序上意味着刑事诉讼程序的终止，在实体上则确认被不起诉人在法律上是无罪的。不起诉裁量权既符合宽严相济刑事政策的要求，又能在个案层面实现具体公正，还符合司法实践对效率的要求。但由于裁量权在客观上存在可能导致司法专横和司法腐败的危险，尤其在办理监察机关移送的职务犯罪类案件时，检察机关如何合理设置不起诉的条件和程序，事关检察机关专业判断的独立性与公权应受制约性之间的合理界分。在具备独立审查监察机关移送的刑事案件权力的前提下，检察机关不起诉决定的条件及程序应遵循刑事诉讼的基本原理，沿着程序审查、实体分析、自我约束、对手救济四个维度展开。

（一）不起诉决定的报送及送达

人民检察院经审查，拟作出不起诉决定的，在作出决定前，审查起诉的人民检察院职务犯罪检察部门应当通过原受理案件的人民检察院与移送起诉的监察机关案件审理部门沟通协商，并报上一级人民检察院批准。人民检察院应当在作出不起诉决定后3日内，将不起诉决定书送达监察机关。

《监察法》第47条第4款规定，对监察机关移送起诉的案件所作出的不起诉决定必须经过上一级人民检察院审批。同时规定，监察机关认为不起诉的决定有错误的，可以向上一级人民检

---

① 参见陈光中：《论我国酌定不起诉制度》，载《中国刑事法杂志》2001年第1期；江国华：《中国监察法学》，中国政法大学出版社2022年版，第349页。

察院提请复议。这不同于对公安机关移送起诉案件的处理，对该类案件的不起诉，公安机关有权向作出不起诉决定的检察院提请复议，对复议决定不服还可以向上一级检察院申请复核。[①]《监察法》之所以不采取“复议＋复核”模式，原因在于不起诉决定在上一级检察院审批之后才能作出。

《中华人民共和国监察法（草案）》曾经规定，检察机关作不起诉决定前需听取监察机关意见，该项规定后被删除。根据《监察法》第47条第4款之规定，如果检察机关认为案件不符合起诉条件，需要作出不起诉决定的，不需要听取监察机关的意见。但是，《监察法释义》仍然认为检察机关对该类案件作出不起诉决定前，“应当积极与监察机关开展工作层面的沟通，征求监察委员会的意见”。[②] 这显然不符合监察法立法原意。其要求“事先征求意见混淆了互相制约的关系，对检察机关独立行使职权形成干预或威慑”，[③]检察机关有权不听取意见作出不起诉决定。当然，实践中通过内部沟通提前听取监察机关意见，也并不违法，适当的沟通更符合当前我国监察机关、检察机关的现实定位，有利于对案件作出恰当认定，有助于权力的长期规范运行，但听取意见不能影响独立决定。同时，我国检察机关已经实行了不起诉听证制度，对于拟不起诉的监察案件可以召开不起诉听证会公开听取各方意见。

对于作出存疑不起诉决定，并不一定要以退回补充调查为前

---

① 参见江国华：《国家监察权力运行及其监督机制研究》，中国政法大学出版社2020年版，第204页。

② 中共中央纪律检查委员会法规室、中华人民共和国国家监察委员会法规室编写：《〈中华人民共和国监察法〉释义》，中国方正出版社2018年版，第207页。

③ 卞建林：《监察机关办案程序初探》，载《法律科学（西北政法大学学报）》2017年第6期。

提,如果案件事实清楚,证据确实、充分,证明不符合起诉条件,检察机关可以直接作出不起诉决定。当然,在事实不清、证据不足的情况下,检察机关可以退回补充调查。《监察法》未就退回补充调查二次证据不足的,是否必须作出不起诉决定作出规定,但根据《刑事诉讼法》第175条第4款之规定,结合《监察法》所确认的事实清楚,证据确实、充分的证明标准以及补充调查以二次为限的要求,应当依法作出不起诉决定。

(二)监察机关对不起诉决定的复议

根据《监察法实施条例》第230条之规定,监察机关认为不起诉决定错误的,在收到不起诉决定书后30日内可以向作出不起诉决定的人民检察院的上一级人民检察院提请复议。上一级人民检察院应当在收到提请复议意见书后30日内作出复议决定,并送达监察机关。

其一,监察机关对不起诉决定的复议之内涵。一个被授予权力的人,面临着滥用权力的诱惑,面临着逾越正义和道德的诱惑,人们可以把它比作附在权力上的一种咒语——它是不可抵抗的。[①] 不起诉权是检察机关享有的一项重要权力,必须对其加以一定的制约。而复议之"复",意指"再一次、重来";"议"则有"商议、讨论、议论"的意思。从字面上理解,复议就是指对已作出决定的事再一次地进行讨论。[②] 以此观之,监察机关对不起诉决定的复议机制正是监察机关对检察机关不起诉权的重要制约。

其二,监察机关对不起诉决定的复议的现状。根据《监察法》第4条之规定,监察机关和检察机关在工作中应互相配合、互相

---

① 参见龙宗智、左为民:《法理与操作——刑事起诉制度评述》,载《现代法学》1997年第4期。

② 参见中国社会科学院语言研究所词典编辑室编:《现代汉语词典》(增补本),商务印书馆2002年版,第396页。

制约。对于检察机关作出的程序决定不服,监察机关应然享有复议、复核权利。又从《监察法》第47条第4款规定可知,对检察机关依法作出不起诉的案件,监察机关可以向上一级检察机关提请复议。但是目前立法并未就该复议过程作出详细规定,理论界对此主要存在两种观点:一种观点认为该复议程序应当参照行政复议程序;[①]另一种观点认为应当适用监察申诉的方式。[②] 还有一点需要注意的是,检察机关对监察机关的复议进行的审查是在其内部完成的,由于缺乏其他司法机关、社会公众等各方面的外部制约,审查透明度、参与性欠缺,因而这种审查往往难以保证公开性、公正性。

对此,在立法层面,立法者可参照法律对公安机关对于检察机关不起诉决定的复议程序的规定,优化监察机关对不起诉决定的复议程序。同时,大力加强检察机关审查监察机关复议的参与性,提高监察机关制约检察机关不起诉权的实际效果。

二、人民检察院发现漏罪、漏犯的处理衔接

在审查起诉中,检察机关是否可以直接对所发现的漏罪、漏犯追加起诉?《监察法》《刑事诉讼法》《检察院刑诉规则》对该问题都没有具体规定,该问题同样也成为实践中的一个难点。

在审查起诉中针对漏罪、漏犯的处理问题,需注意以下两点:首先,应当明确监察机关对职务犯罪调查的非刑事诉讼性,并不等于案件移送起诉后也不适用《刑事诉讼法》。按照《刑事诉讼法》第171条之规定,"有无遗漏罪行和其他应当追究刑事责任的

---

① 参见王译、李嘉飞:《监察从宽处罚建议衔接刑事司法的应然限度》,载《华南理工大学学报(社会科学版)》2022年第1期。

② 参见左卫民、唐清宇:《制约模式:监察机关与检察机关的关系模式思考》,载《现代法学》2018年第4期。

人”是检察机关审查起诉必须查明的事项,《衔接办法》对此亦有相同的规定,这说明检察机关应当对监察机关移送起诉案件的程序性问题和实体性问题进行全面审查,这也是检察机关审查起诉权独立性、完整性的内在要求。其次,监察机关对职务犯罪案件的调查与刑事诉讼侦查的同质性,决定了适用监察法与刑事诉讼法上的互补性。检察机关处理审查起诉中漏罪、漏犯的追诉问题,应当兼顾《监察法》与《刑事诉讼法》的价值意蕴。对于事实清楚,证据确实、充分的漏罪、漏犯,且属于监察机关管辖的,检察机关应与监察机关协商沟通后决定是否追加处理;若不属于监察机关管辖的漏罪、漏犯,检察机关应按照《刑事诉讼法》《检察院刑诉规则》的规定,直接决定是否追诉。对于事实尚不完全清楚、证据有待补充完善的漏罪、漏犯,无论是否属于监察机关管辖,检察机关都应当将案件退回监察机关,由监察机关根据管辖规定,决定如何补充完善证据。检察机关再根据补查情况、管辖规定,决定是否追诉。①

人民检察院在审查起诉中发现遗漏罪行,且属于监察机关管辖,犯罪事实清楚,证据确实、充分,符合起诉条件的,经征求监察机关意见后,可以一并提起公诉。② 监察机关提出不同意见,或者遗漏罪行事实不清、证据不足的,人民检察院应当及时将线索移送监察机关。③

若监察机关移送起诉案件中所发现的遗漏罪行属于公安机

① 参见林森、金琳:《检察机关办理监察委移送案件难点问题探究——以检察机关与监察委办案衔接为视角》,载《时代法学》2020 年第 5 期。

② 参见江国华:《论监察与刑事司法的沟通衔接机制》,载《东方法学》2023 年第 1 期。

③ 参见江国华:《中国监察法学》,中国政法大学出版社 2022 年版,第 407 ~ 408 页。

关管辖，且犯罪事实清楚，证据确实、充分，符合起诉条件的，经征求监察机关、公安机关意见后，人民检察院可以一并提起公诉。监察机关、公安机关提出不同意见，或者犯罪事实不清、证据不足的，人民检察院应当及时将线索移送公安机关。

人民检察院在审查起诉中，发现监察机关依法应当移送起诉的涉案人员未移送起诉且未作出书面说明的，应当及时商请监察机关作出书面说明或者将犯罪问题线索移送检察机关。监察机关在移送起诉时已对上述人员的处理情况出具书面说明的，人民检察院不再提出处理意见。

三、审查起诉期间补证

人民检察院审查起诉中，认为主要犯罪事实已经查清，但仍有部分证据需要补充完善的，可以书面要求监察机关在审查起诉期限内补证。监察机关在审查起诉期限内未补证完毕的，人民检察院可以退回监察机关补充调查。①

（一）补充调查（侦查）问题

在立法层面，关于补充侦查（调查）的规定既“明确”又“不明确”。说其“明确”，是因为条文数量不多，《刑事诉讼法》第 170 条明确了检察机关的程序决定权，也表明了程序选择的先后顺序，即以退回补充调查为原则，自行补充侦查为补充。②《检察院刑诉规则》也细化了检察机关可以自行补充侦查的三种情形。说其“不明确”，则是由于条文所规定的内容略显模糊，根据《监察法》第 47 条之规定，检察机关的自由裁量权太大，未能明确指出适用退回补充调查的具体情形。

---

① 参见江国华：《国家监察与刑事司法的衔接机制研究》，载《当代法学》2019 年第 2 期；江国华：《中国监察法学》，中国政法大学出版社 2022 年版，第 350 页。

② 参见江国华：《中国监察法学》，中国政法大学出版社 2022 年版，第 350 页。

在实践层面，有部分地区的监察委员会办案人员认为，其调查终结的案件如果被检察机关退回，就会“面子上挂不住”，甚至与检察机关有个“心照不宣”的约定：能不退回补充调查的就尽量不要退回。因此有些地区的检察机关更倾向于自行补充侦查，这种做法与制度设计初衷相去甚远。另外，在调查期间，面对案情疑难复杂、证据把握不准的案件，案件审理常以监察委员会名义提请检察机关提前介入案件调查活动，以此避免检察机关在案件审查阶段开展补充侦查（调查）。频繁申请检察机关提前介入，既会逐渐削弱检察机关的制约作用、使案件审查流于形式，也无益于监察委员会的办案人员自身提升调查能力和法律素养。因此，审查起诉期间的补证制度在退回监察机关补充调查和检察机关自行补充侦查之间发挥着居中协调和平衡的重要作用。[①]

（二）完善退回补充调查制度的必要性

从立法原意出发，惩罚犯罪与保障人权并重是我国刑事诉讼基本理念之一，退回补充调查既能使证据资料进一步完善、达到证明标准，又能对调查活动的合法性依法进行监督。退回补充调查正是加强证据“三性”的绝好机会，能够帮助检察机关及时排除无法补正的实物证据及非法获取的言词证据。[②]

从现实做法看，监察体制改革后，检察机关专业的侦查人才相对匮乏，自行补充侦查的难度有所提高。职务犯罪案件的主体一般反侦查能力强、心理素质相对稳定、见识广，检察官在面临巨大的挑战性的同时也会受到一定的舆论压力，此时将案件退回补

---

① 参见江国华：《中国监察法学》，中国政法大学出版社2022年版，第351页；江国华：《国家监察权力运行及其监督机制研究》，中国政法大学出版社2020年版，第204页。

② 参见程雷：《刑事诉讼法与监察法的衔接难题与破解之道》，载《中国法学》2019年第2期。

充调查会是一个更好的选择。

从独立优势看,退回补充调查增强了检察机关诉讼监督的刚性,有利于遏制刑事诉讼中的违规违法行为。作为增强监检衔接的重要一环,退回补充调查也在一定程度上提醒监察委员会在办案过程中所应注意的法律问题,有利于两机关高效配合。

(三)补充调查(侦查)制度的完善——补证

《监察法》、《刑事诉讼法》以及其他相关法律文件都有关于退回补充侦查(调查)的要求,只是目前看来还不够明确详细,但其在理论上已具备一定的法理基础。故而应通过法律途径进一步完善制度,为监察委员会、检察机关提供更明确、规范的办案指南。《监察法》规定职务犯罪调查立案后的部分处理方式要参照《刑事诉讼法》的相关规定,尽管性质不同于退回公安机关补充侦查,但在程序上也有可以借鉴的地方。[①]《监察法》作为新出台的法律,在相关程序上存在有待完善之处,或许能从《刑事诉讼法》中获得恰当参考。退回补充调查是监检衔接工作中的重要一环,不可或缺,监察委员会的调查活动与检察机关的审查起诉活动之间并不总是单向的,检察机关也有将案件退回原调查组进行补充调查的权力。[②] 有鉴于此,应当在把握监察委员会的地位和性质基础上,探索检察机关与之衔接的程序细节。

四、人民检察院自行补充侦查

(一)自行补充侦查和退回补充调查的属性差异

在监察体制改革和《刑事诉讼法》修改背景下,对退回补充侦

---

① 参见程雷:《刑事诉讼法与监察法的衔接难题与破解之道》,载《中国法学》2019年第2期。

② 参见江国华:《国家监察与刑事司法的衔接机制研究》,载《当代法学》2019年第2期。

查和自行补充侦查仍然属于补充侦查范畴，没有争议，问题是退回补充调查能否归入补充侦查，这值得研究和讨论。[①] 实际上，在监察与司法衔接过程中，补充侦查和退回补充调查是两个不同的概念，两者不存在性质相同或者包容关系，否则，2018 年修正的《刑事诉讼法》就未对“侦查”和“调查”作出专门区分，也不会在第 170 条第 1 款将“自行补充侦查”与“退回监察机关补充调查”作语词的专门调整。概言之，之所以是“退回监察机关补充调查”，而不是“退回补充侦查”，根本原因是调查和侦查之间存在本质区别。[②] 这至少有如下四点理由可以作为支撑：一是从调查权角度看，监察机关系行使国家监察职能的专责机关，调查权属于监察权的一项重要权能，整体统一于监察属性，应当以整体性视角看待专门的监察程序和调查权，不应将本为一体的监察程序人为拆分成行政违法调查程序和刑事犯罪侦查程序两部分，否则就违背了监察机关统一行使监察调查权的制度设计初衷。[③] 二是从立案角度看，调查立案和侦查立案有差异，调查立案首先需要在监察机关内部走完七次审批程序，然后还要经历外部审批程序，即报同级党委主要负责人批准，调查立案也体现和折射出显著的政治考量以及监察机关、监察调查程序的政治属性。三是从程序角度观之，调查和侦查具体程序不同，调查程序总体更加严格，比如侦查只有在犯罪嫌疑人可能被判处无期徒刑或者死刑时才必须同步录音录像，而监察调查所有讯问均须全程录音录像，并且全程录音录像的“规定动作”扩大到搜查、查封、扣押等，监察机关

---

① 参见朱福惠：《论检察机关对监察机关职务犯罪调查的制约》，载《法学评论》2018 年第 3 期。

② 参见《中华人民共和国监察法》，中国方正出版社 2018 年版，第 63 页。

③ 参见叶青、程衍：《关于独立监察程序的若干问题思考》，载《法学论坛》2019 年第 1 期。

调查活动独立于《刑事诉讼法》,《监察法》和《刑事诉讼法》之间不存在从属关系,而且一套具有自身特质和自成体系的职务违法犯罪追诉体系正在形成。[①] 四是两者的侧重点不同,调查侧重源头控制和过程预防,强调关怀感化,表现为常态化,而侦查关注后期追责,强调查清犯罪事实,呈现特殊化。一言以蔽之,对于"调查"和"侦查",应当区别对待,不能混为一谈。故而在现今情况下,补充侦查只包括退回补充侦查和自行补充侦查,不包括退回补充调查。换言之,不应当将退回补充调查认为是广义的退回补充侦查,不能将退回补充调查归入补充侦查范畴,退回补充侦查仅仅包括退回公安等侦查机关及检察机关刑事执行检察部门进行补查取证。[②]

(二)自行补充侦查的优势

根据理论分析和实务考察,与职务犯罪案件退回监察机关补充调查作比较,不难发现自行补充侦查的优点,主要体现在以下六个方面。[③]

其一,自行补充侦查方向更加明确,针对性比较强。承办案件检察官对证据体系往往有更为清晰的认识,对于需要补查取证的内容更为明确。自行补充侦查与审查起诉相互加功,一并推进,有助于形成完备的证据体系,使证据兼具证据能力和证明力,同时满足质和量的要求。形成环环相扣的证据链条,不但能够加强审前过滤和诉前主导,而且有利于实现诉中主导,排除合理怀

---

① 参见卞建林:《配合与制约:监察调查与刑事诉讼的衔接》,载《法商研究》2019年第1期。

② 参见陈卫东:《职务犯罪监察调查程序若干问题研究》,载《政治与法律》2018年第1期。

③ 参见江国华:《论监察与刑事司法的沟通衔接机制》,载《东方法学》2023年第1期。

疑,得出唯一结论,便于在法庭掌握主动权,确保案件诉得出、判得下。职务犯罪案件往往影响力较大,关注度高,检察机关自行补充侦查的效果乃至审判效果对司法形象和公信力的提升颇有助益。①

其二,自行补充侦查补充完善证据更加迅捷,效率更高。自行补充侦查需在审查起诉期限内完成,没有另外的一个月期限去专门从事补查取证活动,也不会发生审查起诉期限重新计算的问题,有助于加快诉讼进程、有效防范超期羁押、保护人权。对于容易灭失的证据,可以优先满足紧迫性需要以避免证据时过境迁,不复存在,降低证据灭失和失而不得的风险。同时,职务犯罪是高智商犯罪,职务犯罪嫌疑人往往曾经身居要位,人脉较广,在证据体系有薄弱环节时,如果不能迅速补查取证,随着时间推移,犯罪嫌疑人侥幸心理和对抗能力都会增强,案件受到说情和不当干预的可能性也会增大,从这个视角看,自行补充侦查的迅速快捷优势有助于防范这种情况出现,推动案件高效办理。

其三,自行补充侦查能够增强内心确信,有助于心证形成。职务犯罪案件更多依靠言词证据,言词证据容易受到调查主体、调查方式、调查环境的影响,被调查人基本权利被侵犯容易造成虚假供述乃至冤案,监察机关调查程序具有行政色彩、秘密性和强制力,在律师和司法机关都无法介入的情况下,证据"三性"容易招致怀疑。② 职务犯罪案件一般不存在被害人,所以获取的证据通常只包含犯罪嫌疑人供述和证人证言。这里又可以分为两种情况,一种情况是言词证据从无到有,另一种情况是言词证据从有到新,如果仅仅是简单的主罪主证复核,那就不能认定为自

---

① 参见陈卫东:《职务犯罪监察调查程序若干问题研究》,载《政治与法律》2018年第1期。

② 参见陈瑞华:《论国家监察权的性质》,载《比较法研究》2019年第1期。

行补充侦查。采取询问或者讯问方式进行自行补充侦查,通过当面沟通和交流,进而观察和捕捉犯罪嫌疑人或者证人的言谈举止和表情变化,能够增强亲历性,形成内心确信,对口供和证言的自愿性、真实性、合法性有更准确的判断,有助于公诉人掌控案件发展态势。

其四,在非法证据排除方面,自行补充侦查也更为有效。[①] 若监察机关通过刑讯逼供非法取证,则需要排除以此获得的非法证据。但毕竟现有证据系监察机关收集和提供,倘若退回补充调查,监察机关往往会倾向于维护之前的证据内容和结论,也不会轻易承认证据系非法取证获得,如此,效果必然大打折扣。在以审判为中心的诉讼制度改革背景下,检察机关为了让公诉案件满足证据裁判规则,并基于自身地位的相对超脱和中立,必然会认真审查案件,在发现可能存在的非法证据排除情形时,自行补充侦查就是非法证据排除的有力抓手和有效手段。此外,检察机关自行补充侦查查明是否存在非法取证,比退回监察机关补充调查更易使当事人乃至社会接受、认可和信服。检察机关依法进行非法证据排除,可以倒逼监察机关规范取证,减少和避免非法取证尤其是刑讯逼供导致严重后果的发生。

其五,一定意义上,自行补充侦查是制约监察机关办理职务犯罪案件的重要手段。退回监察机关补充调查亦属于一种制约方式,但是制约的广度、深度和力度恐怕不及自行补充侦查,尤其是在非法证据排除方面。在监察机关怠于补充调查时,检察机关自行补充侦查能够派上用场,补充和辅助作用能够"提到一线",弥补证据体系不足,做到不枉不纵,实现公平正义。

---

① 参见程雷:《刑事诉讼法与监察法的衔接难题与破解之道》,载《中国法学》2019年第2期。

其六，检察机关对职务犯罪自行补充侦查权的高度重视，值得肯定，也是一大优势。随着检察机关内设机构改革的推进，最高人民检察院、省级和地市级检察院相继成立专门的职务犯罪检察部门，县级检察院也建立了职务犯罪办案组，检察机关将对职务犯罪案件更加精耕细作，办理职务犯罪案件更加职业化、专业化、规范化，检察机关也越来越重视自行补充侦查。相应地，自行补充侦查在职务犯罪审查起诉中的优势和作用也更加凸显，得到积极充分、正确合理的运用。

（三）自行补充侦查适用范围

尽管2018年修改的《刑事诉讼法》积极适应监察体制改革，在程序分离和程序衔接方面均做出较大努力进行调适，其中自行补充侦查和退回补充调查的相关规定最能体现也最迫切需要衔接协调，但仍存有一定的发展完善空间。[①] 尽管《检察院刑诉规则》第343条对该问题进行了规定，但仍较模糊。为了适应法法衔接和监检衔接需要，顺利实现监察程序和检察程序的有序对接，有必要对相关问题作出界定。[②] 职务犯罪案件自行补充侦查的前提是“必要时”，而非职务犯罪案件相关表述是“也可以”。“必要时”不代表不适用或者排斥适用自行补充侦查，更不代表自行补充侦查只能处于废而不用的状态。而对“必要时”的正确解读应该是“不该出手就不出手”和“该出手就出手”，既不越俎代庖超越职权，也不推诿扯皮消极回避，积极充分、正确合理行使自行补充侦查权。遗憾的是，2018年出台的《监察法》和2018年修改的《刑事诉讼法》，都未对“必要时”作出“必要”的列举和说明。

---

① 参见江国华：《论监察与刑事司法的沟通衔接机制》，载《东方法学》2023年第1期。

② 参见林森、金琳：《检察机关办理监察委移送案件难点问题探究——以检察机关与监察委办案衔接为视角》，载《时代法学》2020年第5期。

笔者认为，主要有如下几类可以作为“必要时”的注解和参考。

第一类是着眼于事实和证据方面，具体包括：(1)个别、简单次要证据需要补查，容易查实的；(2)需要补充证据的时间较为紧迫的；(3)需要察看实地和现场的。背后的逻辑和机理是：(1)将个别、简单、次要证据的补查设计为自行补充侦查是基于检察机关能够胜任的考虑。若需要补充大量或者复杂证据，不仅很难在审查起诉期限内完成，还需要占用大量时间影响审查案件质量，则不适宜自行补充侦查。① (2)紧迫证据的补查任务由检察机关承担，是因为情势紧急，证据有灭失或者被转移的重大风险。(3)需要实地查看现场的补查应当由检察机关自行补充侦查，原因在于可以增强亲历性，形成严密印证的证据锁链，只是勘验检查具有较强的专业性、技术性，包括一定的危险性，必要时检察机关内部可以申请技术部门、警务部门，外部可以请求监察机关、公安机关予以协助和支持。此外《检察院刑诉规则》第343条的规定也提供了一定的规范指引。

第二类是着眼于主体方面，具体包括：(1)证言、口供前后不吻合，和其他证据有矛盾的；(2)监察机关怠于侦查取证的；(3)检察机关和监察机关在证据标准等问题上有重大分歧的。理由有三：(1)职务犯罪案件对言词证据有很强的依赖性，而言词证据存在较强的主观性、易变性，存在前后矛盾或者冲突时，自行补充侦查有助于洞明和捕捉信息，形成内心确信；(2)监察机关敷衍塞责、退而不查、查而不力、查而不清、查而不细，导致一次退查无果，没有再次退回补充侦查必要的，检察官基于客观真实义务，应

① 参见李宁、陈小炜：《监察体制改革背景下补充侦查问题研究》，载《法治现代化研究》2019年第3期。

当启动自行补充侦查；[①]（3）监察机关认为犯罪事实清楚，证据确实、充分，而检察机关认为犯罪事实不清楚，证据不确实、不充分，经过沟通没有实质效果，此时适时通过自行补充侦查完善证据，形成环环相扣、无懈可击的证据体系，确保案件质量，避免在法庭审理环节陷入被动。[②]

第三类是着眼于非法证据排除方面，监察机关在补充调查过程中程序违法，存在刑讯逼供、非法拘禁等非法取证行为的，不宜再由其补充调查。倘若检察机关审查起诉中发现监察机关以非法方法收集证据，退回补充调查的结果很可能是无功而返，希冀监察机关在补充调查中积极收集和提供自身严重违反法律程序的证据不太现实，此时宜由检察机关进行补充侦查。

第四类是兜底条款“其他”，不再赘言。

故而，对于监察机关移送起诉的案件，具有下列情形之一的，人民检察院经与监察机关沟通后，可以自行补充侦查：（1）证人证言、犯罪嫌疑人供述和辩解的内容主要情节一致，个别情节不一致的；（2）物证、书证等证据材料需要补充鉴定的；（3）其他由人民检察院查证更为便利、更有效率、更有利于查清案件事实的情形。人民检察院自行补充侦查的，应当在审查起诉期限内完成。人民检察院自行补充侦查完毕后，应当将相关证据材料入卷，同时抄送监察机关。人民检察院自行补充侦查需要监察机关提供协助的，监察机关应当予以协助。[③]

---

① 参见陈卫东：《职务犯罪监察调查程序若干问题研究》，载《政治与法律》2018年第1期。

② 参见曹仕旺：《检察机关与监察机关工作衔接若干问题的探讨》，载《福建法学》2018年第2期。

③ 参见李宁、陈小炜：《监察体制改革背景下补充侦查问题研究》，载《法治现代化研究》2019年第3期。

第三节 退回补充调查的衔接

监察体制改革前,《刑事诉讼法》对退回补充侦查和自行侦查的内容、时限和次数作出了相应的规定。《检察院刑诉规则》进一步对《刑事诉讼法》中未予以明确的检察机关公诉部门退回补充侦查问题作出了规定,即检察机关公诉部门对侦查部门移送审查起诉的案件审查后,认为犯罪事实不清、证据不足或者遗漏罪行、遗漏同案犯罪嫌疑人等情形需要补充侦查的,应当向侦查部门提出补充侦查的书面意见,连同案卷材料一并返回侦查部门补充侦查,必要时也可以自行侦查,可以要求侦查部门予以协助。同时,《检察院刑诉规则》也相应地规定了退回补充侦查的次数和时限。由此可以看出,监察体制改革前,对于职务犯罪案件的退回补充侦查不仅在程序上相对简单、易于操作,在内容上也清晰明确,而且由于侦查部门、公诉部门同属于检察机关,两个部门在权力结构上也相对平衡,分别是审查起诉程序中的前后环节,容易对退回补充侦查的案件进行互相协调。①

监察体制改革后,对于职务犯罪案件的"侦查"变为"调查",因而在移送起诉时检察机关作出的"退回补充侦查"也相应调整为"退回补充调查"。对于退回补充调查的情形,《监察法》参照原先《检察院刑诉规则》对退回补充调查的情况作了相关规定,即检察机关经审查,认为需要补充核实的,应当退回监察机关补充调查,必要时可以自行补充侦查。对于补充调查的案件,应当在

---

① 参见曹仕旺:《检察机关与监察机关工作衔接若干问题的探讨》,载《福建法学》2018 年第 2 期。

一个月内补充调查完毕。补充调查以二次为限。从法条上的变动来看,似乎退回补充侦查与自行补充调查没有太大的区别,但《监察法释义》指出:“退回补充调查”与“自行补充侦查”不仅考虑到监察机关移送的案件政治性强、比较敏感,存在先后顺序,一般应当先退回监察机关进行补充调查,必要时才由检察机关自行侦查,而且对检察机关自行补充侦查的范围进行了限制,认为只有对于监察机关移送的案件定罪量刑的基本犯罪事实已经查清,具有特定情形的才由检察机关自行补充侦查。[①]

随后出台的《衔接办法》在第 5 章中对退回补充调查和自行补充侦查在操作程序上作了更详细的规定:一是规定了检察机关在作出退回补充调查决定前,应当与监察机关沟通协商;二是规定了在退回补充调查期间,犯罪嫌疑人应当沿用检察机关作出的强制措施;三是规定了检察机关可以自行补充侦查的情形和流程。

一、退回补充调查之程序

(一)补充调查的机关及顺序

与其他刑事案件一样,职务犯罪案件被移送人民检察院后,同样可能面临因证据不足而需要补充完善的问题。对此,《监察法》和《刑事诉讼法》均规定,对于需要补充核实的,由人民检察院退回监察机关补充调查,必要时由人民检察院自行补充侦查。同时,《检察院刑诉规则》第 73 条对非法取证退回补充侦查(调查)也作了规定。可见,监察机关的补充调查、检察机关的补充侦查并非并列适用,而是有先后顺序的,即以监察机关的补充调查为

---

① 参见中共中央纪律检查委员会法规室、中华人民共和国国家监察委员会法规室编写:《〈中华人民共和国监察法〉释义》,中国方正出版社 2018 年版,第 214 页。

主,以检察机关的补充侦查为辅。而对于其他刑事案件,公安机关补充侦查和人民检察院自行侦查并无先后顺序。职务犯罪案件从人民检察院退回监察委员会补充调查,未改变程序性质,仍属于审查起诉环节。[①]

(二)退回补充调查的时间和次数

除此之外,参考《刑事诉讼法》对于补充侦查的规定,退回补充调查也有时间和次数的限制。具体而言,补充调查的期限为一个月,次数以二次为限。至于什么情况下为"必要时"而由检察机关自行补充侦查,根据官方释义,检察机关自行补充侦查的前提是有关案件定罪量刑的基本犯罪事实已经查清,由检察机关补充侦查更便利、更有效、更有助于查清案件的事实。

(三)退回补充调查前的协商

人民检察院在作出退回补充调查决定前,应当与移送起诉的监察机关沟通协商,具体事项由人民检察院职务犯罪检察部门和监察机关案件审理部门进行对接。对于退回补充调查的案件,监察机关应当认真对待,不得拒绝,不得拖延办理,并与人民检察院加强沟通协调,及时开展补充调查工作。退回补充调查需要进行严格的限制,监察机关在把案件移送检察机关之后,检察机关可以要求监察委员会补充证据材料,也可以由检察机关自行补充侦查。[②]

对于监察机关移送起诉的案件,上级人民检察院受理后指定或者交由下级人民检察院办理,下级人民检察院认为需要退回补充调查的,应当经上级人民检察院与同级监察机关沟通后,由上

---

① 参见董坤:《法规范视野下监察与司法程序衔接机制——以〈刑事诉讼法〉第170条切入》,载《国家检察官学院学报》2019年第6期。

② 参见杨宇冠:《监察法与刑事诉讼法衔接问题研究》,中国政法大学出版社2018年版,第58页。

级人民检察院将案件退回移送起诉的监察机关补充调查。

二、退回补充调查的文书和材料

检察机关将案件退回监察机关补充调查意味着监察机关需要补充有关职务犯罪事实的证据，但其补充调查活动以何为参考和遵循？笔者认为，检察机关退回补充调查时应该借鉴《检察院刑诉规则》中关于人民检察院退回补充侦查的做法，明确人民检察院在退回补充调查时，除了制作退回补充调查决定书，还应对监察机关提出书面意见，制作退回补充调查提纲，并将案卷材料一并退回监察机关。

其实早在《监察法》出台之前，有关部门即针对监察机关如何处理检察机关退回补充调查的案件进行了答疑，其中提到了监察机关调查组应根据检察机关提出的补充调查提纲作出相应的处理。可见，监察机关的补充调查活动以检察机关提出的补充调查提纲为参考。概言之，检察机关在退回补充调查时向监察机关提出书面意见，并连同案卷材料一并退回监察机关是保障监察机关开展补充调查工作的前提，有利于实现监察机关与检察机关办案的有序衔接。

根据《监察法实施条例》之规定，需要退回补充调查的案件，人民检察院应当出具补充调查决定书、补充调查提纲，连同案卷材料一并送交监察机关。监察机关对于人民检察院依法退回补充调查的案件，应当向主要负责人报告，并积极开展补充调查工作。

三、退回补充调查的刑事强制措施适用

（一）国家监察体制改革对刑事强制措施的影响

国家监察体制改革前，我国传统刑事诉讼立法和理论认为，

刑事诉讼中的强制措施是指公安机关、人民检察院和人民法院为了保证刑事诉讼的顺利进行,依法对刑事案件中的犯罪嫌疑人、被告人的人身自由进行限制或剥夺的各种强制性方法,即拘传、取保候审、监视居住、拘留、逮捕五种方式。在具体案件中根据法定原则和比例原则,考虑犯罪嫌疑人、被告人涉嫌犯罪的严重程度,有无可能实施妨害刑事诉讼的行为及其可能性大小,以及结合个人情况综合考虑,选择不同的强制措施。但是,国家监察体制改革后,继续适用强制措施这个概念的局限性就凸显出来:

其一,这一概念狭隘地将强制措施局限于拘传、取保候审、监视居住、拘留、逮捕五种人身强制措施,无法将《监察法》中对被调查人和涉案人员在符合条件的情况下采用的留置措施纳入其范围。留置措施是一种将被调查人和涉案人员留置在特定场所,强烈干预人身自由的强制性措施,①对人身自由的干预程度与拘留和逮捕相近,是一种非常严厉的人身强制性手段,因此需将其纳入人身强制性措施的范围。

其二,这一概念未将在实践中广泛存在的诸多干预(限制或剥夺)公民宪法性基本权利的强制侦查手段如搜查、扣押等证据保全措施以及通信监听等新型侦查手段纳入其范围,从而导致这些强制性侦控手段本身所具有的强制性及其对公民基本人权的潜在威胁完全被忽略,其程序运作的正当化问题被"遮蔽"。

其三,这一概念将强制措施的适用对象定位于被追诉人(犯罪嫌疑人、被告人),使得在监察调查的过程中,在无须对被调查人或涉案人员采取留置但有必要强制其到案配合调查时,没有合适的强制措施可以适用。②

---

① 参见秦前红、石泽华:《监察委员会留置措施研究》,载《苏州大学学报(法学版)》2017年第4期。

② 参见王飞跃:《监察留置适用中的程序问题》,载《法学杂志》2018年第5期。

（二）退回补充调查时刑事强制措施如何转换的问题

《刑事诉讼法》和《监察法》均规定了人民检察院将职务犯罪案件退回监察机关补充调查的内容，但对于退回补充调查时的刑事强制措施如何转换的问题并未予以明确。例如监察调查阶段被留置，审查起诉阶段被逮捕的犯罪嫌疑人，退回补充调查时，案件是否重新进入监察调查程序？犯罪嫌疑人是否被重新移交到监察机关？逮捕措施是否转换为留置措施？如果只退回案卷而不退人，监察机关补充调查期间如何讯问被调查人？这一系列问题不仅关涉退回补充调查期间相关责任主体的确定，而且关涉犯罪嫌疑人委托辩护人等诉讼权利的保障。对于普通刑事案件，检察机关退回补充侦查时要制作换押文书，并通知侦查机关、看守所，侦查机关持换押文书前往看守所办理移交手续。移交后，案件的责任主体由检察机关变更为侦查机关。若犯罪嫌疑人在补充侦查期间发生事故、脱逃等，则责任由侦查机关承担。

学界有观点认为，不仅《监察法》和《刑事诉讼法》在立法时回避了对检察机关将案件退回监察机关补充调查时人身强制性措施应如何衔接的问题，而且《衔接办法》中对此的规定也不够完善。对被调查人（犯罪嫌疑人）进行换押的主要意义在于明确不同阶段的责任承担方，在退回补充调查期间，对被调查人沿用检察机关作出的强制措施，不仅使得办案主体与责任主体出现了不一致的情形，一旦案件发生变化，可能会导致因责任划分不明而从事实上虚化责任承担问题，也使得刑事强制措施的功能定位发生了变化，对被调查人在调查阶段采用刑事措施也不符合《监察法》的立法要求和监察机关的职能定位。[①]

---

① 参见程雷：《刑事诉讼法与监察法的衔接难题与破解之道》，载《中国法学》2019年第2期。

笔者认为,应坚持"退查不退人"的原则,即检察机关将案件退回监察机关补充调查时,将案卷材料退回监察机关,但对于已经采取刑事强制措施的犯罪嫌疑人,不将其"退回"监察机关。[①]坚持此原则的理由在于:监察机关将案件移送检察机关审查起诉后,案件即进入刑事诉讼程序;即使检察机关经审查后将案件退回监察机关补充调查,也是服务于检察机关的审查起诉活动,而非意味着该案重新回到监察调查程序,监察机关在补充调查结束后需要再次办理移送起诉的手续。因此,犯罪嫌疑人不能被"退回"监察机关,自然也不能适用监察调查阶段的留置措施,而应"参照刑事诉讼法关于补充侦查的相关规定进行处理"。[②]

具体而言,案件被退回监察机关补充调查后,对于被羁押的犯罪嫌疑人,检察机关应及时将退回补充调查的情况通知羁押场所。监察机关若有讯问的需要,应前往羁押场所讯问,检察机关和羁押场所应予以配合。简言之,退回监察机关补充调查期间,对犯罪嫌疑人应沿用人民检察院作出的刑事强制措施。犯罪嫌疑人被逮捕的,作出逮捕决定的人民检察院应当将退回补充调查情况书面通知监管场所并将提讯、调解证送交监察机关。监察机关补充调查结束后重新移送起诉的,人民检察院应当及时书面通知监管场所。在补充调查期间,需要提讯、提解被调查人的,监察机关调查人员应当持提讯、提解证和工作证件进行提讯、提解,相关部门应当支持配合。[③]

---

① 参见卞建林:《配合与制约:监察调查与刑事诉讼的衔接》,载《法商研究》2019年第1期。

② 卞建林:《配合与制约:监察调查与刑事诉讼的衔接》,载《法商研究》2019年第1期。

③ 参见程雷:《刑事诉讼法与监察法的衔接难题与破解之道》,载《中国法学》2019年第2期。

四、监察机关开展补充调查工作

针对《监察法》第 47 条之退回补充侦查的规定,《刑事诉讼法》也作出了相应的衔接性规定,这就意味着:(1)检察机关的审查依据不仅仅是《刑事诉讼法》,还包括《监察法》;(2)人民检察院对于监察机关移送起诉案件的审查方式必须是“实质审查”,而非“形式审查”;(3)监察机关应当根据“退查”意见,对相关事实进行补充核实。为确保“退查”决定的权威和效力,《监察法》第 47 条明确规定:“对于补充调查的案件,应当在一个月内补充调查完毕。补充调查以二次为限”;为准确查明案件事实、完善补强证据、保障公诉案件质量,《监察法》和《刑事诉讼法》均规定检察机关“必要时可以自行侦查”。据此,当存在检察机关与监察机关对案件的事实和证据认识有较大分歧,不宜退回补充调查或者案件当事人提出非法证据排除申请,监察机关办案人员可能有违法调查行为,关键证据需要检察机关调查核实等情形时,便可启动自行侦查程序。①

《监察法》第 47 条第 3 款规定,对监察机关移送的案件,人民检察院经审查,认为需要补充核实的,应当退回监察机关补充调查,必要时可以自行补充侦查。显然,其以退回补充调查为常态,自行补充侦查为例外。在《监察法释义》中,主张优先采取退回补充调查的方式,在特殊情况下才自行补充侦查。其给出的理由是,监委办的案件特殊,“政治性强、比较敏感”。只有“特殊情况”才可以补充侦查,包括检察机关认为监察机关移送的案件定罪量刑的基本犯罪事实已经查清,但言词证据个别情节不一致不

---

① 参见江国华:《国家监察与刑事司法的衔接机制研究》,载《当代法学》2019 年第 2 期。

影响定罪量刑,或者实物证据需要补充鉴定的。[1] 有学者主张,该范围过窄,建议将“监察机关对退回补充调查提出异议,监察机关退而不调,监察机关先前调查活动存在违法取证情况,以及只需对个别证据进行调取的情况”[2]纳入自行补充侦查的范围。笔者认为后者对监察调查的制约效果更强。需要明确的是,人民检察院实施亲历性审查以及核实证据,比如证人证言是否可靠、犯罪地点是否准确等不属于补充侦查。

《监察法》第47条第3款还规定,对于补充调查的案件,应当在一个月内补充调查完毕。补充调查以二次为限。该补充调查仅指退回补充调查,不包括自行补充侦查。根据《衔接办法》第41条之规定,人民检察院自行补充侦查应在审查起诉期间补充侦查完成,不另行计算期限,其与退回补充调查完全不同。这不仅符合现行《刑事诉讼法》的规定,而且能够避免诉讼程序拖延过长。

目前,争议较大的问题在于,退回补充调查之后,程序是处于监察调查阶段还是审查起诉阶段。虽然有观点认为补充调查权来源于公诉权,退回补充调查后不属于监察调查阶段,[3]但从监察法法条表述来看,显然认为其属于监察调查阶段。另外,根据《公安机关办理刑事案件程序规定》第296条规定,退回公安机关补充侦查的案件,公安机关有很大的程序处理权,甚至在发现原认定的犯罪事实有重大变化,不应当追究刑事责任时,应当重新提出处理意见,并将处理结果通知退查的人民检察院,显然其不再

---

① 参见杨宇冠、郑英龙:《〈刑事诉讼法〉修改问题研究——以〈监察法〉的衔接为视角》,载《湖湘论坛》2018年第5期。

② 参见叶青:《监察机关调查犯罪程序的流转与衔接》,载《华东政法大学学报》2018年第3期。

③ 参见陈卫东:《职务犯罪监察调查程序若干问题研究》,载《政治与法律》2018年第1期。

完全受制于检察机关的审查起诉。可见,在一般刑事案件中,对于退回补充侦查的,视为侦查阶段,需要办理换押手续,案件处理权归于公安机关,其有权依法作出不再移送起诉的决定。但是,不能据此推论,职务犯罪案件的退回补充调查也处于调查阶段。一方面,"退回补充调查"仅涉及部分事实的补证,即仅涉及"部分回流",而非"全案回流",因此不宜将"退查"等同于"退案",这就意味着在程序意义上,"退查案件"在整体上仍处于审查起诉阶段;另一方面,职务犯罪案件调查终结之后,即适用《刑事诉讼法》的相关规定,律师可以依法介入审查起诉阶段的案件,就保障犯罪嫌疑人合法权益的价值取向上而言,也应当将"退查案件"认定为审查起诉阶段。①

尽管《监察法》没有规定退回补充调查的后续程序,但《监察法实施条例》第 227 条规定,监察机关对人民检察院退回补充调查的案件,经审批分别作出下列处理:(1)认定犯罪事实的证据不够充分的,应当在补充证据后,制作补充调查报告书,连同相关材料一并移送人民检察院审查,对无法补充完善的证据,应当作出书面情况说明,并加盖监察机关或者承办部门公章;(2)在补充调查中发现新的同案犯或者增加、变更犯罪事实,需要追究刑事责任的,应当重新提出处理意见,移送人民检察院审查;(3)犯罪事实的认定出现重大变化,认为不应当追究被调查人刑事责任的,应当重新提出处理意见,将处理结果书面通知人民检察院并说明理由;(4)认为移送起诉的犯罪事实清楚,证据确实、充分的,应当说明理由,再次移送人民检察院依法审查后需根据《监察法实施条例》第 227 条第 2 项和《衔接办法》第 39 条第 3 款之规定,监察

---

① 参见林森、金琳:《检察机关办理监察委移送案件难点问题探究——以检察机关与监察委办案衔接为视角》,载《时代法学》2020 年第 5 期。

机关实际上享有“退查案件”撤销权,但不应允许监察机关仅仅因为补充调查不到证据而撤案。①

同时,对于退回补充调查后没有补充到任何证据材料的,人民检察院不能以未补充到材料为由不受理案件。对退回补充调查的案件,监察机关应当根据案件情况,作如下处理:(1)根据补充调查提纲和要求及时补充调查,完善证据,并制作补充调查报告书;(2)对无法补充完善的证据,应当作出书面情况说明,并加盖监察机关承办的调查部门公章。②

五、退回补充调查的律师介入问题

对于退回补充调查是否允许律师参与也是一个颇具争议的问题。在我国刑事诉讼程序中,犯罪嫌疑人自被侦查机关第一次讯问和被采取强制措施之日起有权委托辩护人。在审查起诉环节,人民检察院自收到移送起诉的案件材料之日起3日内应当告知犯罪嫌疑人有权委托辩护人。犯罪嫌疑人因经济困难或者其他原因没有委托辩护人的,有权向法律援助机构提出申请,请求指派律师为其提供辩护。犯罪嫌疑人符合特定条件时,人民检察院还应当通知法律援助机构指派律师为其提供辩护。除此之外,《刑事诉讼法》还规定,犯罪嫌疑人没有辩护人的,有权由值班律师为其提供法律咨询、程序选择建议、申请变更强制措施、对案件处理提出意见等法律帮助。值班律师并非辩护律师,而是特殊的

---

① 参见林森、金琳:《检察机关办理监察委移送案件难点问题探究——以检察机关与监察委办案衔接为视角》,载《时代法学》2020年第5期。

② 参见陈卫东:《职务犯罪监察调查程序若干问题研究》,载《政治与法律》2018年第1期。

法律援助形式之一。[①] 总而言之,获得律师帮助,包括获得辩护律师和值班律师的帮助,是犯罪嫌疑人作为刑事诉讼程序主体,应当享有的合法权利。[②]

但是,在监察程序中,情况则有所不同。《监察法》并未赋予监察对象获得律师帮助的权利,更未允许律师介入监察调查程序。在监察实践中,由于缺乏法律授权,律师在监察程序中"吃闭门羹"的情况并不少见。律师无法向监察机关了解职务犯罪案件和被调查人的情况信息,不能会见被调查人,不能查阅监察机关办案材料,基本上难以向被调查人提供任何形式的法律帮助。排除律师帮助权的依据在于,职务案件内容敏感复杂,律师介入监察程序,可能有碍监察机关办理案件。另外,监察程序不等同于刑事诉讼程序,被调查人在还未获得犯罪嫌疑人、被告人等诉讼程序主体身份的前提下,不能享有刑事诉讼程序中的辩护权和其他律师帮助权。[③]

《刑事诉讼法》之所以赋予犯罪嫌疑人、被告人辩护权和其他获得律师帮助的权利,主要是考虑其缺乏必要的法律知识和诉讼经验,无法应对复杂的诉讼程序。另外,在侦查程序中,与掌握国家公权力的侦查机关相比,犯罪嫌疑人的力量显得尤为弱小,而律师的介入也有助于平衡双方之间的力量对比。与之相类似的是,监察程序也存在一定的法律专业门槛,被调查人很难凭借自身的知识积累清晰地了解监察程序的基本规律和操作流程,更难

① 参见吴宏耀:《我国值班律师制度的法律定位及其制度构建》,载《法学杂志》2018 年第 9 期。

② 参见姚莉:《认罪认罚程序中值班律师的角色与功能》,载《法商研究》2017 年第 6 期。

③ 参见吴建雄:《监察体制改革试点视域下监察委员会职权的配置与运行规范》,载《新疆师范大学学报(哲学社会科学版)》2018 年第 5 期。

以充分参与到监察程序中，有效行使其程序性权利。换言之，被调查人也需要律师为其提供专业的法律帮助。同时，监察调查程序与刑事侦查程序之间在运作规律上也有一定的相似之处。与刑事侦查措施和强制措施一样，监察调查措施也是通过限制甚至剥夺被调查人的人身权利和财产权利等，以实现收集证据、查清事实的目的。面对强势的调查程序和监察机关，被调查人也需要来自律师的帮助，为其寻求程序救济的途径，保障其合法权利免受不合法的侵害。“监察体制改革作为一项重大的政治改革，应当妥善处理好权力与权利的关系，不能‘只转权力，不转权利’，顾此失彼。”[①]允许律师介入应当成为未来监察制度完善的重点问题。而根据前文论述，案件退回补充调查之后，基于“退查不退人”之原则，律师可以不介入“退查”案卷，但不应排斥律师介入“正在审查起诉”的案卷。[②]

六、补充调查完毕后的处理

应当对退回监察机关补充调查作出一定的限定和控制，特别是要从适用情形、运行程序等方面对其与自行补充侦查之间进行较为明确的区分。退回监察机关补充调查同时具有补充性、法定性、逆向性和非常态性的特点。补充性体现在弥补证据漏洞，补充证据材料，完善证据体系；法定性体现在只有检察机关有权启动，必须符合法律规定的适用条件才能动用；逆向性体现在引起原本已经结束的调查活动逆向运行和程序回转，重新恢复到案件调查；非常态性则是指不正常、非常规，并非所有职务犯罪案件的

---

① 参见陈卫东：《职务犯罪监察调查程序若干问题研究》，载《政治与法律》2018年第1期。

② 参见程雷：《刑事诉讼法与监察法的衔接难题与破解之道》，载《中国法学》2019年第2期。

必经程序。

退回监察机关补充调查应当说是一种不得已而为之的程序设计，程序回溯之时，诉讼延迟、羁押拖长，取证最佳时机有可能已经被耽误。为查明事实和真相，有时需要诸如退回补充调查等倒流机制，同时会对犯罪嫌疑人权益造成侵害，这就需要予以一定的程序制约，程序控制需要遵循比例原则。因此，要以审慎的态度对待退回补充调查，对其予以控制适用，包括事前的控制、事中的控制和事后的控制。恪守谦抑理念，少用、慎用退回监察机关补充调查，尽量控制在依法和适度的范围之内，坚决将不必要的退回补充调查排除出去。①

从目前实践来看，退回监察机关补充调查和退回侦查机关补充侦查，并没有出现被滥用和质量低等严重问题。尽管如此，我们还是要防止退回补充调查异化、泛化适用。基于此，应对退回补充调查的适用范围作出限定，通过法律或者司法解释为监察机关补充调查提供切实可行的操作标准。具体而言，建议采取退回补充调查应仅限于五种情形：(1)主要犯罪事实不清、主要证据不足的；(2)和定罪量刑有关的情节待查清的；(3)没有查明或者遗漏同案犯、重要罪行的；(4)在共同犯罪的案件中，共犯的地位和作用未查清的；(5)其他需要退回补充调查的情形。其中，兜底和弹性条款旨在填补上述未尽事宜。

补充调查完毕后需要重新移送起诉的，监察机关应当将下列材料连同案卷材料一并移送人民检察院：(1)补充调查报告书一式三份；(2)补充调查中形成的其他案件材料。补充调查期间，监察机关发现原认定的犯罪事实有重大变化，不应当追究刑事责任

① 参见陈国庆：《刑事诉讼法修改与刑事检察工作的新发展》，载《国家检察官学院学报》2019年第1期。

的,应当重新提出处理意见。监察机关决定不再将案件移送起诉的,应当书面通知人民检察院并说明理由。根据《检察院刑诉规则》第 349 条之规定,对已经查清的犯罪事实,应当依法提起公诉。[①]

---

① 参见陈卫东:《职务犯罪监察调查程序若干问题研究》,载《政治与法律》2018 年第 1 期。

第六章 职务犯罪审判阶段的衔接沟通机制

在推进以审判为中心的刑事诉讼制度改革和落实监察体制改革的双重背景下，亟须促进人民法院在审判环节将监察程序与司法程序有序衔接。在法院审理过程中，被告人提出新的自首、坦白、立功线索，或者经审理认为犯罪事实不清、证据不足的，人民法院可以建议人民检察院补充侦查。同时，由于查明案件事实和质证的需要，被告人、辩护人可以申请法院调取特定证据，法院可以依职权调取证据，也可以要求人民检察院对瑕疵证据进行补正或解释。刑事缺席审判程序的设立是监察体制改革在刑事诉讼法领域的体现，但在职务犯罪缺席审判中，监察机制与刑事机制的衔接还存在不少困难。因此，应对缺席审判的适用范围、被告人潜逃境外的缺席审判的具体程序、加强对被告人诉讼权利的保障等内容进一步完善。在人民检察院将职务犯罪案件起诉到人民法院之后,人民法院可能提出与起诉书不同的意见。基于“相互配合、相互制约”原则,人民法院应当与监察机关、人民检察院进行会商沟通,不能直接作出判决。关于审判阶段管辖权变更后的处理,目前我国相关的法律法规对此规定较为模糊,建议在立法中明确前一诉讼阶段作出的变更管辖决定对后续的诉讼阶段有直接的效力,即对于侦查阶段、起诉阶段适用变更管辖的案件,在侦查机关移送起诉或者检察机关提起公诉之时,与之对应的同级检察机关和审判机关自动获得案件的管辖权。[①] 在审理职务犯罪案件时,人民法院应当及时将开庭情况以及法律文书通报监察机关,监察机关应当配合职务犯罪的审判工作,同时密切关注职务犯罪的审理情况。在一审、二审裁判上诉期满后或裁判文书发生法律效力后,人民法院应当及时将裁判文书移送监察机关。

审判是以检察机关或自诉人向法院提起控诉为前提,在控辩双方的共同参与下,通过法庭上的听证和审理活动,由法院作出一项有关指控成立与否的裁决的活动。[②] 审判是法院代表国家行使审判权,依法把案件事实审查清楚,并根据已经查清的事实,依法确定被告人是否有罪,应否处以以及处以何种刑罚,对案件作出判决或裁定的决定性诉讼阶段。刑事审判在刑事司法中,是一个极其重要的具有决定意义的阶段,是诉讼活动的中心环节,通过对刑事案件的审判,使犯罪分子受到应有的惩罚,保障无罪的人不受刑事追究,以维护社会主义法制,维护社会秩序,保护公民的人身权利、民主权利和其他权利,保障和促进社会主义建设的

---

① 参见龙宗智:《监察与司法协调衔接的法规范分析》,载《政治与法律》2018 年第 1 期。

② 参见陈瑞华:《刑事审判原理论》,北京大学出版社 2003 年版。

顺利进行。同时，通过审判活动教育公民自觉遵守法律，积极同犯罪行为作斗争，预防犯罪。

党的十八届四中全会提出全面推进以审判为中心的刑事诉讼制度改革，即要扎实推进司法证明实质化、控辩对抗实质化、依法裁判实质化、庭审实质化等刑事诉讼理念制度的落实，实际上也是将人民法院推向了刑事诉讼的核心地位，形成了侦查、检察、审判三种权力的配合与制衡。《监察法》的颁布和实施使监察权作为第四种权力进入刑事诉讼领域。关于监察权的性质，尽管实务界认为其并非侦查权，而是监察委员会特有的权力，但无论是从权力来源，还是行使的目的，抑或行使的具体方式等角度考察，监察委员会职务犯罪调查权的本质就是侦查权。[①] 权力之间并不是完全绝缘的，监察权作为一种特殊性质的调查权，从运行之初就涉及与其他公权力配合与制约的问题，在刑事审判领域具体体现在职务犯罪案件中与检察权及审判权的衔接。

第一节　审判阶段法院主导的补充侦查与取证

一、审判阶段法院主导的补充侦查

在审判阶段由法院主导的补充侦查是指在审理过程中，被告人提出新的自首、坦白、立功线索，或者经审理认为犯罪事实不清、证据不足的，人民法院可以依照《刑事诉讼法》和有关司法解释的规定建议人民检察院补充侦查。[②]

---

① 参见汪海燕:《监察制度与〈刑事诉讼法〉的衔接》，载《政法论坛》2017 年第 6 期。

② 参见江国华:《国家监察权力运行及其监督机制研究》，中国政法大学出版社 2020 年版，第 205 页。

(一)法院建议补充侦查的必要性

补充侦查制度一直存在以下争议:(1)有违程序正义,引发程序回流。补充侦查在某种程度上是对原有侦查或调查程序的否定和推倒重来,在审判阶段的补充侦查,作为一种逆向运行程序,重新回到侦查或调查阶段回炉加工,和正常程序相悖,会破坏程序的稳定性。(2)造成诉讼拖延,降低办案质效。审判环节补充侦查(调查)会导致判决迟延,占据大量司法资源,造成资源浪费、诉讼效率低下,加大诉讼成本。同时,补充侦查(调查)使犯罪嫌疑人在被人民法院判决之前自身权益长期处于不确定状态,严重削弱司法的公信力和权威性。诉讼进程缓慢,也有可能增强犯罪嫌疑人的侥幸心理,妨害了诉讼的顺利进行。(3)羁押期限延长,严重侵犯人权。迟来的正义是非正义,不惜代价追求实体正义,必将造成对程序和人权的漠视和践踏。补充侦查呈现浓重的治罪化和客观真实主义价值观倾向。在强大的公权力面前,犯罪嫌疑人合法权益无法得到保障,易引发超期羁押。①

但是审判阶段法院主导的补充侦查与监察体制改革背景下的职务犯罪治理不无关系。改革的目的是以法治思维和法治方式惩治腐败,而一些法院在审理职务犯罪案件认定自首、坦白、立功以及相应的刑罚裁量过程中出现了一些不容忽视的问题,自首、坦白、立功等法定量刑制度成为个别办案人员不依法办案的工具和借口,严重破坏司法职务的廉洁性,损害法律的尊严和判决的权威。为了捍卫法律的尊严,维护法律的公平正义,保持法院的公正廉洁,对于此种情形,人民法院可以依照《刑事诉讼法》和有关司法解释的规定建议人民检察院补充侦查。补充侦查能

① 参见李宁、陈小炜:《监察体制改革背景下补充侦查问题研究》,载《法治现代化研究》2019 年第 3 期。

够强化案件的事实证据基础,追求实体真实和实体正义,是进一步完成侦查任务的重要手段。补充侦查也是保障人权的要求,能够进一步查清案件事实、核实证据、甄别是非,防止冤假错案产生。基于职务犯罪案件的特殊性和复杂性,涉及的证据、案件事实多且杂,特别是重大、复杂或者在当地有重大影响的案件。补充侦查能够减少因为监察、检察工作过于繁重而产生的疏忽,实现对实体正义的追求。[①]

(二)法院建议补充侦查的基本要求

审判阶段法院建议人民检察院补充侦查,是提高案件审判质量,约束公安机关、检察机关、监察机关严谨地进行侦查(调查)工作的要求。同时,补充侦查能够进一步发掘案件事实和证据,有利于减少冤假错案的发生,实现实体正义。但是法院不能随意建议补充侦查,必须满足一定的要求。

其一,人民法院制作补充侦查建议书。在审理过程中,被告人提出新的立功线索,或者经审理认为犯罪事实不清、证据不足的,人民法院可以依照《刑事诉讼法》和有关司法解释的规定建议人民检察院补充侦查。人民法院建议补充侦查应当遵循以下几个原则:(1)必要性原则。人民法院建议检察机关进行补充侦查的原因必须具有必要性,如不能基于与案件事实、证据无关的原因建议补充侦查。(2)可行性原则。建议补充侦查的证据材料具有可固定性、可收集性、可操作性,不得建议人民检察院补充侦查无法收集的证据材料。(3)有效性原则。人民法院、人民检察院应当以增强补充侦查效果为目标,以提高证据质量、解决证据问题为要求。此外。人民法院提出补充侦查建议还应满足形式上

---

① 参见李岩玉:《审判阶段补充侦查与刑事程序倒流的关系考辩》,载《西部学刊》2019 年第 5 期。

的要求,即应当制作补充侦查建议书并附补证提纲。

其二,人民检察院自行补充侦查。人民检察院收到补充侦查建议书后,经审查,应当自行补充侦查。[①] 首先,人民检察院在审查起诉阶段已经对职务犯罪案件进行了全面的审查,对案件的事实和证据材料也有充分的了解和掌握。在人民法院提出补充侦查建议后,人民检察院有充分的时间、精力和能力进行补充侦查。其次,在职务犯罪案件被提起公诉之后,就属于已经被指控的案件事实,不宜再退回监察机关补充调查。由人民检察院自行补充侦查,一方面,能够实现赋予人民检察院补充侦查权的立法初衷;另一方面,能有效地缓解监察机关办案的压力,高效推进案件办理。[②]

其三,人民检察院商请补证。人民检察院收到补充侦查建议书后,经审查,可以书面商请监察机关补充提供证据。监察机关作为职务犯罪的调查机关,自然是最了解案件来龙去脉以及案件事实和证据材料的主体。为了更加高效便捷地获取证据材料,人民检察院可以书面商请监察机关提供与案件有关的证据。这既可以减少重新进行补充侦查耗费的时间和资源,也能够满足检察机关和监察机关相互配合的要求和原则,为刑事诉讼程序的顺利进行提供保障。[③]

(三)法院建议补充侦查的效力

法院建议补充侦查的理由包括:一是在审理过程中,被告人

---

① 参见谢小剑:《监察调查与刑事诉讼程序衔接的法教义学分析》,载《法学》2019年第9期。

② 参见李岩玉:《审判阶段补充侦查与刑事程序倒流的关系考辩》,载《西部学刊》2019年第5期。

③ 参见江国华:《国家监察与刑事司法的衔接机制研究》,载《当代法学》2019年第2期。

提出新的自首、坦白、立功线索；二是法院经过审理认为犯罪事实不清、证据不足。对于后者而言，经过人民检察院自行补充侦查或者商请监察机关补充提供证据之后，法院仍然认为事实不清、证据不足的，可以建议再次补充侦查或者直接作出相应判决。对于前者，则要区分两种情况。

其一，被告人提出新的自首、坦白、立功线索，因特殊情况相关机关不能及时反馈立功线索查处结果的，人民法院可以根据查明的案件事实依法作出裁判。《刑事诉讼法》第 175 条规定，对于补充侦查的案件，应当在一个月以内补充侦查完毕，补充侦查以二次为限。如果案件事实过于复杂或者被告人提出的相关线索不甚明晰，导致人民检察院自行侦查花费的时间过长乃至未能在补充侦查期限之内侦查完毕，最终不能向法院及时反馈自首、坦白、立功线索的查处结果，此时，被告人所提出的自首、坦白、立功线索未能查实，这些线索不能作为认定被告人自首、坦白、立功的依据。人民法院只能根据现有的已经查明的事实依法作出裁判。

其二，相关自首、坦白、立功线索查处结果可以作为对被告人减刑、假释的参考依据。人民检察院经自行补充侦查或商请监察机关补充提供证据后，被告人所提出的新的自首、坦白、立功线索经查证属实，人民法院可以以人民检察院的查处结果作为对被告人减刑、假释的依据。

（四）法院建议补充侦查的协作

目前在职务犯罪案件的审判中，反映较为突出的问题有被告人是否构成自首、立功的证据材料不具体不明确，区分被告人违纪所退的钱款与涉嫌犯罪所退的钱款的证据不具体不明确，证明涉案财物权属性质的证据不具体不明确。针对刑事审判中出现的上述问题，需要监察机关与审判机关协作处理。

其一，监察机关应当进一步加强对被调查人是否构成自首、立功证据材料的收集，进一步加强对区分被调查人退缴的钱款性质的证据材料的收集，进一步加强对证明涉案财物权属性质的证据材料的收集。被调查人自首的证据材料具体包括被调查人如何到案，调查部门接触被调查人之前是否掌握其犯罪线索、掌握何种犯罪线索，被调查人是否如实供述犯罪事实、供述何种犯罪事实。被调查人立功的证据材料具体包括被调查人检举揭发材料、监察机关已掌握的犯罪线索、监察机关调查核实的材料、被检举揭发人的供述、被检举揭发人已被采取调查措施、起诉或者审判的相关法律文书等。对于被调查人是否构成自首、立功的证据，监察机关除出具客观具体的情况说明外，还应当提供情况说明据以成立的相应原始证据，否则不能认定相关事实。[①]《监察法》第 47 条第 3 款规定了在人民检察院审查起诉阶段监察机关补充调查问题。该条款规定了检察机关经审查，对需要补充核实的案件应当退回监察机关进行补充调查，然而，对于审判机关认为案件需要补充调查的情况并没有作出明确规定。对于这个问题的理解，仍然要放在职务案件审判需符合《刑事诉讼法》规定的大前提下来进行考量。在实践中，法院可向提起公诉的检察机关出具补查事项的函件，由检察机关调查核实或交由监察机关补充调查。[②] 参照《刑事诉讼法》及《监察法》的相关规定，审判阶段的补充调查也应在一个月内完毕，且补充调查以二次为限。

其二，法院在审判中发现案件重要事实和关键证据存在问题，包括自首、坦白、立功等量刑情节以及涉案财物移送等，应当按照《刑事诉讼法》和相关规范性文件的规定及时提请检察机关

---

① 参见牟治伟：《审判中心下监察机关收集调取证据刍议》，载《人民司法》2019 年第 16 期。

② 参见曹仕旺：《检察机关与监察机关工作衔接若干问题的探讨》，载《福建法学》2018 年第 2 期。

或者监察机关补充侦查或者作出说明。要严格执行最高人民法院、最高人民检察院《关于办理职务犯罪案件认定自首、立功等量刑情节若干问题的意见》对职务犯罪自首、立功等量刑情节的成立要件和认定要求的明确规定,不仅人民法院、人民检察院在办案过程中要遵照适用,监察机关在办理职务犯罪案件过程中同样应当参照适用。要严格执行,不能人为地放宽自首、立功等量刑情节的认定标准。成立自首必须同时具备自动投案和如实供述罪行两个法定要件。对于自首的犯罪分子是否给予从轻、减轻、免除处罚,应当从以下几个方面进行把握。首先,看犯罪事实。一般可予以从轻处罚,犯罪事实刚达到上一档量刑标准,从轻处罚仍不能体现自首从宽精神的,可以减一档处罚;罪行较轻的,可以免除处罚;罪行极其严重的,也可以不予从轻处理。其次,看犯罪人在案件中的地位、作用。地位、作用基本相当的被告人之间,不能因为其中一人有自首情节而将其量刑差距与其他被告人拉得过大,更不能因起主要作用的被告人有自首情节而在量刑上轻于起次要作用的被告人。最后,看自首质量。出于悔罪而自首的,或者为了从宽处理而自首的,一般可予从宽处罚,对于“视为自首”的应与典型的自首在量刑时有所区别。对得知纪检监察机关将要调查而自首的,被采取留置措施或者刑事强制措施后潜逃再自首的,以及自首后反复翻供的等,一般不予从轻处理,更不能由此给予减轻、免除处罚。据以立功的线索、材料的来源情况对于立功的认定具有决定性意义,实践中要重视审查立功的线索、材料的取得方式是否合法。①

① 参见郭慧、牛克乾:《职务犯罪审判与国家监察工作有机衔接的若干建议》,载《法律适用》2018 年第 19 期。

二、人民法院在审判阶段调取新证据

在审理过程中，由于查明案件事实和质证的需要，被告人、辩护人可以申请法院调取特定证据，法院可以依职权调取证据，也可以要求人民检察院对瑕疵证据进行补正或解释。[①] 人民法院在审判阶段调取新证据存在三种情形：一是无罪或罪轻证据的调取；二是需要核实的证据材料的调取；三是瑕疵证据的补正与合理解释。这三种都存在与监察机制的衔接问题。

（一）依申请调取无罪或罪轻证据材料

以审判为中心的刑事诉讼制度改革要求遵循证据裁判原则，证据裁判原则又被称为证据裁判主义，其核心要义就是对于诉讼中案件事实的认定，必须依据证据作出。换言之，“无证据，不认定”。对于刑事审判来说，所有的判决皆建立于事实的基础之上，而所有的事实皆建立于证据的基础之上。没有证据就没有事实，没有证据就没有审判，没有证据就没有公正。证据是刑事审判的基础和核心，基础不牢，地动山摇，大厦绝不可能建立在沙滩之上。要准确认定案件事实，确保审判结果的公平公正，必须依靠证据。证据贯穿案件办理的整个过程，无论处理什么样的案件，首先都要运用证据来查明和认定案件事实，以作为正确适用法律的基础。[②]《监察法》虽然没有明确规定“证据裁判原则”，但其实已经蕴含了证据裁判的主要内涵。要求监察机关在对涉嫌职务犯罪案件进行调查之时，应当牢固树立证据意识和程序意识，向审判阶段的证据标准看齐，全面、客观、及时收集与案件有关的证据。而对全面的要求则是要求监察机关及监察人员在办理涉嫌

---

① 参见易延友：《瑕疵证据的补正与合理解释》，载《环球法律评论》2019 年第 3 期。

② 参见樊崇义主编：《刑事诉讼法学》，法律出版社 2016 年版，第 177 页。

职务犯罪案件时,既要收集调查对象罪重的证据,也要收集其罪轻或者无罪的证据。

由于被告人和辩护人相对于国家机关而言处于弱势地位,其收集证据的能力和可调动的资源有限。如果检察机关掌握了被告人无罪或者罪轻的证据材料而未提交,就会使得被告人在诉讼中处于十分被动的地位,甚至可能蒙冤。人民法院在审判过程中,可以根据被告人、辩护人的申请向人民检察院调取未提交的证明被告人无罪或者罪轻的证据材料。① 这些证据材料对于被告人是否入罪、罪轻有着至关重要的作用。

(二)依职权调取需要核实的证据材料

人民法院在审理案件过程中,发现了需要补正的证据或者某些案件事实处于真伪不明状态时,即使被告人、辩护人未向人民检察院提出调取相关证据的申请,法院也可以依职权向人民检察院调取需要调查核实的证据材料,人民检察院应当积极配合、及时移交。

《监察法实施条例》第 59 条第 3 款规定:"监察机关依照监察法和本条例规定收集的证据材料,经审查符合法定要求的,在刑事诉讼中可以作为证据使用。"对于在调查过程中由监察机关收集的有关职务犯罪案件的证据材料,符合《刑事诉讼法》有关证据真实性、合法性、关联性要求的,可以在审理过程中作为证据进行举证质证,某些证据材料由于其本身的特性不适宜在审理过程中呈现,可能会以传来证据等形式进行举证质证。在审理过程中,法院为了进一步掌握原始证据需要向监察机关调取的,由人民检察院向监察机关出具调取证据材料函,监察机关在收到调取证据

① 参见蔡健等:《监检衔接语境下检察机关引导取证制度的完善》,载《湖北第二师范学院学报》2019 年第 11 期。

材料函后应当及时移交。不能提供相关证据材料的,监察机关、人民检察院应当书面说明情况。

(三)瑕疵证据的补正与合理解释

除证据裁判原则之外,刑事诉讼改革还要求庭审实质化,要实现这一点,一个很重要的要求就是瑕疵证据补正规则。对于执法机关在收集、调取证据过程中存在轻微违法行为的,可以要求控方对有关证据予以"补正"或"作出合理解释"。对于允许补正或作出合理解释的证据,在理论上一般被称为"瑕疵证据",其适用规则被称为"瑕疵证据补正规则"。[①] 刑事诉讼法学理论界、实务界都有人认为,瑕疵证据和非法证据的区别在于,非法证据由于取证手段的违法性而很可能影响证据的真实性,而违法情节轻微的瑕疵证据则通常不会影响事实认定的正确性。[②] 因此,瑕疵证据补正规则的目的在于提升裁判中认定事实的精确性,也就是促进真实的发现。例如,《关于办理死刑案件审查判断证据若干问题的规定》第 28 条规定:"具有下列情形之一的视听资料,不能作为定案的根据:(一)视听资料经审查或者鉴定无法确定真伪的;(二)对视听资料的制作和取得的时间、地点、方式等有异议,不能作出合理解释或者提供必要证明的。"该条第 1 项规定"视听资料经审查或者鉴定无法确定真伪",实际上就是说视听资料的真实性、可靠性、客观性高度存疑。以真实性、可靠性、客观性高度存疑的证据作为定案依据,自然可能导致认定事实失真,从而酿成冤假错案。该条第 2 项虽然没有明确说对视听资料的真实性存疑,但是如果对视听资料的制作和取得的时间、地点和方式有异议,又不能作出合理解释或者提供必要证明,则实际上就是

---

① 参见陈瑞华:《论瑕疵证据补正规则》,载《法学家》2012 年第 2 期。

② 参见张军主编:《刑事证据规则理解与适用》,法律出版社 2010 年版,第 147、183 页;陈瑞华:《论瑕疵证据补正规则》,载《法学家》2012 年第 2 期。

说视听资料的真实性、可靠性、客观性没有保证。该规定的第1项是一个结果性的推断，也是一个具体的指导原则；第2项则是过程性审查，是为第1项结果的判断提供具有法律约束力的经验参照。它们虽然表面上看似乎略有不同，但实际上则是一个事物的两个方面。

在职务犯罪案件审理过程中，人民法院认为证据有瑕疵需要进行补正或者解释的，应当向人民检察院书面提出。[①] 人民检察院审查后，认为需要监察机关进行补正或者解释的，应当向监察机关书面提出补正或解释的要求。瑕疵证据经补正或者作出合理解释后符合《刑事诉讼法》有关证据“三性”的要求的，可以采用并作为定案的根据；不能补正或者作出合理解释的，则不得作为定案的根据。

第二节　缺席审判

为了加大反腐败和国际追赃追逃工作的力度，2018年修正的《刑事诉讼法》增设了“缺席审判程序”一章，以服务于党和国家的反腐败大局。因此，设立刑事缺席审判程序是监察体制改革在刑事诉讼法领域的体现，该章规定了缺席审判的适用范围，犯罪嫌疑人、被告人潜逃境外的缺席审判的具体程序，充分保障被告人的诉讼权利等内容。

一、职务犯罪案件缺席审判的意义

刑事缺席审判，是指在被告人不出庭时，控诉方和被告人的

---

① 参见易延友：《瑕疵证据的补正与合理解释》，载《环球法律评论》2019年第3期。

辩护人到庭参加庭审的一种特殊审判活动。它需要解决的是定罪与量刑的问题,是真正意义上的刑事审判活动。[①] 缺席审判制度的建立填补了我国刑事司法审判领域的一项空白,为因被告人脱逃而得不到审理的案件提供了继续审理的法律依据。适用缺席审判有助于保持反腐高压态势,形成对腐败分子的强大震慑,弥补违法所得没收程序的不足,有利于解决刑事责任追究难题。[②] 监察机关对于拟适用缺席审判程序的贪污贿赂案件,应当层报国家监察委员会同意。国家监察委员会研究决定是否同意立案调查时,可以听取最高人民法院、最高人民检察院、外交部、公安部、司法部等有关单位的意见。对于适用缺席审判程序的贪污贿赂案件,监察机关在移送起诉前应当查明被调查人的境外实际居住地、联系方式等情况,并就法律文书送达方式与同级人民法院、人民检察院会商研究后形成可行的一致意见。

二、职务犯罪案件缺席审判的适用条件

《刑事诉讼法》第 291 条规定了职务犯罪案件缺席审判的适用条件。其一,案件性质为贪污贿赂案件。将贪污贿赂案件纳入缺席审判程序的适用范围,是反腐败斗争的现实需要和打击跨国犯罪、追捕海外腐败分子的必然要求。其二,犯罪嫌疑人、被告人在境外。早在 2012 年《刑事诉讼法》修改时,就已经规定了贪污贿赂犯罪的违法所得没收程序,但是仅对涉案财物予以没收,显

---

① 参见樊崇义:《腐败犯罪缺席审判程序的立法观察》,载《人民法治》2018 年第 13 期。

② 参见陈国庆:《刑事诉讼法修改与刑事检察工作的新发展》,载《国家检察官学院学报》2019 年第 1 期。

然无法彻底实现反腐败斗争与刑事诉讼的目的。[①] 因此，即使腐败分子潜逃境外，也应能够依法进行审判并定罪。其三，犯罪事实已经查清，证据确实、充分，依法应当追究刑事责任。该条件是作为应当适用缺席审判程序的必要条件，因为在犯罪事实已经查清，证据确实、充分的情况下，有助于确认被告人的行为构成犯罪，并保证程序正当和司法公正，从而提高将被告人引渡回国的可能性。

三、职务犯罪案件缺席审判的实践问题

职务犯罪案件缺席审判中的监察机制与刑事机制还存在不少衔接困难，需要得到正视。[②] 以广东省为例，截至2019年年底，广东省监察机关移送检察机关拟适用缺席审判程序的案件有5宗，其中广州市3宗、肇庆市2宗，在推进过程中均遇到一些现实的困难，暴露出目前我国适用缺席审判制度在衔接过程中面临诸多困境。[③]

（一）适用条件的可操作性不足

根据《刑事诉讼法》的规定，职务犯罪案件缺席审判程序的具体适用需满足三个条件：一是案件类型是贪污贿赂案件；二是对象主要是已逃至境外的腐败分子；三是犯罪事实已经查清，证据确实、充分。但是这些条件在实践操作中出现了如下争议：

其一，贪污贿赂案件的危害程度要求不确定。是否不区分贪

---

① 参见陈卫东：《论中国特色刑事缺席审判制度》，载《中国刑事法杂志》2018年第3期。

② 参见吕晓刚、杨彩虹：《程序整合视角下职务犯罪刑事特别程序研究》，载《贵州省党校学报》2020年第1期。

③ 参见王辉华：《职务犯罪案件缺席审判：现实问题与改进路径》，载《法治社会》2020年第4期。

污贿赂数额、官员职位高低、情节严重程度、涉及人员范围、社会不良影响程度等因素一律可以适用缺席审判程序？是否上自中央下至地方基层的有权机关查处的贪污贿赂案件都可以启动缺席审判程序？①

其二，对缺席审判程序的启动较为保守。法院对缺席审判案件的启动往往持较为审慎的态度，提出较高要求。最高人民法院在有关学习贯彻全国人民代表大会常务委员会《关于修改〈中华人民共和国刑事诉讼法〉的决定》的通知中要求，“对辖区内第一起刑事缺席审判案件，要及时逐级向最高人民法院报告”，这意味着在立案前需要层报最高人民法院，在未获得批复前暂不予立案。② 实务中出现了检察机关向法院提起缺席审判公诉，经过较长时间法院仍未决定是否立案的情况。

其三，“在境外”的规定在实务认定中存在争议。“在境外”是指被告人从调查直至审判从未到案，还是指到案后又逃往境外，抑或因为客观原因滞留境外？犯罪嫌疑人、被告人在境外要如何证明？境外犯罪嫌疑人、被告人在境外的实际状况又如何确定？

其四，证明标准问题在实务中不好把握。在适用缺席审判程序中，“犯罪事实已经查清，证据确实、充分，依法应当追究刑事责任”的证明标准应当如何把握？监察委员会调查的案件应该调查到何种程度才能移送人民检察院起诉？检察机关提起公诉时，又该如何进行“犯罪事实已经查清，证据确实、充分”的审查工作？这些问题不宜回避。大多数学者认为检察机关应当在庭前审查

① 参见吕晓刚、杨彩虹：《程序整合视角下职务犯罪刑事特别程序研究》，载《贵州省党校学报》2020年第1期。

② 参见王辉华：《职务犯罪案件缺席审判：现实问题与改进路径》，载《法治社会》2020年第4期。

中解决证明标准问题，但也有学者认为，庭前审查应以程序性审查为主，要防止未审先定，以确保庭审的中立性与公正性，即检察机关的指控是否达到“犯罪事实已经查清，证据确实、充分”的程度，不应在庭前审查中判断，而要留到法庭审理中解决。[①] 证明标准问题不好把握，直接影响缺席审判程序的启动和适用。[②]

（二）法律文书的制作和送达的规范性不足

法律文书的制作和送达，是保障被告人知情权不可或缺的重要措施。在职务犯罪案件缺席审判中，规范法律文书的制作和送达，有利于促进缺席审判程序的正当化，同时也是维护被告人后续权利的前提和基础。《刑事诉讼法》中规定了国际条约规定方式、外交途径司法协助方式和被告人所在地法律允许方式三种送达方式。但是从实务角度来看，关于法律文书的制作和送达还存在以下问题：

其一，送达文书格式、内容尚无统一规定。[③] 目前，全国法院送达文书的格式各不相同，五花八门。文书包含的内容也不一致，大都仅限于相关诉讼程序，未考虑到监察机关和检察机关在调查、审查等诉讼活动中涉及的权利事项。送达方式更是“八仙过海，各显神通”。这不利于保障诉讼程序的公开性和透明性，在一定程度上影响刑事缺席审判的严肃性和权威性。

其二，未明确规定送达、通知义务的履行标准。[④] 程序不仅要

---

① 参见周长军：《外逃人员缺席审判适用条件的法教义学分析》，载《法学杂志》2019 年第 8 期。

② 参见江国华：《国家监察与刑事司法的衔接机制研究》，载《当代法学》2019 年第 2 期。

③ 参见王辉华：《职务犯罪案件缺席审判：现实问题与改进路径》，载《法治社会》2020 年第 4 期。

④ 参见王辉华：《职务犯罪案件缺席审判：现实问题与改进路径》，载《法治社会》2020 年第 4 期。

明确流程,也要确定标准。当前送达、通知工作的标准还有很多解释的空间,缺席审判被告人基本权利的保障程度、标准需要进一步细化明确。总的来说,对履行标准问题的把握还处于“摸着石头过河”、边干边总结的阶段。

其三,未明确公告送达方式能否适用。在实践工作中,适用缺席审判程序面对的拦路虎之一就是“送达不能”的问题,这严重影响到缺席审判程序的正常推进。当前法律及司法解释规定的送达方式,都需以明确犯罪嫌疑人、被告人的具体住址为前提。但实践中,在犯罪嫌疑人、被告人潜逃国外的情况下,其往往通过使用虚假身份、不定期变换居所等手段致使“送达不能”。且即便明确了其具体住址,也可能得不到其居住国官方送达的支持,因为许多国家并不支持他国出庭传票的送达。例如,中美关于刑事司法协助的协定规定,对于要求某人作为被告人出庭的文书,被请求方不负有执行送达的义务。能不能用公告送达,具体又该怎么操作?这是困扰当前实务工作的重要问题。[①]

其四,送达程序较为烦琐,易造成案件久拖不决。[②] 法律文书送达是国家司法权的内容,法院作为送达的主体,在送达过程中往往十分谨慎,以避免程序违法。在实务中,向国外送达一份司法文书,需要层层报请最高人民法院审批,还须向受送达国中央机关或者我国驻该国使领馆递送。送达后,文书送达回执也须沿着原路返回。该程序看似严谨规范,实则过于累赘烦琐,造成案件审理期限过长。

① 参见江国华:《论监察与刑事司法的沟通衔接机制》,载《东方法学》2023 年第 1 期。

② 参见王辉华:《职务犯罪案件缺席审判:现实问题与改进路径》,载《法治社会》2020 年第 4 期。

（三）被告人诉讼权利保障不足

1. 辩护权保障问题。辩护权是被告人用以防御、对抗公诉权的抗衡性权利，具有不可剥夺性。在被告人缺席的审判中，若没有辩护律师的支撑，将导致原本的“控辩审”三方审判格局向公诉一方倾斜，有碍司法公正。《刑事诉讼法》规定了缺席被告人的辩护权，具体分为刑事被告人亲自委托、刑事被告人近亲属代为委托，以及在前述主体均未委托的情况下提供法律援助三种方式。但是，辩护律师的意见并不能完全代表被告人本人的意见，尤其是在法律援助的情形下。因此，对于如何充分保障缺席审判被告人的辩护权、完善辩护权保障制度，有必要加以研究并尽快解决。

2. 上诉权保障问题。[①] 上诉权的根本属性是救济性，是国际社会公认的保护被告人之合法权益的救济性权利。《刑事诉讼法》力求充分实现被告人的救济权，规定了广泛的上诉权主体，不仅包括被告人本人，其近亲属也拥有独立上诉权，其辩护人在经本人以及近亲属同意后亦可提出上诉。但是，若被告人近亲属不顾被告人的意愿，基于独立上诉权单方面提起上诉，实际上违背了被告人的意愿，法律该如何予以规制？如何应对这种与缺席审判制度价值相悖的做法，同样值得深入研究。

3. 异议权的保障问题。[②]《刑事诉讼法》规定了缺席审判被告人对生效判决享有异议权，若判决、裁定发生法律效力后罪犯才到案，人民法院应将罪犯交付执行，但交付执行前，若罪犯对判决、裁定提出异议，应重新审理。从实践操作来看，还存在以下问题：（1）可能出现滥用异议权的情况。当判决、裁定发生法律效力

---

① 参见王辉华：《职务犯罪案件缺席审判：现实问题与改进路径》，载《法治社会》2020 年第 4 期。

② 参见王辉华：《职务犯罪案件缺席审判：现实问题与改进路径》，载《法治社会》2020 年第 4 期。

后，境外的被告人一定会视判决结果是否符合自身利益而决定是否回国，如果符合，则回国接受执行，若不符合，则提出异议，此时法院必须重新审理。且《刑事诉讼法》并未对异议权行使的时间、次数作任何限制性规定，这势必造成司法资源的浪费，冲击法律的权威性和确定性，损害司法的严肃性和公信力。(2)未明确规定以何种方式提出异议。在普通程序中规定了口头和书面的上诉方式，但由于需要提供相关证据支持上诉，实践中主要采用书面形式。而缺席审判程序中，被告人异议权的行使是否应当更为谨慎？若允许口头提出，如何进行制度设计才能避免被告人滥用异议权？这些问题同样具有现实意义。(3)未明确规定谁来受理异议申请、重新审理的程序和方式、是否需要组成新的合议庭、重新审理后原生效判决的效力、重新审理是否禁止加重刑罚等。这些事项将影响判决既判力和司法公信力，进而影响缺席审判制度的实施意义和社会效果，有必要加以明确。

四、职务犯罪案件缺席审判制度的完善

(一)提升缺席审判基本规则的可操作性

1. 适用条件的具体化。适用条件操作规则的完善可以从以下方面展开：(1)程序启动应以职务犯罪案件涉及的财物数额、社会影响、涉案官员地位等因素作为适用条件。可以将“在全省、自治区、直辖市或者全国范围内具有较大影响的职务犯罪案件”作为基本适用条件，以“数额+情节”的方式予以明确，把“犯罪嫌疑人、被告人逃匿境外的经引渡、遣返等方式仍然拒不回国的”、[①]已发出通缉令等作为补充条件，共同作为适用职务犯罪案件缺席审

① 参见王晓东：《国际追逃追赃视野下的我国刑事缺席审判制度》，载《法律适用》2018年第23期。

判的前置条件,目的是集中打击力量,突出打击重点,加强缺席审判制度的宣示教化功能,实现缺席审判制度的根本价值。(2)关于"在境外"的认定问题。首先,"在境外"应作扩大解释,既包括被告人从未到案的情形,也包括被告人到案后逃往境外或因其他原因滞留境外的情形;其次,对于如何证明"犯罪嫌疑人、被告人在境外"的问题,应有确凿的证据证明犯罪嫌疑人、被告人已经出境且未死亡。因此,监察机关、检察机关必须提供犯罪嫌疑人或被告人在境外的相关证据材料,证实犯罪嫌疑人、被告人在境外且没有死亡。[①] 否则,不能适用缺席审判程序。(3)应将可能判处死刑的案件明确排除在缺席审判程序适用情形之外。我国涉嫌职务犯罪的官员携款潜逃一般会选择禁止适用死刑的国家,这些国家基于国际法对人权的保障奉行"死刑犯不引渡"的原则。根据这一原则,如果可能对被告人适用死刑,则无法得到被请求国的司法配合,无法进行引渡和赃款追回工作,无法实现缺席审判制度设立的初衷。因此,我国应当明确可能判处死刑的职务犯罪案件不宜适用缺席审判程序。

2. 诉讼权利保障的加强。在职务犯罪案件缺席审判程序中,保障被告人的知情权、辩护权、异议权等权利,有利于保障判决结果的公正性、提升缺席审判程序的正当性和增加境外司法协助的可能性,真正实现缺席审判制度的价值。(1)保障被告人辩护权。在被告人不出庭的情况下,可适用庭外提交辩护意见的程序,允许境外被告人通过电子网络手段提交证据和辩护意见。除此之外,在刑事缺席审判过程中,被告人的参与权、辩护权主要通过辩护人来体现和发挥。就如何保障缺席审判程序中辩护人辩护职

① 参见周长军:《外逃人员缺席审判适用条件的法教义学分析》,载《法学杂志》2019 年第 8 期。

能的实现,应充分考虑以下两点:首先,我国已经规定了指派律师制度,相较于其他国家的立法具有一定的进步性。但是,为了在实践中落实这一制度,还应进一步完善和细化指派律师制度。例如,人民法院可以制定详细的庭审细则,法律援助机构也可以制定对缺席审判指派律师的管理规定等。其次,将有效辩护原则贯彻到整个刑事诉讼过程中。在刑事诉讼活动各个阶段均应保障缺席犯罪嫌疑人、被告人的合法权益。根据《刑事诉讼法》第34条之规定,在整个缺席审判过程中,辩护人应该始终在场并有充分的机会参与诉讼活动,从监察机关调查、检察机关立案,再到法院庭审,均应做到有效辩护。[①] (2)完善上诉权主体顺位规则。关于上诉权的保障,如前所述,可对近亲属的独立上诉权作严格限制。如果缺席被告人本人有认罪认罚、明确不上诉的意思表示,应当给予充分尊重,近亲属不再享有独立上诉权。建议将《刑事诉讼法》第294条作相应的修改,只有在被告人无法正常表达或者没有表示的情况下,其近亲属不服判决才有权向上一级人民法院上诉。(3)完善异议权规定。首先,应对被告人的异议权予以必要的限制。现行规定并未对异议权行使的条件、时间、审查程序、次数作任何限制性规定,容易产生被告人滥用异议权拖延诉讼进而降低司法效率和司法公信力的情况。可以借鉴法国、德国的经验,对被告人的异议权予以必要的时间、条件和次数限制。例如,需要提出对案件事实有重大影响的证据,或者发现重大程序违法行为,以致可能产生不公正的判决结果,才能要求重新审理。提出异议后的重新审理阶段仍不到庭的被告人,不再享有异议权。其次,应细化异议权行使的规定。对异议权向谁提出、行

---

① 参见王辉华:《职务犯罪案件缺席审判:现实问题与改进路径》,载《法治社会》2020年第4期。

使的程序和方式等进行具体规定。例如,对于一审法院作出的判决,被告人可以向一审法院提出异议。对于二审法院作出的判决,被告人仍可以向一审法院提出异议,以更好地核实证据、查清犯罪事实,并利于作出公正判决。

(二)针对实务突出问题改进工作规则

1. 完善境外调查取证规则。[①] 在充分研究国际法规则和各国相关制度的基础上,立足我国国情,制定证据"三性"审查判断的标准。具体而言,可以将取证行为分为没有我国调查人员参与的委托取证行为和有我国调查人员参与的调查取证行为,包括境外取证、联合取证和委托取证中的远程视听听证等。对于完全由外国执法机关独立调查所取得的证据,应当以证据所在地国家法律准据为主,我国法律准据为辅;而对于我国调查人员参与境外调查取证所取得的证据,应当以调查取证请求国,也就是我国法律准据为主,证据所在地国法律准据为辅。简言之,对这类证据的"三性"判断,应当同国内取得证据的可采性判断采取基本相同的标准。[②]

2. 改进法律文书制作和送达规定。[③] 应统一司法文书境外送达的法律术语表达,细化和明确缺席审判程序各个环节的文书格式、送达内容、具体期限、操作程序和工作标准,解决好文书翻译与国际公约相衔接的问题,提高获得境外司法协助的可能性。其具体包括以下方面:(1)统一送达文书的内容。明确送达文书的

---

① 参见王辉华:《职务犯罪案件缺席审判:现实问题与改进路径》,载《法治社会》2020 年第 4 期。

② 参见薛剑祥、周庆琳:《论刑事缺席审判中当事人到案后的重新审理程序》,载《法律适用》2018 年第 23 期。

③ 参见王辉华:《职务犯罪案件缺席审判:现实问题与改进路径》,载《法治社会》2020 年第 4 期。

内容应当包括监察机关、检察机关对被告人进行调查活动，以及开展诉讼活动中所涉及的权利事项，充分保障被告人的知情权。(2)精简境外文书送达的国内环节。由于境外送达距离较远、送达程序较为复杂，为了保证文书送达的效率，可以精简境外文书送达的国内环节，着重提高文书审查质量。可考虑设计和畅通审批路径，采取地市一级检察机关发起、省级检察机关把关、最高人民检察院审批并对接国家有关机关的工作模式，明确程序流程和权限，推进境外送达工作向规范化、制度化方向发展。(3)增加缺席审判公告送达的送达方式。为有效解决“送达不能”的问题，对于符合缺席审判条件的职务犯罪案件，在无法得知境外被告人确切住址，或者知晓却无法得到所在国支持的情况下，可以考虑采取公告送达的方式。但基于联合国保护人权、维护公民基本自由权和坚持刑事诉讼最低保障标准的要求，应规定公告送达具有穷尽性，即只有在无法用其他方式送达的情况下，才适用公告送达。同时，应当明确公告送达方式的具体规则，对公告送达的条件、内容、方式、期限、知悉标准等内容作出明确规定和严格限制。[①] 例如，公告送达的方式可包括法院指定报刊刊登、法院官方网站发布、在被告人可能住所地或工作地或经常居住地张贴公告或告示等，以最大限度地保障涉案被告人的知情权。

第三节　庭审会商与文书通报

一、法庭审理分歧意见的沟通会商

人民检察院经过审查起诉将职务犯罪案件起诉到人民法院

---

① 参见王青、李建明:《国际侦查合作背景下的境外取证与证据的可采性》，载《江苏社会科学》2017 年第 4 期。

之后，人民法院根据《刑事诉讼法》的规定，经过审理，对职务犯罪案件的重大事实、关键证据、性质认定、从宽处罚建议等方面可能提出不同的意见。但是基于相互配合、相互制约原则，人民法院出于对检察机关、监察机关的尊重，不能直接根据不同意见作出判决，应当与监察机关、人民检察院进行会商沟通。必要时，可以提请上级人民法院协调同级监察机关、人民检察院研究解决。[①]

（一）关于重大事实和关键证据意见分歧的沟通会商

职务犯罪案件中的重大事实是指在案件中有着十分重要意义的案件事实，如谋取利益的事实、利用职务上便利的事实、收受财物的事实等。关键证据是指能够对案件事实起到决定性作用的证据。在职务犯罪案件中，关键证据所能起到的作用包括三个方面：一是为案件的调查指明方向；二是作为一条完整的证据链条中不可或缺的一部分从而能够对定案产生决定性的影响；三是某一关键证据已经查证属实，就可以肯定或否定全案，从而排除对主要案件事实的争议。[②] 职务犯罪案件中的重大事实和关键证据对于案件性质和量刑的最终确定，具有至关重要的作用。

法院在审理过程中对于重大事实和关键证据的意见与监察机关和人民检察院产生分歧的，应当与两机关进行会商沟通。基于工作需要，有关部门可以召开案件论证会，就案件中的疑难复杂问题进行研究论证，并就其中重大问题议定解决办法。

（二）关于性质认定意见分歧的沟通会商

在审理过程中，基于对案件事实、证据的不同理解，法院与人民检察院和监察机关对于案件性质可能有不同的观点。例如，在对"谋取不正当利益"的把握上，对于何谓"谋取不正当利益"，根

① 参见江国华：《国家监察与刑事司法的衔接机制研究》，载《当代法学》2019 年第 2 期。

② 参见崔敏：《论"关键证据"》，载《公安大学学报》1991 年第 2 期。

据最高人民法院、最高人民检察院《关于办理行贿刑事案件具体应用法律若干问题的解释》第12条规定,“是指行贿人谋取的利益违反法律、法规、规章、政策规定,或者要求国家工作人员违反法律、法规、规章、政策、行业规范的规定,为自己提供帮助或者方便条件。违背公平、公正原则,在经济、组织人事管理等活动中,谋取竞争优势”。对谋取不正当利益进行判断时,既要寻找客观事实依据,也要注重主观方面的合理推断。在一些职务犯罪案件案情复杂、行为性质存在多种解释的情况下,人民法院应当及时与人民检察院以及监察机关就意见分歧进行沟通。①

(三)关于从宽处罚建议意见分歧的沟通会商

《监察法》第31条规定,被调查人主动认罪认罚,有下列情形之一的,可以在移送人民检察院时提出从宽处罚的建议:自动投案,真诚悔罪悔过的;积极配合调查工作,如实供述监察机关还未掌握的违法犯罪行为的;积极退赃,减少损失的;具有重大立功表现或者案件涉及国家重大利益等情形的。同时,《监察法》第32条规定,职务违法犯罪的涉案人员揭发有关被调查人职务违法犯罪行为,查证属实的,或者提供重要线索,有助于调查其他案件的,监察机关也可以在移送人民检察院时提出从宽处罚的建议。根据案件具体情况,监察机关所提从宽处罚建议包括建议从轻处罚、减轻处罚和免除处罚。鉴于减轻处罚与免除处罚适用的重要性,监察机关在建议减轻处罚或者免除处罚时应当严格遵守刑事法律的规定,建议免除处罚应当特别慎重。对于无法明确从宽处罚的具体类型的,可以概述为“建议从宽处罚”。②

---

① 参见江国华:《国家监察与刑事司法的衔接机制研究》,载《当代法学》2019年第2期。

② 参见江国华:《国家监察与刑事司法的衔接机制研究》,载《当代法学》2019年第2期。

《人民检察院办理认罪认罚案件开展量刑建议工作的指导意见》指出，犯罪嫌疑人认罪认罚的，人民检察院应当就主刑、附加刑、是否适用缓刑等提出量刑建议。检察机关提出从宽处罚建议，应当与办理案件的监察机关会商沟通。

人民法院在审理案件的过程中，对于被告人是否应当从宽处罚有不同意见的，应当主动与提出从宽处罚建议的人民检察院或监察机关会商沟通。必要时，也可以提请上级人民法院协调同级监察机关、人民检察院研究解决。

二、审判阶段管辖权变更后的处理

目前，《刑事诉讼法》以及相关的法律法规对变更管辖的规定较为模糊，导致在司法实践中相关机关各行其是，在衔接时存在矛盾和摩擦。为了避免管辖冲突，实践中的一般做法是通过各机关协商解决变更管辖的衔接问题，但随意化的管辖协商，严重损害刑事司法的严肃性，并且对当事人的权利保障造成不利影响，而且一旦协商不好，可能会出现多次指定、互相扯皮的现象。这既降低诉讼活动的效率，浪费大量的司法资源，又增加被追诉者超期羁押的风险，损害被追诉者的合法权利。因此，如何处理好变更管辖的衔接问题是完善我国变更管辖制度亟须解决的问题之一。有学者建议，经上级检察机关指定管辖的案件，检察机关提起公诉时，相对应的审判机关也应予受理和进行审理。在立法中明确前一诉讼阶段作出的变更管辖决定对后续的诉讼阶段有直接的效力，即对于侦查阶段、审查起诉阶段适用变更管辖的案件，在侦查机关移送起诉或者检察机关提起公诉之时，与之对应的同级检察机关和审判机关自动获得案件的管辖权。[①] 除非具有

① 参见江国华：《论监察与刑事司法的沟通衔接机制》，载《东方法学》2023年第1期。

法律规定的事由或者其他正当事由,检察机关和审判机关方可另行变更管辖。这样规定使检察机关和审判机关无须针对具体案件进行逐案协调,还可以有效避免多次指定、互相扯皮的现象发生。这样一来,不仅有利于维护司法的权威性,提高诉讼效率,而且可以减少由于程序烦琐而造成的被追诉者超期羁押的问题,保护被追诉者的合法权利。尽管各机关可能对管辖看法不一致,难免在管辖问题上产生分歧,但是鉴于法院是维护司法公正的最后一道防线,如果把关不严,必将损害整个司法系统的公信力和权威性。同时为防止法院在变更管辖的问题上过于被动,应当确认由法院拥有最终的决定权。①

刑事案件在立案阶段、侦查阶段(调查阶段)、审查起诉阶段以及审判阶段都会产生对案件进行变更管辖的现实需要。在审判阶段主要是指对于因定性变化而导致调查机关或者侦查机关无权管辖的案件,事实清楚,证据确实、充分的,人民法院应当以审理认定的罪名作出判决;事实不清,证据不足的,人民检察院可以补充侦查,经补充侦查仍不符合起诉条件的,人民法院应当与人民检察院协商,人民检察院可以依法撤回起诉,并在撤回起诉后 30 日内作出不起诉决定,将案卷材料退回移送起诉机关。需要重新调查或者侦查的,人民检察院应当建议移送起诉机关将案件移送有管辖权的机关办理,并书面说明理由。②

(一)径行判决

根据《刑事诉讼法》《监察法》的有关规定,监察机关对涉嫌贪污贿赂、滥用职权、玩忽职守、权力寻租、利益输送、徇私舞弊以及

---

① 参见张曙:《刑事诉讼管辖协商机制研究》,载《华东政法大学学报》2014 年第 1 期。

② 参见江国华:《论监察与刑事司法的沟通衔接机制》,载《东方法学》2023 年第 1 期。

浪费国家资财等职务违法和职务犯罪进行调查；人民检察院对在对诉讼活动进行法律监督中发现的司法工作人员利用职权实施的非法拘禁、刑讯逼供、非法搜查等侵犯公民权利、损害司法公正的犯罪进行立案侦查；公安机关则对大部分刑事案件进行侦查。在对刑事案件进行立案侦查（调查）时，案件性质已经基本明确，但是由于部分案件主体、客体等构成要件事实较为复杂，可能导致在法庭审理阶段法院对案件的定性发生改变。例如，职务犯罪案件中涉及"国家工作人员身份"的认定，包括国有企事业单位从事公务的人员、国有企事业单位委派从事公务的人员和其他依照法律从事公务的人员。对于前两种类型通常容易作出准确判断，而对于后者则容易产生分歧，最终对罪名的认定也会大有不同，典型体现为贪污罪和职务侵占罪。

案件定性的变化会导致调查机关或者侦查机关无权管辖，但是案件已经进行到了审判阶段，如果事实清楚，证据确实、充分，人民法院应当以审理认定的罪名径行作出判决。如果仅因管辖的错误而导致程序重来，则会造成司法资源的巨大浪费。

（二）补充侦查

根据前述，法院根据审理认定的罪名进行判决只适用于案件事实清楚，证据确实、充分的情况。如果在审判阶段定性发生变化的案件处于事实不清、证据不足的状态，根据《刑事诉讼法》的规定，人民检察院可以补充侦查，[①]人民检察院应当自行收集证据和进行侦查，必要时可以要求监察机关或者公安机关提供协助；也可以书面要求监察机关或者公安机关补充提供证据。[②]

---

① 参见江国华：《论监察与刑事司法的沟通衔接机制》，载《东方法学》2023 年第 1 期。

② 参见江国华：《论监察与刑事司法的沟通衔接机制》，载《东方法学》2023 年第 1 期。

（三）协商撤诉

人民检察院对事实不清、证据不足的案件进行补充侦查后，案件仍然事实不清、证据不足，不符合起诉条件的，人民法院应当与人民检察院协商，人民检察院可以依法撤回起诉，并在撤回起诉后30日内作出不起诉决定，将案卷材料退回移送起诉机关。[①]

（四）重新调查或侦查

在人民检察院作出不起诉决定后，可能该职务犯罪案件仍然有较大的意义或影响，如果将案件搁置，会与反腐败斗争的决心和目标相背离，也会使得职务犯罪者逍遥法外。因此，人民检察院如果认为案件需要重新调查或者侦查，应当建议移送起诉机关将案件移送至有管辖权的机关办理，并且书面说明理由。[②]

三、庭审通报

审理职务犯罪案件，人民法院应当及时将开庭情况以及法律文书通报监察机关。基于审判中心主义原则，监察机关应当配合职务犯罪的审判工作，必要时，直接办理案件的监察人员应当出庭回答法院提出的任何涉案问题。在尊重人民法院依法独立行使审判权的前提下，监察机关也可以申请旁听，人民法院应予允准。

（一）开庭信息通报

鉴于职务犯罪案件的影响力较大，应当保障监察机关对于开庭信息充分了解，人民法院应当提前5个工作日将开庭信息通报监察机关。监察机关工作人员要求旁听庭审的，监察机关至少提

---

① 参见江国华：《论监察与刑事司法的沟通衔接机制》，载《东方法学》2023年第1期。

② 参见谢小剑：《监察调查与刑事诉讼程序衔接的法教义学分析》，载《法学》2019年第9期。

前3个工作日将参加旁听庭审人员情况进行反馈。

(二)旁听保障

庭审活动是对监察机关关于职务犯罪调查活动的最终评价。监察机关对案件进行立案调查并取得的工作成果能否得到认可，必须在法庭审理中予以呈现。同时在庭审活动中，通过举证质证和辩论，检察机关在调查收集证据方面存在的问题和不足也能够充分暴露出来。通过旁听庭审，监察机关能够深入掌握证据要求，同时也能促使监察机关强化依法办案的意识，更加注重调查活动的合法性。因此，对于监察机关调查的案件，监察机关要求旁听的，人民法院应当提供协助，但一般应当避开人民法院庭审现场。①

四、裁判文书通报

作为反腐败的专责机关，监察机关应当密切关注职务犯罪的审理情况，及时掌握案件的审判、裁决等信息。基于相互配合之原则，在一审、二审裁判上诉期满后或裁判文书发生法律效力后，人民法院应当及时将裁判文书移送监察机关。② 对于一审案件，法院应当在裁判上诉期满后15个工作日内向移送起诉的监察机关通报裁判结果以及被告人是否上诉等情况，并提供裁判文书(每案6份)和相关材料。对于二审案件，应当在二审裁判发生法律效力后15个工作日内向移送起诉的监察机关通报案件裁判结果，并提供裁判文书(每案6份)和相关材料。

---

① 参见江国华:《论监察与刑事司法的沟通衔接机制》，载《东方法学》2023年第1期。

② 参见江国华:《论监察与刑事司法的沟通衔接机制》，载《东方法学》2023年第1期。

第七章　监察从宽处罚建议的衔接

随着《监察法》的颁布和《刑事诉讼法》的修改，如何有效衔接监察中的从宽处罚建议制度与刑事诉讼中的认罪认罚从宽制度之重要性日益凸显。监察机关在分别把握对被调查人和涉案人员适用从宽处罚建议条件的基础上，提出从轻、减轻或免除处罚的从宽处罚建议，将从宽处罚建议及相关证据材料一并移交司法机关审查。[①] 为实现两项制度间的良性交流，有必要建立顺畅的沟通协作机制，通过通报、主动告知、征求意见等方式，实现监察机关与司法机关之间的协作与制约；明确从宽处罚建议的法律效力，通过检察机关审核后转化为量刑建议，与从宽处罚建议一并移送至人民法院，全过程落实从宽处罚建议效力；明晰从宽处罚建议对量刑的影响，通过量

---

① 参见江国华：《论监察与刑事司法的沟通衔接机制》，载《东方法学》2023 年第 1 期。

刑规范化文件确立不同阶段认罪认罚的不同从宽幅度。

2018年3月通过实施的《监察法》规定了从宽处罚建议制度。同年修改的《刑事诉讼法》对认罪认罚从宽制度作出了系统规定。2019年最高人民法院、最高人民检察院、公安部、国家安全部、司法部联合发布《关于适用认罪认罚从宽制度的指导意见》,标志着认罪认罚从宽制度的适用范围正式延伸至监察调查阶段。但从法律文本来看,目前《刑事诉讼法》及其司法解释均未对监察机关所提从宽处罚建议的法律效力以及与刑事诉讼如何衔接作出规定,制度规定上的缺位为职务犯罪中认罪认罚从宽制度的广泛适用设置了一道藩篱。[①] 从宽处罚建议制度主要规定在《监察法》第31条和第32条,可适用从宽处罚建议制度的对象包括涉嫌职务犯罪的被调查人和职务违法犯罪的涉案人员,根据具体情况,经领导人员集体研究并报上一级监察机关批准,监察机关可在将案件移送人民检察院时提出从宽处罚的建议。地方监察机关所提从宽处罚建议需经本级监委领导人员集体研究并报上级监察机关批准,特别是国家监委所提从宽处罚建议还要报党中央审批,具有很强的政治性。有鉴于此,《关于加强和完善监察执法与刑事司法衔接机制的意见》拟规定:司法机关对监察机关所提从宽处罚建议及相关证据应当依法进行审查,符合法定情形的应当采纳。司法机关经依法审查后,认为可以适用认罪认罚从宽制度的,在履行相关法律程序后依法提出从宽处罚建议或在判决中依法从宽处罚;未适用认罪认罚从宽制度的,应当在量刑建议或刑罚裁量中充分考虑监察机关从宽处罚建议及所依据的量刑情节

---

① 参见汪海燕:《职务犯罪案件认罪认罚从宽制度研究》,载《环球法律评论》2020年第2期。

依法处理。《关于适用认罪认罚从宽制度的指导意见》的规定在于细化监察机关行使从宽处罚建议权后的程序过程，实现监察机关与检察机关在审查起诉过程中的工作衔接，进而实现监检法在认罪认罚从宽制度适用上的有效衔接。就当前的司法实践来说，从宽处罚建议制度与认罪认罚从宽制度之间仍有许多衔接不畅之处，这实则反映出《监察法》与《刑事诉讼法》之间衔接不够顺畅，因此需要对从宽处罚建议制度进行深入研究，以探讨二者之间的有效衔接机制。①

第一节　从宽处罚建议的适用条件

从实现法律公平，维护社会稳定的角度出发，依据《监察法》的规定，监察机关对于涉嫌职务犯罪的被调查人和职务违法犯罪的涉案人员向人民检察院提出从宽处罚建议，首先需要考虑是否具有可以建议从宽处罚的法定情形，参照法定的适用条件作出判断。如前文所述，从宽处罚建议的适用对象包括涉嫌职务犯罪的被调查人和职务违法犯罪的涉案人员两类，由于不同的对象适用从宽处罚建议的条件有所不同，在此分别进行阐述。

一、被调查人适用从宽处罚建议的条件

关于涉嫌职务犯罪的被调查人适用从宽处罚建议制度的规定体现在《监察法》第 31 条，该被调查人指的是涉嫌职务犯罪并已被监察机关采取调查措施的行使公权力的公职人员。监察机

---

① 参见孙国祥：《监察法从宽处罚的规定与刑法衔接研究》，载《法学论坛》2020 年第 3 期。

关提出从宽处罚建议的时间发生在移送检察机关审查起诉的过程中，因而被调查人必定有职务犯罪行为。对只涉嫌职务违法的被调查人则无须移送司法机关处理，也就不再存在监察机关还需提出从宽处罚建议的问题。根据《监察法》第31条之规定，[①]对于涉嫌职务犯罪的被调查人，当满足主动认罪认罚这一基本前提时，在下列情形下可以适用从宽处罚建议制度，接下来对各种情形进行一一厘清。

（一）主动认罪认罚

"主动"一词具有极强的主观性和积极性，一般在法律条文中较为少见，而在党规法纪中有较多体现，表现出党组织对于成员的高标准与严要求。[②] 法律条文是全体公民的规范准则，其用词往往偏中性和普遍性，易于界定和判断。例如，《刑法》第67条规定，"犯罪以后自动投案，如实供述自己的罪行的，是自首"。其使用的便是"自动"一词，"主动"与"自动"意思十分相近，仅有细微的差异，只不过"主动"更具有主观忏悔意涵，能明确认识到自身的错误。与之相比，诉讼阶段的认罪认罚要求犯罪嫌疑人、被告人内心清楚认识到认罪认罚的法律后果，在行动上表现为承认指控的犯罪事实并愿意接受处罚，且不受外力作用，强调内心的自愿性和真诚性。[③] 监察阶段的认罪认罚要求被调查人基于内心的

---

① 《监察法》第31条规定："涉嫌职务犯罪的被调查人主动认罪认罚，有下列情形之一的，监察机关经领导人员集体研究，并报上一级监察机关批准，可以在移送人民检察院时提出从宽处罚的建议：（一）自动投案，真诚悔罪悔过的；（二）积极配合调查工作，如实供述监察机关还未掌握的违法犯罪行为的；（三）积极退赃，减少损失的；（四）具有重大立功表现或者案件涉及国家重大利益等情形的。"

② 参见赵恒：《职务犯罪案件认罪认罚从宽制度研究》，载《比较法研究》2022年第2期。

③ 参见张锋学、胡学相：《刑事被告人认罪认罚从宽制度研究》，载《华南理工大学学报（社会科学版）》2019年第4期；江国华：《中国监察法学》，中国政法大学出版社2022年版，第360页。

忏悔而主动认罪认罚，强调内心的悔罪性和主动性。现实中，主动的行为极具主观性，被调查人的内心所想外在难以辨别，因此应将“主动”以概括内涵来理解更为恰当，即从客观情况来看，若被调查人在非调查人员强制要求的情形下自行交代相关情况，即可认定为“主动”，对于被调查人的内心想法不进行过多探究。同时，“主动”的核心还在于认错和自愿，是否合理应结合认罪认罚的情形一并考察，其强调的是被调查人在深刻认识到自身行为的犯罪性质后自愿作出认罪和认罚。[①]《监察法》之所以在规定从宽处罚建议制度时特别强调被调查人的主动性，主要在于确保被调查人改恶向善的真实意愿和防止认罪认罚从宽的有意滥用，[②]体现出新时代监察工作“标本兼治、惩前毖后、治病救人”的价值导向。但也有学者指出，过分强调“主动”要求，可能存在制度错位和压缩适用空间的风险，未来或应淡化以主动性为主要认定依据的思想。[③] 但从目前《监察法》对从宽处罚建议制度的规定来看，设定严于刑事司法中认罪认罚制度的适用条件是应有之义。

“认罪认罚”作为从宽处罚建议制度的核心，同时也是认罪认罚从宽制度的核心。其中“认罪”既包含了如实供述自己的罪行，也包含了承认指控的犯罪事实，具体来说就是监察机关移送检察机关审查起诉的犯罪事实。值得注意的是，上述“主动”要求意味着监察法上的“认罪”与刑事诉讼法上的“认罪”的情形并不完全相同。根据《刑事诉讼法》第 15 条之规定，认罪包括积极的自愿供述和消极的承认指控，但本处的“认罪”一定与主动相匹配，要

---

① 参见江国华：《中国监察法学》，中国政法大学出版社 2022 年版，第 359～360 页。

② 参见瞿目：《职务犯罪调查阶段认罪认罚从宽的探讨——以〈监察法〉第 31 条为中心》，载《华南理工大学学报（社会科学版）》2020 年第 1 期。

③ 参见周慧琳：《监察程序中适用认罪认罚从宽的误区及其校正》，载《昆明理工大学学报（社会科学版）》2020 年第 5 期。

外化为具有积极性的行为,因而不包含自愿被动承认指控犯罪的情形。“认罚”从字面含义来看即愿意接受惩罚。从《刑事诉讼法》对认罪认罚从宽制度的规定来看,认罚又具体指自愿接受所认之罪在实体法上带来的刑罚后果和对诉讼程序简化的认可。[①]但由于监察机关为政治机关,并不属于司法机关,其没有审判权,也没有决定量刑的权力,因而此时的认罚具有抽象性与概括性,被调查人表示自己愿意接受法律的审判、承担由自己的犯罪行为所引起的责任即可,而不必涉及刑罚的具体种类和量刑幅度。[②]

(二)自动投案,真诚悔罪悔过

自动投案是自首的核心要件。有关自动投案,《刑法》第67条对自首的界定中也有所涉及,而在《关于处理自首和立功具体应用法律若干问题的解释》《关于办理职务犯罪案件认定自首、立功等量刑情节若干问题的意见》《关于处理自首和立功若干具体问题的意见》等司法解释中,对自动投案的情形作出了一些具体规定。然而监察机关调查案件中的自动投案定义稍有不同,其中犯罪事实未被发现或犯罪事实已被发现但不知是何人所为,当事人主动去相关单位投案等情况与自首的规定较为类似。具体来说,自动投案是指被调查人在犯罪之后、到案之前,主动、自愿地将自己置于监察机关或有关机关、个人控制之下。真诚悔罪悔过是指被调查人发自内心地意识到自己的错误,通常表现为如实交代自己的主要犯罪事实。[③]《监察法实施条例》第214条明确了满足该条件的9种情形及兜底条款,总结概括为以下要件:第一,时间要件。自动投案要在犯罪之后、受到讯问或者采取留置措施之

---

① 参见陈卫东:《认罪认罚从宽制度研究》,载《中国法学》2016年第2期。

② 参见詹建红:《认罪认罚从宽制度在职务犯罪案件中的适用困境及其化解》,载《四川大学学报(哲学社会科学版)》2019年第2期。

③ 参见江国华:《中国监察法学》,中国政法大学出版社2022年版,第361页。

前,包括职务犯罪问题未被监察机关掌握、谈话函询过程中如实交代、初步核实阶段尚未受到谈话等。第二,行为要件。被调查人既可以直接向监察机关投案,也可以异地投案、委托投案。[①] 第三,对象要件。被调查人不仅可以向监察机关投案,还可以向党组织、单位、巡视巡察机构、司法机关等投案。除此之外,该条例还从反面强调了投案必须有效这一前提,被调查人自动投案后不能如实交代自己的主要犯罪事实,或者自动投案并如实供述自己的罪行后又翻供的,不能认定为自动投案。[②]

值得特别注意的是,由于监察机关是党政合署办公,其执行调查措施的过程中会涉及党纪立案或通知谈话等情况,而经监察机关通知后到案的情形是否属于自动投案,还需坚持主客观一致的标准予以判断。一般来说,若犯罪事实未被掌握,而被调查人在经通知到案后向监察机关供述自身犯罪事实的,应视为自动投案;若犯罪事实已经被掌握,通知被调查人到案的,则要判断被调查人主观上的主动性和自愿性,如被调查人不知自身犯罪情况已被掌握,在与办案机关谈话的过程中供述了自身犯罪事实的,只能视为坦白,不认作自动投案;若难以判断到案时被调查人主观上的明知与否,则需根据被调查人的供述以及到案经过等证据综合分析。若仍无法确定,则应根据有利于被调查人原则,视为被调查人明知自身犯罪已被掌握而归案。[③]《监察法实施条例》第214条第1款最后一项作为兜底条款,赋予了监察机关根据具体案件情况自由裁量的权力,即便不具备列举情形,但只要符合上

---

① 参见邹力强:《监察机关从宽处罚建议制度研究》,江西财经大学2021年硕士学位论文,第24页。

② 参见江国华:《中国监察法学》,中国政法大学出版社2022年版,第360页。

③ 参见孔祥庚:《经监察机关通知到案能否认定为自动投案》,载《中国纪检监察报》2020年5月6日,第8版。

述条件,就能被认定为其他应当视为自动投案的情形。监察机关在认定本条件时,必须认真审核把关,综合考虑被调查人的投案时机、供述内容、供述稳定性等因素,分析判断被调查人的真实目的,既要发挥好从宽处罚建议的导向作用,又要防止被调查人以"自首"之名行逃避惩罚之实。①

(三)积极配合调查工作,如实供述监察机关还未掌握的违法犯罪行为

积极配合调查工作,可以说是主动认罪认罚行为的具体延伸,其反映出被调查人面对自己犯罪事实的悔过性与认错的主动性。由于"自动投案,真诚悔罪悔过"在行为上通常也表现为如实交代自己的主要犯罪事实,故而应区分把握两者关系:如果被调查人尚未受到控制,在谈话、函询、初步核实等阶段主动如实交代主要犯罪事实的,都属于"自动投案、真诚悔罪悔过"。也即只有当被调查人已经处于监察机关的控制之下,无法再满足前项条件时,才是适用本项情形的前提。对于调查工作的配合,体现为被调查人如实供述监察机关已掌握的违法犯罪事实、配合调查人员收集相关违法犯罪的证据材料等。除此之外,对于监察机关还未掌握的违法犯罪行为,被调查人也应全盘托出。对于涉嫌共同职务犯罪的情况,被调查人不仅应供述自己的犯罪行为,还应供述与其共同实施犯罪的其他共犯的共同犯罪事实。在共同职务犯罪中,如果被调查人供述出监察机关未掌握的他人的犯罪事实,并符合重大立功条件的,还应当按照重大立功的规定对其进行处理。②

根据《监察法实施条例》第215条之规定,"积极配合调查工

① 参见本书编写组编写:《〈中华人民共和国监察法〉案例解读》,中国方正出版社2018年版,第260页。

② 参见江国华:《中国监察法学》,中国政法大学出版社2022年版,第61~362页。

作,如实供述监察机关还未掌握的违法犯罪行为”包括四种情形:(1)监察机关所掌握线索针对的犯罪事实不成立,在此范围外被调查人主动交代其他罪行的。监察机关经过调查后,其掌握的线索指向的犯罪事实并不能达到犯罪事实清楚,证据确实、充分的程度,不成立犯罪,此时被调查人主动交代其他罪行,就是在供述监察机关尚未掌握的犯罪事实,能体现出其积极配合调查工作的态度。(2)主动交代监察机关尚未掌握的犯罪事实,与监察机关已掌握的犯罪事实属不同种罪行的。首先,被调查人交代监察机关已经掌握的犯罪事实,最多属于坦白,为与自首要求相当,被调查人必须是主动交代监察机关尚未掌握的犯罪事实。其次,把握“尚未掌握”的犯罪事实,应注意以下几点:一是如果被调查人已被通缉,在通缉令范围内的罪行视为已被掌握的罪行;二是如果罪行已被录入全国公安信息网络在逃人员信息数据库,应视为已被掌握;三是除上述两种情形外,以监察机关是否实际掌握该罪行为认定标准。[①] 最后,本情形要求被调查人主动交代的罪行与监察机关已掌握犯罪事实属不同种罪行。(3)主动交代监察机关尚未掌握的犯罪事实,与监察机关已掌握的犯罪事实属同种罪行的。此情形看似与前项并无区别之必要,但实际上本情形是监察机关放宽“特别自首”认定标准的体现,与前项有重要区别,在从宽幅度上应作更加严格的限制区分。(4)监察机关掌握的证据不充分,被调查人如实交代有助于收集定案证据的。被调查人无论是如实交代自己的主要犯罪事实,还是如实供述监察机关尚未掌握的犯罪事实,当其可以对监察机关收集定案证据产生重要帮助时,也满足本条件。《监察法实施条例》第 215 条第 2 款还对如何

① 参见本书编写组编写:《监察权限与程序案例指导》,中国方正出版社 2020 年版,第 119 页。

区分不同种罪行和同种罪行作出了规定，即原则上一般以罪名区分，若被调查人如实供述其他罪行的罪名与监察机关已掌握犯罪的罪名不同，但属选择性罪名或者在法律、事实上密切关联的，应当认定为同种罪行。

以上要求与《刑法》第67条规定的特殊自首与坦白情节相类似，但不同的是，《监察法》要求供述的范围更广，不仅包括所涉案件监察机关尚未掌握的犯罪事实，还包括其他非指控的违法行为和犯罪行为；不仅要求"如实供述"，还要求"积极配合调查工作"，即履行作证、辨认、提供犯罪线索等配合监察工作的行为。[①]此外，监察调查中此为适用从宽处罚建议的必要条件，在其他犯罪中仅为评价被追诉人悔罪态度的参考要素之一，影响量刑的从宽幅度。由此均可见，《监察法》对适用从宽处罚建议制度提出了更严格的实体要求。

（四）积极退赃，减少损失

积极退赃即被调查人积极主动退回或上交其犯罪所得赃款赃物，减少国家、集体和公民的合法权益可能受到的损失。[②]赃款赃物的追回能有效减少国家和人民财产的流失，实现反腐败斗争的主要目的。在当前大力反腐的背景下，贪污受贿、失职渎职等职务犯罪主要是公职人员利用手中的权力所进行的以权谋私，其除了损害党和国家的正面形象，还损害本属于国家和全体人民的利益财富。犯罪赃物赃款的上交与退回能反映出被调查人真诚悔过的主观意图，同时也能实现打击职务犯罪的反腐目的，遏制腐败现象的蔓延。而减少损失是指被调查人退赃的实际效果，表

---

① 参见王学辉、徐寅智：《监察法视阈下认罪认罚从宽制度的检视与优化》，载《理论月刊》2021年第11期。

② 参见中共中央纪律检查委员会法规室、中华人民共和国国家监察委员会法规室编写：《〈中华人民共和国监察法〉释义》，中国方正出版社2018年版，第162页。

明并不要求挽回全部损失，若在被调查人积极主动退回大部分赃物赃款，仍有少部分赃物赃款由于意志以外的其他因素而导致无法退回的，也应视为符合此项规定。①

《监察法实施条例》第 216 条明确了属于“积极退赃，减少损失”的三种具体情形：(1)全额退赃的。这里的全额既包括以非法手段获取的财物，也包括由其产生的孳息。被调查人全额退赃已然能体现出其真诚积极的悔罪态度，并且可以节约为追赃投入的监察资源，当然符合本条件。(2)退赃能力不足，但被调查人及其亲友在监察机关追缴赃款赃物过程中积极配合，且大部分已追缴到位的。被调查人以非法手段获取的财物，往往已通过高消费支出，这种不当挥霍常导致被调查人接受监察机关调查时已不具备全额退赃的能力，实践中追回全部赃款的情形亦较少。因此本条特别规定了被调查人虽然退赃能力不足，但满足以下两个要件的，也可以认定为“积极退赃，减少损失”：在行为要件上，被调查人及其亲友要积极配合监察机关的追赃工作，表现为按照监察机关的要求，提供赃款赃物的明细，主动上交剩余赃款赃物等；在结果要件上，要达到大部分赃款赃物已被追缴到位的结果，虽然不能全额退赃，但可以追缴大部分的赃款赃物，也能在一定程度上减少损失。如果大部分赃款赃物被挥霍，仅能追回小部分赃款赃物，则不能认为符合本项规定。(3)犯罪后主动采取措施避免损失发生，或者积极采取有效措施减少、挽回大部分损失的。这又分为两种情况：一是被调查人的职务犯罪行为尚未导致公共财产、国家和人民利益遭受损失，积极主动采取措施，并有效避免损失发生；二是被调查人的职务犯罪行为已经造成损失，但积极采取有效措施，减少损失的进一步发生，或者挽回损失，使大部分损

① 参见江国华：《中国监察法学》，中国政法大学出版社 2022 年版，第 362 页。

失得以避免。[①]

(五)具有重大立功表现或者案件涉及国家重大利益等情形

具有重大立功表现是相对于一般立功表现而言的,有关二者的区分在最高人民法院出台的《关于办理减刑、假释案件具体应用法律的规定》第4条和第5条中有相应规定。而在对《监察法》第31条的释义中,对重大立功表现的解析主要参照的是最高人民法院《关于处理自首和立功具体应用法律若干问题的解释》第7条的规定,《监察法实施条例》第217条分别对具有重大立功表现和案件涉及国家重大利益两种情况作出了进一步细化。

具有重大立功表现主要包括五种情形:(1)检举揭发他人重大犯罪行为且经查证属实的。(2)提供其他重大案件的重要线索且经查证属实的。(3)阻止他人重大犯罪活动的。(4)协助抓捕其他重大职务犯罪案件被调查人、重大犯罪嫌疑人(包括同案犯)的。参照最高人民法院《关于处理自首和立功若干具体问题的意见》,关于"协助抓捕"的具体认定又包括:其一,按照监察机关的安排,以打电话、发信息等方式将其他犯罪嫌疑人(包括同案犯)约至指定地点的;其二,按照监察机关的安排,当场指认、辨认其他犯罪嫌疑人(包括同案犯)的;其三,带领调查人员抓获其他犯罪嫌疑人(包括同案犯)的;其四,提供监察机关尚未掌握的其他案件犯罪嫌疑人的联络方式、藏匿地址的;等等。(5)为国家挽回重大损失等对国家和社会有其他重大贡献的。[②] 需要注意的是,此处为国家挽回重大损失不包括被调查人因本人案件所可能造成的损失,否则应属于"积极退赃,减少损失"的情形之一。其中,重大犯罪一般是指依法可能被判处无期徒刑以上刑罚的犯罪行

① 参见江国华:《论监察与刑事司法的沟通衔接机制》,载《东方法学》2023年第1期。

② 参见江国华:《中国监察法学》,中国政法大学出版社2022年版,第362~363页。

为。重大案件一般是指在本省、自治区、直辖市或者全国范围内有较大影响的案件。查证属实一般是指有关案件已被监察机关或者司法机关立案调查、侦查，被调查人、犯罪嫌疑人被监察机关采取留置措施或者被司法机关采取强制措施，或者被告人被人民法院作出有罪判决，并结合案件事实、证据进行判断。案件涉及国家重大利益是指案件涉及国家主权和领土完整、国家安全、外交、社会稳定、经济发展等情形。将涉及国家重大利益等情形设置为适用从宽处罚建议的依据之一，主要是基于政策考量，为特殊情况的变通处理留有空间。最后需要强调的是，一般立功或一般利益并不符合本条的规定，不适用从宽处罚建议制度，但依据《刑法》和《刑事诉讼法》的规定，在之后的审查起诉以及量刑阶段中也可适用相应的从宽处理。

二、涉案人员适用从宽处罚建议的条件

职务违法犯罪的涉案人员较为广泛，主要包括其他被调查人、涉嫌行贿犯罪的涉案人员、涉嫌共同职务犯罪的涉案人员和其他相关涉案人员四类。除案件的主要被调查人之外，职务违法犯罪的涉案人员同样也在监察机关管辖范围之内，因而也适用从宽处罚建议制度。《监察法》第32条[①]对于涉案人员适用从宽处罚建议制度的条件规定得不如被调查人那么具体，参照法条的文本分析，主要内容有三个方面：首先，同样需要考察涉案人员的主观积极性，即其是否主动供述了有关被调查人职务违法犯罪的相关事实，或提供了与案情相关的重要线索，揭示内容的主动全面

① 《监察法》第32条规定："职务违法犯罪的涉案人员揭发有关被调查人职务违法犯罪行为，查证属实的，或者提供重要线索，有助于调查其他案件的，监察机关经领导人员集体研究，并报上一级监察机关批准，可以在移送人民检察院时提出从宽处罚的建议。"

与否是对涉案人员考察的关键因素。其次,涉案人员揭发有关被调查人职务违法犯罪的行为需被查证属实,揭示的内容应具有真实性,若揭发的内容不属实或不属于职务违法犯罪行为,则不符合提出从宽处罚建议的条件。最后,涉案人员供述的事实和提供的线索应有助于监察机关查清案件,涉案人员向监察机关所揭发的被调查人职务违法犯罪的情况应是监察机关当前尚未掌握的,若是监察机关已查明的事实则无实际意义;而与其他案件相关的重要线索应是其他案件的关键情节,监察机关通过涉案人员提供的线索,能顺利查清相关违法犯罪案件。《监察法实施条例》第218条对此作出了进一步细化规定。[①]

根据《监察法实施条例》第218条之规定,可以认定为"揭发有关被调查人职务违法犯罪行为,查证属实或者提供重要线索,有助于调查其他案件"的情形有三:(1)揭发所涉案件以外的被调查人职务犯罪行为,经查证属实的。此处要求涉案人员揭发的内容一定是所涉案件以外的被调查人职务犯罪行为,如果是交代自己所涉案件的被调查人或者其他涉案人员,只能算是如实供述罪行的坦白行为。不同于前述被调查人的重大立功条件,此处对涉案人员不作揭发内容必须是重大犯罪的要求,涉案人员既可以揭发重大职务犯罪行为,也可以揭发一般职务犯罪行为。当然,为保证揭发的有效性,揭发必须建立在经查证属实的前提之上。(2)提供的重要线索指向具体的职务犯罪事实,对调查其他案件起到实质性推动作用的。此项情形需要同时满足三个条件:一是涉案人员提供的线索必须是"重要线索",如关键物证、关键人证等,对调查其他案件具有重要作用;二是提供的线索必须指向"具体的职务犯罪事实",监察机关可以据此确定待调查的事实和对

① 参见江国华:《中国监察法学》,中国政法大学出版社2022年版,第364页。

象,而不能语焉不详;三是提供的线索对调查其他案件“起到实质性推动作用”,这意味着此线索必须尚未被监察机关掌握,且通过该线索监察机关可以顺利查清相关违法犯罪案件。涉案人员必须同时具备上述三项要件,但凡欠缺一条就不能认定为“提供重要线索,有助于调查其他案件”。(3)提供的重要线索有助于加快其他案件办理进度,或者对其他案件固定关键证据、挽回损失、追逃追赃等起到积极作用的。涉案人员提供的重要线索,即使指向的是职务犯罪外的其他类型犯罪,只要可以加快其他案件办理进度,提高监察机关查案效率的,就属于有助于调查其他案件。此外,这里的重要线索既可以是帮助其他案件固定关键证据,有助于查清案件事实,也可以是通过挽回损失、追逃追赃等行为,帮助积极采取有效措施。①

需要注意的是,参照最高人民法院、最高人民检察院《关于办理职务犯罪案件认定自首、立功等量刑情节若干问题的意见》,涉案人员揭发有关被调查人的职务犯罪行为,或者提供调查案件的重要线索时,其线索、材料来源有下列情形之一的,不能认定符合《监察法》第 32 条要求:(1)本人通过非法手段或者非法途径获取的;(2)本人因原担任的查禁犯罪等职务获取的;(3)他人违反监管规定向犯罪分子提供的;(4)负有查禁犯罪活动职责的国家机关工作人员或者其他国家工作人员利用职务便利提供的。

允许涉案人员与被调查人同样适用从宽处罚建议制度,目的在于提升涉案人员配合监察机关调查案件的积极性,从而提高反腐工作的效率,促使监察机关尽快查明查清案件。与被调查人相比,涉案人员的适用条件相对较低,依据《监察法》第 32 条释义,

① 参见江国华:《论监察与刑事司法的沟通衔接机制》,载《东方法学》2023 年第 1 期。

涉案人员在揭发有关被调查人职务违法犯罪行为或者提供重要线索时，对有些细节或者情节记不清楚或者确实无法说清楚的，不能认为是隐瞒或者不配合调查工作。且涉案人员在经过监察机关教育之后，才从不配合转为主动配合，从有所隐瞒转为全部反映，仍然可以作为提出从宽处罚建议的条件。①

具体到全国各地案件中从宽处罚建议的适用，除了依照法定的情形，各地监察机关还应从政治和全局出发，综合分析当地的政治生态、违法犯罪行为发生时间节点和情节、社会影响、危害后果等情形进行综合研判，做到宽严有度、宽严相济，以实现政治效果、纪法效果和社会效果相统一。具体来说，对于被调查人，即便其符合上述要件，但若存在犯罪情节特别恶劣、犯罪后果特别严重、人民群众反映特别强烈等情形，监察机关也不必然要提出从宽处罚建议；对于涉案人员，则要考虑其是否存在行为性质恶劣、造成严重危害后果等情形。例如，涉案人员系多次行贿、巨额行贿等重点查处的行贿行为，则应更加慎重地适用从宽处罚建议制度。②

第二节　从宽处罚建议的类型和方式

从宽处罚是一个相对抽象的概念，2018 年修正的《刑事诉讼法》第 15 条对于认罪认罚从宽的规定也较为模糊。之后《关于适用认罪认罚从宽制度的指导意见》才对“从宽”作出了更为明确

---

① 参见中共中央纪律检查委员会法规室、中华人民共和国国家监察委员会法规室编写：《〈中华人民共和国监察法〉释义》，中国方正出版社 2018 年版，第 166 页。

② 参见《如何规范做好职务犯罪案件涉案人员处理工作》，载中央纪委国家监委网站，https://www.ccdi.gov.cn/hdjln/nwwd/202203/t20220311_177207.html。

的定义。2021 年 6 月，最高人民法院、最高人民检察院印发的《关于常见犯罪的量刑指导意见（试行）》对于从宽幅度予以量化规定。

一、从宽处罚建议的类型

结合《刑事诉讼法》确立认罪认罚从宽制度的深层内涵来看，从宽既包含实体上的从宽，也包括程序上的从简，有助于司法效率的提升，也是对坦白从宽刑事政策的制度深化。① 从实体上来看，从宽包括从轻处罚、减轻处罚和免除处罚三个层次，依据犯罪的事实、情节和社会危害程度，不具备减轻处罚情节的，应当在法定幅度以内提出从轻处罚的量刑建议并作出量刑；②对其中犯罪情节轻微不需要判处刑罚的，可以依法作出不起诉决定或者判决免予刑事处罚。从程序上来看，从简主要体现在审判程序的简化、强制措施的宽缓化以及适用其他有利于犯罪嫌疑人和被告人的程序。《监察法》对于从宽没有另外规定，对于从宽的认定标准与《刑事诉讼法》也较为一致，但从《监察法释义》来看，从宽仅包含实体上的从宽，根据案件具体情况，监察机关所提从宽处罚建议包括建议从轻处罚、减轻处罚和免除处罚。其中，建议减轻处罚或者免除处罚应当符合刑事法律规定的相关情形；建议免除处罚应当特别慎重。结合个案情况，经综合研判认为不宜明确从宽处罚建议具体类型的，可概括表述为“建议从宽处罚”。

在司法实践中，《监察法》和《刑事诉讼法》对于从宽处罚建议

---

① 参见王弘宁：《职务犯罪调查阶段认罪认罚从宽制度适用问题研究》，载《兰州学刊》2021 年第 8 期。

② 参见付余：《职务犯罪认罪认罚从宽制度的问题及其完善——以 G 省司法审结的 500 件职务犯罪案件为样本》，载卢晓珊主编：《法治论坛》总第 54 辑，中国法制出版社 2019 年版。

的规定看似具有一致性,实则无法良好衔接。[①] 监察机关所实施的各项调查措施从本质上来说是侦查权的行使,调查阶段先于审查起诉阶段,但监察机关和检察机关均可提出三种维度的从宽处罚建议,然而两个阶段中各个类型的从宽处理在从宽幅度上并没有明确规定。[②] 由于在不同阶段均能适用认罪认罚从宽,且没有明确的程度区别,这就容易导致被调查人或涉案人员产生侥幸和逃避心理,自愿认罪认罚的动力大打折扣,[③]在调查阶段打死不认也许能侥幸逃过法律制裁,哪怕真的进入了审查起诉阶段或审判阶段依旧能争取认罪认罚从宽。此种现象违背了《监察法》设置从宽处罚建议的初衷,阻碍提升诉讼效率,甚至还会加大办案的难度。因而,明晰不同阶段的不同从宽幅度规定至关重要,对从宽幅度进行精准化规定,可以确保定罪量刑的法定化,杜绝自由裁量权的过度使用,也能增强被调查人、犯罪嫌疑人对从宽处罚建议制度的理解与信心,使其认识到认罪与不认罪、认罪时间先后的不同后果,切实提高司法效率。[④] 例如,可根据被调查人或涉案人员在调查、起诉、审判不同时期的认罪认罚情况,给予不同的从宽幅度。若在监察机关调查阶段主动认罪认罚并符合法定情况,建议从轻、减轻处罚的幅度不得超过法定刑的30%,而到了移送检察机关审查起诉时才认罪认罚的,从宽的建议幅度可降低到20%。当然,由于监察机关不是司法机关,其提出的从宽处罚建

---

① 参见李阳阳:《〈刑法〉与〈监察法〉在职务犯罪从宽规定上的衔接——以职务犯罪特别从宽规定的刑事立法完善为视角》,载《重庆理工大学学报(社会科学)》2019年第12期。

② 参见韩旭:《认罪认罚从宽制度中"认罚"辨析》,载《法治研究》2021年第3期。

③ 参见吴成杰:《职务犯罪案件适用认罪认罚从宽制度问题研究》,载《山东法官培训学院学报》2021年第3期。

④ 参见王啸洋:《认罪认罚从宽制度在职务犯罪案件中的运用——以〈刑诉法〉与〈监察法〉的衔接为视角》,载《天津法学》2019年第3期。

议不是具体的量刑建议，仅是一种概括性的从宽，不同阶段从宽处罚的衔接旨在维护坦白从宽精神的连贯性，鼓励被调查人或犯罪嫌疑人尽快认罪认罚。[①] 除了不同阶段从宽类型的幅度量化，监察机关的从宽处罚建议也可拓展其程序方面的内涵，类比《刑事诉讼法》规定的简化审判程序等措施。

二、提出从宽处罚建议的方式

监察机关是从宽处罚建议程序的启动者，若符合提出从宽处罚建议要求的，在向检察机关移送职务犯罪案件时，应将从宽处罚建议一并移送。[②] 为实现监察机关与检察机关高效的工作配合，根据《监察法实施条例》第219条之规定，对于移送起诉的职务犯罪案件提出从宽处罚建议需要满足以下要求：(1)在时间上，监察机关一般应当在移送起诉时一并提出从宽处罚建议，这是因为监察机关的从宽处罚建议会影响到检察机关在审查起诉阶段的相关决定。特殊情况下，监察机关也可以在案件移送后、人民检察院提起公诉前，单独移送从宽处罚建议书。此处的特殊情况，往往是指案件存在某一事实调查困难，从而影响到监察机关是否作出从宽处罚建议，但是监察机关又必须要移送起诉的情形。允许此种特殊情况的存在既能为监察机关调查案件争取更多时间，也不会耽误刑事诉讼程序的推进。概言之，监察机关提出从宽处罚建议的最晚时间节点为检察机关提起公诉前。(2)在内容上，从宽处罚建议一般作为《起诉意见书》的内容之一一并提出。这也就意味着监察机关在《起诉意见书》中需要载明涉嫌职

---

① 参见张阳、朱瑞可：《论认罪认罚从宽制度的实体化实现》，载《河南社会科学》2021年第6期。

② 参见周光权：《认罪认罚从宽处罚对刑法立法提出的新要求》，载《中国人大》2019年第15期。

务犯罪的被调查人和职务违法犯罪的涉案人员是否存在符合《监察法》第31条、第32条所规定的情形。若存在，则需要写明被调查人和涉案人员的认罪认罚情况，并客观表述量刑情节，参照具体情形还可提出适用速裁程序、强制措施从宽等程序性建议，以供检察机关在审查起诉阶段作为参考，有助于其更快速全面地掌握案情。[①] 需要注意的是，《监察法实施条例》第219条第2款特别明确了出现被调查人在调查阶段认罪认罚，但不符合《监察法》规定的提出从宽处罚条件情形的处理方式：监察机关虽在案件移送起诉时不能提出从宽处罚建议，但仍负有程序性义务，即应当在《起诉意见书》中写明被调查人自愿认罪认罚的情况。作此规定的目的在于让检察机关在审查起诉阶段再次核实，进一步判断认罪认罚是否成立，以实现监察机关与检察机关之间的相互配合。另外，在上述特殊情形下，也允许监察机关以单独形成从宽处罚建议书的形式移送人民检察院。(3)在材料上，监察机关应当将提出从宽处罚建议所依据的证据材料一并移送人民检察院，如询问笔录、被调查人的亲笔供词等并附以说明，[②]既要确保移送案件事实清楚，证据确实、充分，也要注重从宽处罚建议的有理、有据、有效，以为检察机关审查是否从宽、如何从宽提供全面准确的依据，促进监察机关与司法机关工作程序上的衔接。[③]

人民检察院对于监察机关移送的案件和材料经过审查后，若移送的从宽处罚建议符合案件实情与法律规定，后续提起公诉时

---

① 参见《〈中华人民共和国监察法实施条例〉解读》，载《中国纪检监察》2021年第19期。

② 参见闵春雷：《回归权利：认罪认罚从宽制度的适用困境及理论反思》，载《法学杂志》2019年第12期。

③ 参见蒋莉：《依法规范精准提出从宽处罚建议》，载《中国纪检监察报》2020年5月6日，第6版。

应当向人民法院书面通报监察机关提出从宽处罚建议的情况，并附监察机关的从宽处罚建议书。[①] 若不符合《监察法》规定的从宽处罚建议程序及实体依据，检察机关可通过退回补充调查、依职权自行侦查等机制切实履行职责，从而保证监察机关从宽处罚建议内容上合法、程序上合规。[②] 我国的司法体制以审判为中心，为避免从宽处罚建议制度虚化，需要切实保障从宽处罚建议的适用效力。同时，不同机关之间除了工作的配合，还应维持一定的制约关系，检察机关依法审查、采纳与传达从宽处罚建议有助于维护司法的公平与效率，防止从宽处罚建议权的滥用，保证监察机关、检察机关和审判机关协作配合，独立行使职权。[③]

三、沟通协作机制

国家监察与刑事司法的衔接，除了需要制度保障，更重要的是各机关之间形成顺畅的沟通协作机制。对整个案件而言，应对认罪认罚从宽处理予以连贯适用，在调查、起诉和审判阶段均应保持一致。且监察机关调查职务犯罪旨在服务国家反腐败大局，调查过程具有政治色彩，而检察机关和审判机关作为专门的法律适用机关，其对从宽处罚建议的审查以及与监察机关的沟通能更好地保证从宽处罚建议在后续刑事司法过程中的准确适用。[④] 正如前文从宽处罚建议的效力衔接中提到的司法机关对于从宽处

---

① 参见徐汉明、赵清：《检察机关对职务犯罪案件依法审查的三个运行向度》，载《中南民族大学学报(人文社会科学版)》2021 年第 1 期。

② 参见张明正：《监察机关调查职务犯罪从宽处罚问题研究》，载《南海法学》2019 年第 1 期。

③ 参见卞建林：《监察机关办案程序初探》，载《法律科学(西北政法大学学报)》2017 年第 6 期。

④ 参见桂梦美：《职务犯罪调查阶段认罪认罚从宽的制度逻辑与展开》，载《苏州大学学报(哲学社会科学版)》2020 年第 5 期。

罚建议的审查，具体来说，这个过程也是不同机关之间进行沟通与工作配合的过程。认罪认罚从宽制度的适用从调查程序到刑事司法程序有以下几种形式。

（一）监察机关提出从宽处罚建议

根据《监察法》的规定，监察机关调查终结的案件，应当依法移送检察机关审查起诉，符合从宽处罚建议适用条件的，可提出从宽处罚建议，并将从宽处罚建议书连同案卷材料、证据一同移送人民检察院。在国家监察与刑事司法衔接的过程中，二者的协作除了工作的配合还有机关之间的互相制约，避免权力与权力的交织混同，以致各机关独有职权的行使受到影响。[①] 监察机关提出从宽处罚建议的，移送的从宽处罚建议书并非直接生效，还需经过司法机关的依法审查。司法机关依法审查后，认为符合法定情形予以采纳的，应当在法律文书生效后及时向监察机关通报。通报的意义在于，不仅能让监察机关了解案件进入刑事司法后的办理情况，增强职务犯罪案件办理的连贯性，还能有效保证从宽处罚建议效力的实现，促使从宽处罚建议制度的贯彻落实。[②] 反之，若司法机关认为不符合法定情形拟不采纳，应当在作出决定前与监察机关进行沟通。例如，人民检察院经审查发现有刑讯逼供、暴力取证等行为逼迫被调查人认罪认罚的，可排除适用从宽处罚建议，[③]但应在作出决定前将不适用的理由或退回调查程序

---

① 参见潘金贵、王志坚：《以审判为中心背景下监察调查与刑事司法的衔接机制研究——兼评〈刑事诉讼法（修正草案）〉相关条文》，载《社会科学研究》2018 年第 6 期。

② 参见张全印：《认罪认罚从宽量刑的规范化》，载《人民司法（应用）》2017 年第 10 期。

③ 参见郑自飞、李美福：《监察机关行使认罪认罚“从宽建议权”的风险及控制》，载《警学研究》2019 年第 4 期。

等情况以书面形式告知监察机关,[①]并与其协商案件的其他处理方式;同理,审判机关若审查发现了有排除适用的情况也应告知监察机关并与其沟通协商,由于从宽处罚建议是检察机关提起公诉时连同案卷材料一并移送的,审判机关的决定及理由也应一并告知检察机关。监察机关与司法机关进行沟通协商的,由其案件审理部门负责对接。沟通的意义在于,一般情况下监察机关对个案事实了解得最早、最直观、最深入,其提出的处罚建议体现了对犯罪事实的初步判断,对于量刑建议和司法判决具有影响力,司法机关在不采纳时当慎之又慎。[②] 通过沟通对不采纳决定进行再度核查,既能防止应采纳而未采纳的情况出现,也能体现司法机关对监察机关从宽处罚建议的充分尊重。

(二)监察机关未提出从宽处罚建议

从宽处罚建议制度与认罪认罚从宽制度虽分属《监察法》与《刑事诉讼法》,但对于一个职务犯罪案件来说,在各个阶段对于认罪认罚从宽处理的适用应是统一的。在当前的司法实践中,由于各个环节都鼓励被调查人、涉案人员和犯罪嫌疑人尽早认罪认罚,即使其在调查阶段未能主动认罪认罚,在后续的司法过程中认罪认罚仍然可适用认罪认罚从宽制度,这样一来对于认罪认罚从宽制度的适用实则是割裂的,[③]仅有司法机关对监察机关从宽处罚建议权的制约,难以实现各机关之间的协作融合。为平衡各机关之间的协作关系,保障各机关在协调机制下各自独立行使职

---

① 参见方明:《职务犯罪监察调查与刑事诉讼的衔接》,载《法学杂志》2019年第4期。

② 参见王霑:《准确适用提出从宽处罚建议制度的思考》,载《中国纪检监察报》2020年11月11日,第8版。

③ 参见刘文轩:《三个概念、两处“竞合”、两项“冲突”——认罪认罚从宽之法解释学评析》,载《河南工业大学学报(社会科学版)》2019年第5期。

权,可通过以下两种方式完善沟通机制。[①]

其一,监察机关主动告知。监察机关作为直接面向案情的调查机关,并基于自身的政治属性,其对于案件的了解更为充分。监察机关认为不符合条件而未向人民检察院提出从宽处罚建议的,经综合研判全案情况,监察机关认为司法机关也不宜对被告人适用认罪认罚从宽制度、予以从宽量刑的,应当采取发函等方式与司法机关沟通,将理由与具体情况予以书面告知。根据《衔接办法》第34条之规定,案件涉及重大敏感问题的,国家监察委员会与最高人民检察院应当及时沟通协商,必要时提请中央政法委员会协调。该规定同样适用于地方监察委员会,即监察机关与司法机关在必要时可以通过党委政法委协调解决问题,以确保案件办理的综合效果。对于监察机关的建议,司法机关无论采纳与否都应予以回应。

其二,司法机关征求意见。监察机关未提出从宽处罚建议,虽不影响司法机关依法提出从宽处罚建议或作出从宽处罚裁量,但当监察机关在调查阶段因案件不符合适用条件或适用程序未提出从宽处罚建议,进入刑事司法程序后司法机关拟依法适用认罪认罚从宽制度的,司法机关应当提前书面征求监察机关意见。[②]如上文所述,监察机关对案情的了解更加全面,在调查阶段未适用从宽处罚建议制度定有其基于实体或程序上的原因。由于从宽处罚建议制度的适用条件比认罪认罚从宽制度更为严格,或将出现在调查阶段无法适用从宽制度而在起诉或审判阶段可以适用的情况,但此时司法机关依旧应当提前与监察机关沟通并征求

---

① 参见王秀梅、黄玲林:《监察法与刑事诉讼法衔接若干问题研究》,载《法学论坛》2019年第2期。

② 参见江国华:《中国监察法学》,中国政法大学出版社2018年版,第468~469页。

其意见,实现监察机关对司法机关的反向制约。面对司法机关的意见,监察机关应当及时反馈,不同意适用认罪认罚从宽制度的,应当书面说明理由。

加快构建监检法的沟通协作机制,能有效推进从宽制度贯穿调查、起诉、审判的整个诉讼过程,充分调动各机关相互配合与制约,推进职务犯罪认罪认罚案件的高效、准确办理。同时,通过检察机关、审判机关对于监察机关提出的从宽处罚建议的通报、沟通、反馈等方式,能够让监察机关对量刑工作有更加清楚和全面的认识,反向促使从宽处罚建议的"从宽"的幅度更加清晰、透明和有效。①

第三节 从宽处罚建议的法律效力

在《刑事诉讼法》中,对于侦查机关和检察机关的案件移送方式有着具体规定,符合认罪认罚从宽条件的案件,依据该法第176条的规定,人民检察院应当就主刑、附加刑、是否适用缓刑等向人民法院提出量刑建议。从字面上来看,检察机关提出的虽是"建议",但具有明确的法律效力,在2018年《刑事诉讼法》新增的第201条规定中,除了特定的具体情况,对于认罪认罚案件,人民法院一般应当采纳人民检察院指控的罪名和量刑建议;且《关于适用认罪认罚从宽制度的指导意见》第40条也进一步明确了人民法院若不采纳人民检察院的量刑建议,则承担说明理由义务。相比之下,《监察法》对于监察机关所提出的从宽处罚建议的规定过

---

① 参见毛雪鸣:《监察案件中认罪认罚从宽制度的适用》,载《中国刑警学院学报》2021年第6期。

于概括,对从宽处罚建议的效力溯及范围和效力如何落实均未体现。

一、从宽处罚建议法律效力的不确定性

尽管从宽处罚建议与量刑建议同表述为"建议",但监察机关作为政治机关,其提出的建议往往表现为"函"的形式(如《关于建议给予××从宽处理的函》),"函"这种文书性质,在不同机关之间仅有着商量洽谈、询问答复等作用,本不具有刚性约束力。并且监察机关所提从宽处罚建议及相关证据,还应接受司法机关的依法审查,符合法定情形的才予以采纳。[①] 其一,当前的法律规定没有赋予从宽处罚建议以明确载体,没有明确其进入后续起诉审判阶段的具体程序,这使得建议易流于形式。长此以往,调查人员对被调查人员或涉案人员的从宽处罚承诺难以兑现,势必会打击被调查人认罪认罚的积极性,甚至影响监察机关的办案效率和权威。[②] 其二,从宽处罚建议的审批程序较为特殊,当被调查人或涉案人员符合相应情况时,监察机关需经领导人员集体研究,并报上一级监察机关批准后,才可向同级检察机关提出从宽处罚建议。此种严格的审批程序本旨在限制监察机关建议权的滥用,然而从层级上来看,上级监察机关的批准是否会对下级检察机关审核和采纳从宽处罚建议产生影响,又是否会妨碍检察权的独立行使值得深思。这样层层把关在无形中向司法机关进一步施加了"应当从宽"的政治压力。实践中已然存在检察机关直接将监察机关提出的从宽处罚建议作为证据移送到法院,法院直接采纳

① 参见韩旭:《监察委员会办理职务犯罪案件程序问题研究——以768份裁判文书为例》,载《浙江工商大学学报》2020年第4期。

② 参见石经海:《〈监察法〉与〈刑法〉衔接实施的基点、问题与路径》,载《现代法学》2020年第1期。

从宽处罚建议的情形，这无疑与审判机关独立行使审判权原则相悖。[①] 这可能存在的种种问题使得从宽处罚建议效力的不确定性又将达到另一个极端。[②]

二、从宽处罚建议的效力衔接

要想明确从宽处罚建议的效力，就必须明确从宽处罚建议进入刑事诉讼后的程序。结合《监察法》与《刑事诉讼法》的衔接来看，监察机关提出从宽处罚建议的，应先经检察机关依法审查，由人民检察院审查后内化到自身的量刑建议程序中，之后在向人民法院提起公诉时，将监察机关的从宽处罚建议书也一并移送，以致从宽处罚建议书的效力落实到起诉和审判阶段。对于监察机关所提出的从宽处罚建议，司法机关认为可以适用的，在履行相关法律程序后应依法提出从宽量刑建议或在判决中依法从宽处罚；未适用认罪认罚从宽制度的，也应当在量刑建议或刑罚裁量中充分考虑监察机关从宽处罚建议及所依据的量刑情节进行依法处理。[③] 这意味着司法机关在办理监察机关移送的提出从宽处罚建议的职务犯罪案件时，既要高度重视监察机关的意见，又要严格依法审查决定案件。[④]

（一）明晰检察机关对从宽处罚建议的处理过程

从宽处罚建议随案件移送到检察机关后，人民检察院应发挥

---

① 参见黄凯：《监察案件认罪认罚从宽制度研究——以〈监察法〉与〈刑事诉讼法〉的衔接为视角》，载《韶关学院学报》2021年第10期。

② 参见金海：《浅议监察法第三十一条》，载《中国纪检监察报》2018年9月12日，第8版。

③ 参见江国华：《国家监察与刑事司法的衔接机制研究》，载《当代法学》2019年第2期。

④ 参见朱孝清：《职务犯罪如何适用认罪认罚从宽制度》，载《人民检察》2022年第2期。

其审查起诉阶段的“筛选拦截”功能，对建议的合法性和合理性进行审查。[①] 而检察机关对于从宽处罚建议的具体处理主要体现在对建议的原则性适用，即除非经审查存在特定的问题，检察机关应直接采纳并适用监察机关的从宽处罚建议，在履行相关法律程序后依法提出从宽的量刑建议。检察机关进行审查时，要以《监察法》和《刑事诉讼法》为双重依据来审查案件及被调查人的认罪认罚情况。但从《监察法》和《刑事诉讼法》的规定来看，从宽处罚建议的适用条件和适用程序较认罪认罚从宽制度的规定都更为严格，[②]因而一般情况下满足了《监察法》从宽处罚建议条件的，往往也会符合刑事诉讼认罪认罚从宽的规定。当然，人民检察院作为法律监督机关，也应充分行使其职能，若审核发现有特定情况，可排除适用从宽处罚建议，如存在刑讯逼供、暴力取证等行为逼迫被调查人认罪认罚的情形，犯罪嫌疑人在审查起诉阶段不再认罪认罚的以及其他严重不符合认罪认罚条件的情形。[③] 其中，检察机关需要着重审查认罪认罚的自愿性。确保自愿性对于保障当事人权利和维护程序正义具有重要意义。[④] 经审查，检察机关认为认罪认罚自愿性或者调查活动合法性存疑时，应当退回监察机关补充核实。[⑤] 一旦认定被调查人或涉案人员确实存在非自

---

① 参见陈海锋：《刑事审查起诉程序功能的重构》，载《政治与法律》2015 年第 5 期。

② 结合修改后的《刑事诉讼法》第 15 条、第 174 条等的规定，认罪认罚从宽制度的适用应当满足以下三个条件：一是犯罪嫌疑人、被告人自愿如实供述自己的罪行，承认指控的犯罪事实；二是愿意接受处罚，同意量刑建议；三是签署认罪认罚具结书。总结来说，只需满足“认罪”和“认罚”两个实质条件即可。

③ 参见林艺芳、张云霄：《监察法与刑事诉讼法衔接视角下认罪认罚从宽的制度整合》，载《甘肃社会科学》2020 年第 2 期。

④ 参见孔令勇：《新监察制度与认罪认罚从宽制度的错位及衔接》，载《安徽大学学报(哲学社会科学版)》2020 年第 4 期。

⑤ 参见牟绿叶、张传玺：《职务犯罪调查阶段认罪认罚从宽的制度缺陷与完善路径》，载《浙江社会科学》2021 年第 8 期。

愿认罪认罚的情况,就不能采纳监察机关的从宽处罚建议。简言之,检察机关审查后,认为从宽处罚建议符合法定条件且不存在非自愿等排除情形的,应当采纳。根据具体的犯罪事实、情节、后果和悔罪表现,依据监察机关提出的从宽处罚建议,向人民法院提出具体的量刑建议;①即使不符合条件未适用认罪认罚处罚制度,也要在量刑建议中予以充分考虑。

(二)移送从宽处罚建议书到人民法院

检察机关经审查认为符合认罪认罚条件的,除应直接适用外,还应当将监察机关提交的从宽处罚建议书等案件材料随案移送到人民法院。人民法院独立行使审判权,对于案件的结果有最终的决定权,从宽处罚建议书的移送有助于法院全面了解案情,对于审判机关来说既是量刑参考,也是在最终审判阶段的再次审查。② 基于从宽处罚建议的法律效力,不同阶段的认罪认罚对案件办理起到的作用不同,相比于审查起诉和审判阶段,监察调查阶段的认罪认罚更具关键性作用,也更具现实意义,因而其为审判机关最终量刑的重要参考。基于相互制约原则,让审判机关掌控整个认罪认罚从宽制度的适用动态,有助于审判机关把握全局作出判断,及时发现、纠正错误,保证从宽处罚建议制度的正确适用,因而成为审判机关对量刑决定的再次审查。如若在判决书中通过适当方式体现出监察机关从宽处罚建议的内容,还能提升社会群体对于从宽处罚建议制度的信任与理解,③有利于普及“坦白

① 参见李世锋:《认罪认罚制度在职务犯罪案件中的适用与控制》,载《新疆师范大学学报(哲学社会科学版)》2019 年第 3 期。

② 参见胡之芳、刘敏:《监察调查中的认罪认罚从宽审查制度反思——从〈监察法〉第 31 条切入》,载《湘潭大学学报(哲学社会科学版)》2021 年第 3 期。

③ 参见易桂:《论〈监察法〉认罪认罚从宽处罚建议制度的完善》,湖南大学 2019 年硕士学位论文,第 31 页。

从宽”的司法精神，实现该制度的价值内涵。值得注意的是，虽然人民法院应对监察机关的从宽处罚建议予以高度重视，但从宽处罚建议对于刑罚裁量的影响有合理边界，即不得干扰或者直接决定法院对案件事实的客观判断以及对法律适用的科学裁量，法院仍应依法独立行使刑罚裁量权。[①] 这也就意味着，即使从宽处罚建议经人民检察院审查予以采纳并移送至人民法院后，人民法院经审查认为有明显不符合适用条件的情形时，也可以排除适用。

三、量刑影响

认罪认罚从宽制度的中心是刑罚从宽，[②]从宽处罚建议制度与认罪认罚从宽制度衔接的最终效果在于对整个案件的审判量刑产生影响。监察机关作为政治机关，虽然其提出的从宽处罚建议有相应的法律效力，但仅是概括性的从宽，最终的量刑建议权由检察机关依法独立行使。[③] 在 2017 年最高人民法院《关于常见犯罪的量刑指导意见》（以下简称《量刑指导意见》，已失效）中，首次提出了要主动对接以审判为中心的刑事诉讼制度改革、认罪认罚从宽制度改革和刑事速裁程序改革的要求，并对我国的量刑指导原则、量刑方法和一些具体量刑情节的适用等作出了具体规定。《量刑指导意见》的实施旨在细化检察机关量刑建议和审判机关量刑的参考标准，然而职务犯罪的案件涉及国家监察与刑事司法的衔接，调查、审查起诉乃至审判，各个阶段对于最终量刑的

① 参见王译：《论监察从宽处罚建议的合理定位》，载《法治现代化研究》2022 年第 1 期。

② 参见陈伟：《监察法与刑法的衔接协调与规范运行》，载《中外法学》2019 年第 2 期。

③ 参见王译、李嘉飞：《监察从宽处罚建议衔接刑事司法的应然限度》，载《华南理工大学学报（社会科学版）》2022 年第 1 期。

影响应是连贯且一致的。[①]

(一)认罪认罚从宽的非实效性

《刑事诉讼法》第176条将检察机关在刑事诉讼中的量刑建议权以基本法的形式确定了下来,且对于认罪认罚案件,除了一些具体的情况,人民法院一般应当采纳人民检察院指控的罪名和量刑建议,即在一般情况下检察机关的量刑建议往往会对最终的量刑产生影响。如上文从宽处罚建议效力部分所提到的,目前从宽处罚建议的效力——在后续刑事诉讼中所能产生的影响亟须法律予以明确界定,且不同的认罪认罚时间和态度理应对应不同幅度的从宽处罚建议和量刑建议,对于最终的审判量刑也会产生不同影响。2017年最高人民法院《量刑指导意见》并未对认罪认罚从宽作出明确规定,2021年最高人民法院、最高人民检察院印发的《关于常见犯罪的量刑指导意见(试行)》虽增加了认罪认罚从宽的规定,但仅包含不同情节下的从宽幅度,而未明确不同认罪认罚时间对从宽幅度的影响,未具体涉及职务犯罪的量刑标准,也没有相关的指导性案例,因此检察机关面临的首要问题是实践中缺乏一个明确、权威的关于职务犯罪认罪认罚案件量刑指南作为参考。而且监检法三机关在量刑问题上缺乏长效的沟通机制和信息共享平台,[②]案件的证据材料有时在各机关之间并不互通,为避免建议偏差,往往会出现量刑建议幅度过宽的问题。从检察机关的角度来说,其量刑建议的效力虽有法律保证,认罪认罚案件量刑建议在法院的采纳率也非常高,但过宽的量刑建议

① 参见孙长永:《认罪认罚案件"量刑从宽"若干问题探讨》,载《法律适用》2019年第13期。

② 参见杨勇:《认罪认罚从宽案件中量刑建议实践的问题与优化》,载《学术交流》2020年第3期。

幅度即使被采纳也失去了现实意义。[①] 同理，没有明确权威的量刑指南同样也会对监察机关造成影响，难以体现监察机关的职能发挥。[②] 为促使职务犯罪案件更好地适用认罪认罚从宽制度，提升司法效率，对于认罪认罚从宽量刑的情节、态度乃至时间节点都亟须予以明文规定。

（二）量刑建议衔接的优化路径

如上文所述，从宽处罚建议虽是一种概括性的从宽，但为实现从宽处罚建议制度的实际效力以及与认罪认罚从宽制度的衔接，从宽处罚建议应具备基本的规范性，以保证量刑建议的精准化。当前多数学者提出“梯度量刑”的概念，[③]即依据被调查人、涉案人员以及犯罪嫌疑人认罪时间节点、态度等因素的不同，监检机关提出的从宽处罚建议和量刑建议呈适当幅度的阶梯变化。前文曾提及调查阶段和审查起诉阶段的认罪认罚机制缺少衔接的问题，这导致某些被调查人和涉案人员妄想钻制度的空子，到了起诉甚至审判阶段才迫不得已认罪认罚。这种策略性选择与从宽处罚建议制度的设立目的存在根本抵牾，延后主动认罪认罚也与促进被调查人和涉案人员尽早交代犯罪事实的期待相倒置。[④] 因此，必须通过量刑规范化文件落实“越早认罪认罚，从宽幅度越高”的原则。从最终的量刑影响来说，认罪认罚从宽处罚的幅度在调查阶段应高于起诉阶段，起诉阶段应高于审判阶段，

---

① 参见李辰：《认罪认罚从宽语境下职务犯罪案件协商机制的构建》，载《法学杂志》2017 年第 9 期。

② 参见石莹：《职务犯罪被调查人从宽处罚建议的纠葛与厘定》，载《警学研究》2019 年第 4 期。

③ 参见刘伟琦：《认罪认罚的“321”阶梯式从宽量刑机制》，载《湖北社会科学》2018 年第 12 期。

④ 参见潘金贵、王霈：《职务犯罪监察调查中的从宽处罚建议制度研究》，载《重庆社会科学》2021 年第 1 期。

这也是《监察法》和《刑事诉讼法》关于认罪认罚从宽制度的衔接内容，可以有效鼓励被调查人或者涉案人员尽快认罪认罚，提高其对于从宽处罚建议制度的可期待性。[①] 具体而言，被调查人在调查阶段认罪认罚、监察机关提出从宽处罚建议的，对其从宽量刑的幅度一般应当大于在刑事诉讼阶段才认罪认罚的情形；监察机关对被调查人或涉案人员提出从宽处罚建议的，对其从宽量刑的幅度一般应当大于监察机关仅客观表述量刑情节的情形。人民检察院提出量刑建议以及人民法院进行刑罚裁量时，对在调查、审查起诉、审判等不同阶段认罪认罚的，从宽量刑幅度应当有所区别，主动认罪优于被动认罪，早认罪优于晚认罪，彻底认罪优于不彻底认罪，稳定认罪优于不稳定认罪。[②] 另外，随着对量刑和量刑建议的进一步规范，下一步需要参照《关于常见犯罪的量刑指导意见（试行）》继续细化量刑影响内容，明确量化职务犯罪中认罪认罚的从宽幅度。[③] 监察机关和最高人民法院、最高人民检察院也有必要进一步探索出台有关职务犯罪案件适用认罪认罚从宽制度的指导性案例或典型案例，对《监察法》与《刑事诉讼法》衔接在实践中出现的新问题、新情况及时作出总结和回应。[④]

---

① 参见宋一心、李晨：《"认罪越早、从宽越多"量刑理念的实例应用及价值探究》，载《法律适用》2019 年第 22 期。

② 参见周晓天：《从宽处罚建议有何法律效力》，载《中国纪检监察报》2021 年 2 月 10 日，第 8 版。

③ 参见韩成军：《职务犯罪认罪认罚从宽制度中的检察职能发挥》，载《浙江学刊》2016 年第 6 期。

④ 参见董坤：《认罪认罚从宽制度在监察与司法中的衔接》，载《内蒙古社会科学》2022 年第 1 期。

第八章　涉案财物处理的衔接

职务违法与职务犯罪活动通常涉及大量非法财物的多方流转，涵盖各类钱款、物品、财产性利益等。依法行使国家赋予之监察权，控制涉案财产、收集犯罪证据以及震慑贪腐分子理应为监察机关职权所指向，具体要求包括全面、及时、准确地对涉案财物采取查封、扣押、冻结等强制性措施，并追缴违法所得，移送上缴国库。[①] 据此，有必要建立健全监察机关与公安机关、检察机关、审判机关的涉案财物处置衔接机制，统一、集中、规范管理涉案财物，杜绝公职人员因其职务违法犯罪行为获益之可能，最终从根源上实现遏制腐败的治理突破。[②]

"不让腐败分子因腐败而获益"是法律

---

① 参见江国华:《论监察与刑事司法的沟通衔接机制》,载《东方法学》2023 年第 1 期。

② 参见江国华:《论监察与刑事司法的沟通衔接机制》,载《东方法学》2023 年第 1 期。

公正、合理的应有之义，是刑事追缴制度存在的法理基础，[①]也是制度反腐的底线法则。刑事案件涉案财物处理程序既关系到依法惩罚犯罪，又与人权司法保障密切相关，应当给予足够的重视。[②]

在刑事司法中，涉案财物是指犯罪分子违法所得的一切财物、被害人的合法财产、违禁品及供犯罪使用的本人财物。而在纪检监察中，涉案财物是指监察机关在审查调查职务违法和职务犯罪案件过程中所涉及的与案件调查相关的各类财物，具体包括违法所得，用于违法犯罪行为的本人财物以及与违法犯罪行为相关的违禁品等。可见，二者的逻辑向度与规制进路均具有一定的相似之处。

同理，规范涉案财物处理工作，既是刑事司法中实现打击犯罪活动、保护被害人权益、维护社会秩序的重要环节，也是纪检监察机关提升依规依纪依法审查调查工作水平、保障被审查调查人合法权益的重要举措。[③] 党的十八届三中全会通过的《中共中央关于全面深化改革若干重大问题的决定》以及党的十八届四中全会通过的《中共中央关于全面推进依法治国若干重大问题的决定》都对“涉案财物”的处置规范程序作出了要求。因此，为了适应职务违法与职务犯罪的司法追查需要，《监察法》第46条规定，对于涉案财物，监察机关有权作出两种处理：一是作出没收、追缴或者责令退赔的决定，这主要针对涉案财物属于公职人员职务违

① 参见吴广哲：《论我国追缴违法所得判决的实现路径》，载《河北法学》2017年第1期。

② 参见戴长林：《依法规范刑事案件涉案财物处理程序》，载《中国法律评论》2014年第2期。

③ 参见孟祥璟：《如何准确界定并规范处置涉案财物？依规依纪依法精准分类、严格把关》，载《中国纪检监察》2020年第24期。

法所得的情况；二是移送司法机关，这种情况则是针对涉案财物属于职务犯罪所得的情况。[①]

涉案财物涉及监察机关多个部门，以及检察机关、法院等多个单位，贯穿审查调查、起诉、审判、执行等环节，[②]流程长、时间久、影响大，最终直接关系到监察机关依法审查调查水平和办案质量。因此，必须提升涉案财物管理的规范化和法治化水平，及时查封、扣押、冻结、追缴涉案财物，避免公职人员因违法或犯罪行为而获利，保障被审查调查人的合法权益，建立健全监察机关与公安机关、检察机关、审判机关之间的涉案财物处置衔接机制。

第一节　涉案财物的查封、扣押、冻结与追缴

在刑事诉讼中，涉案财物同时具有经济价值与诉讼价值，前者强调其价值的大小与变化，后者突出其作为证据的关联性、客观性与合法性。[③] 为了维护涉案财物上述价值，监察机关在职务违法犯罪调查过程中应当依法采取包括查封、扣押、冻结在内的即时强制措施，保障违法犯罪所得的收缴、追回工作顺利开展，防止犯罪嫌疑人的转移、恶意消耗。

一、查封、扣押、冻结与追缴措施的适用

对涉案财物进行查封、扣押、冻结是监察机关在职务违法与

---

① 参见马怀德主编：《中华人民共和国监察法理解与适用》，中国法制出版社 2018 年版，第 177～178 页。

② 参见周根山：《提升涉案财物管理规范化法治化水平》，载《中国纪检监察报》2021 年 10 月 17 日，第 1 版。

③ 参见李玉华：《从涉众型经济犯罪案件看涉案财物的先期处置》，载《当代法学》2019 年第 2 期。

职务犯罪调查中经常适用的强制措施,以此为手段来实现对违法犯罪所得的追缴。

(一)涉案财物的查封、扣押和冻结的要求

从性质而言,对涉案财物的查封、扣押与冻结乃是一种即时强制措施。即时强制措施,系行政法上的概念,又称"紧急处置""行政强制",意指行政机关在实施管理中,对可能危害或正在危害国家或社会的人或物品即时采取的强制措施;[①]引入监察法中,意指监察机关在职务违法犯罪调查过程中所采取的查封、扣押、冻结等措施。因此,为及时控制相关涉案财产、保存违法犯罪证据,监察机关在追查职务违法与职务犯罪的过程中对涉案财物采取查封、扣押与冻结措施应坚持以下要求:

其一,及时性要求。在职务违法和职务犯罪案件中,及时查封、扣押和冻结涉案财物是涉案财物处置的核心内容。为保证审查调查过程的顺利进行,监察机关有权以一定的强制性手段暂时限制或剥夺涉案当事人对其财物的控制、使用、收益与处分之财产性权利。[②] 此不仅为有力打击贪腐分子嚣张气焰、避免国家财物损失的重要举措,而且是职务违法犯罪案件重要的证据收集过程:审查调查人员通过出具通知书、清点核对、制作清单、说明情况等方式,事实上也完成了对被审查调查人违法犯罪情况的取证过程。为此,对于涉案财物,应秉持及时查封、扣押、冻结的原则:(1)及时将涉案财物的相关信息、清单等材料上传至监察机关涉案财物信息管理系统,以便进行统一管理;(2)及时将涉案财物存入监察机关指定账户或者移交涉案财物保管部门进行保管;(3)及时核查已经查封、扣押和冻结的涉案财物,若查明与案件无

---

① 参见江国华:《中国行政法(总论)》,武汉大学出版社2012年版,第284页。

② 参见陈卫东:《涉案财产处置程序的完善——以审前程序为视角的分析》,载《法学杂志》2020年第3期。

关,应及时解除措施、予以退还。

其二,全面性要求。在实践中,违纪违法行为从实施到案发一般间隔时间较长,违纪违法财物的原始形态易发生变化,行为人或将财物用于投资获利,或隐匿转移,或转让他人等,但无论财物的外在形态如何变化,财物的非法属性不变,应查清违纪违法财物去向。[①] 全面查封、扣押与冻结涉案财物的前提是廓清涉案财物的范围,理论界和实务界在此问题上尚未达成共识,甚至不同阶段对涉案财物范围的认定也不尽相同,呈现出了多元且复杂的局面。[②] 就职务违法犯罪而言,与司法机关对涉案财物违法性的细致审查相比,监察机关对涉案财物的查封、扣押与冻结更强调即时强制和证据收集。为了给后续审查调查环节提供信息保障,监察机关应秉持全面查封、扣押与冻结的原则:(1)对于不动产和在不动产上不宜移动的设施、家具和其他相关财物,车辆、船舶、航空器和大型机械、设备等财物,必要时可以依法扣押相关权利证书,经拍照或者录像后原地封存;(2)对于存折、银行卡、有价证券等支付凭证和具有一定特征能够证明案情的现金,应当记明信息之后当场密封;(3)对于被调查人使用违法犯罪所得与合法收入共同购置的不可分割的财产,可先行查封、扣押,结案后再行处置;(4)全面查封、扣押和冻结应为被调查人及其所扶养的亲属保留必需的生活费用和物品。

其三,准确性要求。为确保后续审查调查工作的顺利开展,在查封、扣押与冻结涉案财物时,即应强化证据意识,查明其权属、来源、去向、收益以及与违法犯罪事实的关系等情况。为此,

---

① 参见胡焦、杨正灼:《如何准确界定和处置违纪违法财物》,载《中国纪检监察》2021 年第 18 期。

② 参见胡宝珍、林蕾:《刑事涉案财物处理的立法缺陷与完善》,载《福建警察学院学报》2013 年第 4 期。

监察机关应秉持准确查封、扣押与冻结的原则，拟查封、扣押与冻结的涉案财物必须与职务违法犯罪行为相关。其具体要求包括：(1)对于与正在审查调查的案件无关，无法证明被调查人涉嫌违法犯罪事实以及情节轻重的财物，不应进行查封、扣押与冻结；(2)对于已经查封、扣押与冻结的财物，在审查调查的过程中查明与案件无关的，应当解除查封、扣押和冻结措施；(3)在立案之前不得进行查封、扣押与冻结，在审查调查的过程中，根据所涉违法犯罪事项的严重程度，才可考虑采取查封、扣押与冻结措施；(4)严格查封、扣押与冻结程序，规范填写各类登记表和清单，严格履行各类审批手续，执行查封、扣押与冻结措施时，应会同财物持有人、见证人当面核对、登记、开列清单，现场核对签字。

综上所述，《监察法实施条例》在“监察权限”一章中专门设立第7节、第10节两节共计19条的篇幅进行了细致的规定，对采取监察措施过程中保障相关人员合法权益作出了具体要求，这充分说明监察权运行的各个环节都彰显了维护公民权益的制度价值。①

(二)涉案财物的追缴

追缴是一种典型的财产保全方式，监察机关在职务违法犯罪调查过程中，对于被调查人的职务违法所得和在办案过程中发现的已经转移、隐藏的涉案财物有权进行追查和收缴。就性质上而言，追缴是对涉案财物的暂时处置，属于程序性措施而非实体处分，②最终涉案财物的处置要依据其财物性质来确定。

基于“任何人不得因自身的不法获得利益”的朴素正义观，追

① 参见邹开红：《持续深化国家监察体制改革　规范和正确行使国家监察权》，载《中国纪检监察》2021年第19期。

② 参见何帆：《刑事没收研究：国际法与比较法的视角》，法律出版社2007年版，第133页。

缴被调查人的违法所得,“将不法得利恢复到合乎法秩序的状态”,[①]即消除了权力交易的根本动力,杜绝了行为人再次犯罪的可能性。同时,对于那些同样具有贪念的公职人员,追缴行为有明显的震慑作用,诚如林钰雄先生所言,“对于以获取经济利益为目的的犯罪行为人和组织而言,犯罪行为就是一档生意,没有利润的生意自然与其铤而走险的初衷不符,有意通过不法行为得利者当然不可能不考虑这一点”,[②]由此,追缴可有效抑制公职人员通过权钱交易而获利的不良风气,有利于在公职人员中间形成风清气正的良好氛围。

追缴涉案财物应以追缴原物为原则,等值追缴为例外。(1)若原物已经转化为其他财物,则应追缴转化后的财物;(2)有证据证明依法应当追缴、没收的涉案财产无法找到、被他人善意取得、价值灭失或者与其他合法财产混合且不可分割的,可以追缴、没收其他等值财产;(3)被调查人、犯罪嫌疑人、被告人没有实际退赃、退赔能力,但其亲友应其请求,或者主动提出并征得其同意,自愿代其退赃、退赔的,调查、侦查机关对财物应当予以接收,并在笔录中记明,或者由被调查人、犯罪嫌疑人、被告人的亲友出具书面说明。

二、续行查封、扣押、冻结的顺位

为维持被调查人的财产现状,保障涉案财物能够顺利进入后续程序,必须遵照法定的顺位规则实现被查封、扣押、冻结的证据在不同国家机关间的转置。根据《监察法实施条例》第 109 条、第

---

① 参见林钰雄主编:《没收新制(一):刑法的百年变革》,台北,元照出版有限公司 2016 年版,第 161 页。

② 参见林钰雄:《利得没收之法律性质与审查体系——兼论立法之展望》,载《月旦法学杂志》2015 年第 3 期。

133条和《关于加强和完善监察执法与刑事司法衔接机制的意见(试行)》第61条之规定,监察机关接受司法机关、其他监察机关等国家机关移送的涉案财物后,该国家机关采取的查封、扣押、冻结期限届满,监察机关续行查封、扣押、冻结的顺位与该国家机关查封、扣押、冻结的顺位相同。[①]

(一)轮候查封、扣押与冻结

轮候查封、扣押与冻结是重要的财产保全措施,也是续行查封、扣押与冻结的前置条件,在各类侦查调查和诉讼程序中都有所体现。在监察工作中,监察机关与司法机关、其他监察机关之间,基于各自的侦查与调查需要,往往会主张对同一涉案财物进行查封、扣押与冻结,此时,银行、其他金融机构和不动产登记部门等协助办理查封、扣押与冻结的相关部门和单位,应当按照各国家机关送达相关查封、扣押与冻结通知书的顺序,对其进行排序以完成轮候查封、扣押与冻结登记,并告知其目前的查封、扣押与冻结情况。轮候查封、扣押与冻结的,在先查封、扣押与冻结措施解除或失效之日起自动发生法律效力;先查封、扣押与冻结解除或失效之前,轮候查封、扣押与冻结行为并不发生法律效力,相关国家机关不能随意处置涉案财物。

为保障涉案财物查封、扣押与冻结工作的有序性,监察机关和司法机关、其他监察机关之间应遵循轮候查封、扣押与冻结之顺位,不得对同一涉案财物进行重复查封、扣押与冻结。在实践中,涉案财物的查封、扣押与冻结工作乱象丛生,为此,监察立法将"不得重复查封、扣押与冻结"作为涉案财物管理的重要规则,要求不同监察机关之间,以及监察机关和司法机关之间保持必要

---

① 参见江国华:《论监察与刑事司法的沟通衔接机制》,载《东方法学》2023年第1期;江国华:《中国监察法学》,中国政法大学出版社2022年版,第420页。

的配合，尊重相关部门作出的查封、扣押与冻结决定，自觉遵守查封、扣押与冻结顺位，对于已经被查封、扣押与冻结的财物，不得重复查封、扣押与冻结。在轮候查封、扣押与冻结期间，已查封、扣押与冻结的涉案财物被解除措施的，下一顺位的监察机关或其他国家机关有得到相关部门及时通知的权利，以便及时采取查封、扣押与冻结措施。在轮候查封、扣押与冻结的过程中，不同国家机关之间因查封、扣押与冻结事项发生争议时，应秉持互相配合之原则，按照轮候顺位自行协商解决，若有其他争议可由上级机关协调解决。

（二）续行查封、扣押与冻结

续行查封、扣押与冻结是在轮候查封、扣押与冻结的前提下所进行的涉案财物保全程序。具体而言，续行查封、扣押与冻结即监察机关在接受司法机关、行政执法机关等国家机关移送的涉案财物，且该国家机关所采取的查封、扣押与冻结措施已经届满后，可以续行该国家机关原先的查封、扣押与冻结顺位。续行查封、扣押与冻结的规定，同样是出于维护被调查人财物现状，确保轮候查封、扣押与冻结过程的规范有序进行而设定的，只不过在续行查封、扣押与冻结过程中，由于调查主体的变化和案件的移交而引发了涉案财物移送的结果，但是涉案财物管理主体的变化并不会影响在相关部门所登记的轮候顺序。所以，当监察机关接受其他国家机关移送的涉案财物之后，其续行查封、扣押与冻结的顺位和该国家机关原先的查封、扣押与冻结顺位相同。[①]

续行查封、扣押与冻结程序涉及涉案财物管理权属的变化，加之可能存在多个国家机关对同一涉案财物已进行轮候查封、扣

---

① 参见江国华：《论监察与刑事司法的沟通衔接机制》，载《东方法学》2023 年第 1 期。

押与冻结之情形,因此在实践中,往往会出现涉案财物移交不及时、不全面的问题。其中,对于不同监察机关之间的涉案财物查封、扣押与冻结问题,无论是自行协商还是由共同上级进行协调,其解决难度都不大。关键在于监察机关与其他国家机关的协调,此时,由于机构属性和职责不同,往往存在较大协调难度,监察机关在续行查封、扣押与冻结措施时即可能面临着更为复杂的涉案财物查封现状。所以,需要对监察机关接受其他国家机关涉案财物移送后的权限进行明确,以保障监察审查调查工作的顺利进行。

监察机关委托其他监察机关采取查封、扣押与冻结措施的,可以在立案后以该监察机关名义向受委托监察机关出具委托调查函并明确具体委托事项。受委托监察机关收到委托调查函后,可以直接开展调查工作,也可以根据委托机关要求再委托其下级监察机关开展调查。监察机关委托其他监察机关采取查封、扣押、冻结措施,其轮候按照相关部门接到查封、扣押、冻结通知书后所登记的顺序进行。监察机关委托其他监察机关采取查封、扣押、冻结措施期限届满,以委托机关名义续行查封、扣押、冻结的顺位不变。①

当然,根据涉案财物之性质,轮候查封、扣押与冻结并非适用于所有涉案财物,如轮候扣押的一般为汽车、船舶、航空器等需要在有关产权登记机关登记的动产,而对于非上市公司股权,保单,以及市场价格波动较大或者有效期限即将届满的涉案债券、股票、基金份额等财产,则只适用冻结措施。监察机关在执行查封、扣押与冻结措施时也应结合相关部门的不同规定履行相应的通知手续。

---

① 参见江国华:《论监察与刑事司法的沟通衔接机制》,载《东方法学》2023 年第 1 期。

第二节　涉案财物的处置

监察机关在办理职务违法与职务犯罪案件的过程中，经常同其他国家机关产生管辖重合、程序衔接等互动协调关系，因此对涉案财物的处置更应当坚持国家监察与刑事司法相衔接，监察机关与司法机关相互配合、相互制约这一原则，实现涉案财物在不同环节、不同案件中的协调处理与规范处置。

一、互涉案件涉案财物处置

《宪法》第127条确立了监察机关办理职务违法和职务犯罪案件，应当与审判机关和检察机关互相配合、互相制约的原则，《监察法》第4条和《监察法实施条例》第8条对此予以重申。因此，监察机关在办理职务违法犯罪案件中，应当与人民法院和人民检察院互相配合、互相制约，这既是监察机关处理与其他国家机关关系的基本原则，也是国家监察与刑事司法相衔接的重要依据。互涉案件管辖制度的核心在于明确监察机关和其他机关在案件调查、侦查中的相互配合、相互协作机制。[①] 在监察机关与其他机关办理互涉案件中，涉案财物处置方面依然需要坚持这一基本原则，对于查封、扣押与冻结的涉案财物处置存在争议的，应当协商后进行处置。[②]

(一)监察机关与其他国家机关互涉案件类型

互涉案件是案件管辖中的常见现象，互涉案件的出现主要是

---

① 参见王伟：《准确理解管辖制度　依法履行监察调查职责》，载《中国纪检监察》2021年第19期。

② 参见江国华：《中国监察法学》，中国政法大学出版社2022年版，第421页。

因为主体的互涉或者事实的互涉所导致的本来分属不同机关管辖的多个行为产生了牵连关系。[①] 在国家监察体制改革之后，监察机关与公安机关和检察机关都存在互涉案件的可能。

监察机关与检察机关的互涉案件是在检察机关反贪职能转隶后出现的新的管辖范围重叠的互涉案件类型。根据《刑事诉讼法》第 19 条之规定，检察机关对诉讼活动实行法律监督过程中所发现的司法工作人员利用职权实施的非法拘禁、刑讯逼供、非法搜查等侵犯公民权利、损害司法公正的犯罪享有管辖权。但与此同时，监察机关对职务违法犯罪实行集中统一管辖，这就不可避免地会出现某些案件既涉嫌监察机关所管辖的职务违法犯罪，又涉嫌检察机关管辖的司法工作人员非法拘禁、刑讯逼供、非法搜查等犯罪的问题，从而产生监察机关与检察机关的互涉案件。此类互涉案件的出现须满足主体互涉和事实互涉两个要求。在主体方面，互涉案件中的主体应为司法工作人员，只有如此，检察机关才有权对其犯罪行为进行侦查，监察机关同时也会因为其公职人员的身份对其进行管辖；在事实方面，互涉案件中的事实应为犯罪嫌疑人既涉嫌徇私枉法类犯罪又涉嫌其他职务违法犯罪，只有如此，其才能分别进入监察机关和检察机关的管辖范围，产生互涉案件的可能。[②] 检察机关发现犯罪嫌疑人同时涉嫌监察机关管辖的职务犯罪线索的，应当及时与同级监察机关沟通。经沟通，认为全案由监察机关管辖更为适宜的，检察机关应当将案件移送监察机关；认为由监察机关和检察机关分别管辖更为适宜的，检察机关应当将由监察机关管辖的相应职务犯罪线索移送监

① 参见闫召华：《论检警互涉案件的侦查》，载《中国人民公安大学学报（社会科学版）》2010 年第 2 期。

② 参见林艺芳：《监察检察主体互涉案件管辖问题检视》，载《法学杂志》2021 年第 5 期。

察机关,对依法由检察机关管辖的犯罪案件继续侦查。

对于监察机关和公安机关的互涉案件而言,主要涉及的是被调查人既涉嫌严重职务违法或者职务犯罪又涉嫌其他违法犯罪的情况。此种互涉案件的类型体现为事实互涉,即被调查人的犯罪事实中既涉嫌贪污受贿等职务违法犯罪的情况,又涉嫌诸如故意伤害、故意杀人等刑事犯罪的情况,对此,监察机关和公安机关都可以根据自身的职责权限进行管辖。当然,根据《监察法》第34条之规定,被调查人既涉嫌严重职务违法或者职务犯罪又涉嫌其他违法犯罪的,一般应当由监察机关为主调查,其他机关予以协助。公安机关在工作中发现的公职人员涉嫌贪污贿赂、失职渎职等职务违法或者职务犯罪的线索,应当移送监察机关,公安机关未主动移送的,监察机关可以向公安机关提出移送申请。当然,监察机关认为应对其他犯罪进行调查的,须由公安机关先行对其他刑事犯罪展开侦查,再由监察机关对职务犯罪问题展开调查。在实践中,也会出现监察机关为了不惊动主要被调查人,将与被调查人有密切关系的其他涉案人员涉嫌一般犯罪的线索移送公安机关,由公安机关以涉嫌一般犯罪为由对相关人员进行控制,再由监察机关秘密收集涉腐证据的情况。①

(二)互涉案件涉案财物处置的法理

基于上述分析,可以看到监察机关与其他机关出现互涉案件是管辖范围在特定情况下重叠的结果,而这也是国家机构间的政务连带关系的体现。在现代国家机构体系中,根据分工理论,由不同国家机关承担不同职责内容,但在分工之外,也存在协作的必要,政务连带关系即职能分立的不同机构在履行职务职能时需

---

① 参见江国华、张硕:《监察过程中的公安协助配合机制》,载《法学研究》2019年第2期。

要相互协作、彼此依存的关系。监察机关与其他国家机关的关系也是如此，出现互涉案件既是因为两者有机构分设和职能分离的基础，也是由于存在为了共同的监察监督目标进行协作的必要，由现代政府分工体系所导致的职能分散化倾向，需要通过机构间的协作进行补强和弥合。① 而在互涉案件的处理过程中，涉案财物处置是其中的重要一环，其直接影响了监察机关和其他机关的调查取证过程，需要予以特别重视。

在监察机关与其他机关的互涉案件中，虽然不同机关的机构属性和职责范围不同，但是对于涉案财物的重视都是一致的，无论是监察调查还是刑事侦查过程，都需要通过查封、扣押、冻结涉案财物来调查取证，实现查证违法犯罪之目的。② 同时，《监察法》第 33 条第 2 款也明确规定："监察机关在收集、固定、审查、运用证据时，应当与刑事审判关于证据的要求和标准相一致。"相同的证据标准意味着无论是监察机关、公安机关还是检察机关查封、扣押、冻结涉案财物，其所采取的手段和程序都是一致的，这就为监察机关与其他机关在涉案财物处置上的协调与衔接奠定了基础。

当然，涉案财物的处置在司法实践中仍存在很多难题。如前文所述，同一涉案财物不能重复查封、扣押、冻结，所以，一旦涉案财物被某一国家机关采取查封、扣押、冻结措施，那么其他国家机关都无法对其进行重复的查封、扣押、冻结，只能在相关机构以通知到达的顺序进行轮候查封、扣押、冻结。那么，在这种情况下，如果出现监察机关和其他国家机关互涉案件的情况，一般应本着"监察主导"的原则，由监察机关决定互涉案件的管辖问题，以及

---

① 参见关保英：《论行政执法中的行政协助》，载《江淮论坛》2014 年第 2 期。

② 参见左卫民、安琪：《监察委员会调查权：性质、行使与规制的审思》，载《武汉大学学报（哲学社会科学版）》2018 年第 1 期。

主导调查侦查的主要方向。[①] 但是,在实际的办案过程中,须借助公安机关等其他国家机关在技术方面的协助与配合。

(三)互涉案件涉案财物处置的方式

刑事诉讼其实是“由一些特别而又不同的职能通过相互间的确定关系结合而成的系统”。[②] 因此,不同职能的国家机关必须遵从相互协作、相互配合的原则发挥职能。基于此,监察机关在与其他机关办理互涉案件时,对于查封、扣押、冻结的涉案财物的处置存在争议的,应综合考虑该涉案财物的性质、与犯罪事实的关联程度等,由双方进行协商后再作处置。经协商不移送实物的,应当将涉案财物清单及相关证据材料移送对方,并做好协助工作。其要义如下:

其一,对于互涉案件涉案财物的处置存在争议的,监察机关应与其他机关积极进行协商和协助。在《宪法》《监察法》等基本法的要求之下,监察机关与其他机关处理互涉案件的涉案财物处置问题也应遵守互相配合之基本法则,在立足各自职责内容的基础上,互相支持、互相配合、加强协作,避免各行其是、互相推诿。国家监察体制改革之目的就是建立高效权威统一的反腐败体制,监察机关虽然是专责机关,但是仅靠监察机关一方努力,绝无可能完成如此宏大之目标,需要其他机关通力协作才能完成。所以,在涉案财物处置过程中,如果发生争议,应当先由双方协商处置,经协商后移送实物的,应将相关财物妥善移送;不移送实物的,应将涉案财物清单及相关证据材料移送对方,以便于对方调查或侦查工作的顺利展开。

其二,对于互涉案件涉案财物的处置存在争议的,应综合考

---

① 参见江国华:《中国监察法学》,中国政法大学出版社 2022 年版,第 421 页。

② 参见[法]埃米尔·涂尔干:《社会分工论》,渠敬东译,生活·读书·新知三联书店 2017 年版,第 90 页。

虑涉案财物的性质、与犯罪事实的关联程度等。这一规定主要明确了在监察机关与其他国家机关协商过程中应重点考量的因素问题。其中,涉案财物的性质主要考虑的是涉案财物的具体形态,比如对于不动产和在不动产上不宜移动的设施、家具和其他相关财物,车辆、船舶、航空器和大型机械、设备等财物,就不宜进行移送,而应当通过移送财物清单和相关权利证书的方式进行移送,而货币、存折、银行卡等财物就完全可以直接移送。与犯罪事实的关联程度主要反映涉案财物与主要违法犯罪事实的关联性,在互涉案件管辖和处置中,互涉主体所涉嫌的多种违法犯罪行为有主罪与次罪之分,如果争议的涉案财物涉及核心违法犯罪事实,那就应当将其移交给承担对核心违法犯罪事实进行调查或侦查的机关,如果和核心违法犯罪事实关联性不大,则无移交之必要。

二、涉及违纪违法所得与犯罪所得财物的处置

在查扣的涉案财物不能同时满足追缴违法所得与犯罪所得的情况下,理论界就涉案财物的处置问题存在较大争议。有的观点认为应按照"纪在法前"的精神,优先保障违纪违法款的收缴,避免出现被调查人在开除党籍、开除公职后无法追缴其违纪违法款的问题;也有观点认为,被调查人积极退赃、退赔系量刑情节,是否足额退缴犯罪所得对于量刑具有实质意义,应当将涉案财物优先移送司法机关。为解决该问题,应当注意到职务违法与职务犯罪在法律性质上存在本质不同,职务违法与职务犯罪监察程序的完善不仅是还原两者界限的需要,更是权利保障原则的内在要求。①

---

① 参见姚建龙、尹娜娜:《监察法视野下职务违法与职务犯罪的界分——以监察程序的完善为重点》,载《上海政法学院学报(法治论丛)》2018年第6期。

那么,职务违法和职务犯罪有何区别?如何区分违法所得和犯罪所得?当无法区分违法所得和犯罪所得时,应当如何处理涉案财物呢?

(一)职务违法和职务犯罪的区分

顾名思义,违法所得即基于违法行为所获得的财物,而犯罪所得则是基于犯罪行为所获得的财物。所以,在涉案财物处置过程中,要区分违法所得和犯罪所得,首要的就是应对职务违法和职务犯罪进行明确区分。

《监察法》对于职务违法和职务犯罪的具体规定可见于第11条,该条在关于监察机关职责的规定中明确监察机关应对涉嫌贪污贿赂、滥用职权、玩忽职守、权力寻租、利益输送、徇私舞弊以及浪费国家资财等职务违法和职务犯罪进行调查。从《监察法》列举的职务违法和职务犯罪类型来看,贪污贿赂、滥用职权、玩忽职守、徇私舞弊等四类情形都可以在《刑法》中找到对应的罪名,但权力寻租、利益输送和浪费国家资财则没有相应的罪名予以体现。因此,对于职务犯罪和职务违法的区分而言,应重点考虑后三种情况的具体范围,以明确界定职务违法和职务犯罪的范围。在此基础之上,2021年颁布的《监察法实施条例》则用大量篇幅进一步具化了《监察法》第46条之规定,明确了职务违法和职务犯罪的具体内容。综上所述,《监察法》及《监察法实施条例》中的职务违法与职务犯罪已经突破了仅仅遵循国家工作人员的身份限制的判断标准而转向了以是否“在行使公权力过程中”为判断的实质标准,从而将与公权力行使相关的犯罪都纳入监察机关所管辖的职务违法与职务犯罪之中。[①]

---

① 参见王勇:《论〈监察法〉中的违法所得:界分及其类型》,载《当代法学》2022年第1期。

在职务违法行为的界定上,《监察法实施条例》第 23 条采取了“概括 + 列举”的方式。首先,该条概括地提出了职务违法行为的定义,即职务违法是指公职人员实施的与其职务相关联,虽不构成犯罪但依法应当承担法律责任的违法行为,并由此明确了职务违法行为的两大构成要件:一是公职人员实施的与其职务相关的违法行为,二是尚未构成犯罪的违法行为。其次,该条具体列举了职务违法的四种情形,包括利用职权实施的违法行为,利用职务上的影响实施的违法行为,履行职责不力、失职失责的违法行为,以及其他违反与公职人员职务相关的特定义务的违法行为。当然,作为兜底条款存在的第四种情形,还须结合不同身份公职人员的具体要求来确定什么是违反与公职人员职务相关的特定义务的违法行为。

在职务犯罪行为的界定上,《监察法实施条例》第 25 ~ 31 条以“类型化 + 列举”的方式具体划定了职务犯罪的范围。结合前文对于违法行为的定义,我们可以认为职务犯罪行为是公职人员实施的与其自身职务相关的犯罪行为的总称。为解决《监察法》第 11 条对职务犯罪行为规定不细致、无法直接对应刑法中具体罪名的问题,《监察法实施条例》对职务犯罪行为实行进一步的整合,将其划分为六种具体的职务犯罪类型,并对每种职务犯罪类型都详尽列举其所涉及的罪名范围,以明确界定职务犯罪行为的范围。具体而言,其将职务犯罪行为划分为以下六种类型:(1)贪污贿赂犯罪;(2)滥用职权犯罪;(3)玩忽职守犯罪;(4)徇私舞弊犯罪;(5)在行使公权力过程中涉及的重大责任事故犯罪;(6)在行使公权力过程中涉及的其他犯罪。在类型化之后,《监察法实施条例》第 26 ~ 31 条分别对以上类型所包含的具体罪名进行列举。由此,监察机关所管辖的职务犯罪的具体罪名从 88 个增加到了 101 个,在《国家监察委员会管辖规定(试行)》的基础上增加了13个罪名，更加强调职务犯罪是“在行使公权力过程中”的其他犯罪，诸如司法工作人员以外的公职人员利用职权实施的非法拘禁罪、虐待被监管人罪、非法搜查罪等。

违法，宏观而言，就是违反法的禁止或者命令的行为。① 犯罪也是违法行为的一种，犯罪行为与其他违法行为的区别不仅在于其是违反刑法的行为，更在于其是具有严重社会危害性的违法行为，没有达到相当程度的社会危害性就不构成犯罪。② 因此，违法行为和犯罪行为的区分核心就在于社会危害性程度的高低，法益受侵害之程度决定了违法行为和犯罪行为的本质不同。但问题在于我国刑事立法采取的是定性和定量相结合的构罪模式，在职务犯罪的相关规定中也采取了“行为＋数额/情节”的模式，即除基本的构成要件之外，还往往要求具备“数额较大”或者“情节严重”的条件，才能成立相应犯罪。在监察机关当前管辖的职务犯罪类型中，贪污贿赂犯罪重点在于数额的区分，而滥用职权、玩忽职守、重大责任事故犯罪的成立则更强调情节，其他情形则既考虑数额也考虑情节。

（二）职务违法所得和职务犯罪所得的区分与处置

在《监察法》第46条中，将违法所得区分为了两种类型，对于违法所得，应依法予以没收、追缴或者责令退赔；对于涉嫌犯罪所得，应当随案移送人民检察院。可见，在《监察法》中的“违法”所得，既包括了违法所得也包括了犯罪所得，推演之，其所认定的“违法”也是既包括了职务违法，也包括了职务犯罪。监察机关对职务违法所得和职务犯罪所得的处置是截然不同的，监察立法在

---

① 参见［日］松宫孝明：《刑法总论讲义》（第4版补正版），钱叶六译，中国人民大学出版社2013年版，第75页。

② 参见高铭暄、马克昌主编：《刑法学》（第8版），北京大学出版社、高等教育出版社2017年版，第46页。

分别界定了职务违法和职务犯罪的范围之后，就为我们区分职务违法所得和职务犯罪所得提供了依据。这也体现了刑事诉讼中有权机关在追缴、没收违法所得与犯罪工具等涉案财物时应当遵循“相对性原则”，对不同危害程度的行为所产生的不同涉案财物采取相对差异化的处置措施，亦是罪责刑相适应原则在刑事涉案财物处理中的具体运用和体现。[①]

如前所述，《监察法》中的违法所得既包括职务违法所得，也包括职务犯罪所得。与之相关的《刑法》、《刑事诉讼法》及相关司法解释中，也大多秉持这样的立法理念。例如，《刑法》第 64 条将违法所得确定为“犯罪分子违法所得的一切财物”，结合刑法规制的对象，其实际含义即为“符合犯罪构成要件的违法行为所得”，[②]既包括了犯罪所得，也包括了特殊情况下的违法所得，如行为人不具有责任能力的情况。所以，虽然两者表述不同，但违法所得与犯罪所得具有同义性，并无本质区别。[③] 而《刑事诉讼法》对于违法所得的认定问题则要求依照《刑法》的规定来处理，这就意味着无论是《监察法》还是《刑法》《刑事诉讼法》，都认为违法所得既包括违法所得也包括犯罪所得。

在主要立法并不明确区分违法所得和犯罪所得的情况下，只能依据职务违法和职务犯罪的区分对涉案财物进行必要区分，但是正如前文所述，职务违法和职务犯罪的区分主要是社会危害性程度的不同，而判定的标准则是“数额较大”或者“情节严重”等要件，所以，从监察机关的角度出发，要明确区分违法所得和犯罪

---

① 参见吴成杰：《刑事涉案财物的审查认定及处理》，载《人民司法》2014 年第 13 期。

② 参见张明楷：《刑法学》(下)(第 6 版)，法律出版社 2021 年版，第 825 页。

③ 参见成懿萍：《“违法所得”司法适用中的疑难问题》，载《中国检察官》2019 年第 12 期。

所得显然是非常困难的工作，实践中甚至会遇到违纪、违法和涉罪财物三者混同的问题。对此，在理想状况下，如果对于查封、扣押、冻结的涉案财物，有相关证据能够确认是违法所得还是犯罪所得，那当然应该按其性质将违法所得的涉案财物交由监察机关处置，犯罪所得的财物交由司法机关依法处置。但是，如果出现了职务违法所得和职务犯罪所得混同、无法确定具体性质，或查封、扣押、冻结的涉案财物不足以满足追缴全部违法所得和犯罪所得的问题，就必须按照实际情况来具体把握：(1)对于违法所得财物和犯罪所得财物混同之后无法分割的情况，应当将混同后的涉案财物先行移送司法机关，待司法机关将涉案财物拍卖变现后，将相应违法部分返给监察机关。[①] (2)对于涉案财物不足以满足追缴全部违法所得和犯罪所得的问题，监察机关一般应当将与涉嫌犯罪所得数额相当的涉案财物优先移送司法机关依法处理；确有证据证明被调查人有退赃能力而不积极主动退赃的，监察机关应当优先足额收缴违法所得。(3)对于司法机关退回的不认定为犯罪所得的相关涉案财物，监察机关应当依法处置，违法取得的财物和用于违法行为的本人财物，应当退还原所有人或者原持有人的，依法予以退还；属于国家财产或者不应当退还以及无法退还的，上缴国库。

三、审查起诉、审判阶段涉案财物处置

监察机关调查完毕之后，对于涉嫌职务犯罪的被调查人移送起诉的，应当出具《起诉意见书》，连同案卷材料、证据等一并移送同级人民检察院。移送起诉是职务犯罪案件从监察调查程序进

---

① 参见杨宁、李璐：《如何把握〈规则〉有关处置违规违纪违法所得财物的规定？不让被审查调查人非法获益》，载《中国纪检监察》2019年第21期。

入刑事诉讼程序的重要节点，自此开始由司法机关逐步推动审查起诉以及审判的流程。[①] 与监察程序不同，刑事诉讼程序的核心价值在于惩罚犯罪以及保障人权，而在当事人的权利保障中，财产权益的保障有着不亚于人身权益保障的重要性。因此，对职务犯罪案件而言，涉案财物的妥善处置既是“不让腐败分子因腐败而获益”之基本要求，也是保障当事人财产权益之基本要求。

（一）审查起诉阶段的涉案财物处置

《刑事诉讼法》作为“应用之宪法”，以保障人权为价值追求，既要重视保护犯罪嫌疑人、被告人的人身权利，也应当关注对其财产权利的保障。[②] 为此，检察机关在接收到监察机关所移送的起诉意见、证据材料和涉案财物后，应当及时对涉案财物情况展开审查。审查重点应当包括：(1)涉案财物是否查封、扣押、冻结并妥善保管；(2)已经采取的查封、扣押与冻结措施是否逾期；(3)监察机关是否查明了涉案财物权属情况，移送的已查封、扣押和冻结的财物是否为犯罪嫌疑人之违法所得；(4)监察机关是否随案移送了涉案财物和涉案财物清单，是否存在应当移送但没有移送的情况；(5)移送的款项或者物品与移送清单是否相符；(6)是否就涉案财物处置情况提供了充足的证据材料，移送的证明文件是否完备；(7)对被害人合法财产的返还和对违禁品或者不宜长期保存的物品的处理是否妥当等。经查明确实与案件无关的财物，检察机关应当在3日之内解除查封、扣押与冻结措施，以解决涉案财物在刑事诉讼程序中久拖不决、长期脱离财物所有者的问题。

---

① 参见李庚：《规范监察工作程序　构建完善的工作机制》，载《中国纪检监察》2021年第19期。

② 参见温小洁：《我国刑事涉案财物处理之完善——以公民财产权保障为视角》，载《法律适用》2017年第13期。

检察机关在审查起诉过程中既要对监察机关移送的已经查封、扣押和冻结的涉案财物进行全面审查,也要关注被调查人在逃匿、死亡等案件中的违法所得追缴问题。在职务犯罪案件中,面对贪官外逃、赃款外流的问题,及时没收其违法所得,既是避免国家资产流失的重要方式,也是逼迫潜逃的犯罪嫌疑人早日归案的重要途径,在某种意义上,“对逃匿境外的犯罪嫌疑人、被告人进行追赃是刑事诉讼法增设违法所得没收程序最基本的动因”。[①]为解决犯罪嫌疑人、被告人逃匿、死亡案件中违法所得的处置问题,2012 年《刑事诉讼法》正式建立了违法所得没收程序。由此,即使在犯罪嫌疑人未到案情况下,司法机关也可以对其违法所得进行追缴和没收,改变了我国刑事司法对特定类型犯罪所得追缴不力、难以展开国际合作的现状。[②]

在“两高”重新发布司法解释之后,[③]《监察法》也在第 48 条专门设置了被调查人逃匿、死亡案件违法所得没收程序,以严厉惩治腐败犯罪、恐怖活动犯罪,并与我国已加入的联合国反腐败公约及有关反恐怖问题的决议的要求相衔接。具体来看,适用被调查人逃匿、死亡案件违法所得没收程序须满足以下条件:(1)罪名范围:贪污贿赂、失职渎职等职务犯罪案件;(2)被调查人的状态:被调查人逃匿,在通缉一年后不能到案,或者死亡的;(3)案件

---

① 参见裴显鼎、王晓东、刘晓虎:《〈关于犯罪嫌疑人、被告人逃匿、死亡案件适用违法所得没收程序若干问题的规定〉的理解与适用》,载《人民司法(应用)》2017 年第 16 期。

② 参见汪建成:《论特定案件违法所得没收程序的建立和完善》,载《国家检察官学院学报》2012 年第 1 期。

③ 2017 年 1 月,“两高”发布了《关于适用犯罪嫌疑人、被告人逃匿、死亡案件违法所得没收程序若干问题的规定》,对违法所得没收程序适用的罪名范围、概念认定、证明标准以及具体操作进行了再次规范,以解决实务部门在适用违法所得没收程序中的难题。

条件:案件重大、复杂,有继续调查的可能和必要。在满足以上情况的基础上,应依法追缴被调查人之违法所得和其他涉案财产。其中,违法所得包括通过实施犯罪直接或者间接产生、获得的任何财产,违法所得已经部分或者全部转变、转化为其他财产的,转变、转化后的财产也应视为"违法所得",包括来自违法所得转变、转化后的财产收益,或者来自已经与违法所得相混合财产中违法所得相应部分的收益;而其他涉案财产则主要是指与被调查人在贪污贿赂、失职渎职等职务犯罪案件中获得的非法利益有关联的财产,如非法持有的违禁品、供犯罪所用的本人财物。对于此类案件,监察机关虽然没有直接没收违法所得之权力,但是可以向检察机关提出没收违法所得的意见,在移送起诉时,违法所得的没收申请应连同案卷材料和相关证据一并移送。

值得注意的是,尽管存在上述规范供给,但在刑事诉讼的相关实践中,受长期以来"重人轻物"的影响,犯罪嫌疑人、被告人逃匿、死亡案件违法所得没收程序具有碎片化、同质化、行政化以及目的单一化等缺点,①实际适用率很低。为此,检察机关在审查起诉阶段更应注意不仅对监察机关移送的涉案财物证据进行审查,还应在起诉书中明确对涉案财物的处理意见,防止法院在缺乏此部分起诉意见的情况下作出裁决。②

另外,在检察机关决定不起诉的特殊案件中,对国家监察委员会随案移送的涉案财产,经最高人民检察院批准,应当区分不同情形,作出相应处理:(1)因犯罪嫌疑人死亡而决定不起诉,符合《刑事诉讼法》第298条规定的没收程序条件的,按照相关规定

---

① 参见陈茂华:《"大社会"视野下刑事涉案财物处置程序研究》,载《福建警察学院学报》2019年第1期。

② 参见张若枫:《嵌入式"对物之诉":刑事涉案财物处理的进路探析》,载《南京理工大学学报(社会科学版)》2022年第3期。

办理。(2)因其他原因决定不起诉,对于查封、扣押、冻结的犯罪嫌疑人违法所得及其他涉案财产需要没收的,应当提出检察意见,退回国家监察委员会处理。(3)对于冻结的犯罪嫌疑人存款、汇款、债券、股票、基金份额等财产能够查明需要返还被害人的,可以通知金融机构返还被害人;对于查封、扣押的犯罪嫌疑人的违法所得及其他涉案财产能够查明需要返还被害人的,直接决定返还被害人。

(二)审判阶段的涉案财物处置

让审判权实质性地参与涉案财物追缴,既避免使法院对于涉案财物的处理权流于形式,又可以有效破除侦查机关与检察机关在涉案财物处理中的绝对权威,进而起到一种“程序阻隔效果”,是程序正义自主性价值的重要体现。[①] 随着2021年最高人民法院《关于适用〈中华人民共和国刑事诉讼法〉的解释》的施行,涉案财物处置问题越发受到社会关注,受此影响,刑事司法理念和刑事审判程序设计都有了显著变化,具体如下:

其一,强化了对涉案财物的庭前调查。2021年刑事诉讼法司法解释强调人民法院在审查受理时,就应当审查其涉案财物的情况,即在立案阶段就开始对涉案财物进行调查。对于检察机关提起公诉的案件,应当在收到起诉书和案卷、证据后,对涉案财物的情况进行审查。审查重点在于:是否查封、扣押、冻结被告人的违法所得或者其他涉案财物,查封、扣押、冻结是否逾期;是否随案移送涉案财物、附涉案财物清单;是否列明涉案财物权属情况;是否就涉案财物处理提供相关证据材料等(同前述检察机关的涉案财物审查重点类似)。通过此种程序设置,避免实践中检察机关

① 参见陈瑞华:《论程序正义的自主性价值——程序正义对裁判结果的塑造作用》,载《江淮论坛》2022年第1期。

的审查疏漏。

其二,强调了庭前会议对涉案财物的审查。庭前会议的定位为程序性审查,其设置目的是提高庭审质量与效率。[①] 因此,在案情重大复杂、社会影响较大或者控辩双方对事实存在较大争议的情况下,就可以通过召开庭前会议的方式向双方了解情况、听取意见。鉴于近年来涉案财物处置方面的诸多问题,在 2021 年刑事诉讼法司法解释中,也特别增加了对于涉案财物的权属情况和对人民检察院的处理建议是否存有异议的规定,控辩双方都可以对此问题进行说明,辩护律师的意见也在此过程中得以被人民法院收集和了解,这对于当事人财产权益的保障而言无疑是极其重要的。对于权属有争议,或者查封、扣押、冻结中有违规情形的,都可以在庭前会议上进行反映和说明。

其三,完善了对涉案财物的庭审调查过程。在法庭审理过程中,也设置了对涉案财物专门的庭审调查程序。人民法院应当对查封、扣押、冻结财物及其孳息的权属、来源、是否属于违法所得或者依法应当追缴的其他涉案财物等情况进行调查,由公诉人说明情况、出示证据、提出处理建议,并听取被告人、辩护人等诉讼参与人的意见。经审查,不能确认查封、扣押、冻结的财物及其孳息属于违法所得或者依法应当追缴的其他涉案财物的,不得没收。这表明控辩双方均具有就涉案财物进行专门举证、质证、辩论的空间,且公诉机关对于证明财产的非法属性承担证明责任,其证明标准应当与证明定罪量刑的证据标准相当,体现了相对独立的涉案财产庭审调查环节的建立。[②] 同时,还新增了案外人参与涉案财物调查程序,案外人对查封、扣押、冻结的财物及其孳息

---

① 参见汪海燕:《论刑事庭审实质化》,载《中国社会科学》2015 年第 2 期。

② 参见张琦、崔志铎:《涉黑案件财产处置困境的程序化应对》,载《人民司法》2021 年第 13 期。

提出权属异议的，人民法院应当听取案外人的意见；必要时，可以通知案外人出庭。这一程序的建立亦是对部分学者长期呼吁的刑事诉讼案外人参与权保障的立法回应，[①]具有较大的现实意义。

其四，细化了对涉案财物的裁判程序。2021 年刑事诉讼法司法解释要求合议庭评议案件时，应当对查封、扣押、冻结的财物及其孳息如何处理等问题作出判决、裁定。对于被害人的合法财产，权属明确的，应当依法及时返还；权属不明的，应当在人民法院判决、裁定生效后，按比例返还被害人，但已获退赔的部分应予扣除。判决书中应写明查封、扣押、冻结的财物及其孳息的具体处置方式，涉案财物较多，不宜在判决主文中详细列明的，可以附清单。另外，2021 年刑事诉讼法司法解释还设置了涉案财物先行处置程序，提出审判期间对于不宜长期保存、易贬值或者市场价格波动大的财产，或者有效期即将届满的票据等，经权利人申请或者同意，并经院长批准，可以依法先行处置，所得款项由人民法院保管。值得注意的是，对涉案财物的先行处置应当避免办案机关因先行处置涉案财物而获利，通过必要的程序与机制以斩断办案机关与涉案财物之间的利益关联。[②]

其五，一种设想——构建完整的刑事诉讼“对物之诉”。其既不同于 2012 年《刑事诉讼法》确立并补充完善的，只适用于犯罪嫌疑人、被告人逃匿或者死亡的法定重大刑事案件的“特别没收程序”，[③]亦不同于传统的判定被告人刑事责任的“对人之诉”，此

---

① 参见韩波：《论涉案财物审理程序中案外人的参与权保障》，载《法学杂志》2020 年第 8 期；纪格非：《刑事涉案财物处置程序中的案外人权利保护》，载《法学杂志》2020 年第 8 期。

② 参见方柏兴：《刑事涉案财物的先行处置》，载《国家检察官学院学报》2018 年第 3 期。

③ 参见裴显鼎、王晓东、刘晓虎：《违法所得没收程序重点疑难问题解读》，载《法律适用》2017 年第 13 期。

处的“对物之诉”是一种相对独立的、诉讼化的、不同于普通刑事案件涉案财物处置的违法所得没收程序。① 其是建立在被告人、被害人和其他利害关系人提出异议情况下的具有独立性的对物之诉,因其吸纳各方当事人的参与,故而具有了明显的诉讼化形态。② 这一制度设计具有其内在合理性,符合现代刑事诉讼全方位保障人权的价值追求,如在涉及职务违法犯罪所得的刑事诉讼案件中得以应用,将有效平衡司法机关对涉案财物的自由裁量权,并进一步在程序正义的法治实践中规范监察机关对涉案财物的处置。

第三节　涉案财物的管理

涉案财物的管理涉及监察机关、检察机关和审判机关等多个机关,也贯穿调查、起诉、审判等诸多过程,在此过程中,不可避免地将多次发生涉案财物移交和接收,因此只有妥善处理涉案财物移交、接收过程,才能实现对涉案财物管理的规范化和法治化。对此,《关于加强和完善监察执法与刑事司法衔接机制的意见(试行)》提出,监察机关、人民检察院和人民法院对查封、扣押、冻结的被调查人、犯罪嫌疑人、被告人的财物及其孳息应当妥善保管,以供核查,并制作清单,随案移送。对作为证据使用的实物应当随案移送;对于不宜移送的,应当将清单、照片或者其他证明文件随案移送。已建立涉案财物集中管理机制和统一保管平台的,应当将有关涉案财物纳入该平台统一保管和处置。

---

① 参见高洁:《刑事对物之诉的程序构造》,载《法学论坛》2020 年第 5 期。

② 参见陈瑞华:《刑事对物之诉的初步研究》,载《中国法学》2019 年第 1 期。

一、涉案财物的登记管理

任何单位和个人都不得贪污、挪用、私分、调换、截留、损毁、擅自处理涉案财物，此为涉案财物管理的基本要求。为此，涉案财物的全面、准确登记就是实现涉案财物管理工作规范化的前提。在实践中，面对种类繁多、数量巨大的涉案财物，为保护被调查人或犯罪嫌疑人的合法财产权益，保障调查侦查工作有序进行，主管机关应当建立必要的涉案财物集中管理机制。

具体而言，应当实行办案与管理相分离的基本策略，由专门的管理部门对涉案财物进行集中统一管理，并配套建设专门的信息管理平台，实现专门的管理机关与该平台在涉案财物管理领域安全对接。[①] 同时推进扣押权与保管权相分离，执行扣押的侦查人员不能充当扣押财物的保管人，建立保管部门、办案部门相互监督的制度。[②] 保管部门应当建立基本的涉案财物保管软硬件要求，如应当设立或指定账户，设置涉案财物的保管场所等。在办案部门查封、扣押、冻结涉案财物之后，应当及时将其移交至涉案财物的管理部门，由涉案财物管理部门对涉案款项逐案设立明细账，存入合规账户；对所有涉案财物逐一编号，将案由、来源、财物基本情况、保管状态、场所和去向等信息录入信息系统，对涉案财物信息进行实时管理和全程管理，并与办案信息系统关联。

另外，应当推进规范留痕备查方式以保障对涉案财物管理的监督，在搜查、查封、扣押时全程开启同步录音录像设备，明确见证人不能为纪检监察机关（包括派驻机构）工作人员或借调人员，

---

① 参见田力男：《刑事涉案财物保管与处置新制研究》，载《法学杂志》2018 年第 8 期。

② 参见杨胜荣：《刑事诉讼中涉案财物的认定与处理》，载《湘潭大学学报（哲学社会科学版）》2015 年第 3 期。

确保客观真实。[①] 通过上述措施的落实,最终形成以共管为基础、以平台为支撑、以数据为媒介、以监督为保障的涉案财物集中管理机制。[②]

二、涉案财物的妥善保管

监察机关、人民检察院和人民法院在办案过程中,对已经查封、扣押、冻结的被调查人、犯罪嫌疑人、被告人的财物及其孳息应当妥善保管。涉案财物本身性质的不同决定了必须进行分类管理,以避免涉案财物保管中出现变质或者毁损的问题。为保证涉案财物的安全,保管场所应当满足基本的物品存放要求、符合被保管财物的特性,配备必要的除湿、调温、密封、防霉变、防腐烂、防磁设备设施,符合防火、防盗、防潮、防蛀、防磁、防腐蚀等安全要求。例如,安装防盗门窗、视频监控设备、报警器,并配备必要的储物容器、一次性储物袋、计量工具等物品和必要的设备设施等。对于易燃易爆、具有毒害性放射性等危险物品,鲜活动植物,大宗物品,车辆、船舶、航空器等大型交通工具,以及其他对保管条件、保管场所有特殊要求的涉案财物,应当存放在符合条件的专门场所。公安机关没有具备保管条件的场所的,可以委托具有相应条件、资质或者管理能力的单位代为保管。有条件的地方,可以会同人民法院、人民检察院等,建立多方共用的涉案财物管理中心,对涉案财物进行统一管理。[③] 未经涉案财物管理部门

---

① 参见周帆:《怎样提升涉案财物处理规范化水平》,载《中国纪检监察报》2021年4月14日,第8版。

② 参见梁春程:《涉案财物跨部门统一管理的理论与实践——以上海市J区公检法涉案财物共管平台为样本》,载《河南财经政法大学学报》2019年第2期。

③ 参见葛琳:《刑事涉案财物管理制度改革》,载《国家检察官学院学报》2016年第6期。

或者管理涉案财物的办案部门负责人批准，除保管人员以外的其他人员不得进入涉案财物保管场所。

三、涉案财物的移送和接收

监察机关、人民检察院和人民法院对于涉案财物的移送应当坚持实物移送的原则，一般情况下，应当将作为证据的所有涉案财物随案移送，包括涉案财物和相关的权利证书、支付凭证以及具备一定特征能够证明案情的现金等；不宜实物移送的，监察机关应与司法机关协商。经协商认为不宜移送实物的，可以依照《刑事诉讼法》和《监察法》的相关规定，只将涉案财物清单、照片或者其他证明文件随案移送司法机关，并做好协助工作。[①] 接收涉案财物的国家机关，应当及时清点和接收相关涉案财物，并指定专门人员负责涉案财物的管理和信息录入工作。经核对和清点，接收的涉案财物、清单及其他材料符合条件的，接收机关应当在涉案财物移送清单上签字并制作入库清单，办理本机关相应的涉案财物管理手续，认为不符合条件的，应当将原因告知移送单位，由移送单位及时补送相关材料，或者按照有关规定进行补正。[②]

四、涉案财物的价值认定

涉案财物的价值认定是涉案财物管理的重要内容，在职务违法和职务犯罪案件中，涉案财物的价值往往是决定罪与非罪、轻罪和重罪的关键，[③]但并非所有的涉案财物都有确定的价值，为

---

① 参见江国华：《中国监察法学》，中国政法大学出版社 2022 年版，第 420 页。
② 参见江国华：《中国监察法学》，中国政法大学出版社 2022 年版，第 420 页。
③ 参见蓝向东等：《刑事诉讼涉案物品价格鉴定意见如何采信》，载《人民检察》2014 年第 16 期。

此,涉案财物的价值认定工作就非常重要。监察机关移送涉案财物时,也应当在保障涉案财物真实性的基础上查明其价值。[①]

首先,涉案财物的价值认定要考察其真实性。[②] 鉴别真伪好次是价值认定的第一步,实践中很多涉案财物并非正品,如果是假冒伪劣的产品那就不能按照正品的标准进行认定,在文物、字画、艺术品等品类的价值认定中也是如此,真品与赝品之间的价值差异主要源于其真实性的问题。为此,监察机关先要验证被移送的涉案财物的真实性,委托有关鉴定机构或检测机构进行真伪鉴定或技术、质量检测,对涉案财物先行作出真伪鉴定或技术、质量检测报告。

其次,涉案财物的价值认定应设立一定的认定标准。鉴于涉案财物的价值认定直接涉及被调查人定罪量刑的问题,故应在规范化和法治化的总体要求之下,形成一套价值认定的基本标准。例如,在定价标准上,是采取市场调解价、政府指导价,还是商家定价;在外币和贵金属等特殊商品的价值认定上,应以何时的汇率和金价作为基准进行计算;贵重的字画、文物、特殊资料等应以市场价格还是拍卖价格计算等。诸如此类的问题都需要专业的鉴定机构按照价格鉴定行业的相关标准进行计算。

再次,很多涉案财物的价值无法判断,在实践中存在许多涉案财物没有有效价格证明,加之该财物或者已损毁、灭失,或者被销赃而无法追回,或者受制于国家政策而禁止交易等诸多因素使得无法通过专业的价格认证机构作价,难以确定涉案财物价格的

---

① 参见杨德森:《涉案财物如何查扣和处理》,载《中国纪检监察报》2020 年 10 月 21 日,第 8 版。

② 参见江国华:《中国监察法学》,中国政法大学出版社 2022 年版,第 420 页。

情况。[1] 这时,应当在移送起诉前向人民政府价格主管部门设立的价格认证机构提出价格认定请求。

最后,纪检监察机关还应结合在案其他证据,对涉案财物的价格认定结论进行综合审查判断。具体包括:审查价格认定标的来源是否可靠;审查价格认定协助书是否符合案情;审查价格认定方法是否适合认定标的;审查价格认定结论书是否已告知被审查人等。[2]

五、涉案财物的上缴

《监察法》第46条规定:“监察机关经调查,对违法取得的财物,依法予以没收、追缴或者责令退赔;对涉嫌犯罪取得的财物,应当随案移送人民检察院。”对被调查人违法所得进行处置,既是惩罚违法犯罪的要求,也是挽回国家损失、集体损失和其他公民个人合法财产损失的重要方式。基于国家机关分工负责之原则,涉案财物上缴国库一般应遵循谁追缴谁上缴的原则,因为职务违法和职务犯罪所涉程序的不同,上缴国库的责任主体则包括了监察机关和司法机关两类。监察机关在调查过程中基于调查结果追缴、没收的公职人员违法所得,应当由监察机关上缴国库;人民法院经过生效判决、裁定确认的属于被告人犯罪所得的涉案财物,应当由负责审判、执行的司法机关依法上缴国库。[3]

(一)监察机关上缴国库

监察机关作为行使国家监察职能的专责机关,应当在监察调

---

① 参见陈艳飞:《涉案财物无法作价时的犯罪金额认定问题探析——以王某诈骗案为例》,载《法律适用(司法案例)》2018年第16期。

② 参见董芳:《涉案财物价格认定研析》,载《中国纪检监察》2014年第16期。

③ 参见江国华:《中国监察法学》,中国政法大学出版社2022年版,第421页;江国华:《国家监察权力运行及其监督机制研究》,中国政法大学出版社2020年版,第204~205页。

查的过程中对被调查人违法取得的财物，予以没收、追缴或责令退赔。具言之：(1)没收违法所得的，一律应当上缴国库。所谓“没收”，即将违法取得的财物强制收归国有的行为，没收的财物一律上缴国库。例如，对于被调查人违规收受的礼金、回扣、酬金等，应当予以没收，上缴国库。(2)追缴或责令退赔的财物，依法不应当退回、退赔，或者因客观原因无法直接退回、退赔给原所有人的，也应当上缴国库。对于上缴国库的财物，如果是钱款，确认数额后直接办理上缴国库手续；如果是有价证券和支付凭证，应通过有关部门兑现后再行办理；如果是物品，应当委托有关机构通过拍卖或其他变价处理的方式，变现以后再将所得款项上缴国库。(3)上缴国库时，违法所得的孳息也应当一并上缴。(4)司法机关已经作出生效判决、裁定，但涉案财物仍由监察机关查封、扣押的，也应当由监察机关依法上缴国库，以节约国家资源，提高上缴效率。

(二)司法机关上缴国库

对经人民法院生效判决、裁定认定为犯罪所得的财物及其孳息，以及依法执行的财产刑，由司法机关依法办理上缴国库手续。[①] 具体而言：(1)查封、扣押、冻结的财物及其孳息，经审查，确属违法所得或者依法应当追缴的其他涉案财物的，应当判决没收上缴国库，但法律另有规定的除外。(2)对判决时尚未追缴到案或者尚未足额退赔的违法所得，应当判决继续追缴或者责令退赔。(3)判决返还涉案财物，应当通知原所有人或持有人认领；无人认领的，应当公告通知；公告满一年无人认领的，应当上缴国库；上缴国库后有人认领，经查证属实的，应当申请退库予以返

① 参见江国华：《论监察与刑事司法的沟通衔接机制》，载《东方法学》2023年第1期。

还;原物已经拍卖、变卖的,应当返还价款。(4)对侵犯国有财产的案件,所涉单位已经终止且没有权利义务继受人,或者损失已经被核销的,查封、扣押、冻结的财物及其孳息应当上缴国库。

主要参考文献

一、中文著作

江国华:《中国监察法学》,中国政法大学出版社 2022 年版。

江国华:《国家监察权力运行及其监督机制研究》,中国政法大学出版社 2020 年版。

胡铭:《刑事诉讼法学》,法律出版社 2016 年版。

陈卫东主编:《模范刑事诉讼法典》,中国人民大学出版社 2005 年版。

林钰雄:《刑事诉讼法》,中国人民大学出版社 2005 年版。

中共中央纪律检查委员会法规室、中华人民共和国国家监察委员会法规室编写:《〈中华人民共和国监察法〉释义》,中国方正出版社 2018 年版。

杨宇冠:《监察法与刑事诉讼法衔接问题研究》,中国政法大学出版社 2018 年版。

《世界各国刑事诉讼法》编辑委员会编译:《世界各国刑事诉讼法 · 欧洲卷》

(上),中国检察出版社 2016 年版。

《世界各国刑事诉讼法》编辑委员会编译:《世界各国刑事诉讼法·欧洲卷》(下),中国检察出版社 2016 年版。

马怀德主编:《中华人民共和国监察法理解与适用》,中国法制出版社 2018 年版。

江国华:《中国行政法(总论)》,武汉大学出版社 2012 年版。

江国华:《中国监察法学》,中国政法大学出版社 2018 年版。

吴建雄、廖永安主编:《反腐败:监察与司法的法法衔接》,中国检察出版社 2019 年版。

陈国庆主编:《职务犯罪监察调查与审查起诉衔接工作指引》,中国检察出版社 2019 年版。

张曙:《刑事诉讼管辖制度研究》,法律出版社 2020 年版。

桂梦美:《刑事诉讼管辖制度研究》,中国政法大学出版社 2019 年版。

龙宗智、杨建广主编:《刑事诉讼法》,高等教育出版社 2021 年版。

吴宏耀、魏晓娜:《诉讼证明原理》,法律出版社 2002 年版。

杜万华主编:《最高人民法院民事诉讼司法观点全集》,人民出版社 2016 年版。

陈光中主编:《〈中华人民共和国刑事诉讼法〉修改条文释义与点评》,人民法院出版社 2012 年版。

周振想主编:《法学大辞典》,团结出版社 1994 年版。

秦前红、叶海波等:《国家监察制度改革研究》,法律出版社 2018 年版。

樊崇义主编:《刑事诉讼法学》,中国政法大学出版社 2002 年版。

王公义主编:《中外司法体制比较研究》,法律出版社 2013

年版。

林艺芳:《监察委员会职务犯罪调查研究》,法律出版社 2021 年版。

陈瑞华:《刑事审判原理论》,北京大学出版社 2003 年版。

樊崇义主编:《刑事诉讼法学》(第 4 版),法律出版社 2016 年版。

张军主编:《刑事证据规则理解与适用》,法律出版社 2010 年版。

何帆:《刑事没收研究——国际法与比较法的视角》,法律出版社 2007 年版。

林钰雄主编:《没收新制(一):刑法的百年变革》,台北,元照出版有限公司 2016 年版。

萧文生:《国家法Ⅰ——国家组织篇》,台北,元照出版有限公司 2008 年版。

高铭暄、马克昌主编:《刑法学》(第 8 版),北京大学出版社、高等教育出版社 2017 年版。

张明楷:《刑法学》(下)(第 6 版),法律出版社 2021 年版。

本书编写组编写:《〈中华人民共和国监察法〉案例解读》,中国方正出版社 2018 年版。

本书编写组编写:《监察权限与程序案例指导》,中国方正出版社 2020 年版。

陈朴生编著:《刑事经济学》,台北,正中书局 1975 年版。

樊崇义、兰跃军、潘少华:《刑事证据制度发展与适用》,人民法院出版社 2012 年版。

二、中文译著

[德]克劳思·罗科信:《刑事诉讼法》,吴丽琪译,法律出版社

2003 年版。

[日]田口守一:《刑事诉讼法》,刘迪等译,法律出版社 2000 年版。

[日]田口守一:《刑事诉讼法》,张凌、于秀峰译,中国政法大学出版社 2010 年版。

[美]克雷格·布拉德利:《刑事诉讼革命的失败》,郑旭译,北京大学出版社 2009 年版。

[法]贝尔纳·布洛克:《法国刑事诉讼法》,罗结珍译,中国政法大学出版社 2009 年版。

[德]托马斯·魏根特:《德国刑事诉讼程序》,岳礼玲、温小洁译,中国政法大学出版社 2004 年版。

[美]理查德·A. 波斯纳:《证据法的经济分析》,徐昕、徐昀译,中国法制出版社 2001 年版。

[法]孟德斯鸠:《论法的精神》(上卷),许明龙译,商务印书馆 2009 年版。

[日]松宫孝明:《刑法总论讲义》(第 4 版补正版),钱叶六译,中国人民大学出版社 2013 年版。

三、学术论文

江国华:《论监察与刑事司法的沟通衔接机制》,载《东方法学》2023 年第 1 期。

江国华:《国家监察与刑事司法的衔接机制研究》,载《当代法学》2019 年第 2 期。

龙宗智:《监察与司法协调衔接的法规范分析》,载《政治与法律》2018 年第 1 期。

黄硕:《论职务犯罪与牵连案件的侦查管辖权的权力边界》,载《云南社会科学》2015 年第 1 期。

王霑:《监察机关与其他国家机关互涉案件管辖问题研究》,载《重庆理工大学学报(社会科学)》2020年第11期。

郭华:《我国检察机关侦查权调整及其互涉案件程序的探讨》,载《法治研究》2019年第1期。

闫召华:《论检警互涉案件的侦查》,载《中国人民公安大学学报(社会科学版)》2010年第2期。

谢小剑:《监察委员会刑事调查管辖制度初探》,载《湖湘论坛》2019年第5期。

钱小平:《监察管辖制度的适用问题及完善对策》,载《南京师大学报(社会科学版)》2020年第1期。

董坤:《法规范视野下监察与司法程序衔接机制——以〈刑事诉讼法〉第170条切入》,载《国家检察官学院学报》2019年第6期。

范广馨、曹雪飞:《论监察证据在刑事诉讼中的使用》,载《四川警察学院学报》2020年第1期。

彭江辉、邹韵:《我国检监互涉案件处理机制探析》,载《西部学刊》2020年第12期。

吴洪淇:《证据法体系化的法理阐释》,载《法学研究》2019年第5期。

陈光中:《对〈严格排除非法证据规定〉的几点个人理解》,载《中国刑事法杂志》2017年第4期。

程衍:《中国特色独立监察程序下非法证据排除规则的制度建构》,载《南京大学学报(哲学·人文科学·社会科学)》2019年第2期。

陈卫东、聂友伦:《职务犯罪监察证据若干问题研究——以〈监察法〉第33条为中心》,载《中国人民大学学报》2018年第4期。

谢小剑:《监察调查与刑事诉讼程序衔接的法教义学分析》,载《法学》2019 年第 9 期。

艾明:《我国刑事诉讼中私人违法取得证据禁止使用的法理构建》,载《四川大学学报(哲学社会科学版)》2018 年第 6 期。

朱福惠:《论检察机关对监察机关职务犯罪调查的制约》,载《法学评论》2018 年第 3 期。

陈光中:《关于我国监察体制改革的几点看法》,载《环球法律评论》2017 年第 2 期。

吕晓刚、杨彩虹:《程序整合视角下职务犯罪刑事特别程序研究》,载《贵州省党校学报》2020 年第 1 期。

蔡健、张书林、黄敏、任洁:《监检衔接语境下检察机关引导取证制度的完善》,载《湖北第二师范学院学报》2019 年第 11 期。

林森、金琳:《检察机关办理监察委移送案件难点问题探究——以检察机关与监察委办案衔接为视角》,载《时代法学》2020 年第 5 期。

封利强:《检察机关提前介入监察调查之检讨——兼论完善监检衔接机制的另一种思路》,载《浙江社会科学》2020 年第 9 期。

陈小炜、吴高飞:《监察体制改革背景下自行补充侦查和退回补充调查关系论纲》,载《西南政法大学学报》2019 年第 3 期。

方明:《职务犯罪监察调查与刑事诉讼的衔接》,载《法学杂志》2019 年第 4 期。

张明正:《监察机关调查职务犯罪从宽处罚问题研究》,载《南海法学》2019 年第 1 期。

游晓宇、张富利:《监察体制改革中的监察留置措施问题探讨》,载《四川警察学院学报》2019 年第 5 期。

马怀德:《再论国家监察立法的主要问题》,载《行政法学研究》2018 年第 1 期。

付威杰:《如何理解关于纪检监察机关对涉嫌职务犯罪案件移送审查起诉,移送后对审查调查部门的工作要求,以及审理工作完成后对其他问题线索处置的规定?》,载《中国纪检监察》2019 年第 5 期。

高童非:《监检衔接中先行拘留措施的法教义学反思》,载《地方立法研究》2020 年第 2 期。

杨宇冠、高童非:《论监察机关与审判机关、检察机关、执法部门的互相配合和制约》,载《新疆社会科学》2018 年第 3 期。

卞建林:《配合与制约:监察调查与刑事诉讼的衔接》,载《法商研究》2019 年第 1 期。

程雷:《刑事诉讼法与监察法的衔接难题与破解之道》,载《中国法学》2019 年第 2 期。

杨杨、王园园、李乐:《监检互涉案件办案衔接若干问题研究》,载蒋来用主编:《廉政学研究》总第 4 辑,社会科学文献出版社 2020 年版。

王辉华:《职务犯罪案件缺席审判:现实问题与改进路径》,载《法治社会》2020 年第 4 期。

陈卫东:《论中国特色刑事缺席审判制度》,载《中国刑事法杂志》2018 年第 3 期。

黄风:《对外逃人员缺席审判需注意的法律问题》,载《法治研究》2018 年第 4 期。

樊崇义:《腐败犯罪缺席审判程序的立法观察》,载《人民法治》2018 年第 13 期。

程晨:《缺席审判程序的理解与适用》,载《山西省政法管理干部学院学报》2020 年第 1 期。

邱飞:《在比较中借鉴:关于构建我国刑事缺席审判制度的理

性分析——以〈联合国反腐败公约〉资产追回机制为视角》，载《甘肃理论学刊》2006 年第 4 期。

马康：《监察程序与刑事诉讼衔接重要问题研究》，载《海峡法学》2020 年第 3 期。

江国华、龚雄艳：《职务犯罪监察管辖冲突及其解决机制》，载《江汉学术》2021 年第 5 期。

夏金莱：《论监察体制改革背景下的监察权与检察权》，载《政治与法律》2017 年第 8 期。

江国华、彭超：《国家监察立法的六个基本问题》，载《江汉论坛》2017 年第 2 期。

吴建雄：《国家监察体制改革若干问题探析》，载《新疆师范大学学报（哲学社会科学版）》2019 年第 5 期。

陈国庆：《刑事诉讼法修改与刑事检察工作的新发展》，载《国家检察官学院学报》2019 年第 1 期。

李奋飞：《检察再造论——以职务犯罪侦查权的转隶为基点》，载《政法论坛》2018 年第 1 期。

顾永忠：《公职人员职务犯罪追诉程序的重大变革、创新与完善——以〈监察法〉和〈刑事诉讼法〉的有关规定为背景》，载《法治研究》2019 年第 1 期。

王超强：《论监察体制改革背景下监、检、法关系新构》，载《东方法学》2017 年第 5 期。

梁克柱：《刍议国家安全机关刑事案件管辖范围的有关立法问题》，载《国家安全通讯》2003 年第 6 期。

袁相亭、刘方权：《监察与司法的管辖衔接机制研究》，载《交大法学》2019 年第 4 期。

王一超：《论〈监察法〉与〈刑事诉讼法〉适用中的程序衔接》，载《法治研究》2018 年第 6 期。

陈国庆:《刑事诉讼中的牵连管辖》,载陈光中、江伟主编:《诉讼法论丛》第1卷,法律出版社1998年版。

张泽涛、崔凯:《刑事案件合并与分案审理立法梳理及法理评析》,载《政法论坛》2013年第5期。

张曙:《刑事诉讼管辖协商机制研究》,载《华东政法大学学报》2014年第1期。

张曙、阿儒汗:《职务犯罪案件与牵连案件的侦查管辖研究》,载《中国刑事法杂志》2012年第9期。

卞建林、桂梦美:《腐败犯罪诉讼管辖现状与制度完善》,载《人民检察》2015年第13期。

林艺芳:《监察检察主体互涉案件管辖问题检视》,载《法学杂志》2021年第5期。

林艺芳:《监察与公安主体互涉案件管辖问题研究:解析与建构》,载《北方法学》2021年第3期。

董坤:《论监察机关与公安司法机关的管辖衔接——以深化监察体制改革为背景》,载《法商研究》2021年第6期。

鲁晓荣:《中外警检关系比较及我国警检模式之构想》,载《中国刑事法杂志》2009年第4期。

顾军、温军:《论日本、韩国检察制度及其启示》,载《江汉论坛》2014年第12期。

谢佑平、万毅:《刑事诉讼牵连管辖制度探讨》,载《政法学刊》2001年第1期。

艾明:《互涉案件监察机关为主调查的实践模式及其改进》,载《地方立法研究》2020年第1期。

孟穗、冯靖:《监察调查与刑事诉讼的衔接问题研究》,载《河北法学》2019年第4期。

谢登科:《论国家监察体制改革下的侦诉关系》,载《学习与探索》2018年第1期。

樊崇义:《“以审判为中心”与“分工负责、互相配合、互相制约”关系论》,载《法学》2015年第11期。

王译:《监察互涉案件管辖主体配合协助义务之具体化》,载《时代法学》2021年第5期。

唐保银、田春雷:《监察机关职务犯罪调查与检察机关诉讼衔接机制研究》,载《经济与社会发展》2020年第1期。

喻少如、丁俊文:《监检移送审查衔接问题研究——以“四种形态”转化为切入点》,载《西部法学评论》2021年第4期。

龙宗智:《刑事诉讼指定管辖制度之完善》,载《法学研究》2012年第4期。

叶青、王小光:《监察委员会案件管辖模式研究》,载《北方法学》2019年第4期。

陈永革、李志平:《论我国刑事审判管辖的完善》,载《江海学刊》2005年第4期。

谢小剑、崔晓立:《重大职务犯罪案件异地管辖实证分析》,载《昆明理工大学学报(社会科学版)》2018年第1期。

李和杰、张兵:《我国刑事诉讼指定管辖制度完善研究》,载《黑龙江省政法管理干部学院学报》2022年第1期。

刘佳加:《关于监察体制改革下完善刑事管辖制度的思考》,载《昆明学院学报》2018年第4期。

王一超:《刑事诉讼管辖的“不确定”危机及矫正——兼对管辖制度价值的检讨》,载《财经法学》2016年第1期。

徐汉明、丰叶:《检察机关“先行拘留权”属性、程序、效能之逻辑结构》,载《法学评论》2020年第6期。

董坤:《证据标准:内涵重释与路径展望》,载《当代法学》2020年第1期。

姚建龙、尹娜娜:《监察法视野下职务违法与职务犯罪的界分——以监察程序的完善为重点》,载《上海政法学院学报(法治论丛)》2018 年第 6 期。

龙宗智:《印证与自由心证——我国刑事诉讼证明模式》,载《法学研究》2004 年第 2 期。

李建明:《刑事证据相互印证的合理性与合理限度》,载《法学研究》2005 年第 6 期。

李勇:《〈监察法〉与〈刑事诉讼法〉衔接问题研究——"程序二元、证据一体"理论模型之提出》,载《证据科学》2018 年第 5 期。

熊秋红:《审判中心视野下的律师有效辩护》,载《当代法学》2017 年第 6 期。

艾明:《监察调查证据在刑事诉讼中使用的规范分析》,载《暨南学报(哲学社会科学版)》2019 年第 10 期。

卞建林:《监察机关办案程序初探》,载《法律科学(西北政法大学学报)》2017 年第 6 期。

井晓龙:《监察调查权与检察侦查权衔接研究》,载《法学杂志》2020 年第 12 期。

冯俊伟:《〈监察法〉实施中的证据衔接问题》,载《行政法学研究》2019 年第 6 期。

姚莉:《〈监察法〉第 33 条之法教义学解释——以法法衔接为中心》,载《法学》2021 年第 1 期。

谢登科:《监察证据在刑事诉讼中的使用——兼论〈监察法〉第 33 条的理解与适用》,载《中共中央党校学报》2018 年第 5 期。

林艺芳:《监察机关与公安机关配合衔接机制研究》,载《湘潭大学学报(哲学社会科学版)》2018 年第 5 期。

陈光中、邵俊:《我国监察体制改革若干问题思考》,载《中国法学》2017 年第 4 期。

江国华、张硕:《监察过程中的公安协助配合机制》,载《法学研究》2019 年第 2 期。

王小光、米卿:《完善检察机关自行补充侦查制度的思考》,载《河南财经政法大学学报》2018 年第 6 期。

林喜芬:《论监察调查程序中的检察提前介入机制》,载《内蒙古社会科学》2022 年第 1 期。

刘彦辉:《论非法证据调查程序在我国的立法确立》,载《中国法学》2011 年第 4 期。

闫召华、范智凯:《监察调查案件非法证据排除标准研究》,载《黑龙江社会科学》2020 年第 3 期。

吴建雄:《监察体制改革试点视域下监察委员会职权的配置与运行规范》,载《新疆师范大学学报(哲学社会科学版)》2018 年第 5 期。

贾志强:《非法证据排除程序规则的中国路径——以审判阶段非法供述排除为视角的分析》,载《广州大学学报(社会科学版)》2014 年第 5 期。

郑曦:《监察委员会技术侦查权研究》,载《学习与探索》2018 年第 1 期。

马明亮:《非法证据排除规则的结构性困境——基于内部视角的反思》,载《现代法学》2015 年第 4 期。

陈瑞华:《论瑕疵证据补正规则》,载《法学家》2012 年第 2 期。

易延友:《瑕疵证据的补正与合理解释》,载《环球法律评论》2019 年第 3 期。

罗智勇、冯黔刚:《刑事审判中实物证据的审查判断及排除》,载《证据科学》2012 年第 2 期。

陈卫东、聂友伦:《职务犯罪监察证据若干问题研究——以〈监察法〉第33条为中心》,载《中国人民大学学报》2018年第4期。

杨宇冠、刘曹祯:《以审判为中心的诉讼制度改革与质证制度之完善》,载《法律适用》2016年第1期。

顾永忠:《以审判为中心背景下的刑事辩护突出问题研究》,载《中国法学》2016年第2期。

施鹏鹏:《国家监察委员会的侦查权及其限制》,载《中国法律评论》2017年第2期。

裴苍龄:《论证据的种类》,载《法学研究》2003年第5期。

张磊、钟鸣:《职务犯罪案件讯问全程同步录音录像运作现状分析》,载《中国检察官》2012年第3期。

汪海燕:《监察制度与〈刑事诉讼法〉的衔接》,载《政法论坛》2017年第6期。

朱琳、冯元元:《以审判为中心的刑事诉讼制度改革下的监察程序与审判程序衔接若干问题的思考》,"司法体制综合配套改革与刑事审判问题研究"全国法院第30届学术讨论会会议论文,2019年6月于内蒙古呼和浩特。

秦宗文:《讯问录音录像的功能定位:从自律工具到最佳证据》,载《法学家》2018年第5期。

陈瑞华:《论刑事诉讼中的过程证据》,载《法商研究》2015年第1期。

朱孝清:《讯问录音录像三题》,载《人民检察》2014年第12期。

卞建林、陶加培:《论监察法与刑事诉讼法衔接中录音录像制度》,载《中国刑事法杂志》2019年第3期。

陈旭:《无罪推定视角下监察程序中被调查人的权益保障研

究》,载《广西政法管理干部学院学报》2019 年第 5 期。

吕立海:《对同步录音录像制度的几点意见》,载《法制与经济(下旬)》2011 年第 10 期。

王彪:《讯问录音录像的若干证据法问题研究》,载《法律适用》2016 年第 2 期。

邵俊:《刑事诉讼信息共建共享问题研究》,载《浙江工商大学学报》2019 年第 1 期。

束传祥:《论庭审录音录像制度》,载《九江学院学报(社会科学版)》2014 年第 3 期。

蒋丽华:《庭审录音录像证据属性探讨》,载《太原师范学院学报(社会科学版)》2017 年第 1 期。

王圭宇、王埔恩:《监察留置措施与刑事强制措施衔接机制研究》,载《河南警察学院学报》2021 年第 4 期。

王译:《再论留置适用应遵循之基本原则与应有之司法衔接——以〈刑事诉讼法〉修正案为参照》,载《太原理工大学学报(社会科学版)》2018 年第 6 期。

易延友:《刑事强制措施体系及其完善》,载《法学研究》2012 年第 3 期。

陈瑞华:《论监察委员会的调查权》,载《中国人民大学学报》2018 年第 4 期。

洪浩、朱良:《论监察委留置权:权力属性、运行原则及程序衔接》,载《甘肃政法学院学报》2019 年第 2 期。

谢小剑:《衔接留置型刑事拘留的法规范分析》,载《内蒙古社会科学》2022 年第 1 期。

薛向楠:《中国刑事拘留制度的发展轨迹与完善路径(1954—2018)》,载《中国政法大学学报》2019 年第 3 期。

董坤:《法规范视野下监察与司法程序衔接机制——以〈刑事

诉讼法〉第170条切入》，载《国家检察官学院学报》2019年第6期。

孟祥金：《监察留置与刑事强制措施的衔接与完善——兼评新〈刑事诉讼法〉第一百七十条》，载《重庆理工大学学报（社会科学）》2020年第9期。

陈卫东：《刑事诉讼法修改若干问题研究》，载《内蒙古社会科学》2020年第3期。

胡铭：《职务犯罪留置措施衔接刑事诉讼的基本逻辑》，载《北方法学》2019年第4期。

黄莹：《监察与检察办案衔接机制探究》，载《中国检察官》2019年第17期。

邓军安：《如何稳妥做好不采取留置措施案件的各工作环节——不留置也要办好案》，载《中国纪检监察》2018年第22期。

满建超、冷建明：《职务犯罪案件监检衔接问题研究》，载《广西政法管理干部学院学报》2020年第6期。

左安斌、吉波涛：《如何理解和把握监察法实施条例对未被留置对象调查期限的规定　规范权力行使　提高办案效率》，载《中国纪检监察》2022年第3期。

史卫忠：《监察机关与检察机关办案衔接难点问题解析》，载《人民检察》2021年第Z1期。

丰叶：《留置措施与刑事强制措施衔接问题研究》，载《黑龙江社会科学》2020年第3期。

李岩玉：《审判阶段补充侦查与刑事程序倒流的关系考辩》，载《西部学刊》2019年第5期。

陈勇、潘博：《服刑期间发现漏罪解押回审诉讼程序的构建》，载万春、李雪慧主编：《检察调研与指导》总第28辑，研究出版社2019年版。

朱孝清:《修改后刑诉法与监察法的衔接》,载《法治研究》2019年第1期。

马康:《监察委员会调查权属性问题研究》,载《石河子大学学报(哲学社会科学版)》2019年第4期。

江国华、王冲:《监察委员会留置措施论析》,载《湖北社会科学》2018年第9期。

孔祥承:《留置措施规范化论要》,载《政法学刊》2019年第1期。

董邦俊、张扬:《监察留置措施之法治化进路研究》,载《中国人民公安大学学报(社会科学版)》2021年第1期。

施鹏鹏、马志文:《论刑事诉讼法与国家监察体制的衔接》,载《浙江工商大学学报》2020年第2期。

张兆松、罗薇:《律师会见权40年:变迁、问题和展望》,载《山东警察学院学报》2020年第1期。

李津媛:《隐性超期羁押的原因和对策分析》,载《山西省政法管理干部学院学报》2017年第4期。

马怀德:《国家监察体制改革的重要意义和主要任务》,载《国家行政学院学报》2016年第6期。

虞浔:《职务犯罪案件中监检衔接的主要障碍及其疏解》,载《政治与法律》2021年第2期。

秦炯天、蔡永彤:《"检察引导侦查"机制的反思与展望》,载《中南大学学报(社会科学版)》2009年第3期。

伍华军、陈浣莹:《我国监察委员会办理职务犯罪案件衔接问题研究》,载《江汉大学学报(社会科学版)》2019年第1期。

秦毅:《监察调查同步提前介入的实践模式及规范运行》,载《青少年犯罪问题》2021年第6期。

樊崇义、赵培显:《论客观性证据审查模式》,载《中国刑事法杂志》2014 年第 1 期。

陈辉:《论监察委员会政务处分程序的内容构造》,载《西部法学评论》2020 年第 2 期。

吕晓刚:《监察调查提前介入实践完善研究》,载《法学杂志》2020 年第 1 期。

龚举文:《纪检监察体制改革下的纪法贯通、法法衔接》,载周叶中主编:《党内法规理论研究》总第 4 期,社会科学文献出版社 2020 年版。

冯仁强、张海峰:《检察机关提前介入刑事侦查的思考》,载《公安学刊(浙江警察学院学报)》2011 年第 3 期。

董坤:《检察提前介入监察:历史流变中的法理探寻与机制构建》,载《政治与法律》2021 年第 9 期。

刘汉卿:《侦监、公诉部门提前介入职务犯罪侦查工作机制探讨》,载《山西省政法管理干部学院学报》2017 年第 4 期。

龙宗智:《监察体制改革中的职务犯罪调查制度完善:监察与司法协调衔接的法规范分析》,载《政治与法律》2018 年第 1 期。

马迪、李晓娟:《监察体制改革背景下检察机关开展职务犯罪检察工作的实证研究——以北京市朝阳区人民检察院职务犯罪检察工作为研究对象》,载《中国检察官》2018 年第 17 期。

陈辉、汪进元:《论“监、检、审”三机关间的分工、配合与制约关系》,载《南京社会科学》2018 年第 5 期。

王霑:《检察机关提前介入职务犯罪监察调查机制研究》,载《西南政法大学学报》2021 年第 1 期。

卞建林、谢澍:《刑事检察制度改革实证研究》,载《中国刑事法杂志》2018 年第 6 期。

卞建林、张璐:《我国刑事证明标准的理解与适用》,载《法律适用》2014 年第 3 期。

朱福惠:《检察机关对监察机关移送起诉案件的合法性审查——〈人民检察院刑事诉讼规则〉解读》,载《武汉大学学报(哲学社会科学版)》2020 年第 5 期。

李洪杰:《检察机关自行侦查后的存疑不起诉研究》,载《中国检察官》2016 年第 16 期。

刘艳红:《监察委员会调查权运作的双重困境及其法治路径》,载《法学论坛》2017 年第 6 期。

张建伟:《法律正当程序视野下的新监察制度》,载《环球法律评论》2017 年第 2 期。

董坤:《论监察与司法衔接中的退回补充调查》,载《经贸法律评论》2021 年第 5 期。

陈小炜:《监检关系视野下退回补充调查与自行补充侦查》,载《北方法学》2020 年第 6 期。

秦前红、石泽华:《论监察权的独立行使及其外部衔接》,载《法治现代化研究》2017 年第 6 期。

徐梦飞、蔡红伟:《补充侦查权规范行使路径探索》,载《人民检察》2018 年第 14 期。

刘磊:《刑事诉讼法与监察法衔接的政治逻辑》,载《地方立法研究》2018 年第 5 期。

陈辉:《论检察机关对移送监察案件的审查起诉》,载《西部法学评论》2021 年第 6 期。

吴波、郭大磊:《检察机关案件受理环节的考察分析与完善建议》,载《犯罪研究》2014 年第 5 期。

陈卫东:《职务犯罪监察调查程序若干问题研究》,载《政治与法律》2018 年第 1 期。

曹仕旺:《检察机关与监察机关工作衔接若干问题的探讨》,载《福建法学》2018 年第 2 期。

董坤:《审查批捕中非法证据排除的实证考察与理论反思》,载《法商研究》2014 年第 6 期。

左卫民、唐清宇:《制约模式:监察机关与检察机关的关系模式思考》,载《现代法学》2018 年第 4 期。

程雷:《"侦查"定义的修改与监察调查权》,载《国家检察官学院学报》2018 年第 5 期。

熊秋红:《监察体制改革中职务犯罪侦查权比较研究》,载《环球法律评论》2017 年第 2 期。

周磊、焦利:《构建中国特色国家监察官制度:背景与建议》,载《北京行政学院学报》2019 年第 3 期。

陈光中:《论我国酌定不起诉制度》,载《中国刑事法杂志》2001 年第 1 期。

龙宗智、左为民:《法理与操作——刑事起诉制度评述》,载《现代法学》1997 年第 4 期。

王译、李嘉飞:《监察从宽处罚建议衔接刑事司法的应然限度》,载《华南理工大学学报(社会科学版)》2022 年第 1 期。

叶青、程衍:《关于独立监察程序的若干问题思考》,载《法学论坛》2019 年第 1 期。

陈瑞华:《论国家监察权的性质》,载《比较法研究》2019 年第 1 期。

李宁、陈小炜:《监察体制改革背景下补充侦查问题研究》,载《法治现代化研究》2019 年第 3 期。

秦前红、石泽华:《监察委员会留置措施研究》,载《苏州大学学报(法学版)》2017 年第 4 期。

王飞跃:《监察留置适用中的程序问题》,载《法学杂志》2018 年第 5 期。

卞建林:《配合与制约:监察调查与刑事诉讼的衔接》,载《法商研究》2019 年第 1 期。

杨宇冠、郑英龙:《〈刑事诉讼法〉修改问题研究——以〈监察法〉的衔接为视角》,载《湖湘论坛》2018 年第 5 期。

叶青:《监察机关调查犯罪程序的流转与衔接》,载《华东政法大学学报》2018 年第 3 期。

吴宏耀:《我国值班律师制度的法律定位及其制度构建》,载《法学杂志》2018 年第 9 期。

姚莉:《认罪认罚程序中值班律师的角色与功能》,载《法商研究》2017 年第 6 期。

汪海燕:《监察制度与〈刑事诉讼法〉的衔接》,载《政法论坛》2017 年第 6 期。

牟治伟:《审判中心下监察机关收集调取证据刍议》,载《人民司法》2019 年第 16 期。

郭慧、牛克乾:《职务犯罪审判与国家监察工作有机衔接的若干建议》,载《法律适用》2018 年第 19 期。

周长军:《外逃人员缺席审判适用条件的法教义学分析》,载《法学杂志》2019 年第 8 期。

王晓东:《国际追逃追赃视野下的我国刑事缺席审判制度》,载《法律适用》2018 年第 23 期。

薛剑祥、周庆琳:《论刑事缺席审判中当事人到案后的重新审理程序》,载《法律适用》2018 年第 23 期。

王青、李建明:《国际侦查合作背景下的境外取证与证据的可采性》,载《江苏社会科学》2017 年第 4 期。

崔敏:《论"关键证据"》,载《公安大学学报》1991 年第 2 期。

汪海燕:《职务犯罪案件认罪认罚从宽制度研究》,载《环球法律评论》2020 年第 2 期。

赵恒:《职务犯罪案件认罪认罚从宽制度研究》,载《比较法研究》2022年第2期。

张锋学、胡学相:《刑事被告人认罪认罚从宽制度研究》,载《华南理工大学学报(社会科学版)》2019年第4期。

瞿目:《职务犯罪调查阶段认罪认罚从宽的探讨——以〈监察法〉第31条为中心》,载《华南理工大学学报(社会科学版)》2020年第1期。

周慧琳:《监察程序中适用认罪认罚从宽的误区及其校正》,载《昆明理工大学学报(社会科学版)》2020年第5期。

陈卫东:《认罪认罚从宽制度研究》,载《中国法学》2016年第2期。

孙国祥:《监察法从宽处罚的规定与刑法衔接研究》,载《法学论坛》2020年第3期。

詹建红:《认罪认罚从宽制度在职务犯罪案件中的适用困境及其化解》,载《四川大学学报(哲学社会科学版)》2019年第2期。

王弘宁:《职务犯罪调查阶段认罪认罚从宽制度适用问题研究》,载《兰州学刊》2021年第8期。

付余:《职务犯罪认罪认罚从宽制度的问题及其完善——以G省司法审结的500件职务犯罪案件为样本》,载卢晓珊主编:《法治论坛》总第54辑,中国法制出版社2019年版。

李阳阳:《〈刑法〉与〈监察法〉在职务犯罪从宽规定上的衔接——以职务犯罪特别从宽规定的刑事立法完善为视角》,载《重庆理工大学学报(社会科学)》2019年第12期。

韩旭:《认罪认罚从宽制度中"认罚"辨析》,载《法治研究》2021年第3期。

吴成杰:《职务犯罪案件适用认罪认罚从宽制度问题研究》,载《山东法官培训学院学报》2021年第3期。

王啸洋:《认罪认罚从宽制度在职务犯罪案件中的运用——以〈刑诉法〉与〈监察法〉的衔接为视角》,载《天津法学》2019 年第 3 期。

张阳、朱瑞可:《论认罪认罚从宽制度的实体化实现》,载《河南社会科学》2021 年第 6 期。

周光权:《认罪认罚从宽处罚对刑法立法提出的新要求》,载《中国人大》2019 年第 15 期。

《〈中华人民共和国监察法实施条例〉解读》,载《中国纪检监察》2021 年第 19 期。

闵春雷:《回归权利:认罪认罚从宽制度的适用困境及理论反思》,载《法学杂志》2019 年第 12 期。

徐汉明、赵清:《检察机关对职务犯罪案件依法审查的三个运行向度》,载《中南民族大学学报(人文社会科学版)》2021 年第 1 期。

张明正:《监察机关调查职务犯罪从宽处罚问题研究》,载《南海法学》2019 年第 1 期。

桂梦美:《职务犯罪调查阶段认罪认罚从宽的制度逻辑与展开》,载《苏州大学学报(哲学社会科学版)》2020 年第 5 期。

潘金贵、王志坚:《以审判为中心背景下监察调查与刑事司法的衔接机制研究——兼评〈刑事诉讼法(修正草案)〉相关条文》,载《社会科学研究》2018 年第 6 期。

张全印:《认罪认罚从宽量刑的规范化》,载《人民司法(应用)》2017 年第 10 期。

郑自飞、李美福:《监察机关行使认罪认罚"从宽建议权"的风险及控制》,载《警学研究》2019 年第 4 期。

刘文轩:《三个概念、两处"竞合"、两项"冲突"——认罪认罚从宽之法解释学评析》,载《河南工业大学学报(社会科学版)》

2019 年第 5 期。

王秀梅、黄玲林:《监察法与刑事诉讼法衔接若干问题研究》,载《法学论坛》2019 年第 2 期。

毛雪鸣:《监察案件中认罪认罚从宽制度的适用》,载《中国刑警学院学报》2021 年第 6 期。

韩旭:《监察委员会办理职务犯罪案件程序问题研究——以 768 份裁判文书为例》,载《浙江工商大学学报》2020 年第 4 期。

石经海:《〈监察法〉与〈刑法〉衔接实施的基点、问题与路径》,载《现代法学》2020 年第 1 期。

黄凯:《监察案件认罪认罚从宽制度研究——以〈监察法〉与〈刑事诉讼法〉的衔接为视角》,载《韶关学院学报》2021 年第 10 期。

朱孝清:《职务犯罪如何适用认罪认罚从宽制度》,载《人民检察》2022 年第 2 期。

陈海锋:《刑事审查起诉程序功能的重构》,载《政治与法律》2015 年第 5 期。

林艺芳、张云霄:《监察法与刑事诉讼法衔接视角下认罪认罚从宽的制度整合》,载《甘肃社会科学》2020 年第 2 期。

孔令勇:《新监察制度与认罪认罚从宽制度的错位及衔接》,载《安徽大学学报(哲学社会科学版)》2020 年第 4 期。

牟绿叶、张传玺:《职务犯罪调查阶段认罪认罚从宽的制度缺陷与完善路径》,载《浙江社会科学》2021 年第 8 期。

李世锋:《认罪认罚制度在职务犯罪案件中的适用与控制》,载《新疆师范大学学报(哲学社会科学版)》2019 年第 3 期。

胡之芳、刘敏:《监察调查中的认罪认罚从宽审查制度反思——从〈监察法〉第 31 条切入》,载《湘潭大学学报(哲学社会科学版)》2021 年第 3 期。

王译:《论监察从宽处罚建议的合理定位》,载《法治现代化研究》2022 年第 1 期。

陈伟:《监察法与刑法的衔接协调与规范运行》,载《中外法学》2019 年第 2 期。

孙长永:《认罪认罚案件“量刑从宽”若干问题探讨》,载《法律适用》2019 年第 13 期。

杨勇:《认罪认罚从宽案件中量刑建议实践的问题与优化》,载《学术交流》2020 年第 3 期。

李辰:《认罪认罚从宽语境下职务犯罪案件协商机制的构建》,载《法学杂志》2017 年第 9 期。

石莹:《职务犯罪被调查人从宽处罚建议的纠葛与厘定》,载《警学研究》2019 年第 4 期。

刘伟琦:《认罪认罚的“321”阶梯式从宽量刑机制》,载《湖北社会科学》2018 年第 12 期。

潘金贵、王霑:《职务犯罪监察调查中的从宽处罚建议制度研究》,载《重庆社会科学》2021 年第 1 期。

宋一心、李晨:《“认罪越早、从宽越多”量刑理念的实例应用及价值探究》,载《法律适用》2019 年第 22 期。

韩成军:《职务犯罪认罪认罚从宽制度中的检察职能发挥》,载《浙江学刊》2016 年第 6 期。

董坤:《认罪认罚从宽制度在监察与司法中的衔接》,载《内蒙古社会科学》2022 年第 1 期。

孟祥璟:《如何准确界定并规范处置涉案财物?依规依纪依法精准分类、严格把关》,载《中国纪检监察》2020 年第 24 期。

陈卫东:《涉案财产处置程序的完善——以审前程序为视角的分析》,载《法学杂志》2020 年第 3 期。

胡宝珍、林蕾:《刑事涉案财物处理的立法缺陷与完善》,载

《福建警察学院学报》2013 年第 4 期。

邹开红:《持续深化国家监察体制改革　规范和正确行使国家监察权》,载《中国纪检监察》2021 年第 19 期。

林钰雄:《利得没收之法律性质与审查体系——兼论立法之展望》,载《月旦法学杂志》2015 年第 3 期。

王伟:《准确理解管辖制度　依法履行监察调查职责》,载《中国纪检监察》2021 年第 19 期。

关保英:《论行政执法中的行政协助》,载《江淮论坛》2014 年第 2 期。

左卫民、安琪:《监察委员会调查权:性质、行使与规制的审思》,载《武汉大学学报(哲学社会科学版)》2018 年第 1 期。

王勇:《论〈监察法〉中的违法所得:界分及其类型》,载《当代法学》2022 年第 1 期。

成懿萍:《"违法所得"司法适用中的疑难问题》,载《中国检察官》2019 年第 12 期。

杨宁、李璐:《如何把握〈规则〉有关处置违规违纪违法所得财物的规定?不让被审查调查人非法获益》,载《中国纪检监察》2019 年第 21 期。

裴显鼎、王晓东、刘晓虎:《〈关于犯罪嫌疑人、被告人逃匿、死亡案件适用违法所得没收程序若干问题的规定〉的理解与适用》,载《人民司法(应用)》2017 年第 16 期。

田力男:《刑事涉案财物保管与处置新制研究》,载《法学杂志》2018 年第 8 期。

梁春程:《涉案财物跨部门统一管理的理论与实践——以上海市 J 区公检法涉案财物共管平台为样本》,载《河南财经政法大学学报》2019 年第 2 期。

葛琳:《刑事涉案财物管理制度改革》,载《国家检察官学院学报》2016 年第 6 期。

杨赞、李丹:《规范涉案物品价格鉴定程序》,载《人民检察》2014 年第 16 期。

陈艳飞:《涉案财物无法作价时的犯罪金额认定问题探析——以王某诈骗案为例》,载《法律适用(司法案例)》2018 年第 16 期。

董芳:《涉案财物价格认定研析》,载《中国纪检监察》2014 年第 16 期。

四、报刊和网络资料

马梦草:《怎样更好发挥从宽处罚建议制度的价值》,载《中国纪检监察报》2021 年 1 月 20 日,第 8 版。

周晓天:《从宽处罚建议有何法律效力》,载《中国纪检监察报》2021 年 2 月 10 日,第 8 版。

杨德森:《涉案财物如何查扣和处理》,载《中国纪检监察报》2020 年 10 月 21 日,第 8 版。

束龙:《补充移送审查起诉若干问题研究》,载中央纪委国家监委网站,https://www.ccdi.gov.cn/hdjln/ywtt/202201/t20220127_167445.html。

湖北省纪委监委案件监督管理室:《拟留置对象已被采取司法强制措施的怎样协调办理》,载《中国纪检监察报》2019 年 6 月 12 日,第 8 版。

戴福:《讯问犯罪嫌疑人同步录音录像的证据地位与司法审查》,载《人民法院报》2014 年 1 月 1 日,第 6 版。

陈瑞华:《谈监察体制改革的几个理论问题》,载观察者网,https://www.guancha.cn/ChenRuiHua/2018_04_24_454670_2.shtml。

付余:《刑事强制措施与留置措施衔接的思考》,载《中国纪检监察报》2018 年 10 月 24 日,第 8 版。

钟纪晟:《对于涉嫌职务犯罪,但又无法确定是否会被判处刑罚的　是否必须在移送起诉前作出党纪、政务处理?》,载《中国纪检监察报》2019 年 9 月 18 日,第 8 版。

钟纪晟:《监委案件审理部门提前介入与检察机关公诉部门提前介入有何区别》,载《中国纪检监察报》2019 年 3 月 13 日,第 8 版。

王湖、汪德庆:《提前介入引导取证需要解决的四个问题》,载《检察日报》2012 年 8 月 27 日,第 3 版。

郭竹梅:《完善程序机制　做好提前介入工作》,载《检察日报》2020 年 2 月 16 日,第 3 版。

刘卫刚:《必要的自行侦查有积极意义》,载《检察日报》2014 年 2 月 14 日,第 3 版。

钟纪晟:《被审查对象既涉嫌职务犯罪又涉嫌其他刑事犯罪,监委和公安机关分别立案调查、侦查的案件,怎样移送起诉?如何做到同步起诉?》,载《中国纪检监察报》2019 年 9 月 25 日,第 8 版。

敬大力:《北京设立职务犯罪检察部与监察委衔接进行立案审查》,载《检察日报》2017 年 1 月 17 日,第 2 版。

陈晓波:《浙江将成立职务犯罪检察专门机构》,载《检察日报》2017 年 3 月 2 日,第 2 版。

重庆市纪委监委案件审理室:《建立重大疑难复杂案件专家会商制度——落实监察法对案件审理工作的新要求(一)》,载《中国纪检监察报》2018 年 6 月 27 日,第 8 版。

孔祥庚:《经监察机关通知到案　能否认定为自动投案》,载《中国纪检监察报》2020 年 5 月 6 日,第 8 版。

《如何规范做好职务犯罪案件涉案人员处理工作》，载中央纪委国家监委网站，https://www.ccdi.gov.cn/hdjln/nwwd/202203/t20220311_177207.html。

蒋莉：《依法规范精准提出从宽处罚建议》，载《中国纪检监察报》2020 年 5 月 6 日，第 6 版。

王霈：《准确适用提出从宽处罚建议制度的思考》，载《中国纪检监察报》2020 年 11 月 11 日，第 8 版。

金海：《浅议监察法第三十一条》，载《中国纪检监察报》2018 年 9 月 12 日，第 8 版。

周根山：《提升涉案财物管理规范化法治化水平》，载《中国纪检监察报》2021 年 10 月 17 日，第 1 版。

王兆国：《关于〈中华人民共和国刑事诉讼法修正案（草案）〉的说明》，载《人民日报》2012 年 3 月 9 日，第 3 版。

五、外文原著

L. N. Hill, *The Two-witness Rule in English Treason Trials: Some Comments on the Emergence of Procedural Law*, 12 American J. Legal History (1968).

Peter Mirfield, *Silence, Confessions and Improperly Obtained Evidence*, Oxford University Press, 1997.

William H. Kuehnle, *Standards of Evidence in Administrative Proceedings*, New York Law School Law Review (2004 – 2005).